概率论与数理统计

刘舒强　金明爱　主编

科学出版社

北　京

内 容 简 介

本书是依照高等院校财经类专业的数学教学大纲并紧密联系硕士研究生入学考试数学考试大纲编写而成的. 在基本内容与习题的编排上均力争与这两个大纲及有关专业的具体要求相适应. 本书内容包括:随机事件及其概率、随机变量及其分布、多维随机变量、随机变量的数字特征、大数定律及中心极限定理、数理统计基本概念、参数估计、假设检验、方差分析及回归分析等知识. 根据教学的不同需要,供选择讲授的部分用“*”号作了标志.

本书可作为高等院校经济管理类专业本科生的概率论与数理统计教材,也可作为学时相近的工科专业本科生的教材及相关专业的研究生参考书.

图书在版编目(CIP)数据

概率论与数理统计/刘舒强,金明爱主编. —北京:科学出版社,2009
ISBN 978-7-03-026249-3

Ⅰ. 概… Ⅱ. ①刘…②金… Ⅲ. ①概率论-高等学校-教材②数理统计-高等学校-教材 Ⅳ. O21

中国版本图书馆 CIP 数据核字(2009)第 232581 号

责任编辑:王 静 杨 然 / 责任校对:陈玉凤
责任印制:赵 博 / 封面设计:陈 敬

科学出版社出版
北京东黄城根北街 16 号
邮政编码: 100717
http://www.sciencep.com
固安县铭成印刷有限公司印刷
科学出版社发行 各地新华书店经销
*
2010 年 1 月第 一 版 开本: 720×1000 1/16
2025 年 3 月第二十次印刷 印张: 15 3/4
字数: 318 000

定价: 39.00 元

(如有印装质量问题, 我社负责调换)

前　言

“概率论与数理统计”是教育部在高等院校许多专业设置的核心课程之一，它同时又是一门与相当广泛领域的实际问题联系密切的数学基础课程.

20 世纪末，原国家教委审定通过了经济数学基础教学大纲，同时还颁布了全国硕士研究生入学考试的《数学考试大纲》，这两个大纲乃是我们编写本书的主要依据. 其目的是为相应专业的在校本科生学习这门课程提供必要和适当的相关基础知识，同时也充分考虑了部分学生继续深造的需求，从而在编写本书的过程中对内容与习题都做了精心的筛选，使本书在整体上既顾及了数学本身的严密性，同时也采用了通俗简洁的表述方式. 有些章节还给出了一些必要的注释，以帮助读者理解某些容易混淆的概念. 希望这些工作能对读者有所裨益.

参加本书编写工作的同志，均是长期从事数学研究和在数学教学上有丰富经验的教师，他们在各自完成的章节中都融入了许多自己深刻的理解和体会，这使得本书不仅内容全面、论证严谨，而且深入浅出、易学好教，稍加增删就可作为更加广泛的专业的本科生教材或参考书.

本书第 1、2 章由金明爱老师编写；第 3、4 章由姚静老师编写；第 5 章由刘舒强老师编写；第 6、7 章由杨波老师编写；第 8～10 章由谌雪莺老师编写. 全书由刘舒强、金明爱老师统稿.

书中可能尚有许多不足之处，还望读者不吝指正.

南开大学数学科学学院周性伟教授对本书的编写给予了多方面的关注与指导，并对整个书稿进行了审阅，在此谨表深切的谢意！

编　者

2009 年 9 月

目　　录

第 1 章　随机事件及其概率

在自然界和人类的社会活动中会发生各种各样的现象，这些现象大致可分为两类，分别称其为确定性现象和随机现象.

所谓**确定性现象**，即在一定条件下必然会出现某一结果(或必然发生某一事件)的现象.例如：

(1) 向上抛一粒石子必然下落；

(2) 纯净水在标准大气压下，加热至100℃时会沸腾，冷却至0℃时会结冰；

(3) 异性电荷必然相吸；

(4) 两个相邻的自然数相乘得到的数 $n(n+1)$ 一定是偶数；

(5) 质量为 m 的物体受到外力 f 的作用必然产生加速度 a；

(6) 一袋中装有10个大小和外形完全相同的白球，搅匀后从中任取的一球必是白球.

所谓**随机现象**，即在一定条件下可能出现这样的结果，也可能出现那样的结果，而且不能预先断言出现哪种结果的现象.随机现象在实际生活中是大量存在的，例如：

(1) 往地面上抛掷一枚硬币，观察其结果，可能是正面朝上，也可能是反面朝上，并且每次在抛掷之前无法确定哪一面朝上；

(2) 100件产品中有3件次品，从中任意取出4件，取到次品的件数可能是0，1，2或3；

(3) 一袋中装有大小和外形完全相同的三个球：红球、白球和黑球，搅匀后从中任取一球，取到的可能是红球、白球或黑球.

我们不妨想象一下，能够使得整个人类，包括一个国家、一个区域、一个家庭乃至每个人感到振奋、幸福、惬意、快乐、悲伤、恐惧、失望及愤怒的那些主宰人们几乎所有激烈情绪的事件，无一不是随机现象：战争给人类带来的难以预料的结果；自然灾害给一个国家和个人带来的损失与苦难；子女的考学给家庭带来的不安与期望.凡此种种，不一而足.

可以毫不夸张地讲，整个世界都是在与“随机现象”的“博弈”中生存的.

观察一定条件下发生的结果或事件通常称为**试验**.仅就一次试验而言，随机现象的结果具有不确定性，但是在相同条件下做大量的重复试验时，随机现象的结果又会呈现出一种明显的规律性.例如，往地面上抛掷一枚硬币的次数足够多时，正面朝上和反面朝上的次数大致相同，都占总抛掷次数的一半左右.英国数学家皮尔逊(Pearson)曾经做过 24 000 次抛掷硬币的重复试验,结果正面朝上为 12 012 次,反面朝上为 11 988 次,都接近 12 000 次,这就是随机现象的统计规律性. 可见,随机现象具有表面的偶然性和蕴涵的必然性,偶然性就是它的随机性,必然性就是大量的重复实验中呈现出的统计规律性. 概率论与数理统计就是从数量的角度研究随机现象规律性的一门学科.

作为概率论的入门,本章将主要介绍概率论中两个最基本的概念:随机事件与随机事件的概率;并在此基础上介绍条件概率及三个重要公式(乘法公式、全概率公式、贝叶斯公式),事件的独立性及伯努利(Bernoulli)概型.

1.1　随机事件及其运算

1.1.1　随机事件与样本空间

研究随机现象,需要对"具备一定条件时,现象是否发生"进行观察,这种观察的过程称为**随机试验**,简称**试验**. 如:

试验 1　向一个桌面上掷一颗骰子,观察出现的点数;

试验 2　一袋中装有四白三黑三红大小形状完全相同的球,搅匀后从中任取一球,观察球的颜色;

试验 3　抽查流水生产线的一件产品,观察是正品还是次品.

随机试验具有以下三个共同特点:

(1) 可重复性,即试验可以在相同条件下重复进行;

(2) 多结果性,即试验的所有可能结果不止一个,但是预先知道所有可能的结果;

(3) 随机性,即每一次试验一定会出现可能结果中的一个,且只出现一个结果;但在试验之前,不能明确预言会出现哪个结果.

定义 1　称随机试验的所有可能结果组成的集合为该随机试验的样本空间,用 Ω 表示;试验的每一个结果(即 Ω 的元素)称为该试验的一个样本点,用 ω 表示.

定义 2　称随机试验的样本空间 Ω 的子集为该试验的随机事件. 特别地,由一个样本点组成的单点集称为基本事件.

在每次试验中一定发生的事件称为**必然事件**,通常用全集 Ω 表示. 在每次试验中一定不发生的事件称为**不可能事件**,通常用空集$\varnothing$表示.

例如,向一个桌面上掷一颗骰子,结果可能是"出现 1 点"、"出现 2 点"、……、"出现 6 点"等. 每一个结果都是一个随机事件. 另外,"出现的点数不超过 5"、"出现的点数超过 3"、"出现的点数为偶数"等也都是随机事件. 而"出现的点数不超过 6"是必然事件,"出现 7 点"则是不可能事件.

在上述随机事件中,“出现1点”、“出现2点”、……、“出现6点”等事件为基本事件;我们把“出现的点数不超过5”、“出现的点数超过3”、“出现的点数为偶数”等事件称为**复合事件**,每一个复合事件都是由一些基本事件组成的,如“出现的点数为偶数”,就是由“出现2点”、“出现4点”和“出现6点”三个基本事件所组成.可以说,基本事件就是不可分解的事件,而复合事件就是可分解的事件.

显然,任何一个随机试验的结果一定是某一个基本事件.因此,样本空间所代表的事件是必然事件.

在概率论中主要讨论随机事件,即在试验条件下可能发生也可能不发生的事件.随机事件是样本空间的一个非空子集,一般用大写英文字母A,B,C等表示.然而,偶然和必然的辩证统一性,让我们不能不涉及必然事件和不可能事件,因此,为讨论问题的方便,我们将必然事件和不可能事件也看作随机事件,这与集合论中将全集和空集也看作子集的给定相一致.

对一个随机试验,首先要弄清楚它所有的基本事件,进而确定样本空间和随机事件.下面举几个例子.

例1 在一个口袋中放有红、黄、绿三个大小形状完全相同的球,从中任取一个并观察它们的颜色.在这个试验中,样本空间Ω由下面三个基本事件组成:

$$\omega_1=\{红球\},\quad \omega_2=\{黄球\},\quad \omega_3=\{绿球\}.$$

$$\Omega=\{\omega_1,\omega_2,\omega_3\}.$$

例2 试写出下列随机试验的样本空间与指定的随机事件:

(1) 从一批产品中任意抽取5件,观察这5件产品中的次品数.

事件$A=$“5件产品中的次品数不超过2件”.

(2) 设某零件直径的最大可能误差是±0.1mm.

事件$B=$“误差的绝对值不超过0.05mm”.

(3) 盒中装有颜色各为红、黄、白、黑的4个大小形状完全相同的球,搅匀后从中任取两个球,观察球的颜色.

事件$C=$“有白球”.

(4) 盒中装有红、黄、蓝三种颜色的粉笔,各色粉笔均超过4支.从盒中任意取出4支粉笔,观察它们有几种颜色.

事件$D_1=$“有红色”, 事件$D_2=$“有白色”.

(5) 观察某地区120急救电话台在某一段时间内接到的呼唤次数.

解 (1) 设$\omega_i=i$表示所抽5件产品中的次品数为i,则该试验的基本事件为$\omega_i=i(i=0,1,2,3,4,5)$.于是样本空间

$$\Omega=\{\omega_0,\omega_1,\omega_2,\omega_3,\omega_4,\omega_5\}=\{0,1,2,3,4,5\},$$

而

$$A = \{\omega_0, \omega_1, \omega_2\} = \{0,1,2\}.$$

（2）该试验的基本事件为区间$[-0.1,0.1]$(单位:mm)中的任一实数ω，因此样本空间$\Omega=\{\omega \mid -0.1 \leqslant \omega \leqslant 0.1\}$，而

$$B = \{\omega \mid |\omega| \leqslant 0.05\}.$$

（3）该试验的样本空间为Ω=\{红黄,红白,红黑,黄白,黄黑,白黑\}，而

$$C = \{\text{红白,黄白,白黑}\}.$$

（4）该试验的样本空间为Ω=\{红,黄,蓝,红黄,红蓝,黄蓝,红黄蓝\}，而

$$D_1 = \{\text{红,红黄,红蓝,红黄蓝}\}, \quad D_2 = \varnothing.$$

（5）该试验的基本事件为ω_i=\{呼叫次数为i次\}，样本空间为$\Omega=\{\omega_0,\omega_1,\omega_2,\cdots\}$.

例 2 说明随机试验的样本空间既有离散的，如(1)、(3)、(4)、(5)；又有连续的，如(2)；既有有限集，如(1)、(3)、(4)；又有无限集，如(2)、(5).

1.1.2　随机事件间的关系与运算

在研究一个随机现象时，通常会涉及多个随机事件，而且这些随机事件是有关系的. 了解事件之间的关系，有助于了解和掌握每个事件的本质，从而使我们通过对简单事件的了解，来研究与之有关的较为复杂的事件.

如前所述，一个随机试验的随机事件是样本空间的某个子集. 因此，随机事件之间的关系与运算在本质上与集合之间的关系与运算一致，我们将以集合论的观点和表示方法给出随机事件之间的关系和运算.

以下设已给定某随机试验的样本空间Ω(全集)，$A,B,C,A_i(i=1,2,\cdots)$等均表示该试验的随机事件(Ω的子集).

1. 事件的包含与相等关系

定义 3　如果事件A发生时，事件B必发生，则称事件B包含事件A(或事件A含于事件B)，记作$A\subset B$(或$B\supset A$). 如果$A\subset B$与$B\subset A$同时成立，则称A与B相等，记作$A=B$.

例 3　5 件同类产品中有两件次品，从中任取三件，设A=“恰取到一件次品”，B=“至少取到一件次品”，C=“最多取到两件正品”，则$A\subset B$，$B=C$.

2. 事件的和(并)运算

定义 4　事件A与事件B至少有一个发生，是一个事件，称为事件A与事件B的和(并)，记作$A+B$，即$A+B$=“A与B至少发生其一”.

例 4　发行甲、乙两种报纸，按户统计订报情况，设A=“订甲种报纸”，B=“订

乙种报纸”，C=“甲、乙两种报纸中至少订阅一种报纸”，则 $C=A+B$.

3. 事件的积(交)运算

定义 5 事件 A 与事件 B 同时发生，是一个事件，称为事件 A 与事件 B 的积(交)，记作 $A\cdot B$(或 AB)，即 AB=“A 与 B 同时发生”.

如例 4 中 AB=“甲、乙两种报纸都订阅”.

事件的并与交运算，可推广到事件为有限个或可列个的情形. 若 A 发生当且仅当 $A_1,A_2,\cdots$ 中至少有一个发生，则称 A 是 $A_1,A_2,\cdots$ 的和，记为 $A=\sum_{i=1}^{n}A_i$ 或 $A=\sum_{i=1}^{\infty}A_i$；若 A 发生当且仅当 $A_1,A_2,\cdots$ 同时发生，则称 A 是 $A_1,A_2,\cdots$ 的积，记为 $A=\prod_{i=1}^{n}A_i$ 或 $A=\prod_{i=1}^{\infty}A_i$.

易见，若 $A\subset B$，则 $AB=A$.

4. 事件的差运算

定义 6 事件 A 发生而事件 B 不发生，是一个事件，称为事件 A 与事件 B 的差，记作 $A-B$，即 $A-B=A-AB$.

如例 4 中 $A-B$=“订甲种报纸而不订乙种报纸”.

5. 对立事件(逆事件)

定义 7 事件 A 与事件 B 有且仅有一件发生，是一个事件，称事件 A 与事件 B 互为对立事件(逆事件)，记作 $\overline{A}=B$(或 $\overline{B}=A$)，即 $\overline{A}$=“A 不发生”.

如例 4 中 $\overline{A}$=“未订甲种报纸”.

事件 A 与它的对立事件 $\overline{A}$ 有关系：$\overline{(\overline{A})}=A$；$A\overline{A}=\varnothing$；$A+\overline{A}=\Omega$. 而 $A-B=A\overline{B}$.

6. 事件的互不相容性(互斥性)

定义 8 若事件 A 与事件 B 不能同时发生，即 $AB=\varnothing$，则称事件 A 与事件 B 互不相容(或互斥).

注意，互逆一定互斥，但互斥未必互逆. 比如，掷一个骰子，事件“出现 3 点”和事件“出现偶数点”是互斥的，但这两个事件并不互逆.

若事件组 $A_1,A_2,\cdots$(有限个或可列个)中任意两个事件互不相容(互斥)，则称事件组 $A_1,A_2,\cdots$ 互不相容(或两两互斥).

易见，基本事件是互不相容的，而两个互斥事件不包含共同的基本事件.

7. 完备事件组

定义 9　若事件组 $A_1, A_2, \cdots$（有限或可列个）互不相容，且 $\sum_i A_i = \Omega$，则称 $A_1, A_2, \cdots$ 构成一个完备事件组.

易见，一个随机试验的所有基本事件就构成一个完备事件组；而事件 A 与它的对立事件 $\overline{A}$ 也构成一个完备事件组.

完备事件组有时也称为对样本空间 Ω 的一个剖分（或划分）. 下面将会看到，完备事件组是事件间的一种很重要的关系. 为便于对照和记忆，我们把随机事件的关系与运算列入表 1.1.1 中.

表 1.1.1

关系或运算	符号(集合表示)	文氏图	概率论语言描述
事件 B 包含事件 A	$A\subset B$ (或 $B\supset A$)	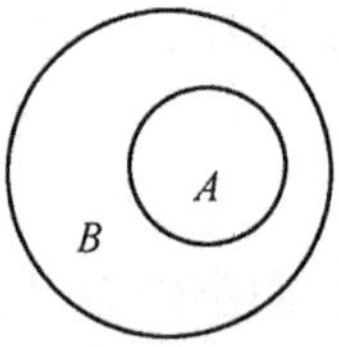	事件 A 发生， 则事件 B 发生
事件 A 与 B 相等	$A=B$	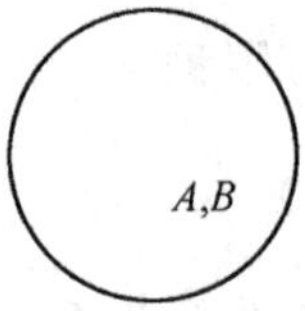	
事件 A 与 B 的和(并)	$A+B$	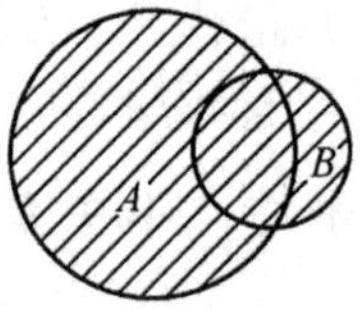	事件 A 与 B 中至少 有一个发生
事件 A 与 B 的积(交)	AB	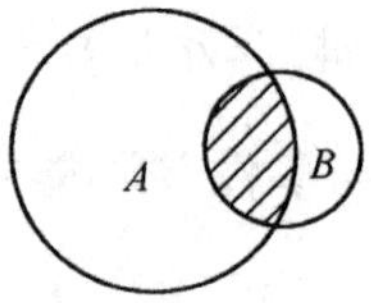	事件 A 与 B 同时发生
事件 A 与 B 的差	$A-B$	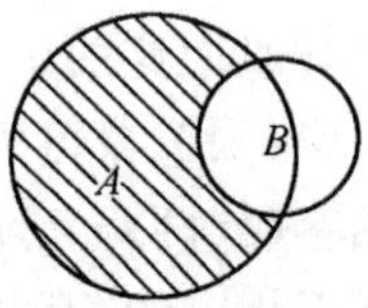	事件 A 发生而 B 不发生

续表

关系或运算	符号(集合表示)	文氏图	概率论语言描述
事件 A 的对立事件	$\bar{A}=\Omega-A$	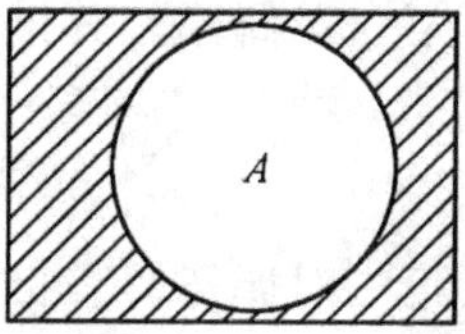	事件 A 不发生
事件 A 与 B 互不相容	$AB=\varnothing$	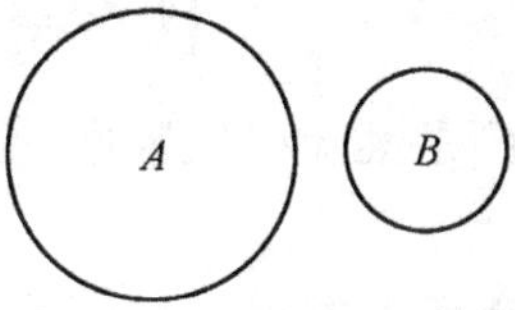	事件 A 与 B 不能同时发生
完备事件组 $A_1,A_2,\cdots$	$A_iA_j=\varnothing(i\neq j)$ $\sum_i A_i=\Omega$		

1.1.3　随机事件的运算性质

随机事件的运算性质与集合的运算性质完全相同,这里仅列出其主要性质,证明从略.有兴趣的读者可查阅有关集合论的书籍.

1. 交换律

$$A+B=B+A,\quad AB=BA.$$

2. 结合律

$$(A+B)+C=A+(B+C),\quad (AB)C=A(BC).$$

3. 分配律

(1) $(A+B)C=AC+BC$(第一分配律).推广至任意有限个事件,则为

$$\left(\sum_{i=1}^{n}A_i\right)C=\sum_{i=1}^{n}A_iC.$$

(2) $AB+C=(A+C)(B+C)$(第二分配律).推广至任意有限个事件,则为

$$\prod_{i=1}^{n}A_i+C=\prod_{i=1}^{n}(A_i+C).$$

4. 德摩根(De Morgan)定理(对偶律)

(1) $\overline{A+B}=\bar{A}\bar{B}$(第一对偶律). 其推广形式为

$$\overline{\sum_{i=1}^{n} A_i} = \prod_{i=1}^{n} \overline{A_i}.$$

(2) $\overline{AB}=\bar{A}+\bar{B}$(第二对偶律). 其推广形式为

$$\overline{\prod_{i=1}^{n} A_i} = \sum_{i=1}^{n} \overline{A_i}.$$

例 5　设 A,B,C 是某随机试验中的三个随机事件,试用 A,B,C 运算关系式表示下列各事件:

(1) A,B,C 中恰有 A 发生;

(2) A,B,C 中至少有两个事件发生;

(3) A,B,C 中恰好有两个事件发生;

(4) A,B,C 中至多有一个事件发生.

解　(1) 可表示为 $A-(B+C)=A\overline{(B+C)}$ 或 $A\bar{B}\bar{C}$;

(2) 可表示为 $AB\bar{C}+A\bar{B}C+\bar{A}BC+ABC$ 或 $AB+AC+BC$;

(3) 可表示为 $AB\bar{C}+A\bar{B}C+\bar{A}BC$;

(4) 可表示为 $A\bar{B}\bar{C}+\bar{A}B\bar{C}+\bar{A}\bar{B}C+\bar{A}\bar{B}\bar{C}$ 或 $\bar{A}\bar{B}+\bar{A}\bar{C}+\bar{B}\bar{C}$ 或 $\overline{AB+AC+BC}$.

例 6　从一批灯泡中任取 4 个进行检验,设 A_i 表示第 i 个灯泡的使用寿命在 800h 以上(含 800h). 试用语言描述下列随机事件:

(1) $A_1+A_2+A_3+A_4$;

(2) $A_1\bar{A}_2\bar{A}_3A_4$;

(3) $\overline{A_1A_2A_3A_4}$.

解　(1) 表示 4 个灯泡中至少有一个灯泡的使用寿命在 800h 以上;

(2) 表示第 1、4 两个灯泡的使用寿命在 800h 以上,而第 2、3 两个灯泡的使用寿命不足 800h;

(3) 表示并非 4 个灯泡使用寿命都在 800h 以上,即至少有一个灯泡的使用寿命不足 800h.

注　有些专供数学专业学生使用的教科书中,可能会提到“样本点未必都是事件”这一论点,但这种讨论已超出本书研究的范围.

1.2　随机事件的概率

观察一个随机试验的各种事件,总会发现不同的事件出现的可能性一般也不尽相同. 我们研究随机现象时,不仅需要知道可能会出现哪些事件,更重要且更具实践意义的是需要研究、了解各种事件发生可能性的大小，并加以度量. 这就需要有一个刻画事件发生可能性大小的数量指标，该指标需满足以下两个条件：

(1) 它必须是事件本身所固有的客观量度，且可在相同条件下通过重复试验予以识别和检验.

(2) 它必须符合一般常理. 比如，当事件发生的可能性大时，该指标值相应也大；反之，它的值就小. 而必然事件的指标值最大，不可能事件的指标值最小.

这样一来，我们就能够建立起事件出现的可能性与其数量指标的对应关系. 由于在通常的情形下，这二者是等价的(稍后我们会看到它们之间也有细微的差别)，所以我们把刻画一个事件 A 发生可能性大小的数量指标称为事件 A 的概率，记为 $P(A)$，它同时也为我们即将给出的在公理化结构下的概率定义做好了准备 .

本书将针对不同情况介绍三种计算概率的方法，这三种方法分别称为统计概率、古典概率和几何概率.

1.2.1 统计概率

随机事件在一次试验中，可能发生，也可能不发生，这是具有偶然性的. 但是，大量的事实告诉我们，随机事件在一次试验中发生的可能性大小是随机事件本身所固有的一种属性，不同的随机事件，发生的可能性大小不一定相同，有的发生的可能性大，有的发生的可能性小. 前面说过，我们需要用一个量来体现这种可能性的大小，那么，到底怎样的一个量能够体现事件发生的可能性大小？为此，我们先给出频率的定义.

定义 1 设在 n 次重复随机试验中，事件 A 发生了 m 次. 称 m 为事件 A 发生的频数，称 $\frac{m}{n}$ 为事件 A 发生的频率，记为

$$f_n(A)=\frac{m}{n}. \tag{1.2.1}$$

由定义易知，频率具有如下基本性质：

(1) 对任意事件 A，$0\leqslant f_n(A)\leqslant 1$；

(2) $f_n(\Omega)=1$，$f_n(\varnothing)=0$；

(3) 若事件 A 和事件 B 互斥，则 $f_n(A+B)=f_n(A)+f_n(B)$. 进一步地，若 $A_1,A_2,\cdots,A_k$ 是两两互斥的事件，则 $f_n(A_1+A_2+\cdots+A_k)=f_n(A_1)+f_n(A_2)+\cdots+f_n(A_k)$.

一个随机事件的频率与试验的次数和事件发生的次数有关，因而不是一个固定的常数. 但是在大量的重复试验中，频率具有稳定性. 为了说明频率的稳定性，先看下面的例子.

例 1　考虑"抛硬币"试验，除了皮尔逊，历史上还有多名数学家做过这个试验. 设事件 A="正面朝上"，则试验的结果如表 1.2.1 所示.

表 1.2.1

试验者	抛掷次数(n)	A 发生的次数(m)	频率($f_n(A)$)
德摩根	2 048	1 061	0.518 1
蒲丰	4 040	2 048	0.506 9
费勒	10 000	4 979	0.497 9
皮尔逊	12 000	6 019	0.501 6
皮尔逊	24 000	12 012	0.500 5
维尼	30 000	14 994	0.499 8

表 1.2.1 的数据表明，随着试验次数 n 的增大，频率 $f_n(A)$ 呈现出稳定性，即当 n 逐渐增大时，$f_n(A)$ 总是在 0.5 附近摆动，且摆动幅度越来越小.

例 2　考察英文字母出现的频率. 当观察字母的个数 n(试验次数)较小时，频率有较大幅度的随机波动，但是当 n 增大时，频率呈现出稳定性. 表 1.2.2 就是一份英文字母频率的统计表，是由 Dewey 统计了约 438 023 个字母得到的.

表 1.2.2

字母	频率	字母	频率	字母	频率
E	0.126 8	L	0.039 4	P	0.018 6
T	0.097 8	D	0.038 9	B	0.015 6
A	0.078 8	U	0.028 0	V	0.010 2
O	0.077 6	C	0.026 8	K	0.006 0
I	0.070 7	F	0.025 6	X	0.001 6
N	0.070 6	M	0.024 4	J	0.001 0
S	0.063 4	W	0.021 4	Q	0.000 9
R	0.059 4	Y	0.020 2	Z	0.000 6
H	0.057 3	G	0.018 7		

大量的试验说明，尽管一个事件发生的频率不是固定的常数，但是当试验的次数逐渐增大时，事件发生的频率会逐渐在某个常数附近摆动，试验的次数越大，频率和某个常数之间的偏差就越小，呈现出一种稳定性，我们将这个常数称为频率的稳定值. 因此，我们用这个频率稳定值来确切反映事件发生的可能性大小，作为其度量指标，引入下述定义.

定义 2　在观察某一随机事件 A 的随机试验中，随着试验次数 n 的增大，事件 A 发生的频率 $f_n(A)$ 会越来越稳定地在某一常数 p 附近摆动，这时就以常数 p 作为事件 A 的概率，并称其为统计概率，即 $P(A)=p$.

根据这个定义，在实际问题中，我们可以把大量观察所得到的频率作为概率的近似值,很多情况下,这就足以满足实际需要了.

例 3 某市卫生管理部门对该市 60 岁以上老人患高血压病的情况进行调查,从 4 个区分别调查了 80 人,90 人,100 人,100 人,其中患病人数分别为 23,27,33,30. 试估计该市 60 岁以上老人高血压的患病率 p.

解 以 4 组调查结果频率的平均值来估计,结果为

$$p=\frac{1}{4}\left(\frac{23}{80}+\frac{27}{90}+\frac{33}{100}+\frac{30}{100}\right)\approx 0.3044.$$

1.2.2 概率的数学定义与性质

统计概率的定义虽然适用于一些实际问题,但我们不可能总是通过大量的重复试验,来求得事件发生的频率,进而求得事件的概率. 为了使概率论建立在严格的理论基础之上,需要对概率给出一个相对严格的数学定义.

定义 3 设 E 是某随机试验,Ω 是 E 的样本空间,若对 E 的每一个事件 A,都有一个实数 $P(A)$ 与之对应,且集合函数 $P(\cdot)$ 满足下列三个性质,则称 P 为概率.

(1) 非负性:对每一个事件 $A\in\Omega$,$P(A)\geqslant 0$;

(2) 规范性:$P(\Omega)=1$;

(3) 可列可加性:若 $A_i\in\Omega(i=1,2,\cdots)$ 两两互不相容,即 $A_iA_j=\varnothing(i\neq j)$,$i,j=1,2,\cdots$,则 $P\left(\sum_i A_i\right)=\sum_i P(A_i)$.

由概率的定义,可以导出概率的一些重要性质.

性质 1 $P(\varnothing)=0$.

事实上,由 $\Omega=\Omega+\varnothing+\varnothing+\cdots$ 及可列可加性,有 $P(\Omega)=P(\Omega)+P(\varnothing)+P(\varnothing)+\cdots$,故 $P(\varnothing)=0$.

不过,我们以后就会看到,概率为零的事件不一定就是不可能事件.

性质 2(有限可加性) 若 $A_i\in\Omega(i=1,2,\cdots,n)$ 两两互不相容,即 $A_iA_j=\varnothing(i\neq j)$,$i,j=1,2,\cdots,n$,则 $P\left(\sum_{i=1}^{n}A_i\right)=\sum_{i=1}^{n}P(A_i)$.

事实上,由 $\sum_{i=1}^{n}A_i=A_1+A_2+\cdots+A_n+\varnothing+\varnothing+\cdots$ 及可列可加性,有

$$P\left(\sum_{i=1}^{n}A_i\right)=P(A_1)+P(A_2)+\cdots+P(A_n)+P(\varnothing)+\cdots=\sum_{i=1}^{n}P(A_i).$$

性质 3 若 $A_1,A_2,\cdots$ 构成一个完备事件组,则 $\sum_i P(A_i)=1$.

事实上,由概率的规范性及性质 2 即得.

性质 4 $P(\overline{A})=1-P(A)$.

事实上，$\overline{A}$ 与 A 互不相容，且 $\overline{A}+A=\Omega$，所以，$1=P(\Omega)=P(\overline{A})+P(A)$.

性质 5 若 $A\subset B$，则 $P(B-A)=P(B)-P(A)$.

事实上，$B=A+(B-A)$，且 $A(B-A)=\varnothing$，则由概率的非负性及性质 2，有

$$P(B)=P(A)+P(B-A).$$

性质 6 若 $A\subset B$，则 $P(A)\leqslant P(B)$.（是性质 5 的推论.）

性质 7 对任一随机事件 A，有 $0\leqslant P(A)\leqslant 1$.（由 $A\subset\Omega$ 及性质 6 即得.）

性质 8 对任意两个随机事件 A,B，有 $P(A+B)=P(A)+P(B)-P(AB)$.

事实上，$A+B=A+(B-A)$，且 $A(B-A)=\varnothing$，由性质 2，得

$$P(A+B)=P(A)+P(B-A).$$

又 $B=AB+(B-A)$，且 $(AB)(B-A)=\varnothing$，再由性质 2，得

$$P(B)=P(AB)+P(B-A).$$

将 $P(B-A)=P(B)-P(AB)$ 并代入到第一个等式即得.

性质 8 也称为加法定理.

例 4 甲给乙打电话，乙单位有两个电话号码 A 与 B，号码 A 能打通的概率是 0.7，号码 B 能打通的概率是 0.4，至少有一个打不通的概率是 0.65，求至少有一个能打通的概率.

解 记 A="号码 A 能打通"，B="号码 B 能打通"，则"至少有一个打不通"可用 $\overline{A}+\overline{B}$ 表示，"至少有一个能打通"可用 $A+B$ 表示. 由题设 $P(A)=0.7$，$P(B)=0.4$，$P(\overline{A}+\overline{B})=0.65$，于是

$$\begin{aligned}P(A+B)&=P(A)+P(B)-P(AB)\\&=P(A)+P(B)-[1-P(\overline{AB})]\\&=P(A)+P(B)-[1-P(\overline{A}+\overline{B})]\\&=0.7+0.4-0.35=0.75.\end{aligned}$$

性质 9 对任意两个随机事件 A,B，有 $P(A+B)\leqslant P(A)+P(B)$.（是性质 8 的推论.）

例 5 已知两个随机事件 A 与 B 满足 $P(AB)=P(\overline{A}\overline{B})$，且 $P(A)=p$，试求 $P(B)$.

解 因为

$$\begin{aligned}P(\overline{A}\overline{B})&=P(\overline{A+B})=1-P(A+B)\\&=1-P(A)-P(B)+P(AB),\end{aligned}$$

且 $P(AB)=P(\overline{A}\overline{B})$，所以，$P(AB)=1-P(A)-P(B)+P(AB)$，即

$$P(B)=1-P(A)=1-p.$$

注 值得注意的是，尽管我们有时可由事件的关系推出概率的关系，如性质 6，但反过来却未必成立. 比如，令 $A\subset B$，且 $P(A)=0.3$，$P(B)=0.5$，$P(A+B)=$

0.5,自然有 $P(A)\leqslant P(B)$.不过,在上述各概率值不变的情况下,$A\subset B$ 是不一定成立的,事实上,由 $P(A+B)=P(A)+P(B)-P(AB)$,可得 $P(AB)=0.3$.于是,

$$P(A-AB)=P(A)-P(AB)=0.$$

但这并不意味着 $A-AB=\varnothing$,即 $A\subset B$.

1.3 古典概型和几何概型

1.3.1 古典概型

在实际问题中,随机试验的类型多种多样,因此,我们可以根据各种随机试验的类型和特点,给出相应的方法来研究事件的概率.

有一类随机试验,具有下述两个共同的特点:

(1) 试验的样本空间只包含有限个基本事件,记为 $\omega_1,\omega_2,\cdots,\omega_n$;

(2) 试验中每个基本事件发生的可能性相同.

由于这一类随机试验是概率论发展初期的主要研究对象,所以称其为**古典概型**.而古典概型中每个基本事件的发生具有等可能性,所以也称为**等可能概型**.古典概型的一些概念具有直观、容易理解的特点,有着广泛的应用.下面我们来考虑古典概型中事件的概率.

定义 1 若古典概型的样本空间 Ω 所含基本事件有 n 个,而事件 A 所含的基本事件有 k 个,则事件 A 的概率定义为

$$P(A)=\frac{A\text{ 中的基本事件数}}{\Omega\text{ 中的基本事件总数}}=\frac{k}{n}. \tag{1.3.1}$$

由于只适用于古典概型,所以由式(1.3.1)定义的概率称为古典概率.

例 1 箱中装有 10 件产品,其中有 1 件次品,在 9 件合格品中有 6 件一等品,3 件二等品,现从箱中任取 3 件,试求:

(1) 取得的 3 件产品都是合格品,但仅有 1 件是一等品的概率;

(2) 取得的 3 件产品中至少有 2 件是一等品的概率.

解 从箱中 10 件产品中任取 3 件,共有 C_{10}^3 中取法,因此该随机试验的样本空间所含的基本事件总数为 C_{10}^3.

(1) 设该事件为 A,则 A 中基本事件数为 $C_6^1C_3^2$,所求概率为

$$P(A)=\frac{C_6^1C_3^2}{C_{10}^3}=\frac{3}{20}.$$

(2) 设该事件为 B,则 B 中基本事件数为 $C_6^2C_4^1+C_6^3$,所求概率为

$$P(B)=\frac{C_6^2C_4^1+C_6^3}{C_{10}^3}=\frac{2}{3}.$$

例2　设有两个不同的球随机地放入三个盒中,试求两个球在同一盒中和两个球不在同一盒中的概率.

解　两个球放入三个盒中共有 $3^2=9$ 种放法,即此随机试验的样本空间中基本事件总数为 9. 设 A 表示"两个球在同一盒中",B 表示"两个球不在同一盒中",则 A 中基本事件数为 $P_3^1=3$,B 中基本事件数为 $P_3^2=6$. 于是

$$P(A)=\frac{3}{9}=\frac{1}{3},\quad P(B)=\frac{6}{9}=\frac{2}{3}.$$

例3　在某层书架上任意摆放 10 册图书,其中有两套书各为 4 册和 3 册,试求下列事件的概率:

(1) A="4 册一套的书摆放在一起";

(2) B="两套书各摆放在一起";

(3) C="两套书按相同方向的册序各摆放在一起".

解　10 册书在书架上的摆放法共 10! 种,即样本空间中的基本事件总数为 10!

(1) 4 册一套的书摆放在一起,可将其视为一本书与其余的 6 本书一起摆放,共有 7! 种摆法,而这一套 4 册书之间又有 4! 种摆放法,故 A 中的基本事件数为 7!4!,于是有

$$P(A)=\frac{7!4!}{10!}=\frac{1}{30};$$

(2) 将两套书看成两本书,与其余 3 本书一起摆放,共有 5! 种摆法,而这两套书又有 4!3! 种摆放法,故 B 中的基本事件数为 5!4!3!,于是有

$$P(B)=\frac{5!4!3!}{10!}=\frac{1}{210};$$

(3) C 中的基本事件数为 5!2,于是有

$$P(C)=\frac{5!2}{10!}=\frac{1}{15\,120}.$$

以上的例题都是直接利用公式来计算事件的概率. 有时,直接计算概率 $P(A)$ 比较麻烦,而计算 $P(\overline{A})$ 相对简单,这时可先求 $P(\overline{A})$,然后利用公式 $P(A)=1-P(\overline{A})$ 求 $P(A)$.

例4　从 0,1,2,…,9 这 10 个数码随机可重复地取出 5 个数码,求 A="5 个数码中至少有两个相同"的概率.

解　事件 A 中包含的基本事件情况比较复杂,它包含"5 个数码完全相同"、"5 个数码中有 4 个相同"、"5 个数码中有 3 个相同"等,计算它们的个数比较麻烦. 我们考虑事件 $\overline{A}$="5 个数码全不相同",易得 $P(\overline{A})=\frac{10\times9\times8\times7\times6}{10^5}=0.302\,4$. 于是有

$$P(A)=1-P(\overline{A})=0.697\,6.$$

例 5 盒中有 4 只白球,2 只红球. 每次从盒中取出一只球,连续取两次. (a) 第一只取出后放回,再取第二只;(b) 第一只取出后不放回,接着取第二只. 试求在以上两种情况下,以下各事件的概率:

(1) 取到 2 只白球;(2) 取到 2 只颜色相同的球;(3) 至少取到 1 只白球.

解 在(a)种情况下:

(1) 设 A=“取到 2 只白球”,则 $P(A)=\frac{4\times 4}{6\times 6}=\frac{4}{9}$;

(2) 设 B=“取到 2 只红球”,则 $A+B$=“取到 2 只颜色相同的球”. 于是

$$P(A+B)=P(A)+P(B)=\frac{4}{9}+\frac{2^2}{6^2}=\frac{5}{9};$$

(3) 设 C=“至少取到 1 只白球”,则 $P(C)=P(\overline{B})=1-P(B)=1-\frac{1}{9}=\frac{8}{9}$.

在(b)种情况下:

(1) $P(A)=\frac{4\times 3}{6\times 5}=\frac{2}{5}$;

(2) $P(B)=\frac{2\times 1}{6\times 5}=\frac{1}{15}$,则 $P(A+B)=P(A)+P(B)=\frac{7}{15}$;

(3) $P(C)=P(\overline{B})=1-P(B)=\frac{14}{15}$.

例 6 某人有 5 把不同的钥匙,但忘记哪一把是开门的,于是逐把试开. 求以下各事件的概率:(1) 恰好第三次试开成功;(2) 三次内成功;(3) 每次试开均不记钥匙,而恰好第三次成功.

解 (1) 设 A=“恰好第三次试开成功”,则 $P(A)=\frac{C_4^1\cdot C_3^1\cdot C_1^1}{C_5^1\cdot C_4^1\cdot C_3^1}=\frac{1}{5}$;

(2) 设 B=“三次内成功”,则 $P(B)=1-P(\overline{B})=1-\frac{C_4^1\cdot C_3^1\cdot C_2^1}{C_5^1\cdot C_4^1\cdot C_3^1}=1-\frac{2}{5}=\frac{3}{5}$;

(3) 设 C=“第三次成功”,则 $P(C)=\frac{4^2}{5^3}=\frac{16}{125}$.

1.3.2 几何概型

古典概率只适用于古典概型,它要求样本空间中所有基本事件的个数为有限且等可能. 但是,在很多实际问题中,试验对应的样本空间所含的基本事件为无限个,这时古典概率的定义就不适用了. 考虑到样本空间中所有基本事件的个数为无限且等可能的情形,我们考虑把古典概率的定义作进一步的推广,于是引出了几何概率的定义.

考虑随机试验:从区间[0,1]中随机地取一数 ω,这时的样本空间

$$\Omega=\{\omega\mid 0\leqslant\omega\leqslant 1\}=[0,1]$$

是一无限集，不再是古典概型，古典概率失效. 假定每个数被取到的可能性都一样，我们这样来理解等可能性的含义，就是取到的数在区间内某一部分区间 I 的可能性与 I 的长度成正比，而与 I 的位置无关. 比如，设 A 表示"取到的数不超过 $\frac{1}{4}$"；B 表示"取到的数在 $\frac{1}{2}$ 与 $\frac{3}{4}$ 之间"，那么，我们很自然地会想到

$$P(A)=\frac{\left[0,\frac{1}{4}\right]\text{的长度}}{[0,1]\text{的长度}}=\frac{1}{4},\quad P(B)=\frac{\left[\frac{1}{2},\frac{3}{4}\right]\text{的长度}}{[0,1]\text{的长度}}=\frac{1}{4}.$$

将这个例子一般化，得到如下定义.

定义 2　具有下述特征的随机试验称为几何概型：

(1) 随机试验可归结为在一个可度量的几何图形 Ω 中随机投点(或取点)，以 m_Ω 表示 Ω 的度量(如长度、面积、体积等)，而事件 A 是指所投点(取点)落在(取自)Ω 中的可度量图形 A 中；

(2) 事件 A 的概率与 A 的度量 m_A 成正比，而与 A 在 Ω 中的位置无关.

定义 3　对于几何概型中的任一事件 A，以

$$P(A)=\frac{m_A}{m_\Omega}\tag{1.3.2}$$

作为事件 A 的概率，并称其为几何概率.

在现实中有很多试验，并不是向某区域内投点，但是试验的结果可以用某区域 Ω 中的点表示，试验的一切结果对应区域 Ω 中的一切点，而且具有等可能性，这时可以用定义 3 求事件的概率.

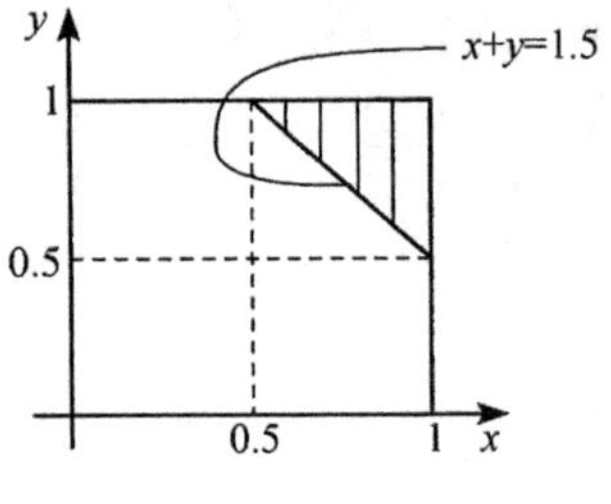

图 1.3.1

例 7　从区间(0,1)中随机取两个数，试求两数之和大于 1.5 的概率.

解　从(0,1)中随机取两个数 x 与 y，相当于从区域 $\Omega=\{(x,y)\mid 0<x<1,0<y<1\}$(图 1.3.1 中正方形)中随机取点，设 $A=$"两数之和大于 1.5"，则事件 A 即取自 Ω 中的区域 $A=\{(x,y)\mid x+y>1.5,0<x,y<1\}$(图 1.3.1 中阴影部分)，这是一个几何概型，于是

$$P(A)=\frac{A\text{的面积}}{\Omega\text{的面积}}=\frac{\frac{1}{8}}{1}=\frac{1}{8}.$$

例 8(会面问题)　甲、乙两人约定某日下午两点至两点半在某地会面，先到者等候 15 分钟后即离去. 假设两人可在指定时间内的任一时刻到达，试求出两人能会面的概率.

解 记下午两点为会面的起始时刻，x，y 分别表示甲、乙到达的时刻，则两人到达时间的一切可能结果对应边长为 30 的正方形内所有点(图 1.3.2). 设 A 表示"两人能会面"，则 A 发生的充分必要条件是$|x-y|\leqslant 15$，即 A 对应阴影部分内的一切点.

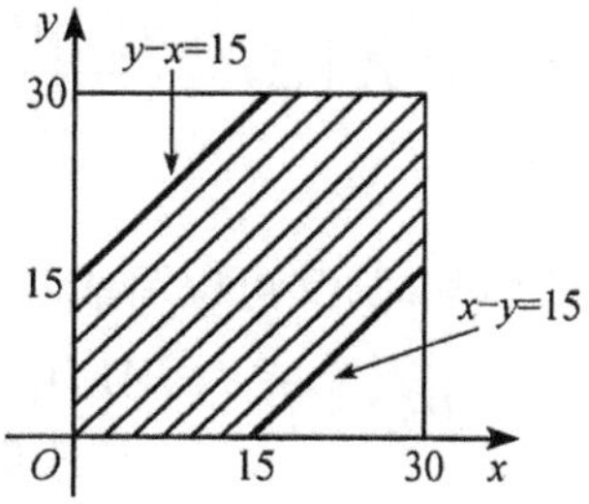

图 1.3.2

归结为几何概型就是向平面区域 $\Omega=\{(x,y)\mid 0\leqslant x,y\leqslant 30\}$ 内随机投点，事件 A 即点投入 Ω 中的区域 $A=\{(x,y)\mid |x-y|\leqslant 15\}$ 中，于是

$$P(A)=\frac{A\text{ 的面积}}{\Omega\text{ 的面积}}=\frac{30^2-15^2}{30^2}=\frac{3}{4}.$$

1.4 条件概率与全概率公式

1.4.1 条件概率与乘法公式

1. 条件概率

在实际问题中，除了考虑求某一事件 A 的概率 $P(A)$，还常常需要考虑"在已知某事件 B 发生的条件下，事件 A 发生"的概率问题. 由于增加了新的条件"事件 B 已发生"，"事件 A 发生"的概率一般来说不同于 $P(A)$，我们称它为 A 对 B 的条件概率. 记为 $P(A|B)$. 相应地，前面所讨论的概率就称为无条件概率. 条件概率是概率论中一个重要而实用的概念，先看一个引例.

引例 假设 100 个产品中有一等品 70 个，二等品 25 个，废品 5 个，一、二等品均为合格品. 从这 100 件产品中随机取一个，设

$$A=\text{"产品是一等品"},\quad B=\text{"产品是合格品"},$$

则 AB="产品是合格且是一等品"，记 $A|B$="合格产品是一等品"，于是

$$P(A)=\frac{70}{100}=0.7,\quad P(B)=\frac{95}{100}=0.95,\quad P(AB)=\frac{70}{100}=0.7.$$

现在考虑"已知取出的产品是合格品，求该产品是一等品"的概率问题，这个问题相当于"在事件 B 发生的条件下，事件 A 发生"的概率. 首先，我们用 $P(A|B)$表示所求的概率，用以说明"取出的产品是合格品"这一条件限制，以区别没有这个条件限制时同一事件的概率 $P(A)$. 其次，试验条件的不同导致样本空间的不同，由于事件 B 已经发生，原样本空间 Ω 中不属于 B 的基本事件不再发生，即可能出现的结果只有 95 个，此时 Ω' 相当于"从 95 个合格品中任取一个"这样一个试验对应的样本空间. 显然，Ω' 中基本事件数与 B 中的基本事件数相同，于是有关系式

$$P(A \mid B)=\frac{\Omega' \text{ 中属于 } A \text{ 的基本事件数}}{\Omega' \text{ 中的基本事件数}}=\frac{AB \text{ 中的基本事件数}}{B \text{ 中的基本事件数}}=\frac{70}{95}. \tag{1.4.1}$$

式(1.4.1)又可以写成

$$P(A \mid B)=\frac{AB \text{ 中的基本事件数}/\Omega \text{ 中的基本事件数}}{B \text{ 中的基本事件数}/\Omega \text{ 中的基本事件数}}=\frac{P(AB)}{P(B)}. \tag{1.4.2}$$

对频率和几何概型也有与上面类似的结果.因此,我们得到下面的定义.

定义 1　设 A,B 为任意两个随机事件,且 $P(B)>0$,称

$$P(A \mid B)=\frac{P(AB)}{P(B)} \tag{1.4.3}$$

为在已知事件 B 发生的条件下,事件 A 发生的条件概率. $P(A|B)$ 读作 A 对 B 的条件概率.

可以验证,条件概率具有概率定义中的三个基本性质.

(1) 非负性:对每一个事件 A, $P(A|B)\geqslant 0$;

(2) 规范性: $P(\Omega|B)=1$;

(3) 可列可加性:若 $A_i(i=1,2,\cdots)$ 两两互不相容,即 $A_iA_j=\varnothing(i\neq j)$, $i,j=1,2,\cdots$,则 $P\left(\sum\limits_i A_i \mid B\right)=\sum\limits_i P(A_i \mid B)$.

可见条件概率也是一种概率,故概率所具有的性质,条件概率也都具有,如

$$P(\bar{A} \mid B)=1-P(A \mid B);$$

$$P[(A_1+A_2) \mid B]=P(A_1 \mid B)+P(A_2 \mid B)-P(A_1A_2 \mid B)$$

等.

例 1　已知 10 张考签中有 4 张难签,甲、乙二人参加抽签,各任抽一张,且由甲先抽,抽出后并不放回已抽出的考签(称这种抽取方法为不放回抽样或不重复抽样).试求在甲抽到难签的情况下,乙也抽到难签的概率.

解　设 A 表示"甲抽到难签", B 表示"乙抽到难签",则所要求的就是条件概率 $P(B|A)$.由于抽到难签后,剩下 9 张考签,其中有 3 张难签,于是由式(1.4.1)可得

$$P(B \mid A)=\frac{3}{9}=\frac{1}{3}.$$

例 2　资料显示,某地区人的寿命在 70 岁以上的概率为 0.66,在 80 岁以上的概率为 0.39,问该地区一位 70 岁以上的人能活到 80 岁以上的概率有多大?

解　设 A 表示"寿命在 70 岁以上", B 表示"寿命在 80 岁以上",则所要求的就是条件概率 $P(B|A)$.而由题设可知 $P(A)=0.66$, $P(AB)=P(B)=0.39$,于是由式(1.4.3)可得

$$P(B \mid A)=\frac{P(AB)}{P(A)}=\frac{0.39}{0.66}\approx 0.591.$$

2. 乘法公式(定理)

由条件概率的定义式(1.4.3),可得

$$P(AB)=P(B)P(A \mid B), \quad P(B)>0. \tag{1.4.4}$$

类似地,由 $P(B|A)=\dfrac{P(AB)}{P(A)}(P(A)>0)$,可得

$$P(AB)=P(A)P(B \mid A), \quad P(A)>0. \tag{1.4.4$'$}$$

以上二式称为概率的乘法公式.乘法公式很容易推广到任意有限个事件的情形.

设 $A_1,A_2,\cdots,A_n$ 为 $n(n\geqslant 2)$ 个事件,满足 $P(A_1A_2\cdots A_{n-1})>0$,则有

$$P(A_1A_2\cdots A_n)=P(A_1)P(A_2 \mid A_1)P(A_3 \mid A_1A_2)\cdots P(A_n \mid A_1A_2\cdots A_{n-1}). \tag{1.4.5}$$

证明 由于 $P(A_1)\geqslant P(A_1A_2)\geqslant\cdots\geqslant P(A_1A_2\cdots A_{n-1})>0$,所以

$$P(A_1A_2\cdots A_n)=P(A_1)\cdot\frac{P(A_1A_2)}{P(A_1)}\cdot\frac{P(A_1A_2A_3)}{P(A_1A_2)}\cdot\cdots\cdot\frac{P(A_1A_2\cdots A_n)}{P(A_1A_2\cdots A_{n-1})}.$$

对上式用式(1.4.3)即得式(1.4.5).

乘法公式是利用条件概率计算乘积事件概率的有力工具.

例 3 已知某工厂生产的产品合格率为 0.96,而合格品中的一级品率为 0.75,求该厂生产的产品是一级品的概率.

解 设 A 表示"产品是合格品",B 表示"产品是一级品",因为一级品必是合格品,所以 $P(B)=P(AB)$. 由题设 $P(A)=0.96$,$P(B|A)=0.75$,于是由式(1.4.4)$'$可得

$$P(B)=P(AB)=P(A)P(B \mid A)=0.96\times 0.75=0.72.$$

例 4 盒中有 12 个新乒乓球,每场比赛任取 3 个,用完后放回去,共赛 3 场,假设球均未损坏.试求:

(1) 三场比赛取到的都是新球的概率;

(2) 第二场比赛取到两新一旧 3 个球,而第三场比赛取到一新两旧 3 个球的概率.

解 设 $A_i,B_i,C_i(i=1,2,3)$分别表示第一、二、三场比赛取到 i 个新球,则有乘法公式可得

(1) 所求概率为

$$\begin{aligned}P(A_3B_3C_3)&=P(A_3)\cdot P(B_3 \mid A_3)\cdot P(C_3 \mid A_3B_3)\\&=\frac{C_{12}^3}{C_{12}^3}\cdot\frac{C_9^3}{C_{12}^3}\cdot\frac{C_6^3}{C_{12}^3}\approx 0.0347.\end{aligned}$$

(2) 所求概率为

$$P(A_3B_2C_1)=P(A_3)\cdot P(B_2 \mid A_3)\cdot P(C_1 \mid A_3B_2)$$
$$=\frac{C_{12}^3}{C_{12}^3}\cdot\frac{C_9^2C_3^1}{C_{12}^3}\cdot\frac{C_7^1C_5^2}{C_{12}^3}\approx 0.156\ 2.$$

例 5　已知某袋中放有 5 个黑球和 4 个白球,从中随机取出一个,然后放回,并同时再加进 2 个与抽出的球同色的球,再取出第二个球. 试求:

(1) 所取两球都是白球的概率;

(2) 第二次才取得黑球的概率.

解　设 A_i 表示"第 i 次取得白球",则 $\overline{A}_i$ 表示"第 i 次取得黑球",则 A_1A_2 表示"所取两个球都是白球",$A_1\overline{A}_2$ 表示"第二次才取得黑球",也就是"第一次取得白球而第二次取得黑球". 由于 $P(A_1)=\frac{4}{9}$,$P(A_2|A_1)=\frac{6}{11}$,$P(\overline{A}_2|A_1)=\frac{5}{11}$,于是由式(1.4.4)′可得

(1) 所求概率为

$$P(A_1A_2)=P(A_1)P(A_2 \mid A_1)=\frac{4}{9}\times\frac{6}{11}=\frac{8}{33}.$$

(2) 所求概率为

$$P(A_1\overline{A}_2)=P(A_1)P(\overline{A}_2 \mid A_1)=\frac{4}{9}\times\frac{5}{11}=\frac{20}{99}.$$

也许有人会问,既然是第二次才取到黑球,那么第一次取到白球应该是条件,为什么不是求 $P(\overline{A}_2|A_1)$呢?

事实上,条件概率 $P(\overline{A}_2|A_1)$要求事件 A_1 是已经发生了的事件. 而这里的问题中,从逻辑意义上考虑,第二次才取到黑球,第一次就必须取到白球. 但是在第二次取到黑球之前,第一次不是一定能取到白球. 因此,"第一次取到白球"仅是逻辑意义上的条件,不是条件概率中的条件.

例 6　在例 5 中如果第二次随机取出一个,然后再放回,并同时再加进两个与抽出的球同色的球,再取出第三个球,则"第三次才取到白球"的概率为

$$P(\overline{A}_1\overline{A}_2A_3)=P(\overline{A}_1)P(\overline{A}_2 \mid \overline{A}_1)P(A_3 \mid \overline{A}_1\overline{A}_2)$$
$$=\frac{5}{9}\times\frac{7}{11}\times\frac{4}{13}=\frac{140}{1\ 287}\approx 0.108\ 8.$$

1.4.2　全概率公式与贝叶斯公式

在解决实际问题的过程中,我们有时希望利用已知的某些事件概率来求得所研究事件的概率,有时又希望利用比较简单的事件概率,去求未知的比较复杂的事件概率. 本节将要介绍的全概率公式和贝叶斯公式帮助我们解决这些概率的计算

问题,我们将利用条件概率、乘法公式以及概率的可加性推导出这两个十分有用的公式.

1. 全概率公式

先来看一个引例.

引例 有 5 个乒乓球,3 只白色球,2 只黄色球,每次取一只,无放回. 求:(1) 第一次取到白色球的概率;(2) 第二次取到白色球的概率;(3) 在已知第一次取到白色球的条件下,第二次取到白色球的概率.

解 设 A="第一次取到白色球",B="第二次取到白色球",则 $\overline{A}$="第一次取到黄色球",且

(1) $P(A)=\frac{3}{5}$.

(2) 考虑到 $A,\overline{A}$ 正好是第一次取球的所有可能情况,它们构成了一个完备事件组,且 $AB,\overline{A}B$ 互不相容,所以 $B=AB+\overline{A}B$. 由概率的可加性及乘法公式可得

$$P(B)=P(AB)+P(\overline{A}B)=P(A)P(B\mid A)+P(\overline{A})P(B\mid\overline{A}).\quad(1.4.6)$$

而由题设可知

$$P(\overline{A})=\frac{2}{5},\quad P(B\mid A)=\frac{2}{4}=\frac{1}{2},\quad P(B\mid\overline{A})=\frac{3}{4}.$$

代入式(1.4.6)得到所求概率为

$$P(B)=\frac{3}{5}\times\frac{1}{2}+\frac{2}{5}\times\frac{3}{4}=\frac{3}{10}+\frac{3}{10}=\frac{3}{5}.$$

(3) $P(B|A)=\frac{1}{2}$.

注意(2)的求解过程是将一个复杂事件 B 分解为互不相容的较简单的事件 $AB,\overline{A}B$ 后,利用概率的可加性与乘法公式求解的. 再看一个例子:

例 7 设有三箱同类型产品各由三家工厂生产. 已知第一、第二家工厂产品的废品率都是 2%,第三家工厂的废品率是 4%. 现在任取一箱,从箱中任取一件产品,试求所取产品是废品的概率.

解 这里的试验是先从三箱中任取一箱,再从取到的一箱中任取一件产品,观察取到废品的情况. 因此,可先设 A_i 表示"取到第 i 家工厂生产的一箱产品",$i=1,2,3$,这时,A_1,A_2,A_3 反映了先抽取的所有可能情况,并且它们构成了一个完备事件组,再设 B 表示"取到废品",则 A_1B,A_2B,A_3B 互不相容,于是 $B=A_1B+A_2B+A_3B$. 由概率的可加性及乘法公式可得

$$\begin{aligned}P(B)&=P(A_1B)+P(A_2B)+P(A_3B)\\&=P(A_1)P(B\mid A_1)+P(A_2)P(B\mid A_2)+P(A_3)P(B\mid A_3).\quad(1.4.7)\end{aligned}$$

而由题设知

$$P(A_1)=P(A_2)=P(A_3)=\frac{1}{3},\quad P(B\mid A_1)=P(B\mid A_2)=0.02,$$
$$P(B\mid A_3)=0.04,$$

代入式(1.4.7)得到所求概率为

$$P(B)=\frac{1}{3}\times 0.02+\frac{1}{3}\times 0.02+\frac{1}{3}\times 0.04\approx 0.0267.$$

本例是将一个复杂事件 B 分解为三个互不相容的较简单的事件 A_1B,A_2B,A_3B 后，利用概率的可加性与乘法公式求解的. 求 $P(B)$的式具有普遍意义，它的一般形式就是所谓的全概率公式.

定理1(全概率公式)　设某随机试验的样本空间 Ω 中的事件 $A_1,A_2,\cdots$(有限或可列个)构成一个完备事件组，且 $P(A_i)>0(i=1,2,\cdots)$，则对任一事件 B，有

$$P(B)=\sum_i P(A_i)P(B\mid A_i).\tag{1.4.8}$$

并称式(1.4.8)为全概率公式，简称全概公式.

证明　由假设可知事件 B 必与某一事件 A_i 同时发生，而 $A_1,A_2,\cdots$构成一个完备事件组，因此，由事件的运算性质可得

$$B=A_1B+A_2B+\cdots=(A_1+A_2+\cdots)B=\Omega B.$$

由于 $A_1,A_2,\cdots$两两互不相容，$A_1B,A_2B,\cdots$也互不相容，由概率的可加性及乘法公式可得

$$P(B)=\sum_i P(A_iB)=\sum_i P(A_i)P(B\mid A_i).$$

例8　10张考签中有4张难签，甲、乙、丙三人依次不放回地各抽取一签. 分别求甲、乙、丙三人各自抽到难签的概率.

解　设 A、B、C 分别表示甲、乙、丙抽到难签. 那么，由古典概率有

$$P(A)=\frac{4}{10}=\frac{2}{5}.$$

由于乙是在甲已抽取的条件下抽取，且甲抽取的情况 A 与 $\overline{A}$ 构成一个完备事件组，所以由全概率公式可得

$$P(B)=P(A)P(B\mid A)+P(\overline{A})P(B\mid \overline{A})=\frac{2}{5}\times\frac{3}{9}+\frac{3}{5}\times\frac{4}{9}=\frac{2}{5}.$$

而丙是在甲、乙都已抽取的条件下抽取的，且甲乙抽取的情况 $AB,\overline{A}B,A\overline{B},\overline{A}\overline{B}$ 构成一个完备事件组，所以由全概率公式可得

$$
\begin{aligned}
P(C) &= P(AB)P(C \mid AB) + P(\overline{A}B)P(C \mid \overline{A}B) \\
&\quad + P(A\overline{B})P(C \mid A\overline{B}) + P(\overline{A}\overline{B})P(C \mid \overline{A}\overline{B}) \\
&= P(A)P(B \mid A)P(C \mid AB) + P(\overline{A})P(B \mid \overline{A})P(C \mid \overline{A}B) \\
&\quad + P(A)P(\overline{B} \mid A)P(C \mid A\overline{B}) + P(\overline{A})P(\overline{B} \mid \overline{A})P(C \mid \overline{A}\overline{B}) \\
&= \frac{2}{5}\times\frac{3}{9}\times\frac{2}{8}+\frac{3}{5}\times\frac{4}{9}\times\frac{3}{8}+\frac{2}{5}\times\frac{6}{9}\times\frac{3}{8}+\frac{3}{5}\times\frac{5}{9}\times\frac{4}{8}=\frac{2}{5}.
\end{aligned}
$$

此例验证了众所周知的抽签机会均等，与抽签顺序无关这一事实.

例 9 某厂的一种产品每 50 件成一箱，每箱中至多有 2 件次品，且含 0，1，2 件次品是等可能的. 现从中任取一箱，再随机逐件抽取 5 件产品进行检查(取后不放回)，在抽取过程中，如发现次品，则停止抽查，并认为该箱产品是不合格的；若抽出 5 件后仍未发现次品，则认为该箱产品是合格的. 试求可以认定该箱产品合格的概率.

解 设 B_i 表示"取到含 i 件次品的一箱产品"，$i=0,1,2$，则 B_0,B_1,B_2 构成一个完备事件组. 再设 A 表示"认定该箱产品合格"，则由全概率公式可得

$$P(A)=\sum_{i=0}^{2}P(B_i)P(A \mid B_i).$$

而由题设可知

$$P(B_0)=P(B_1)=P(B_2)=\frac{1}{3}.$$

下面求 $P(A|B_i)$. 为方便，设 A_i 表示"第 i 次抽到合格品"，$i=1,2,3,4,5$，显然有 $P(A|B_0)=1$，而

$$
\begin{aligned}
P(A \mid B_1) &= P(A_1A_2A_3A_4A_5 \mid B_1) \\
&= P(A_1 \mid B_1)P(A_2 \mid B_1A_1)P(A_3 \mid B_1A_1A_2) \\
&\quad P(A_4 \mid B_1A_1A_2A_3)P(A_5 \mid B_1A_1A_2A_3A_4) \\
&= \frac{49}{50}\cdot\frac{48}{49}\cdot\frac{47}{48}\cdot\frac{46}{47}\cdot\frac{45}{46}=\frac{45}{50}=0.9.
\end{aligned}
$$

类似地，有

$$P(A \mid B_2)=\frac{48}{50}\cdot\frac{47}{49}\cdot\frac{46}{48}\cdot\frac{45}{47}\cdot\frac{44}{46}\approx 0.808\,16.$$

于是所求概率为

$$P(A)\approx\frac{1}{3}\times 1+\frac{1}{3}\times 0.9+\frac{1}{3}\times 0.808\,16\approx 0.902\,7.$$

由以上的例题可以看出，全概率公式适用问题的一般特征是：试验可以分为两个层次(或两个步骤)，第一层次的所有可能结果构成一个完备事件组，即 $A_1,A_2,\cdots$ 为互不相容的事件，且 $\sum A_i=\Omega$，而每次试验必发生其一；我们所考虑的事件 B

是第二层次中的事件，它的发生必与 $A_1, A_2, \cdots$ 中的一个同时发生. 因此，利用全概率公式来求事件 B 的概率时，我们必须找出满足全概率公式的完备事件组 $A_1, A_2, \cdots$，这是解决问题的关键.

我们再来看一个有关两层次试验的例子：

设有甲、乙两个盒子. 甲盒中有 3 支红粉笔，2 支蓝粉笔；乙盒中有 1 支红粉笔，2 支蓝粉笔，2 支白粉笔. 任取一个盒子，再由盒中任取一支粉笔，并设 A="取到甲盒"，B="取到红粉笔"，则

$$P(B)=P(A)P(B\mid A)+P(\bar{A})P(B\mid \bar{A})=\frac{1}{2}\times\frac{3}{5}+\frac{1}{2}\times\frac{1}{5}=\frac{2}{5}.$$

也可以不用全概率公式，即可以设想将两盒粉笔都混放到一个盒子里，再任取一支，则 $P(B)=\frac{4}{10}=\frac{2}{5}$，结果一致.

能否就此认定全概率问题均可由上述第二种方法解决呢？一般而言是不行的. 为此我们将前面例子稍加改动，即甲箱有 4 支红粉笔，2 支蓝粉笔；乙箱有 1 支红粉笔，2 支蓝粉笔，1 支白粉笔，试验过程不变，则

$$P(B)=P(A)P(B\mid A)+P(\bar{A})P(B\mid \bar{A})=\frac{1}{2}\times\frac{4}{6}+\frac{1}{2}\times\frac{1}{4}=\frac{11}{24}.$$

而两盒粉笔混合后，$P(B)=\frac{5}{10}=\frac{1}{2}$，两个结果并不一致. 这说明用后一种方法代替全概率公式通常是不成立的，而只有当两盒粉笔数相等时结果才变为正确. 读者能否将上述结论推广到更一般的情形？

2. 贝叶斯(Bayes)公式

看下面的引例：

引例 某工厂有 4 条流水线生产同一种产品，该 4 条流水线的产量分别占总产量的 10%，20%，30%，40%，又这 4 条流水线的次品率依次为 0.05，0.04，0.03，0.02，现从出厂产品中任取一件，若发现取到的产品是次品，问它由第四条流水线生产的概率有多大？

解 令 B="取出的产品为次品"；A_i="产品取自第 i 条流水线"，$i=1,2,3,4$. 显然，所求概率为 $P(A_4\mid B)$. 今由题设可知，$P(A_1)=0.10$，$P(A_2)=0.20$，$P(A_3)=0.30$，$P(A_4)=0.40$；$P(B\mid A_1)=0.05$，$P(B\mid A_2)=0.04$，$P(B\mid A_3)=0.03$，$P(B\mid A_4)=0.02$. 因此，由全概率公式可得

$$\begin{aligned}P(B)&=\sum_{i=1}^{4}P(A_i)P(B\mid A_i)\\&=0.10\times0.05+0.20\times0.04+0.30\times0.03+0.40\times0.02=0.03=3\%.\end{aligned}$$

利用条件概率的定义及乘法公式可得

$$P(A_4 \mid B)=\frac{P(A_4B)}{P(B)}=\frac{P(A_4)P(B \mid A_4)}{\sum_{i=1}^{4}P(A_i)P(B \mid A_i)}=\frac{0.008}{0.03}\approx 0.2667.$$

这就是取出的次品由第四条流水线生产的概率. 用类似的方法也可以求出所取次品由第一、第二、第三条流水线生产的概率.

这个例题实际上告诉我们一个极为有用的公式,即贝叶斯公式.

定理 2(贝叶斯公式) 设某随机试验的样本空间 Ω 中的事件 $A_1,A_2,\cdots$(有限或可列个)构成一个完备事件组,且 $P(A_i)>0(i=1,2,\cdots)$,则对任一事件 B,$P(B)>0$,有

$$P(A_k \mid B)=\frac{P(A_k)P(B \mid A_k)}{\sum_{i}P(A_i)P(B \mid A_i)},\quad k=1,2,\cdots \tag{1.4.9}$$

并称式(1.4.9)为贝叶斯公式.

贝叶斯公式常用来解决的问题是:如果某事件 B 能且只能与完备事件组 A_1,A_2,…中某一事件 $A_k(k=1,2,\cdots)$同时发生,而且我们在试验之前知道 $P(A_i)$及 $P(B|A_i)$,$i=1,2,\cdots$. 在所做的一次试验中,假设事件 B 发生了,如何求事件 B 的发生是由事件 A_k 的发生而引起的概率 $P(A_k|B)$,$k=1,2,\cdots$. 这可以视为全概率公式的逆问题,因此,贝叶斯公式也常称为**逆概公式**. 利用逆概公式解决问题时,关键仍是找出满足全概率公式的完备事件组 $A_1,A_2,\cdots$. 我们把 $P(A_i)$称为**先验概率**,而把要求的条件概率 $P(A_k|B)$称为**后验概率**.

在上面的引例中,“抽查一次产品”是一次试验,那么 $P(A_i)$就是在试验之前就已经知道的先验概率,实际上它是过去已经掌握的情况反映,对试验将要出现的结果提供了一定的信息;现在试验结果出现次品(B 发生了),这时后验概率 $P(A_i|B)$反映了在试验之后,对 B 发生的某种“来源”(即次品的来源)可能性大小的估计.

例 10 某保险公司把客户分为三类:“谨慎的”、“一般的”和“冒失的”. 统计资料表明,这三类客户在一年内发生某类事故的概率依次为 0.01,0.05 和 0.10. 设它们在客户中所占比例依次为 30%,50%和 20%. 现已知某客户在一年内出了事故,求该客户是“谨慎的”客户的概率.

解 这里的随机试验可以视为从三类客户中任意抽查一个客户,考察其是否出事故. 而所考虑的问题是:已知此客户出了事故,求该客户是来自“谨慎的”一类客户的概率. 设 A_1,A_2 和 A_3 分别表示客户是“谨慎的”、“一般的”和“冒失的”,则 A_1,A_2 和 A_3 构成一个完备事件组. 再设 B 表示客户在一年内出了事故,则 $P(A_1|B)$就是所求的概率.

由题设可知,$P(A_1)=0.30$,$P(A_2)=0.50$,$P(A_3)=0.20$;$P(B|A_1)=0.01$,

$P(B|A_2)=0.05, P(B|A_3)=0.10$. 由贝叶斯公式可得

$$P(A_1 \mid B)=\frac{P(A_1)P(B \mid A_1)}{\sum_{i=1}^{3} P(A_i)P(B \mid A_i)}$$
$$=\frac{0.30\times 0.01}{0.30\times 0.01+0.50\times 0.05+0.20\times 0.10}=0.0625.$$

即出事故的客户是“谨慎的”客户的概率是 0.062 5.

例 11　已知一批产品的合格品率是 96%. 检查产品时，一个合格品被误认为是次品的概率是 0.02，一个次品被误认为是合格品的概率是 0.05. 试求经检查合格的产品确为合格品以及经检查不合格品的产品确为次品的概率.

解　这里的随机试验可以视为从生产的产品中任意抽查一个产品，考察产品是合格品还是次品. 设 A 表示“抽得的产品是合格品”，则 $\overline{A}$ 表示“抽得产品是次品”，且 A 与 $\overline{A}$ 构成一个完备事件组. 再设 B 表示“认为抽得的产品是合格品”，则 $\overline{B}$ 表示“认为抽得的产品是次品”. 这里所要求的概率是 $P(A|B)$和 $P(\overline{A}|\overline{B})$.

由题设可知：$P(A)=0.96, P(\overline{B}|A)=0.02, P(B|\overline{A})=0.05$；故 $P(\overline{A})=0.04$，$P(B|A)=0.98, P(\overline{B}|\overline{A})=0.95$. 于是由贝叶斯公式可得

$$P(A \mid B)=\frac{P(A)P(B \mid A)}{P(A)P(B \mid A)+P(\overline{A})P(B \mid \overline{A})}$$
$$=\frac{0.96\times 0.98}{0.96\times 0.98+0.04\times 0.05}=\frac{0.9408}{0.9428}\approx 0.9979.$$
$$P(\overline{A} \mid \overline{B})=\frac{P(\overline{A})P(\overline{B} \mid \overline{A})}{P(A)P(\overline{B} \mid A)+P(\overline{A})P(\overline{B} \mid \overline{A})}$$
$$=\frac{0.04\times 0.95}{0.96\times 0.02+0.04\times 0.95}=\frac{0.0380}{0.0572}\approx 0.6643$$

或

$$P(\overline{A} \mid \overline{B})=\frac{P(\overline{A}\overline{B})}{P(\overline{B})}=\frac{P(\overline{A})P(\overline{B} \mid \overline{A})}{1-P(B)}=\frac{0.0380}{1-0.9428}\approx 0.6643.$$

1.5　随机事件的独立性

本节分两种情况，考虑随机事件的独立性.

1.5.1　两个事件的独立性

一般来说，条件概率 $P(A|B)$与无条件概率 $P(A)$是不同的. 但是，如果两个事件 A 与 B，其中任一事件的发生与否都不影响另一事件发生的可能性，那么，$P(A|B)$与 $P(A)$相同. 来看一个例子：

引例 甲、乙二人对某一目标各自进行射击,设A表示"甲击中目标",B表示"乙击中目标",且$P(A)=0.90$,$P(B)=0.85$. 试求$P(A|B)$与$P(B|A)$.

解 直观上易见,"乙击中目标"的可能性并不因为甲是否击中目标而有所改变,同样,"甲击中目标"的可能性也不因为乙是否击中目标而有所改变. 因此有

$$P(B \mid A)=P(B)=0.85,\quad P(A \mid B)=P(A)=0.90.$$

引例中的两个事件A与B满足条件

$$P(B \mid A)=P(B)(\text{称为}B\text{对}A\text{独立}) \tag{1.5.1}$$

及

$$P(A \mid B)=P(A)(\text{称为}A\text{对}B\text{独立}). \tag{1.5.2}$$

这里,"B对A独立"的含义是事件B概率不受附加条件"事件A已发生"的影响. 一般地,若两个事件A与B满足式(1.5.1)和式(1.5.2),我们称A与B相互独立.

可以证明,当$P(A)>0$,$P(B)>0$时,式(1.5.1)与式(1.5.2)中有一式成立,则另一式也成立(请读者证之). 这时,由乘法公式可得

$$P(AB)=P(A)P(B \mid A)=P(A)P(B).$$

我们由此给出两个事件相互独立的数学定义.

定义 1 如果任意两个随机事件A与B满足

$$P(AB)=P(A)P(B). \tag{1.5.3}$$

则称随机事件A与B是相互独立的,简称A与B独立.

这里要指出的是,采用式(1.5.3)定义两个事件的相互独立性时,不必加$P(A)>0$和$P(B)>0$的限制条件,因而有更广泛的适用性.

独立性是概率论中一个很重要的概念,几乎遍及概率统计的各个角落. 关于两个事件的独立性有如下性质:

性质 1 $P(A)=0$或$P(A)=1$,则事件A与任意事件B独立,从而不可能事件和必然事件与任意事件独立.(证明留给读者.)

性质 2 若$P(A)>0$(或$P(B)>0$),则事件A与B相互独立的充要条件是$P(B)=P(B|A)$(或$P(A)=P(A|B)$).(证明留给读者.)

性质 3 事件A与B独立,则事件A与$\overline{B}$独立,事件$\overline{A}$与B独立,事件$\overline{A}$与$\overline{B}$独立.(证明留给读者.)

利用事件的独立性解决实际问题时,往往总是先从实际意义上确定事件的独立性,然后再根据独立性的定义和性质计算独立事件的概率.

例 1 甲、乙二人对同一目标进行射击,甲击中目标的概率为0.9,乙击中目标的概率为0.8,甲乙二人各射击一次,试求击中目标的概率.

解 设A表示"甲击中目标",B表示"乙击中目标",C表示"击中目标",则

$P(A)=0.9$，$P(B)=0.8$，且所求概率为

$$P(C)=P(A+B)=P(A)+P(B)-P(AB).$$

由于乙是否击中目标不受甲是否击中目标的影响，同样，甲是否击中目标也不受乙是否击中目标的影响. 所以，A，B 相互独立，于是有

$$P(AB)=P(A)P(B)=0.9\times0.8=0.72,$$
$$P(C)=0.9+0.8-0.72=0.98.$$

例 2　从装有 m 只黑球、k 只白球的袋中摸出一球后放回，再摸出一球，记 A＝"第一次摸到黑球"，B＝"第二次摸到黑球". 验证 A 与 B 是否独立，并求"第一次摸到白球而第二次摸到黑球"及"两次都摸到黑球的概率"的概率.

解　显然 $\overline{A}$＝"第一次摸到白球". 而由题设可知，第一次摸球与第二次摸球面对的情况相同，每次摸球互不影响. 因此，A 与 B 独立，$\overline{A}$ 与 B 也独立. 且 $P(A)=P(B)=\dfrac{m}{m+k}$，$P(\overline{A})=\dfrac{k}{m+k}$，所以

$$P(AB)=P(A)P(B)=\frac{m}{m+k}\times\frac{m}{m+k}=\frac{m^2}{(m+k)^2},$$
$$P(\overline{A}B)=P(\overline{A})P(B)=\frac{k}{m+k}\times\frac{m}{m+k}=\frac{mk}{(m+k)^2}.$$

例 3　从装有 m 只黑球、k 只白球的袋中无放回地摸球两次，记 A＝"第一次摸到黑球"，B＝"第二次摸到黑球". 验证 A 与 B 是否独立.

解　由题设可知，$P(A)=\dfrac{m}{m+k}$，而 $B=AB+\overline{A}B$，且 AB 与 $\overline{A}B$ 互不相容，所以

$$\begin{aligned}P(B)&=P(AB)+P(\overline{A}B)=P(A)P(B\mid A)+P(\overline{A})P(B\mid\overline{A})\\&=\frac{m}{m+k}\times\frac{m-1}{m+k-1}+\frac{k}{m+k}\times\frac{m}{m+k-1}=\frac{m}{m+k}.\end{aligned}$$

而

$$P(AB)=P(A)P(B\mid A)=\frac{m}{m+k}\times\frac{m-1}{m+k-1}\neq P(A)P(B).$$

故 A 与 B 不是相互独立的.

由这个例题可知，"第一次摸到黑球"的概率与"第二次摸到黑球"的概率相同. 事实上，袋中黑球的个数和白球的个数一旦确定，那么，"第一次摸到黑(白)球"的概率与"第二次摸到黑(白)球"的概率一定相同. 这似乎给我们一个启示：B 的发生只与袋中黑、白球的个数有关，而不受 A 发生的影响. 实际上这是一个错觉！观察 A 与 B 是否相互独立，是观察 A(或 B)**已经发生**的情况下，B(或 A)发生的概率. 即判别 $P(B)(P(A))$ 是否与 $P(B|A)(P(A|B))$ 相同. 通常，有放回(重复)抽样试验中各次抽取所对应的事件是相互独立的，而不放回(不重复)抽样试验中各次抽

取所对应的事件不是相互独立的.

1.5.2 多个事件的独立性

定义 2 设 $A_1,A_2,\cdots,A_n$ 是 n 个随机事件,若对其中任意 $k(2\leqslant k\leqslant n)$ 个事件 $A_{i_1},A_{i_2},\cdots,A_{i_k}$,有等式

$$P(A_{i_1}A_{i_2}\cdots A_{i_k}) = P(A_{i_1})P(A_{i_2})\cdots P(A_{i_k}) \tag{1.5.4}$$

成立,则称 n 个事件 $A_1,A_2,\cdots,A_n$ 是相互独立的.

式(1.5.4)实际包含了 $n-1$ 组共 $C_n^2+C_n^3+\cdots+C_n^n=2^n-n-1$ 个等式. 即

$P(A_iA_j) = P(A_i)P(A_j),\quad 1\leqslant i<j\leqslant n$(共 C_n^2 个等式),

$P(A_iA_jA_k) = P(A_i)P(A_j)P(A_k),\quad 1\leqslant i<j<k\leqslant n$(共 C_n^3 个等式),

……

$P(A_iA_j\cdots A_n) = P(A_i)P(A_j)\cdots P(A_n)$(共 $C_n^n=1$ 个等式).

由定义看出,若 n 个事件相互独立,则它们中的任意 $k(2\leqslant k<n)$ 个也是相互独立的. 但是要特别注意,若 n 个事件 $A_1,A_2,\cdots,A_n$ 中任意 $k(2\leqslant k<n)$ 个事件独立,未必能推出 n 个事件 $A_1,A_2,\cdots,A_n$ 的相互独立性. 看下面的例子.

例 4 设样本空间 $\Omega=\{\omega_1,\omega_2,\omega_3,\omega_4\}$ 含有 4 个等可能基本事件,又设 $A_1=\{\omega_1,\omega_2\},A_2=\{\omega_1,\omega_3\},A_3=\{\omega_1,\omega_4\}$,则 $P(A_1)=P(A_2)=P(A_3)=\frac{1}{2}$,且

$$P(A_1A_2) = P(A_1A_3) = P(A_2A_3) = P(\{\omega_1\}) = \frac{1}{4},$$

$$P(A_1A_2A_3) = P(\{\omega_1\}) = \frac{1}{4}.$$

可见

$$P(A_1A_2) = P(A_1)P(A_2),\quad P(A_1A_3) = P(A_1)P(A_3),$$
$$P(A_2A_3) = P(A_2)P(A_3);$$

而

$$P(A_1A_2A_3) \neq P(A_1)P(A_2)P(A_3).$$

例 5 设样本空间 $\Omega=\{\omega_1,\omega_2,\omega_3,\omega_4,\omega_5,\omega_6,\omega_7,\omega_8\}$ 含有 8 个等可能基本事件,设 $A_1=\{\omega_1,\omega_2,\omega_3,\omega_5\},A_2=\{\omega_1,\omega_2,\omega_4,\omega_5\},A_3=\{\omega_5,\omega_6,\omega_7,\omega_8\}$,则 $P(A_1)=P(A_2)=P(A_3)=\frac{1}{2}$,且 $P(A_1A_2)=P(\{\omega_1,\omega_2,\omega_5\})=\frac{3}{8}$,$P(A_1A_3)=P(A_2A_3)=P(\{\omega_5\})=\frac{1}{8}$,$P(A_1A_2A_3)=P(\omega_5)=\frac{1}{8}$. 可见 $P(A_1A_2A_3)=P(A_1)P(A_2)P(A_3)$,但是 $P(A_1A_2)\neq P(A_1)P(A_2)$,$P(A_1A_3)\neq P(A_1)P(A_3)$,$P(A_2A_3)\neq P(A_2)P(A_3)$.

这两个例子说明,n 个事件 $A_1,A_2,\cdots,A_n$ 相互独立的定义中 2^n-n-1 个等式

缺一不可.

应用定义和概率的性质,还可以得到下面的性质.

性质 4 若 $A_1,A_2,\cdots,A_n$ 相互独立,则把其中任意 $k(2\leqslant k\leqslant n)$ 个 $A_{i_1},A_{i_2},\cdots,A_{i_k}$ 换成 $\overline{A}_{i_1},\overline{A}_{i_2},\cdots,\overline{A}_{i_k}$ 后所得的 k 个事件仍相互独立.

性质 5 若 $A_1,A_2,\cdots,A_n$ 相互独立,则有

$$P\left(\sum_{i=1}^{n}A_i\right)=1-\prod_{i=1}^{n}P(\overline{A}_i).$$

证明 利用事件的关系与运算以及 $A_1,A_2,\cdots,A_n$ 的独立性,可得

$$P\left(\sum_{i=1}^{n}A_i\right)=1-P\left(\overline{\sum_{i=1}^{n}A_i}\right)=1-P\left(\prod_{i=1}^{n}\overline{A}_i\right)=1-\prod_{i=1}^{n}P(\overline{A}_i).$$

对于可列个事件,有如下的定义.

定义 3 若可列个事件 $A_1,A_2,\cdots$ 中任意有限个事件都相互独立的,则称 $A_1,A_2,\cdots$ 相互独立.

从事件相互独立的定义及性质看出,对于独立事件,用乘法公式特别简便,另外对 $n\geqslant 3$ 的情形,用定义来验证 n 个事件是否独立都比较麻烦,人们常根据问题所反映的条件直接加以判断.

例 6 假定每个人的血清中含有肝炎病毒的概率为 0.004,混合 100 个人的血清,求此混合血清含肝炎病毒的概率.

解 记 A_i=第 i 个人的血清中含病毒,$i=1,2,\cdots,100$.

由经验可以判定 A_i 间是相互独立的,且 $P(A_i)=0.004(i=1,2,\cdots,100)$,所求概率为 $P\left(\sum_{i=1}^{100}A_i\right)$;因 A_i 间显然不是两两相斥的,用加法公式计算就很麻烦,我们可以将事件的并运算转化为事件的交运算,从而改用乘法公式. 即

$$\begin{aligned}P\left(\sum_{i=1}^{100}A_i\right)&=1-P\left(\overline{\sum_{i=1}^{100}A_i}\right)=1-P(\overline{A}_1)\cdots P(\overline{A}_{100})\\&=1-(1-0.004)^{100}\approx 0.33.\end{aligned}$$

例 7 对敌机进行三次独立射击,各次的命中率依次为 0.5,0.6 和 0.7. 求敌机恰有一次被击中的概率.

解 记 A_i="第 i 次击中敌机",$i=1,2,3$;A="敌机被击中". 则

$$A=A_1\overline{A}_2\overline{A}_3+\overline{A}_1A_2\overline{A}_3+\overline{A}_1\overline{A}_2A_3.$$

由于三次射击是独立的,A_1,A_2,A_3 相互独立,利用可加性和独立性,所求概率为

$$\begin{aligned}P(A)&=P(A_1\overline{A}_2\overline{A}_3+\overline{A}_1A_2\overline{A}_3+\overline{A}_1\overline{A}_2A_3)\\&=P(A_1)P(\overline{A}_2)P(\overline{A}_3)+P(\overline{A}_1)P(A_2)P(\overline{A}_3)+P(\overline{A}_1)P(\overline{A}_2)P(A_3)\\&=0.5\times0.4\times0.3+0.5\times0.6\times0.3+0.5\times0.4\times0.7=0.29.\end{aligned}$$

例 8　对敌机进行三次独立射击，各次的命中率依次为 0.4，0.5 和 0.7. 敌机被击中一次而被击落的概率为 0.2，击中两次而被击落的概率为 0.6，击中三次则必然被击落. 求敌机被击落的概率.

解　记 A_i="第 i 次击中敌机"，$i=1,2,3$；B_j="敌机被击中 j 次"，$j=1,2,3$；C="敌机被击落". 则 A_1,A_2,A_3 相互独立，B_1,B_2,B_3 互不相容，$C=B_1C+B_2C+B_3C$. 而所求的概率为

$$P(C)=P(B_1)P(C\mid B_1)+P(B_2)P(C\mid B_2)+P(B_3)P(C\mid B_3).$$

今由题设可知，$P(A_1)=0.4$，$P(A_2)=0.5$，$P(A_3)=0.7$，$P(C|B_1)=0.2$，$P(C|B_2)=0.6$，$P(C|B_3)=1$. 再由事件独立性及概率的性质，可求得

$$\begin{aligned}P(B_1)&=P(A_1\overline{A}_2\overline{A}_3+\overline{A}_1A_2\overline{A}_3+\overline{A}_1\overline{A}_2A_3)\\&=P(A_1)P(\overline{A}_2)P(\overline{A}_3)+P(\overline{A}_1)P(A_2)P(\overline{A}_3)+P(\overline{A}_1)P(\overline{A}_2)P(A_3)\\&=0.4\times0.5\times0.3+0.6\times0.5\times0.3+0.6\times0.5\times0.7=0.36,\\P(B_2)&=P(A_1A_2\overline{A}_3+A_1\overline{A}_2A_3+\overline{A}_1A_2A_3)\\&=P(A_1)P(A_2)P(\overline{A}_3)+P(A_1)P(\overline{A}_2)P(A_3)+P(\overline{A}_1)P(A_2)P(A_3)\\&=0.4\times0.5\times0.3+0.4\times0.5\times0.7+0.6\times0.5\times0.7=0.41,\\P(B_3)&=P(A_1A_2A_3)=P(A_1)P(A_2)P(A_3)=0.4\times0.5\times0.7=0.14.\end{aligned}$$

代入 $P(C)$ 的表达式，得所求的概率为

$$P(C)=0.36\times0.2+0.41\times0.6+0.14\times1=0.458.$$

注　若 A,B 为两事件，则当 $P(A)>0$，$P(B)>0$ 时，A 与 B 互不相容与相互独立是不能同时成立的. 这是因为当 A,B 互不相容时，$P(AB)=P(\varnothing)=0$；而当 A,B 相互独立时，$P(AB)=P(A)P(B)\neq0$.

1.6　伯努利概型

引例　(1) 将一枚硬币抛掷 5 次，求恰有 2 次出现正面的概率；(2) 一位篮球运动员练习定点投篮. 若已知其每次投中的概率均为 0.7，问该运动员在 5 次投篮中恰投中 2 次的概率是多大?

解　(1) 设 A="恰有 2 次出现正面"，则由概率的古典定义知

$$P(A)=\frac{A\text{ 所含基本事件数}}{\Omega\text{ 所含基本事件数}}=\frac{C_5^2}{2^5}.$$

这一结果也可记为 $P(A)=C_5^2\left(\frac{1}{2}\right)^2\left(\frac{1}{2}\right)^3$.

第二个式子可以解释为：各次抛掷的结果显然相互独立，$\left(\frac{1}{2}\right)^2$ 表示出现 2 次

正面的概率；$\left(\frac{1}{2}\right)^3$ 表示出现 3 次反面的概率；C_5^2 表示 2 次正面可以出现在 5 次抛掷过程中的任何两次.

(2) 此时如果仍按(1)题的思路，设 A="恰投中 2 次"，而 $P(A)=\frac{C_5^2}{2^5}$则显然是不正确的. 因为这里"投中"与"未投中"这两个基本事件并不是等可能的. 换句话说，这个概率问题虽然也很"古典"，却不能再用概率的古典定义求解了. 读者不难理解，事件 A 的概率为

$$P(A)=C_5^2\times 0.7^2\times 0.3^3.$$

实际上，这里我们引出了在一种概型下，某类事件概率的统一计算模式.

以上这类问题是广泛存在的.

定义 1　我们把具有下述特征的 n 次随机试验称为 n 重伯努利概型(或 n 重伯努利试验)：

(1) 每次试验只有两个可能的结果，记为 A 及 $\overline{A}$；

(2) n 次试验相互独立，即各次试验的结果相互独立；

(3) 事件 A 及 $\overline{A}$ 在各次试验中出现的概率相同(即每次试验结果出现的概率不受其他各次试验结果的影响)，分别记为 $P(A)=p$，$P(\overline{A})=1-p=q(0<p<1)$.

当 $n\to+\infty$时，称其为无限伯努利概型.

由定义可知，若 n 重伯努利试验中，令 A_i 表示"第 i 次试验成功"($i=1,2,\cdots,n$)，则 $A_1,A_2,\cdots,A_n$ 相互独立，且 $P(A_1)=P(A_2)=\cdots=P(A_n)$.

在本节中，我们主要讨论 n 重伯努利概型中以下 4 种事件的概率.

1) 事件 B_k="事件 A 在 n 次试验中恰好出现 k 次"的概率 $P_n(B_k)$.

设 A_i 表示"事件 A 第 i 次试验中发生"，则 $P(A_i)=p$，$P(\overline{A}_i)=1-p$. "事件 A 在 n 次试验中恰好出现 k 次"说明事件 A 在 n 次试验中的 k 次试验中发生，而在其余的 $n-k$ 次试验中不发生. 不妨设事件 A 在第 $i_1,i_2,\cdots,i_k$ 次试验中发生，在第 $j_1,j_2,\cdots,j_{n-k}$次试验中不发生，由于各次试验独立，$A_{i_1},A_{i_2},\cdots,A_{i_k},\overline{A}_{j_1},\overline{A}_{j_2},\cdots,\overline{A}_{j_{n-k}}$ 相互独立. 因此

$$\begin{aligned}&P(A_{i_1}A_{i_2}\cdots A_{i_k}\overline{A}_{j_1}\overline{A}_{j_2}\cdots\overline{A}_{j_{n-k}})\\ =&P(A_{i_1})P(A_{i_2})\cdots P(A_{i_k})P(\overline{A}_{j_1})P(\overline{A}_{j_2})\cdots P(\overline{A}_{j_{n-k}})=p^kq^{n-k}.\end{aligned}$$

又由于事件 A 在 n 次试验中发生的 k 次试验共有 C_n^k 种，每种对应的事件互不相容，且概率均为 p^kq^{n-k}，因此，$P_n(B_k)=C_n^kp^kq^{n-k}$. 于是有如下定理.

定理 1(伯努利定理)　在 n 重伯努利概型中，事件 B_k="事件 A 在 n 次试验中恰好出现 k 次"的概率为

$$P_n(B_k)=C_n^kp^kq^{n-k},\quad k=0,1,2,\cdots,n,\tag{1.6.1}$$

其中 $p=P(A)$，$q=1-p$.

例 1 设某人打靶的命中率为 0.75，现在独立重复地射击 5 次，求恰好命中 3 次的概率.

解 每次打靶只有两个可能结果：A="命中"，$\overline{A}$="没有命中"，B_3="恰好命中 3 次"，而 $p=P(A)=0.75$，$q=P(\overline{A})=0.25$. 问题归结为五重伯努利试验，所求概率为

$$P_5(B_3)=C_5^3\times 0.75^3\times 0.25^2\approx 0.264.$$

2) "事件 A 在 n 次试验中至少(至多)出现 k 次"的概率.

令 $C_{(k)}$ 表示"事件 A 在 n 次试验中**至少**出现 k 次"，而 $C^{(k)}$ 表示"事件 A 在 n 次试验中**至多**出现 k 次". 由于 $B_0,B_1,\cdots,B_n$ 互不相容，必有

$$C_{(k)}=B_k+B_{k+1}+\cdots+B_n,\quad C^{(k)}=B_0+B_1+\cdots+B_k.$$

所以

$$P_n(C_{(k)})=\sum_{i=k}^{n}P_n(B_i)=\sum_{i=k}^{n}C_n^i p^i q^{n-i},\quad P_n(C^{(k)})=\sum_{i=0}^{k}P_n(B_i)=\sum_{i=0}^{k}C_n^i p^i q^{n-i}.$$

例 2 对某种药物的疗效进行研究，假定这种药物对某种疾病的治愈率为 $p=0.8$，有 10 个患此病的病人同时服用这种药，求其中至少 6 个病人治愈的概率 P.

解 任何患有此病的病人服用该药只有两种结果：治愈(A 发生)或没有治愈($\overline{A}$ 发生)，且 $P(A)=0.8$，$P(\overline{A})=0.2$. 因每个病人服药后是否治愈是彼此独立的，问题可归为 10 重伯努利概型. 由概率的有限可加性得

$$P=\sum_{i=6}^{10}C_{10}^i\times 0.8^i\times 0.2^{10-i}=0.97.$$

例 3 某车间有 10 台同类型机床，每台机床的电动机功率为 10kW. 已知每台机床工作时，平均每小时开动 12min，且开动与否相互独立. 若电力部门只提供 50kW 电力给这 10 台机床，求这 10 台机床能正常工作的概率 P.

解 50kW 电力可供 5 台机床同时开动，因此 10 台机床中同时开动的台数不超过 5 台即可正常工作. 在任一时刻，每台机床只有 A="开动"和 $\overline{A}$="不开动"两种情况，由于各台机床开动与否相互独立，问题可归为 10 重伯努利概型. 这里 $P(A)=\dfrac{12}{60}=0.2$，$P(\overline{A})=0.8$. 设 B="正常工作"，则所求概率为

$$P(B)=\sum_{i=0}^{5}P_{10}(B_i)=\sum_{i=0}^{5}C_{10}^i\times 0.2^i\times 0.8^{10-i}\approx 0.9936.$$

即 10 台机床能正常工作的概率约为 0.993 6. 这一结果说明，50kW 电力已基本够用，无须再多供电而造成浪费.

3) 将伯努利试验独立重复地进行下去直到事件 A 首次出现为止.

记 W_k="事件 A 首次出现在第 k 次试验"，则 $W_k=\overbrace{\overline{A}\,\overline{A}\cdots\overline{A}}^{k-1个}A$，故

$$P(W_k) = pq^{k-1}, \quad k = 1,2,\cdots. \tag{1.6.2}$$

式(1.6.2)所示的概率是一个几何级数的一般项，称之为**几何分布**，第2章将进一步讨论它.

4) 将伯努利试验独立重复地进行下去，直到出现 r 次成功为止.

记 $G_{k(r)}$＝“第 r 次事件 A 出现在第 k 次试验”，$k \geqslant r$，则 $G_{k(r)}$ 发生当且仅当第 k 次试验出现事件 A，而前 $k-1$ 次恰好出现 $r-1$ 次，故得

$$P(G_{k(r)}) = C_{k-1}^{r-1} p^{r-1} q^{k-r} p = C_{k-1}^{r-1} p^r q^{k-r}, \quad k \geqslant r. \tag{1.6.3}$$

式(1.6.3)所示的概率称为**帕斯卡分布**.

例4　一人驾车从城中甲地到乙地，途中经过若干交通路口，如果他在每个路口遇“红灯”的概率均为0.4，试求：(1) 此人过5个路口仅有一次遇到“红灯”的概率；(2) 此人第5次过路口才遇到“红灯”的概率；(3) 此人第5次过路口已是第3次遇“红灯”的概率.

解　此人每过一个路口都只有两个结果：A＝“遇红灯”或 $\overline{A}$＝“遇绿灯”，且 $P(A)=0.4$. 所以，

(1) $P_5(B_1) = C_5^1 \times 0.4 \times 0.6^4 = 0.259$；

(2) $P(W_5) = 0.4 \times 0.6^4 = 0.052$；

(3) $P(G_{5(3)}) = C_4^2 \times 0.4^2 \times 0.6^2 \times 0.4 = 0.138$.

在概率论中还讨论更一般的 n 次独立试验，即 **n 次独立试验概型**，在 n 次独立试验概型中不要求各次试验中成功的概率相同，每次试验也可以不只考虑两个可能结果，n 重伯努利试验只是 n 次独立试验概型的一种特殊情形. 虽然 n 次独立试验概型较为复杂，但是对这类问题的解法还是与 n 重伯努利试验问题的解法类似. 1.5节中的例1、例7就是这种情形.

注　“伯努利概型”也称为“独立重复试验序列概型”. “独立重复”不仅意味着各次试验的条件是相同的，而且还有各次试验的结果间是相互独立的含义，所以在具体应用时，一定要体会“独立重复”这几个字. 下面看两个例子.

(1) 已知80个产品中有5件次品，现从中每次任取一个，共取20次，求其中恰好取出2个次品的概率.

假设事件 A＝“恰好取出2个次品”，表面看来这个问题的提法与伯努利概型是相同的. 即 $P(A) = C_{20}^2 \left(\frac{5}{80}\right)^2 \left(\frac{75}{80}\right)^{18}$，其实，这样计算是错误的，因为并无“独立重复”的前提，所以正确的计算应是 $P(A) = \frac{C_5^2 C_{75}^{18}}{C_{80}^{20}}$. 当然，如果试验是有放回的，则又可以看成“独立重复”试验了.

(2) 在一大批电子元件中，优等品占20%，现从中随机抽取20只，问恰好抽到2只优等品的概率.

在客观世界中,真正完全重复的现象是不多见的,大多数只是近似完全重复,自然也就能够用独立重复试验序列概型来近似处理. 如上面的问题,当试验对象的批量相对较大时,“无放回”就可以当作“有放回”看待. 因此,“恰好抽到 2 只优等品”这一事件的概率为

$$P(A)=\mathrm{C}_{20}^{2}\times 0.2^{2}\times 0.8^{18}.$$

小 结

本章主要介绍了随机事件及其概率的概念;事件的关系和运算;概率的性质;由概率的性质诱导出的概率计算公式;古典概型的概率计算方法等. 这些内容是学习以后各章的基础.

(1) 读者应熟悉事件的关系和运算,能准确写出一个事件的对立事件(逆事件),应了解两个事件互斥与互逆的联系和区别,弄清互斥与独立两个概念.

(2) 读者应很好地理解概率定义的实质,理解条件概率、事件独立性与独立重复试验的概念,掌握概率的基本性质、加法公式、乘法公式、全概率公式以及贝叶斯公式.

(3) 读者应熟练掌握计算古典概率和几何概率的方法,要特别注意,古典概率计算公式要求试验的一切基本结果是等可能的,否则不能用. 要学会应用公式和事件的独立性进行概率的计算以及与 n 重伯努利试验相关的概率计算.

习 题 1

一、填空题

1. A,B 两事件互不相容,$P(A-B)=0.4$,$P(B)=0.3$,则 $P(A)=$________.

2. A,B 两事件互不相容,则 $A\cup\bar{B}=$________,$A-\bar{B}=$________,$A\bar{B}=$________.

3. 设 A,B 为两个随机事件,$P(A)=0.4$,$P(B)=0.5$,$P(A|B)=P(A|\bar{B})$,则 $P(A\bar{B})=$________.

4. 设 A,B,C 为三事件,则它们都未发生的两种运算为________或________.

5. 概率很小的事件可认为在一次试验中是不可能发生的,这个原则称为________.

6. 设一批产品中,一、二、三等品各占 60%,30%,10%,从中任意取出一件,结果不是三等品,则取到的是一等品的概率为________.

7. 三个人独立破译一个密码,他们单独译出的概率分别为 1/5,1/3,1/4,则此密码被译出的概率为________.

8. 设 10 件产品,其中 4 件不合格. 现从中任取 2 件,发现一件不合格,则另一件也不合格的概率为________.

二、单项选择题

1. 设 A 与 B 是任意两个事件,且 $A\subset B$,$P(B)>0$,则下列选项必然成立的是( ).

A. $P(A)<P(A|B)$；　B. $P(A)\leqslant P(A|B)$；

C. $P(A)>P(A|B)$；　D. $P(A)\geqslant P(A|B)$.

2. 每次成功的概率为 $p(0<p<1)$，那么在 n 次独立试验中至少成功一次的概率为(　　).

A. p^n；　B. $1-p^n$；　C. $(1-p)^n$；　D. $1-(1-p)^n$.

3. 设事件 A,B 互不相容，$P(A)>0,P(B)>0$，则肯定正确的是(　　).

A. $\overline{A}$ 与 $\overline{B}$ 互不相容；　B. $\overline{A}$ 与 $\overline{B}$ 相容；

C. $P(AB)=P(A)P(B)$；　D. $P(A-B)=P(A)$.

4. 事件 A,B 是随机事件，且 $B\subset A$，则下列式子正确的是(　　).

A. $P(AB)=P(A)$；　B. $P(A+B)=P(A)$；

C. $P(B|A)=P(B)$；　D. $P(B-A)=P(B)-P(A)$.

5. 下列结论正确的是(　　).

A. 若 $AB\neq\varnothing$，则 A,B 必相互独立；　B. 若 $AB\neq\varnothing$，则 A,B 可能相互独立；

C. 若 $AB=\varnothing$，则 A,B 必相互独立；　D. 若 $AB=\varnothing$，则 A,B 必相互不独立.

6. 设 A,B 为二事件，若 $P(AB)=0$，则(　　).

A. A,B 互不相容；　B. A,B 为不可能事件；

C. $P(A)=0$ 或 $P(B)=0$；　D. AB 未必是不可能事件.

7. 设 A,B,C 为三个事件，则事件“A,B,C 不多于一个发生”的逆事件是(　　).

A. A,B,C 至少有一个发生；　B. A,B,C 至少有两个发生；

C. A,B,C 都发生；　D. A,B,C 都不发生.

三、综合题

1. 写出下列随机试验的样本空间：

(1) 某班有学生 40 人，考察该班某科考试的平均成绩(以百分制记分，考试成绩只取整数分)；

(2) 对某厂待出厂产品进行检验，产品分正品和次品. 若连续查出 2 件次品就停止检查，或检查 4 件产品就停止检查，记录检查结果；

(3) 将一尺之棰折成三段，观察各段的长度.

2. 试用事件 A,B,C 的运算关系表示下列事件：

(1) A,B,C 中至少有一个事件发生；

(2) A,B,C 中恰有一个事件发生；

(3) A,B,C 中不多于两个事件发生；

(4) A 与 C 中至少有一个发生，而 B 不发生.

3. 从一批产品中每次取出一个(取出后不放回)，事件 A_i 表示第 i 次取到次品$(i=1,2,3)$，试用文字叙述下列事件：

(1) $\overline{A}_1\overline{A}_2+\overline{A}_1\overline{A}_3+\overline{A}_2\overline{A}_3$；

(2) $A_1A_2\overline{A}_3+A_1\overline{A}_2A_3+\overline{A}_1A_2A_3$.

4. 盒中装有 10 个相同的球，分别标有号码 0,1,…,9，从中任取三个，试求下列事件的概率：

(1) 取到 2 号球；

(2) 取到的三个球中号码最小的是 5；

(3) 取到的三个球中不含 2 号或 5 号球.

5. 某车间分得厂里招聘的 9 名新工人，其中有三名是大专毕业生. 现随机地将他们平均分配到三个班组中去，求

(1) 每个班组各分配到一名大专毕业生的概率；

(2) 三名大专毕业生在同一班组的概率.

6. 考虑一元二次方程 $x^2+Bx+C=0$，其中 B,C 分别是将一枚骰子接连掷两次先后出现的点数. 求该方程有实根的概率 p 和有重根的概率 q.

7. 某班共有 n 名学生，试求其中至少有两人生日在同一天的概率(一年按 365 天计).

8. (1) 将 4 封信随机投入 6 个信箱，试求指定的两个信箱中各投入一封信的概率；

(2) 将 4 封信随机各投入 6 个信箱中的一个，试求指定的两个信箱中各投入一封信的概率.

9. 向图中长方形内各随机投点，试求点落在长方形中线段上的概率. 从计算结果中能得到什么结论？

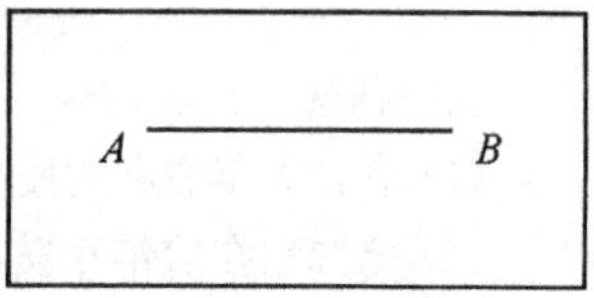

10. 从区间(0,1)中随机取两个数，试求下列事件的概率：

(1) 二数之积小于$\frac{1}{4}$；

(2) 二数中最小者小于$\frac{1}{2}$.

11. 甲、乙二船欲靠同一码头. 设二船独立地到达，且各自到达时间在一昼夜间是等可能的. 如果甲、乙二船在码头停留的时间分别是 1h 与 2h，求一船要等待空出码头的概率.

12. 下表是 10 万名男子中活到某一岁数 x 的人数. 试估计：

(1) 一名男子活到 40 岁的概率；

(2) 已知一名男子已活到 40 岁，他能继续活到 70 岁的概率.

岁数 x	0	10	20	30	40	50	60	70	80	90	100
活到 x 岁数的人数	100 000	93 601	92 293	90 092	86 880	80 521	67 787	46 739	19 866	2 812	65

13. 设 10 件产品中有 4 件不合格产品，从中任取两件，已知所取两件产品中有一件是不合格产品，试求另一件也是不合格产品的概率.

14. 设 A,B 为二随机事件.

(1) 已知 $P(A)=0.4,P(B)=0.3,P(A-B)=0.2$，试求 $P(A+B)$，$P(A+\overline{B})$，$P(\overline{A}+B)$与$P(\overline{A}+\overline{B})$；

(2) 已知 $P(A)=P(B)=\frac{1}{3}$，$P(A|B)=\frac{1}{6}$，试求 $P(\overline{A}|\overline{B})$.

15. 某管理部门对项目进行可行性分析的效果进行调研. 对 100 个项目进行了统计，其中 70 个项目成功，30 个项目失败. 在成功的项目中，有 56 项曾由专家进行可行性分析后认为是可行的，有 4 项认为是不可行的，其余项目未进行可行性分析. 在失败的项目中，有 3 项曾由专家进行可行性分析后认为是可行的，有 9 项认为是不可行的，其余项目未进行可行性分析. 试求：

(1) 对项目进行可行性分析后，认为是可行的情况下，项目成功的概率，及认为是不可行的

情况下，项目成功的概率；

(2) 未进行可行性分析情况下，项目成功的概率；

(3) 可行性分析失误(认为可行而失败与认为不可行而成功)的概率.

16. 加工某一零件共需经过三道工序，设第一、二、三道工序的次品率分别为 3%，2%，2%，试求加工出来的零件的次品率.

17. 对 100 家企业前年和去年的经营状况进行调查，得到如下数据：

企业数　去年 前年	盈利	亏损
盈利	55	20
亏损	10	15

从中任选一企业，求：

(1) 它在去年盈利的概率；

(2) 已知它在前年亏损，而在去年盈利的概率；

(3) 它连续两年盈利的概率；

(4) 它扭亏为盈的概率.

18. 有两种报警系统 A 与 B，每种系统单独使用时，系统 A 有效的概率为 0.92，系统 B 有效的概率为 0.93. 在 A 失灵的条件下，B 有效的概率为 0.85. 求：

(1) 发生意外时，这两个系统至少有一个有效的概率；

(2) 在 B 失灵的情况下，A 有效的概率.

19. 设有甲、乙两个口袋，甲袋中装有 3 只红球 2 只白球；乙袋中装有 2 只红球 3 只白球.

(1) 从甲袋中任取一只球(不看颜色)放入乙袋中，再从乙袋中任取一只球. 问取到白球的概率是多少?

(2) 从甲袋中任取两只球(不看颜色)放入乙袋中，再从乙袋中任取两只球. 问取到一红一白两只球的概率是多少?

20. 甲袋中有 9 只白球 1 只黑球，乙袋中有 10 只白球. 每次从甲、乙两袋中随机各取一球交换放入另一袋中，这样做了三次. 求黑球出现在甲袋中的概率.

21. 甲、乙、丙三部机床加工同一种零件，产量比为 5∶3∶2. 已知甲、乙、丙三部机床加工零件的废品率分别为 6%，10%，5%.

(1) 试求全部产品中的合格品率；

(2) 若从产品中任取一件且恰为废品，它是哪部机床加工的可能性大?

22. 某公司将下属单位划分为财务、营销、技术和管理 4 个部门，其中员工所占比例分别为 10%，40%，30%和 20%. 某日公司领导抽查各部门出勤情况，结果上述各部门的缺勤率依次为 2%，5%，3%和 3%. 试求：

(1) 该日公司总缺勤率；

(2) 缺勤人员中各部门所占比例.

23. 发报机分别以概率 0.7 和 0.3 发出信号“·”和“—”. 由于受到干扰，当发出“·”时，收报机错收成“—”的概率是 0.1；而发出“—”时，收报机错收成“·”的概率是 0.05. 试求：

(1) 收报机收到信号“·”的概率；

(2) 收报机收到信号“·”时，发报机确实发出信号“·”的概率.

24. 玻璃杯成箱出售，每箱 20 只. 假设各箱含 0,1,2 只残次品的概率相应为 0.8,0.1 和 0.1. 一顾客欲购一箱玻璃杯. 在购买时，售货员随意取一箱，而顾客开箱随机地察看 4 只，若无残次品，则买下该箱玻璃杯，否则退回. 试求：

(1) 顾客买下该箱的概率 α；

(2) 在顾客买下的一箱中，确实没有残次品的概率 β.

25. 设一仓库中有 10 箱同种规格的产品，每箱 20 件. 其中由甲、乙、丙三厂生产的分别为 5 箱，3 箱，2 箱，三厂产品的废品率依次为 0.1，0.2，0.3. 从这 10 箱产品中任取一箱，再从这箱中先后依次随机取出两件产品，取出后不放回.

(1) 求先取得的产品是正品的概率及取得的正品是由甲厂生产的概率；

(2) 已知后取得的产品是正品，求先取得的产品也是正品的概率.

26. 证明题：

(1) 设随机事件 A,B,C 相互独立. 试证 $A\overline{B},A+B,A-B$ 都与 C 独立；

(2) 设 A,B 为任意二随机事件，其中 $0<P(B)<1$，试证 $P(A|B)=P(A|\overline{B})$ 是事件 A 与 B 相互独立的充分必要条件；

(3) 试证概率为 0 或 1 的事件与任一事件独立，从而不可能事件和必然事件与任一事件独立；

(4) 设 A,B 为两随机事件，且 $P(A)>0,P(B)>0$. 试证 A,B 相互独立与设 A,B 互不相容不能同时成立. 若 $P(A)$ 与 $P(B)$ 中至少有一个为零时，情况又会怎样(请从中体会互不相容与相互独立这两个概念的不同之处)？

27. 在某通信系统中传送字符 $AAAA,BBBB,CCCC$ 三者之一，假定输入这三者的概率分别为 $p_1,p_2,p_3(p_1+p_2+p_3=1)$，但由于系统受到干扰，正确接收到每个输出字母的概率是 α，而接收到的是其他两个字母的概率都是 $\frac{1-\alpha}{2}$. 已知接收到的是 $ABCA$，问输入的是 $AAAA$ 的概率是多少(假设系统传输每个字母的工作是相互独立的)？

28. 设三次独立试验中，事件 A 出现的概率相等. 若已知 A 至少出现一次的概率等于 $\frac{19}{27}$，试求事件 A 在一次试验中出现的概率.

29. 某大厦内有 4 部电梯，由经验知它们平均每小时运行 30 分钟，且各部电梯运行相互独立. 试求在某时刻下列事件的概率：

(1) 恰有两部电梯在运行；

(2) 至少有一部电梯在运行；

(3) 全部电梯都在运行.

30. 某人参加射击选拔赛，对指定目标独立射击三次，假设他每次的命中率均为 0.9. 三次均未击中目标，一定不能入选；目标被击中一次而入选的概率为 0.2；击中两次而入选的概率为 0.5；三次均击中则一定入选. 试求该人能入选的概率.

第 2 章　随机变量及其分布

为了更深入、更全面地研究随机现象，本章将引入随机变量和随机分布的概念，把随机试验的结果数量化，并在此基础上介绍几种常见的随机变量的分布. 以后的内容将告诉我们，对随机事件的研究完全可以转化为对随机变量的研究.

2.1　随机变量及其分布函数的概念

2.1.1　随机变量的概念

通过第 1 章的学习，我们可以知道，在有些随机试验中，随机事件与实数之间存在着自然的联系. 一般来说，试验的每一个基本事件都对应一个实数. 例如，投掷骰子时，考虑出现的点数，这时的基本事件是

$$\{\omega_i\}=\text{“出现 } i \text{ 点”},\quad i=1,2,3,4,5,6.$$

它们正好对应着数值 1,2,3,4,5,6，这 6 个数也是“出现的点数 X”的取值范围. 由试验的随机性，X 可能取这 6 个数中的任何一个，所以它是一个变量.

又如在 n 重伯努利试验中，观察事件 A 出现的次数，这时的基本事件是

$$\{\omega_k\}=\text{“事件 } A \text{ 出现 } k \text{ 次”},\quad k=0,1,2,\cdots,n.$$

这些基本事件正好对应数值 $0,1,2,\cdots,n$，这些数也是“事件 A 出现的次数 Y”的取值范围，Y 可能取这 $n+1$ 个数中的任何一个，所以它也是一个变量.

像 X 和 Y 这样的变量，是随着随机试验的结果而取值的，在试验之前不能确定取什么值，换句话说，就是其取值是随机的，我们称这种变量为随机变量.

我们可以举出很多随机变量的例子，如产品抽样检查中抽出的次品数，某网站在某一时段的点击数，电话交换台在一段时间内收到的呼叫次数等，都是随机变量.

然而，并不是每一个随机试验中的基本事件都与实数有着自然的联系，如在投掷一枚硬币的试验中，有两个基本事件：“正面向上”和“反面向上”. 我们可以使每个基本事件与数值对应，比如令“正面向上”对应 1，“反面向上”对应 0，这样，我们就可以在该试验的样本空间上定义随机变量 Z

$$Z=\begin{cases}1, & \text{正面向上},\\ 0, & \text{反面向上}.\end{cases}$$

就是说，那些表面并不具备“数”的属性的随机事件也完全能够数量化.

对一个随机变量，我们需要知道它的取值范围，此外，更重要的是要知道它取各个可能值或在各个范围内取值的概率. 例如，在投掷骰子的试验中，“出现的点数 X”是随机变量，其取值范围是$\{1,2,3,4,5,6\}$. X 取这些数值的概率为

$$P(X=k)=\frac{1}{6},\quad k=1,2,3,4,5,6.$$

而事件“出现的点数大于 3”相当于“$X>3$”，由第 1 章的结果可知其概率为

$$\begin{aligned}P(X>3)&=\sum_{k=4}^{6}P(X=k)=P(X=4)+P(X=5)+P(X=6)\\&=\frac{1}{6}+\frac{1}{6}+\frac{1}{6}=\frac{1}{2}.\end{aligned}$$

又如将 n 重伯努利试验中事件 A 出现的次数以变量 Y 表示，则“$Y=k$”就表示事件 A 发生 k 次，由第 1 章的结果可知，如果事件 A 发生的概率为 p，那么

$$P(Y=k)=C_n^k p^k q^{n-k},\quad q=1-p,\quad k=0,1,2,\cdots,n.$$

而“在 n 次试验中，事件 A 至少出现两次”这一随机事件则可表示为“$Y\geqslant 2$”，且

$$P(Y\geqslant 2)=1-P(Y=0)-P(Y=1)=1-q^n-C_n^1 pq^{n-1}.$$

最后，投掷一枚硬币的试验中，若随机变量 Z 如前面定义的那样，而且硬币是均匀的，那么事件“$Z=1$”和事件“$Z=0$”的概率满足 $P(Z=1)=P(Z=0)=\frac{1}{2}$.

由上面的例子可以看到，有了随机变量，我们对随机事件的表达在形式上简洁多了. 但是，这个好处毕竟只是形式上的，在以后的讨论中，读者将会看到引入随机变量这个概念还有深远的意义.

定义 1 设某随机试验的样本空间 $\Omega=\{\omega\}$，再设对于每一个样本点 $\omega\in\Omega$，都有唯一的一个实数 $X(\omega)$与之对应，这样就得到一个定义在 Ω 上的单值实值函数 $X=X(\omega)$. 如果对任意实数 x，“$X(\omega)\leqslant x$”都是一个随机事件，有其确定的概率，则称 $X=X(\omega)$为随机变量.

注 这个定义中的随机变量虽然是一个函数，但是随机变量的取值是随着试验的结果而定的，在试验之前不能预知它取什么值，且它的取值有一定的概率. 所以，随机变量与一般的函数有本质的区别.

随机变量常用大写拉丁字母 X,Y,Z 或希腊字母 ξ,η,ζ 等表示，随机变量的取值常用 x,y,z,a,b,c,k,m 等表示.

为了熟悉引出的这个定义，我们来看几个例子.

例 1 试在下列随机试验中引入适当的随机变量表示试验结果及相关随机事件：

(1) 观察某电话交换台在一昼夜内收到的呼叫次数. 事件 $A=$“收到的呼叫次数不超过 50”.

(2) 十字路口亮红、绿灯的时间均为 2min,汽车可在任一时刻到达十字路口,考察汽车等候绿灯亮而通行的时间. 事件 B="汽车等候的时间在 0.5～1.5min".

(3) 从一批产品中抽查 10 件,考察其中的不合格品数. 事件 C="合格品数不小于 8".

解 (1) 可设随机变量 X 表示该交换台在一昼夜内收到的呼叫次数,则从理论上讲,X 的可能取值有 $0,1,2,\cdots,n,\cdots$,为可列个值. 这时事件 A 可表示为 $X\leqslant 50$.

(2) 可设随机变量 Y 表示汽车等候的时间,则 Y 的可能取值为 $0\leqslant Y\leqslant 2$. 这时事件 B 可表示为 $0.5\leqslant Y\leqslant 1.5$.

(3) 可设随机变量 Z 表示 10 件产品中的不合格品数,则 Z 的可能取值为 $0,1,2,\cdots,10$ 这有限个数. 这时事件 C 可表示为 $Z\leqslant 2$ 或 $10-Z\geqslant 8$. 我们还可以如下引入随机变量,设

$$Z_i=\begin{cases}0, & \text{抽得的第 } i \text{ 件产品是合格品},\\ 1, & \text{抽得的第 } i \text{ 件产品是不合格品},\end{cases}\quad i=1,2,\cdots,10,$$

则 10 件产品中的不合格品数还可以表示为 $\sum\limits_{i=1}^{10}Z_i$,即有 $Z=\sum\limits_{i=1}^{10}Z_i$. 这后一种处理思想在后面的章节中将会看到其优越性.

在研究随机变量时,我们不仅关心它可以取什么值,更关心的是它在各个范围内取值的概率情况. 为此引入随机变量的分布函数.

2.1.2　随机变量的分布函数

定义 2　设 X 是一个随机变量,对任意的实数 $x(-\infty<x<+\infty)$,令

$$F(x)=P(X\leqslant x), \tag{2.1.1}$$

称 $F(x)$ 为随机变量 X 的概率分布函数,简称为分布函数.

分布函数 $F(x)$ 是研究随机变量 X 取值规律的一个基本工具. 它是这样形成的:对任意一个实数 x,总对应一个随机事件"$X\leqslant x$",此随机事件的概率 $P(X\leqslant x)$ 就是对应于 x 的函数值 $F(x)$(实际上,它就是随机变量 X 的取值落在区间 $(-\infty,x]$ 的概率). 因此,分布函数是通常意义下的一元函数,它的定义域是 $(-\infty,+\infty)$,值域是 $[0,1]$.

为便于理解分布函数的概念,我们举一个例子.

例 2　10 件产品中有 2 件次品,从中任意抽取 2 件. 若 X 表示抽取的产品中的不合格品数,求 X 的分布函数.

解　首先,X 可能的取值为 0,1,2,且相应的概率为

$$P(X=0)=\frac{C_8^2}{C_{10}^2}=\frac{28}{45},\quad P(X=1)=\frac{C_8^1C_2^1}{C_{10}^2}=\frac{16}{45},\quad P(X=2)=\frac{C_2^2}{C_{10}^2}=\frac{1}{45}.$$

于是，

$$x<0\text{ 时},F(x)=P(X\leqslant x)=P(\varnothing)=0;$$

$$0\leqslant x<1\text{ 时},F(x)=P(X\leqslant x)=P(X=0)=\frac{28}{45};$$

$$1\leqslant x<2\text{ 时},F(x)=P(X\leqslant x)=P(X=0)+P(X=1)=\frac{28}{45}+\frac{16}{45}=\frac{44}{45};$$

$$x\geqslant 2\text{ 时},F(x)=P(X\leqslant x)=P(X=0)+P(X=1)+P(X=2)=1.$$

因此，X 的分布函数为

$$F(x)=\begin{cases}0, & x<0,\\ \frac{28}{45}, & 0\leqslant x<1,\\ \frac{44}{45}, & 1\leqslant x<2,\\ 1, & x\geqslant 2.\end{cases}$$

由事件的关系与运算、概率的性质以及分布函数的定义容易得到

$$\begin{aligned}P(a<X\leqslant b)&=P\{(X\leqslant b)-(X\leqslant a)\}\\&=P(X\leqslant b)-P(X\leqslant a)=F(b)-F(a),\end{aligned}$$

$$P(X>a)=1-P(X\leqslant a)=1-F(a).$$

进一步地，有

$$P(a\leqslant X\leqslant b)=F(b)-F(a)+P(X=a),$$

$$P(a<X<b)=F(b)-F(a)-P(X=b),$$

$$P(a\leqslant X<b)=F(b)-F(a)+P(X=a)-P(X=b).$$

可见，利用如上定义的分布函数可以很方便地计算有关事件的概率. 而且由于分布函数是通常意义下的一元函数，这就便于用较熟悉的微积分的方法进行研究.

分布函数具有下列基本性质.

性质 1(单调性) $F(x)$是单调不减函数，即对任意的实数 $x_1<x_2$，有 $F(x_1)\leqslant F(x_2)$.

事实上，$F(x_2)-F(x_1)=P(x_1<X\leqslant x_2)\geqslant 0$.

性质 2 $F(-\infty)=\lim\limits_{x\to-\infty}F(x)=0, F(+\infty)=\lim\limits_{x\to+\infty}F(x)=1$.

对性质 2，直观上我们可以这样理解：当 $x\to-\infty$ 时，事件“$X\leqslant x$”将趋向于不可能事件，故 $F(-\infty)=0$；而当 $x\to+\infty$ 时，事件“$X\leqslant x$”将趋向于必然事件，故 $F(+\infty)=1$.

性质 3(右连续性) $F(x)$是$(-\infty,+\infty)$上的右连续函数，即对任意的 $x_0\in(-\infty,+\infty)$，有 $\lim\limits_{x\to x_0^+}F(x)=F(x_0)$.

说明 满足上述三条性质的函数一定是某随机变量的分布函数，否则不是. 因

此，可以根据一个函数是否满足这三条性质来判断它可否是一个分布函数. 例如，可以验证（请读者自己验证）函数 $F(x)=\frac{1}{1+x^2}(-\infty<x<+\infty)$ 不是分布函数，而函数

$$F(x)=\begin{cases}\frac{1}{1+x^2}, & x<0,\\ 1, & x\geqslant 0\end{cases}$$

则是分布函数. 常见的随机变量有两种：离散型随机变量与连续型随机变量. 在随后的内容中，将分别对它们以及它们的概率分布（分布函数）进行较详细的介绍.

2.2　离散型随机变量及其概率分布

定义 1　如果随机变量 X 的全部可能取值为有限个或可列个，则称 X 为离散型随机变量.

如 2.1 节中，投掷骰子试验中的随机变量 X，n 重伯努利试验中的随机变量 Y，投掷硬币试验中的随机变量 Z，以及 2.1 节例 1 中(1)、(3)所引入的随机变量都是离散型随机变量.

设离散型随机变量 X 的可能取值为 $x_i(i=1,2,\cdots)$，取这些值的概率分别为

$$P(X=x_i)=p_i,\quad i=1,2,\cdots, \tag{2.2.1}$$

则称式(2.2.1)为 X 的概率分布（或分布律、概率函数）.

X 的概率分布也常用下面的形式来表示：

X	x_1	x_2	$\cdots$	x_i	$\cdots$
P	p_1	p_2	$\cdots$	p_i	$\cdots$

或

$$\begin{pmatrix} x_1 & x_2 & \cdots & x_i & \cdots \\ p_1 & p_2 & \cdots & p_i & \cdots \end{pmatrix}$$

它们通常也称为随机变量 X 的分布列.

易见，离散型随机变量的概率分布满足下列两个条件：

(1) $p_i\geqslant 0(i=1,2,\cdots)$；　　(2.2.2)

(2) $\sum\limits_i p_i=1$，　　(2.2.3)

其中 $\sum\limits_i p_i=1$ 表示有限项求和与无限项求和的通式. 反之，任何满足上述两个条件的一列数也必是某离散型随机变量的概率分布.

例 1　设 10 件同类型的零件中有 2 件次品. 某人使用时从中任取 1 件，若为次品，不再放回，从其余零件中再取 1 件，如此继续，直到取得合格品为止. 试求抽

取次数的概率分布，并求至多抽取两次的概率.

解 设 X 表示抽取次数，则 X 的可能取值为 1,2,3，且根据题设，可求得 X 的概率分布为

$$P(X=1)=\frac{8}{10}=\frac{4}{5},\quad P(X=2)=\frac{2}{10}\times\frac{8}{9}=\frac{8}{45},$$

$$P(X=3)=\frac{2}{10}\times\frac{1}{9}\times\frac{8}{8}=\frac{1}{45}.$$

也可写成

X	1	2	3
P	$\frac{4}{5}$	$\frac{8}{45}$	$\frac{1}{45}$

而至多抽取两次的概率为

$$\begin{aligned}P(X\leqslant 2)&=P\{(X=1)+(X=2)\}\\&=P(X=1)+P(X=2)=\frac{4}{5}+\frac{8}{45}=\frac{44}{45}\end{aligned}$$

或

$$P(X\leqslant 2)=1-P(X>2)=1-P(X=3)=1-\frac{1}{45}=\frac{44}{45}.$$

例 2 设离散型随机变量 X 的概率分布为

$$P(X=k)=\frac{1}{a^k},\quad k=1,2,\cdots,n,\cdots,\quad a>1.$$

试求：(1) 常数 a；(2) $P(X>10|X\geqslant 5)$.

解 (1) 根据概率分布的性质应该有

$$1=\sum_{k=1}^{\infty}P(X=k)=\sum_{k=1}^{\infty}\frac{1}{a^k}=\frac{\frac{1}{a}}{1-\frac{1}{a}}=\frac{1}{a-1},$$

从而 $a=2$；

(2) 根据条件概率的定义有

$$P(X>10\mid X\geqslant 5)=\frac{P\{(X>10)\cdot(X\geqslant 5)\}}{P(X\geqslant 5)}=\frac{P(X>10)}{P(X\geqslant 5)}=\frac{\sum\limits_{k=11}^{\infty}\frac{1}{2^k}}{\sum\limits_{k=5}^{\infty}\frac{1}{2^k}}=\frac{1}{2^6}.$$

离散型随机变量的分布函数可以由它的分布列得出，首先举一个例子.

例 3 试写出本节例 1 中随机变量 X 的分布函数.

解 需对任意的 $x\in(-\infty,+\infty)$ 求出 $F(x)=P(X\leqslant x)$. 分段来考虑：

当 $x<1$ 时，$(X\leqslant x)=\varnothing$（是不可能事件），故 $F(x)=P(\varnothing)=0$；

当 $1 \leqslant x < 2$ 时，$(X \leqslant x) = (X=1)$，所以，$F(x) = P(X=1) = \frac{4}{5}$；

当 $2 \leqslant x < 3$ 时，$(X \leqslant x) = (X=1) + (X=2)$，且二者互不相容，所以 $F(x) = P(X=1) + P(X=2) = \frac{4}{5} + \frac{8}{45} = \frac{44}{45}$；

当 $x \geqslant 3$ 时，$(X \leqslant x) = (X=1) + (X=2) + (X=3) = \Omega$（必然事件），所以 $F(x) = 1$.

于是，X 的分布函数为 $F(x) = \begin{cases} 0, & x < 1, \\ \frac{4}{5}, & 1 \leqslant x < 2, \\ \frac{44}{45}, & 2 \leqslant x < 3, \\ 1, & x \geqslant 3. \end{cases}$

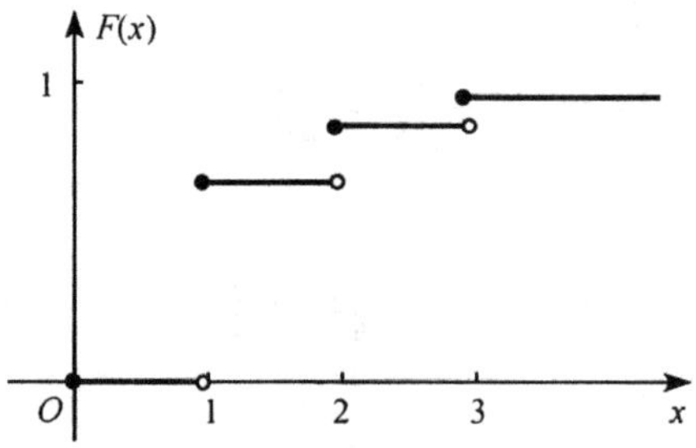

图 2.2.1

$F(x)$ 是一个分段函数，其图形如图 2.2.1 所示.

由图 2.2.1 可见，X 的分布函数的图形是一条渐升的梯形曲线，且 $F(-\infty) = 0$，$F(+\infty) = 1$，分界点 $x = 1, 2, 3$ 为跳跃型间断点，在各段内部，$F(x)$ 连续，在间断点处，$F(x)$ 右连续. 可见，所求分布函数满足应具有的三条性质.

一般地，设 X 的概率分布为

$$P(X = x_i) = p_i, \quad i = 1, 2, \cdots.$$

那么其分布函数为

$$F(x) = P(X \leqslant x) = P\Big\{\sum_{x_i \leqslant x} (X = x_i)\Big\} = \sum_{x_i \leqslant x} p_i. \tag{2.2.4}$$

这里的和式 $\sum_{x_i \leqslant x} p_i$ 是对所有满足 $x_i \leqslant x$ 的 i 求和的.

如果知道了离散型随机变量的分布律，我们就可以知道它在任何范围内取值的概率，它和分布函数具有同样的作用，但离散型随机变量的分布律比分布函数更为简单而清晰，因此，对于离散型随机变量的概率规律主要将通过它的分布律来掌握.

2.3　几种常见的离散性随机变量的概率分布

2.3.1　0-1 分布（两点分布，伯努利分布）

定义 1　当一个随机试验只有两个可能结果 A 与 $\overline{A}$ 时，引入随机变量

$$X=\begin{cases}0, & \text{当}\overline{A}\text{出现时},\\ 1, & \text{当}A\text{出现时}.\end{cases}$$

即 X 表示在一次试验中事件 A 出现的次数，并设 $P(A)=p(0<p<1)$，则 X 的概率分布为

$$P(X=k)=p^k(1-p)^{1-k},\quad k=0,1. \tag{2.3.1}$$

这时称 X 服从参数为 p 的 0-1 分布，记为 $X\sim B(1,p)$.

式(2.3.1)也可写为

X	0	1
P	$1-p$	p

容易验证，式(2.3.1)满足概率分布的两个条件式(2.2.2)和式(2.2.3).

每次的伯努利试验，都可以用 0-1 分布来描述. 如“抛一枚硬币观察是正面还是反面”、“对产品进行质量抽检，观察是否合格”、“对新生婴儿观察性别”以及“观察应聘的面试是否通过”等. 所以，0-1 分布有时也称为伯努利分布.

当 X 的取值一般化为 $X=x_1,x_2$ 时，即 X 的概率分布为

X	x_1	x_2
P	$1-p$	p

时，也称 X 服从参数为 p 的两点分布. 不难看出，两点分布总可以转化为 0-1 分布.

例 1 设一批产品的次品率为 2.5%，任取一件检查. 设

$$X=\begin{cases}0, & \text{所抽产品为合格品},\\ 1, & \text{所抽产品为次品},\end{cases}$$

则 $X\sim B(1,0.025)$，其概率分布为 $P(X=k)=0.025^k\times 0.975^{1-k}(k=0,1)$，即

X	0	1
P	0.975	0.025

2.3.2 二项分布

定义 2 在 n 重伯努利概型(见 1.6 节定义 1)中，设随机变量 X 表示事件 A 在 n 次试验中出现的次数，并设 $P(A)=p(0<p<1)$，$q=1-p$，则 X 的概率分布为

$$P(X=k)=\mathrm{C}_n^k p^k q^{n-k},\quad k=0,1,\cdots,n. \tag{2.3.2}$$

这时称 X 服从参数为 n,p 的二项分布，记为 $X\sim B(n,p)$.

式(2.3.2)也称为二项分布公式或伯努利公式(之所以称其为二项分布，是因为其概率分布中的各项与 $(p+q)^n$ 展开式中的各项相对应).

二项分布作为常见的一种分布，应用广泛. 如有放回抽样 n 次，所得次品的个数服从二项分布；抛掷 n 个硬币，其中出现正面的个数也服从二项分布等.

当 $n=1$ 时，X 的概率分布即为式(2.3.1)，因此 0-1 分布可以视为二项分布当 $n=1$ 时的特例.

例 2　一个随机数字序列要有多长才能使 9 至少出现一次的概率不小于 0.9?

解　随机数字序列就是每次从 0～9 这 10 个数字中随机取一个(取后放回)组成的序列. 每次取到 9 的概率为 0.1；取 n 次(n 即随机数字序列的长度)相当于 n 次独立重复试验，其中取到 9 的次数 $X\sim B(n,0.1)$，于是

$$P(X\geqslant 1)=1-P(X=0)=1-0.9^n\geqslant 0.9.$$

即 $0.9^n\leqslant 0.1$，解得 $n\geqslant 22$.

例 3　有一大批产品，该厂为保证质量，将次品率定为 0.01，现从这批产品中抽查 5 件，求其中有一件次品的概率.

解　本例可视为不放回抽样，但由于产品数量大，可近似视为 5 次放回抽样，即每次抽检的状况可看成是相同的，因此，可按伯努利概型处理.

设 X 表示 5 次抽检中的次品数，则 $X\sim B(5,0.01)$，于是，所求概率为

$$P(X=1)=\mathrm{C}_5^1 0.01\times 0.99^4\approx 0.048.$$

由计算结果看，若该批产品的次品率不超过 0.01，那么 $P(X=1)$ 就不超过 0.048，这是一个概率很小的事件，称其为**小概率事件**，它在一次抽检中几乎不可能发生. 因此，若抽查 5 件产品，其中的确有 1 件次品，那就说明该批产品的次品率应视为大于 0.01，应判定为不合格. 这正是第 8 章假设检验的基本思想.

例 4　已知试验的成功率为 p，进行 4 次伯努利试验，试求在没有全部失败的情况下，试验成功不止一次的概率.

解　设 X 表示 4 次伯努利试验中成功的次数，则 $X\sim B(4,p)$，这是一个条件概率问题，所求条件概率为

$$\begin{aligned}P(X\geqslant 2\mid X\geqslant 1)&=\frac{P(X\geqslant 1,X\geqslant 2)}{P(X\geqslant 1)}=\frac{P(X\geqslant 2)}{P(X\geqslant 1)}\\&=\frac{1-P(X=0)-P(X=1)}{1-P(X=0)}=\frac{1-(1-p)^4-4p(1-p)^3}{1-(1-p)^4}.\end{aligned}$$

例 5　假设某厂家生产的每台仪器，以概率 0.70 可以直接出厂，以概率 0.30 需进一步调试，经调试后以概率 0.80 可以出厂，以概率 0.20 定为不合格品不能出厂，现该厂新生产了 $n(n\geqslant 2)$ 台仪器(假设各台仪器的生产过程相互独立). 求：

(1) 全部能出厂的概率 α；

(2) 其中恰好有两台不能出厂的概率 β；

(3) 其中至少有两台不能出厂的概率 θ.

解 检测一台仪器可视为一次试验,本例可视为 n 重伯努利试验,需求出每台仪器不合格(或合格)的概率. 为此,设 A 表示仪器不合格不能出厂;B 表示仪器需调试,则由题设知 $P(B)=0.30$,$P(\overline{B})=0.70$,$P(A|B)=0.20$,$P(\overline{A}|B)=0.80$,$P(\overline{A}|\overline{B})=1$,从而由乘法公式可得

$$P(A)=P(BA)=P(B)P(A\mid B)=0.30\times 0.20=0.06.$$

(或由全概率公式可得 $P(\overline{A})=P(\overline{B})P(\overline{A}|\overline{B})+P(B)P(\overline{A}|B)=0.94$,从而 $P(A)=0.06$.)再设 X 表示 n 台仪器中不合格不能出厂的台数,则 $X\sim B(n,0.06)$. 于是有

(1) $\alpha=P(X=0)=C_n^0\times 0.06^0\times 0.94^n=0.94^n$;

(2) $\beta=P(X=2)=C_n^2\times 0.06^2\times 0.94^{n-2}=\dfrac{n(n-1)}{2}0.06^2\times 0.94^{n-2}$;

(3) $\theta=P(X\geqslant 2)=1-P(X=0)-P(X=1)=1-0.94^n-n\times 0.06\times 0.94^n$.

当 n 和 k 较小时,利用二项分布的计算公式(2.3.2)来求解很简单;但是当 n 和 k 较大时,公式中组合数 C_n^k 的计算就比较麻烦. 因此,当 n 和 k 较大时,人们希望用更简捷而又准确的计算方法来替代二项分布的计算公式. 在这一点上,泊松最早取得了成功.

2.3.3 泊松(Poisson)分布

定义 3 如果随机变量 X 的概率分布为

$$P(X=k)=\frac{\lambda^k}{k!}e^{-\lambda},\quad k=0,1,2,\cdots, \tag{2.3.3}$$

其中 $\lambda>0$ 为常数,则称 X 服从参数为 λ 的泊松分布,记为 $X\sim P(\lambda)$.

可以验证式(2.3.3)满足概率分布的两个条件. 其中 $P(X=k)>0$ 是显然的,而由幂级数的知识又知 $\sum\limits_{k=0}^{\infty}P(X=k)=\sum\limits_{k=0}^{\infty}\dfrac{\lambda^k}{k!}e^{-\lambda}=e^{-\lambda}\sum\limits_{k=0}^{\infty}\dfrac{\lambda^k}{k!}=e^{-\lambda}\cdot e^{\lambda}=1$. 对具体的 λ 及 k,$P(X=k)$ 的值可以通过查泊松分布表(附表 1)得到.

常见的服从泊松分布的随机变量有:在一定时间内,在某随机服务设施得到服务的服务对象的数目(如网站收到的点击数,电话交换台收到的呼叫次数,车站候车的旅客人数,柜台前到达的顾客人数,交叉路口通过的车辆数,机场降落(起飞)的飞机数,……);在一定时间或其他度量范围内,发生事故、错误、故障的次数(如单位面积布面上的疵点数,书中每页上的印刷错误,某段时间内某工厂发生的事故数,某段时间内打字员打错的字数,……);放射性物质在一定时间内放射的粒子数等. 其中参数 λ 的含义将在第 4 章中介绍.

例 6 设某网站每分钟收到的点击次数 X 服从参数为 $\lambda=3$ 的泊松分布. 试求:

(1) 每分钟恰好收到 5 次点击的概率;

(2) 每分钟收到的点击次数不超过 5 次的概率.

解 依题意，$P(X=k)=\frac{3^k e^{-3}}{k!}$，$k=0,1,2,\cdots$.

(1) $$P(X=5)=\frac{3^5 e^{-3}}{5!}=0.100\,819.$$

也可对 $\lambda=3,k=5$，查泊松分布表即得所求概率为 $P(X=5)=0.100\,819$.

(2) 查表计算，可得所求概率为

$$\begin{aligned}P(X\leqslant 5)&=\sum_{k=0}^{5}P(X=k)\\&=0.049\,787+0.149\,361+0.224\,042\\&\quad+0.224\,042+0.168\,031+0.100\,819\\&=0.916\,082.\end{aligned}$$

也可求得概率如下：

$$P(X\leqslant 5)=1-P(X\geqslant 6)=1-\sum_{k=6}^{\infty}\frac{3^k e^{-3}}{k!}=1-0.083\,919=0.916\,081.$$

例 7 设随机变量 X 服从参数为 λ 的泊松分布，且 $P(X=0)=\frac{1}{2}$. 试求：(1) λ；(2) $P(X>1)$.

解 (1) 由题设，将 $k=0$ 代入式(2.3.3)，应有 $P(X=0)=\frac{\lambda^0}{0!}e^{-\lambda}=e^{-\lambda}=\frac{1}{2}$，从而 $\lambda=\ln 2$；

(2) $P(X>1)=1-P(X=0)-P(X=1)=1-\frac{1}{2}-\frac{\ln 2}{1!}e^{-\ln 2}=\frac{1}{2}-\frac{\ln 2}{2}$.

例 8 设某仪器在任意长为 t 的时间内发生故障的次数 $N(t)$ 服从参数为 λt 的泊松分布，试求：(1) 相继两次故障之间的时间间隔 T 的分布函数 $F(t)$；(2) 在仪器无故障工作 8 小时后，又工作了 8 小时的概率.

解 (1) 首先，$F(t)=P(T\leqslant t)$，而 $P(N(t)=k)=\frac{(\lambda t)^k}{k!}e^{-\lambda t}$，$k=0,1,2,\cdots$.

当 $t\leqslant 0$ 时，有 $F(t)=P(\varnothing)=0$；

当 $t>0$ 时，有 $F(t)=1-P(T>t)=1-P(N(t)=0)=1-e^{-\lambda t}$. 所以，

$$F(t)=\begin{cases}1-e^{-\lambda t}, & t>0,\\ 0, & t\leqslant 0.\end{cases}$$

(2) 所求概率为 $P(T\geqslant 16\mid T\geqslant 8)=\frac{P(T\geqslant 16)}{P(T\geqslant 8)}=\frac{1-F(16)}{1-F(8)}=\frac{e^{-16\lambda}}{e^{-8\lambda}}=e^{-8\lambda}$.

例 9 某大型商厦出售某品牌彩电，由以往经验知，该品牌彩电的月销售量(单位：台)一般服从参数为 5 的泊松分布. 该商厦月末进货. 设某月末该品牌彩电还剩余两台，问需再进多少台该品牌彩电，才能以不低于 95%的概率保证下月的

销售?

解 设 X 为下月销售量,并设需再进 x 台,则应有 $P(X\leqslant x+2)\geqslant 0.95$,即 $\sum_{k=0}^{x+2}P(X=k)\geqslant 0.95$. 查泊松分布表可得 $\sum_{k=0}^{8}P(X=k)=0.931\,906<0.95$, $\sum_{k=0}^{9}P(X=k)=0.968\,172>0.95$. 因此,需再进 7 台就能以不低于 95% 的概率保证下月的销售.

利用泊松分布还可以对二项分布进行近似计算,方法由下述定理给出.

定理 1(泊松定理) 在 n 重伯努利概型中,设事件 A 在一次试验中出现的概率为 p_n(与试验总次数有关),如果当 $n\to\infty$ 时,$np_n\to\lambda$($\lambda>0$ 为常数),则对任一固定的非负整数 k 有

$$\lim_{n\to\infty}C_n^k p_n^k(1-p_n)^{n-k}=\frac{\lambda^k}{k!}e^{-\lambda}.$$

证略.

由定理的条件 $np_n\to\lambda$ 可以看出,当 n 很大时,p_n 必定很小. 因此,在伯努利概型中,当 n 很大,而 p 很小时,视 $\lambda=np$,就可以有近似公式

$$C_n^k p_n^k(1-p_n)^{n-k}\approx\frac{\lambda^k}{k!}e^{-\lambda}. \tag{2.3.4}$$

也就是说,二项分布当 n 很大,p 很小时,可以近似看作服从泊松分布,用泊松分布进行近似计算.

例 10 设一年内某种人寿保险者中每人死亡的概率为 0.000 4,若有 20 000 人参加此种保险,试求一年内参保者死亡人数不超过 10 人的概率.

解 设 X 表示一年内参保者中的死亡人数,则 $X\sim B(20\,000,0.000\,4)$,按二项分布公式计算,所求概率应为

$$P(X\leqslant 10)=\sum_{k=0}^{10}C_{20\,000}^k\times 0.000\,4^k\times 0.999\,6^{20\,000-k}.$$

直接计算上式是很麻烦的. 但由于 $n=20\,000$ 很大,而 $p=0.000\,4$ 很小,所以根据泊松定理,可以近似视为泊松分布,于是通过查泊松分布表,简单计算可得

$$P(X\leqslant 10)\approx\sum_{k=0}^{10}P(X=k)=0.815\,887\approx 0.815\,9.$$

2.3.4 几何分布

定义 4 在无限伯努利概型(1.6 节定义 1)中,设随机变量 X 表示事件 A 首次出现时的试验次数,并设 $P(A)=p(0<p<1)$,$q=1-p$,则 X 的概率分布为

$$P(X=k)=q^{k-1}p,\quad k=1,2,\cdots,n. \tag{2.3.5}$$

这时称 X 服从参数为 p 的几何分布，记为 $X \sim G(p)$（称其为几何分布是因其概率分布是一个几何（等比）数列）.

容易验证式(2.3.5)满足概率分布的两个条件（请读者自己验证）.

例 11　设某自动生产线在调整后出现废品的概率为 $p=0.01$. 生产过程中，一旦出现废品立即重新进行调整. 试求在两次调整之间生产的合格品数不小于 20 件的概率.

解　两次调整间生产的每一件产品是否为废品是相互独立的，且上次调整后，废品首次出现时则进行下一次调整. 因此，若设 X 表示两次调整间生产的产品数，则 $X \sim G(0.01)$，所求概率为

$$P(X-1 \geqslant 20) = P(X \geqslant 21) = \sum_{k=21}^{\infty} 0.99^{k-1} \times 0.01 = 0.99^{20} \approx 0.8179.$$

2.3.5　超几何分布

例 12　某班有学生 40 人，其中女生 15 人. 现从中任选 3 名学生参加系里召开的迎新生座谈会. 设 X 表示这 3 名学生中男生的人数，试求 X 的概率分布.

解　这时 X 可以取 0,1,2,3 这 4 个值，其概率分布可按下式计算：

$$P(X=m) = \frac{C_{25}^{m} C_{15}^{3-m}}{C_{40}^{3}}, \quad m = 0,1,2,3.$$

计算结果为

X	0	1	2	3
P	0.0461	0.2657	0.4554	0.2328

称这里的 X 服从参数为 40,25,3 的超几何分布.

定义 5　将 N 个元素分成两类，其中有 N_1 个属于第一类，N_2 个属于第二类（这里 $N_1+N_2=N$）. 从中随机且不放回地抽取 $n(n \leqslant N)$ 个. 设 X 表示这 n 个元素属于第一类的个数，则 X 的概率分布为

$$P(X=m) = \frac{C_{N_1}^{m} C_{N_2}^{n-m}}{C_{N}^{n}}, \tag{2.3.6}$$

其中 $m=0,1,2,\cdots,n$，且当 $m>N_1$ 时 $C_{N_1}^{m}=0$，当 $n-m>N_2$ 时 $C_{N_2}^{n-m}=0$. 这时称 X 服从参数为 N,N_1,n 的超几何分布，记为 $X \sim H(N,N_1,n)$.

可以验证式(2.3.6)满足概率分布的两个条件. 首先，$P(X=m) \geqslant 0$ 是显然的；其次，通过比较等式

$$(1+x)^{N_1}(1+x)^{N_2} = (1+x)^{N}$$

两端 x^n 项的系数，可得等式

$$C_{N_1}^{0} C_{N_2}^{n-0} + C_{N_1}^{1} C_{N_2}^{n-1} + \cdots + C_{N_1}^{n} C_{N_2}^{n-n} = C_{N}^{n}.$$

从而有

$$\sum_{m=0}^{n} P(X=m)=\frac{1}{C_N^n}(C_{N_1}^0 C_{N_2}^{n-0}+C_{N_1}^1 C_{N_2}^{n-1}+\cdots+C_{N_1}^n C_{N_2}^{n-n})=1.$$

例 13 已知一批产品共 200 件，其中有 4 件次品．现抽取 5 件进行检查，试求其中次品不多于 1 件的概率.

解 设 X 表示抽出的 5 件产品中的次品数，则 $X\sim H(200,4,5)$，于是所求概率为

$$P(X\leqslant 1)=P(X=0)+P(X=1)=\frac{1}{C_{200}^5}(C_4^0 C_{196}^5+C_4^1 C_{196}^4)\approx 0.9970.$$

例中是从 200 件产品（很多）中抽取 5 件（相对很少），这与本节例 2 的情况类似，因此也可以考虑利用二项分布进行近似计算．这时，自然应取次品率 $p=\frac{4}{200}=0.02$，近似地视 $X\sim B(5,0.02)$．这样，所求概率就是

$$P(X\leqslant 1)=C_5^0\times 0.02^0\times 0.98^5+C_5^1\times 0.02\times 0.98^4\approx 0.9962.$$

这与按超几何分布计算的结果相差无几，而计算则简便许多.

一般认为，当 $\frac{n}{N}\leqslant 0.01$ 时，就可以用二项分布近似代替超几何分布.

2.4 连续型随机变量及其概率密度

2.4.1 连续型随机变量的概念

有一些随机变量，它们的取值范围不是数轴上离散的一些点，而是某个区间 $[a,b]$ 或整个数轴，这样的随机变量就不是离散型随机变量．对非离散型随机变量，人们关心的不是它取某一特定常数的概率，而是它取某个区间的概率．如 2.1 节的例 1(2) 中提到的汽车在十字路口等候绿灯亮而通行的时间 Y（单位：min），显然 Y 的取值范围为 $[0,2]$．这时，我们常常考虑像“$1\leqslant Y\leqslant 2$”、“$0.5\leqslant Y\leqslant 1.5$”等随机事件的概率，而不是考虑“$Y=1$”的概率，因为像“汽车在十字路口等候绿灯亮而通行的时间 Y 恰好等于 1min”这样的随机事件几乎不可能发生．因此，对非离散型随机变量，我们无法用分布列来描述其概率分布.

那么，如何描述非离散型随机变量的概率分布呢？在这里，我们仅就一类重要的连续型随机变量作一个详尽的介绍.

引例 设测量某两地间的距离所产生的误差 X 可在区间 $[-5,5]$（单位：m）内随机均匀地取值，也就是说，误差 X 落在 $[-5,5]$ 内任何子区间上的概率只与此子区间的长度成正比，而与其在 $[-5,5]$ 中的位置无关（可参看 1.3 节中的几何概型）．试求随机变量 X 的分布函数.

解　根据分布函数的定义，可以如下求 X 的分布函数：

当 $x<-5$ 时，$(X\leqslant x)$ 是一个不可能事件，因此，$F(x)=P(X\leqslant x)=P(\varnothing)=0$.

当 $-5\leqslant x<5$ 时，$(X\leqslant x)=(X<-5)+(-5\leqslant X\leqslant x)$，且 $(X<-5)$ 与 $(-5\leqslant X\leqslant x)$ 互不相容，因此，$F(x)=P(X\leqslant x)=P(X<-5)+P(-5\leqslant X\leqslant x)=P(-5\leqslant X\leqslant x)$.

下面求 $P(-5\leqslant X\leqslant x)$. 因为 X 落在 $[-5,5]$ 内任何子区间上的概率只与此子区间的长度成正比，而与其在 $[-5,5]$ 中的位置无关，所以可设 $P(-5\leqslant X\leqslant x)=\lambda(x+5)$，其中 $\lambda>0$ 为比例常数. 取 $x=5$，则有 $1=P(-5\leqslant X\leqslant 5)=10\lambda$，从中求得 $\lambda=\dfrac{1}{10}$，于是

$$F(x)=P(-5\leqslant X\leqslant x)=\frac{x+5}{10}=\frac{[-5,x]\text{ 的长度}}{[-5,5]\text{ 的长度}}.$$

当 $x\geqslant 5$ 时，$(X\leqslant x)$ 是一个必然事件，因此，$F(x)=P(X\leqslant x)=1$. 这时也可以如下计算得到：$F(x)=P(X\leqslant x)=P(X<-5)+P(-5\leqslant x\leqslant 5)+P(5<X\leqslant x)=0+1+0=1$.

综上所述，X 的分布函数为

$$F(x)=\begin{cases}0, & x<-5,\\ \dfrac{x+5}{10}, & -5\leqslant x<5,\\ 1, & x\geqslant 5.\end{cases}$$

对引例再做进一步分析：在区间 $(-\infty,-5)$ 与 $(5,+\infty)$ 上，X 不取值. 从而 X 的取值落入其中任一单位区间内的概率为零；在区间 $[-5,5]$ 上，由于 X 取值的均匀性，其值落入其中任一单位区间内的概率为 $\dfrac{1}{10}$. 若令

$$f(x)=\begin{cases}\dfrac{1}{10}, & -5\leqslant x\leqslant 5,\\ 0, & \text{其他},\end{cases}$$

则 $f(x)$ 反映了 X 取值的概率分布密度，而且由微积分的知识容易验证 $F(x)=\int_{-\infty}^{x}f(t)\,\mathrm{d}t$.

分布函数具有这种特征的随机变量就称为连续型随机变量.

定义 1　对随机变量 X，如果存在一个非负可积函数 $f(x)(-\infty<x<+\infty)$，使得 X 的分布函数可以写为

$$F(x)=\int_{-\infty}^{x}f(t)\,\mathrm{d}t, \tag{2.4.1}$$

则称随机变量 X 为连续型随机变量，函数 $f(x)$ 称为 X 的概率分布密度函数，简称为概率密度（或分布密度、密度函数）.

对连续型随机变量 X 来说，知道了它的分布密度 $f(x)$，就可以知道它的分布函数 $F(x)$，分布密度 $f(x)$ 起着类似离散型随机变量的分布列的作用. 我们常常用分布密度来描述连续型随机变量的概率分布.

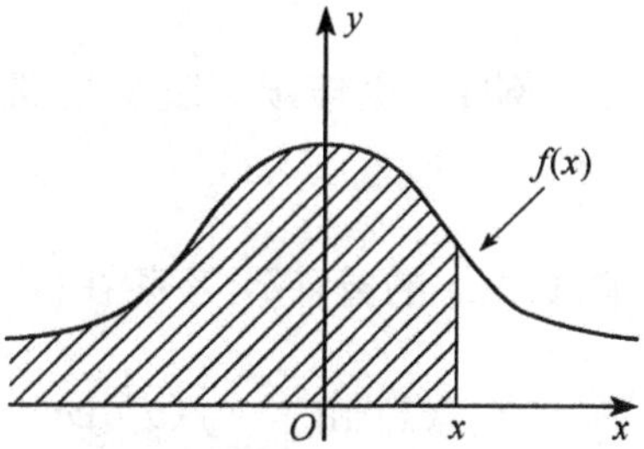

图 2.4.1

当 X 具有概率密度 $f(x)$ 时，常称 X 服从概率密度为 $f(x)$ 的分布，简记为 $X\sim f(x)$. 从几何意义上看，$F(x)$ 就是图 2.4.1 中阴影部分的面积.

2.4.2 连续型随机变量的性质

容易得到连续型随机变量 X 的概率密度 $f(x)$ 有下述性质：

(1) $f(x)\geqslant 0$； (2.4.2)

(2) $\int_{-\infty}^{+\infty} f(x)\mathrm{d}x = 1.$ (2.4.3)

事实上，(1)的成立直接由本节的定义 1 得到；(2)的成立则是因为

$$\int_{-\infty}^{+\infty} f(x)\mathrm{d}x = \lim_{x\to+\infty}\int_{-\infty}^{x} f(t)\mathrm{d}t = \lim_{x\to+\infty} F(x) = 1.$$

反之，定义在 $(-\infty,+\infty)$ 上的可积函数 $f(x)$ 若满足上述两条性质，则一定是某一连续型随机变量的概率密度.

式(2.4.3)说明介于曲线 $y=f(x)$ 与 x 轴之间的面积等于 1.

由本节的定义 1 与微积分中关于变上限积分的有关结论可知，连续型随机变量 X 的分布函数 $F(x)$ 在 $(-\infty,+\infty)$ 上连续，且对概率密度的连续点 x 有

$$f(x) = F'(x). \tag{2.4.4}$$

连续型随机变量 X 的有关概率常利用概率密度的相应积分来计算. 例如(请读者自证)：

(1) $$P(a<X\leqslant b)=\int_a^b f(x)\mathrm{d}x; \tag{2.4.5}$$

(2) $$P(X>a)=1-\int_{-\infty}^{a} f(x)\mathrm{d}x = \int_a^{+\infty} f(x)\mathrm{d}x.$$

利用连续型随机变量分布函数的连续性还可以得到：对任意连续型随机变量 X 与任一实数 a，有

$$P(X = a) = 0. \tag{2.4.6}$$

事实上，$P(X=a)=\lim\limits_{\Delta x\to 0^+} P(a-\Delta x<X\leqslant a)=\lim\limits_{\Delta x\to 0^+}[F(a)-F(a-\Delta x)]=0$，由此立即可以得到对连续型随机变量 X 有

$$P(a < X \leqslant b) = P(a \leqslant X \leqslant b) = P(a \leqslant X < b) = P(a < X < b). \tag{2.4.7}$$

例 1　设连续型随机变量 X 的概率密度为 $f(x)=\begin{cases}0, & |x|>\frac{\pi}{2},\\ A\cos x, & |x|\leqslant\frac{\pi}{2},\end{cases}$ 试求:(1) A 的值;(2) X 落在 $\left(0,\frac{\pi}{4}\right)$ 内的概率;(3) X 的分布函数 $F(x)$.

解　(1) 由 $\int_{-\infty}^{+\infty}f(x)\mathrm{d}x=1$,有

$$1=\int_{-\infty}^{+\infty}f(x)\mathrm{d}x=\int_{-\frac{\pi}{2}}^{\frac{\pi}{2}}A\cos x\mathrm{d}x=A\sin x\Big|_{-\frac{\pi}{2}}^{\frac{\pi}{2}}=2A.$$

所以 $A=\frac{1}{2}$,即 $f(x)=\begin{cases}0, & |x|>\frac{\pi}{2},\\ \frac{1}{2}\cos x, & |x|\leqslant\frac{\pi}{2}.\end{cases}$

(2) 根据式(2.4.5),有

$$P\left(0<X<\frac{\pi}{4}\right)=\int_{0}^{\frac{\pi}{4}}f(x)\mathrm{d}x=\frac{1}{2}\int_{0}^{\frac{\pi}{4}}\cos x\mathrm{d}x=\frac{1}{2}\sin x\Big|_{0}^{\frac{\pi}{4}}=\frac{\sqrt{2}}{4}.$$

(3) 由于 $F(x)=\int_{-\infty}^{x}f(t)\mathrm{d}t$,当 $x<-\frac{\pi}{2}$ 时,$F(x)=0$;

当 $-\frac{\pi}{2}\leqslant x<\frac{\pi}{2}$ 时,$F(x)=\int_{-\frac{\pi}{2}}^{x}\frac{1}{2}\cos t\mathrm{d}t=\frac{1}{2}(\sin x+1)$;

当 $x\geqslant\frac{\pi}{2}$ 时,$F(x)=1$.

所以,$F(x)=\begin{cases}0, & x<-\frac{\pi}{2},\\ \frac{1}{2}(\sin x+1), & -\frac{\pi}{2}\leqslant x<\frac{\pi}{2},\\ 1, & x\geqslant\frac{\pi}{2}.\end{cases}$

注　若先求出 $F(x)$,概率 $P\left(0<X<\frac{\pi}{4}\right)$ 也可以根据分布函数的定义如下求出:

$$P\left(0<X<\frac{\pi}{4}\right)=P\left(0<X\leqslant\frac{\pi}{4}\right)=F\left(\frac{\pi}{4}\right)-F(0)$$
$$=\frac{1}{2}\left(\sin\frac{\pi}{4}+1\right)-\frac{1}{2}(\sin 0+1)=\frac{\sqrt{2}}{4}.$$

例 2　设连续型随机变量 X 的分布函数为 $F(x)=\begin{cases}0, & x<0,\\ A+Be^{-2x}, & x\geqslant 0.\end{cases}$ 试求:

(1) A,B 的值;(2) $P(-1\leqslant X\leqslant 1)$;(3) X 的概率密度 $f(x)$.

解 (1) 由分布函数的性质 $F(+\infty)=1$,应有 $\lim\limits_{x\to+\infty}(A+Be^{-2x})=A=1$. 又由于 X 是连续型随机变量,因此 $F(x)$连续,从而应有 $\lim\limits_{x\to 0^+}F(x)=\lim\limits_{x\to 0^-}F(x)=F(0)$,而

$$\lim_{x\to 0^+}F(x)=\lim_{x\to 0^+}(A+Be^{-2x})=A+B=F(0);\quad \lim_{x\to 0^-}F(x)=0.$$

所以应有 $A+B=0$,从而 $B=-1$. 于是 $F(x)=\begin{cases}0, & x<0,\\ 1-e^{-2x}, & x\geqslant 0.\end{cases}$

(2) $P(-1\leqslant X\leqslant 1)=F(1)-F(-1)=1-e^{-2}-0=1-e^{-2}$.

(3) 根据式(2.4.4),在 $F(x)$的各段内部有 $f(x)=F'(x)=\begin{cases}0, & x<0,\\ 2e^{-2x}, & x>0.\end{cases}$

而在 $x=0$ 处有 $F'_-(0)=0$,$F'_+(0)=2$,这时,$F(x)$在 $x=0$ 点处不可导. 但若令 $f(0)=2$(或 $f(0)=0$)并不影响 $f(x)$的可积性与积分结果,即分布函数 $F(x)$的取值. 因此,X 的概率密度可以取为

$$f(x)=\begin{cases}0, & x<0,\\ 2e^{-2x}, & x\geqslant 0.\end{cases}$$

也可以取为

$$f(x)=\begin{cases}0, & x\leqslant 0,\\ 2e^{-2x}, & x>0.\end{cases}$$

例 3 假设随机变量 X 绝对值不大于 1;$P(X=-1)=\frac{1}{8}$,$P(X=1)=\frac{1}{4}$;在事件$(-1<X<1)$出现的条件下,X 在$(-1,1)$内的任一子区间上取值的条件概率与该子区间的长度成正比. 试求:(1) X 的分布函数 $F(x)=P(X\leqslant x)$;(2) X 取负值的概率 p.

解 (1) 这里随机变量 X 在区间$[-1,1]$上既非纯连续型随机变量(仅在$(-1,1)$内连续),也非离散型随机变量(仅在区间端点$-1,1$ 处呈离散型),可以视为二者的混合型. 但因分布函数可用于描述任何随机变量的概率分布,因此,仍可以依据已知条件与分布函数的定义求出 X 的分布函数.

由已知条件可以求出

$$P(-1<X<1)=1-P(X=-1)-P(X=1)=1-\frac{1}{8}-\frac{1}{4}=\frac{5}{8},$$

$$P(-1<X\leqslant x\mid -1<X<1)=\frac{x-(-1)}{1-(-1)}=\frac{x+1}{2}\quad \text{(仿照引例)},$$

于是,当 $x<-1$ 时,$F(x)=P(\varnothing)=0$;

当$-1\leqslant x<1$ 时,$F(x)=P(X<-1)+P(X=-1)+P(-1<X\leqslant x)=0+\frac{1}{8}+$

$P\{(-1<X\leqslant x)\cap(-1<X<1)\}=\frac{1}{8}+P(-1<X<1)\cdot P(-1<X\leqslant x|-1<X<1)=\frac{1}{8}+\frac{5}{8}\cdot\frac{x+1}{2}=\frac{5x+7}{16}$;

当 $x\geqslant 1$ 时，$F(x)=P(X<-1)+P(X=-1)+P(-1<X<1)+P(X=1)+P(1<X\leqslant x)=0+\frac{1}{8}+\frac{5}{8}+\frac{1}{4}+0=1$.

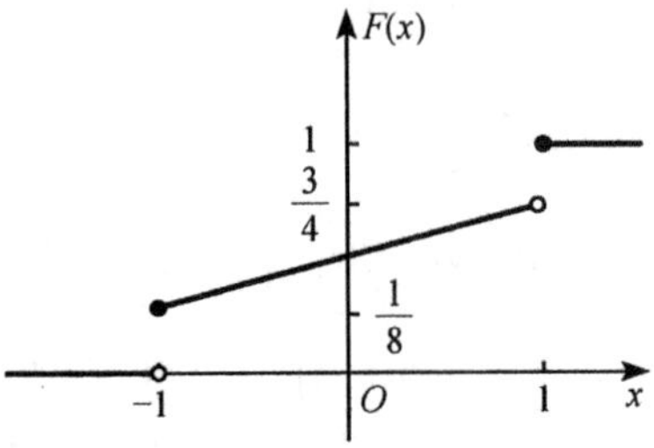

图 2.4.2

综上所述，有

$$F(x)=\begin{cases}0, & x<-1,\\ \dfrac{5x+7}{16}, & -1\leqslant x<1,\\ 1, & x\geqslant 1.\end{cases}$$

$F(x)$的图形见图 2.4.2.

(2) $p=P(X<0)=F(0)=\frac{7}{16}$.

2.5　几种重要的连续型随机变量的分布

2.5.1　均匀分布

定义 1　如果连续型随机变量 X 的概率密度为

$$f(x)=\begin{cases}\dfrac{1}{b-a}, & a\leqslant x\leqslant b,\\ 0, & 其他,\end{cases} \tag{2.5.1}$$

其中 $a<b$ 为有限数，则称 X 在$[a,b]$上服从均匀分布，记为 $X\sim U[a,b]$.

注　我们也可以在(a,b)上定义服从分布. 若 X 的概率密度为

$$f(x)=\begin{cases}\dfrac{1}{b-a}, & a<x<b,\\ 0, & 其他,\end{cases}$$

则称 X 在(a,b)上服从均匀分布，记为 $X\sim U(a,b)$.

容易验证 $f(x)$满足概率密度的两条性质式(2.4.2)与式(2.4.3)(请读者自己验证).

由定义易见，2.4 节的引例中的随机变量(测量误差)$X\sim U[-5,5]$；2.4 节的例 3 中的随机变量 X，当其在$(-1,1)$内取值时，也服从均匀分布，即 $X\sim U(-1,1)$.

若随机变量 $X\sim U[a,b]$，则 X 落在$[a,b]$中任一小区间$[c,d]$$(a\leqslant c<d\leqslant b)$内的概率为

$$P(c<X\leqslant d)=\int_c^d f(x)\mathrm{d}x=\int_c^d \frac{1}{b-a}\mathrm{d}x=\frac{d-c}{b-a}.$$

这说明 X 落在$[a,b]$中任一小区间$[c,d]$内的概率只与该小区间的长度 $d-c$ 成正比,而与该小区间的位置无关,既 X 落在$[a,b]$内任意等长的小区间内的可能性是相同的.

由连续型随机变量的定义可以求得 X 的分布函数为

$$F(x)=\begin{cases}0, & x<a,\\ \dfrac{x-a}{b-a}, & a\leqslant x<b,\\ 1, & x\geqslant b.\end{cases}$$

$f(x)$与 $F(x)$的图形如图 2.5.1 所示.

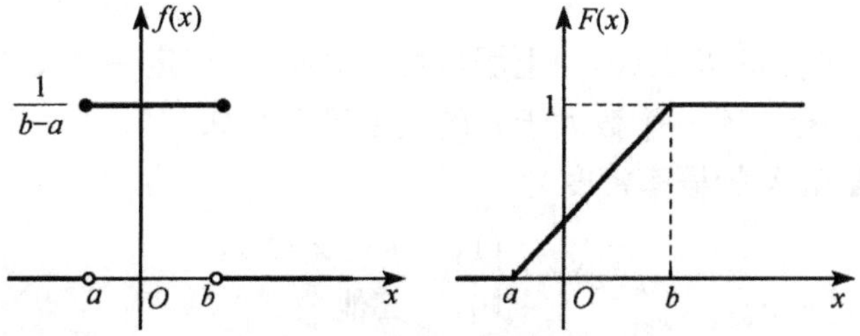

图 2.5.1

由 2.4 节的引例及本节的定义 1 可见,若随机变量 X 可以在某个区间$[a,b]$(或(a,b))内随机均匀地取值,则 $X\sim U[a,b]$($X\sim U(a,b)$). 参看 1.3 节的几何概型,我们可以知道,均匀分布所对应的问题可归结为在某区间$[a,b]$内随机投点(或取点)的几何概型.

例 1 某公共汽车站每隔 5min 有一辆汽车通过,乘客可在 5min 内任一时刻随机到达汽车站. (1) 试求乘客候车时间不超过 3min 的概率;(2) 若在 5min 内有 5 位乘客各自到站候车,试求候车时间不超过 3min 的人数的概率分布.

解 (1) 设 X 表示乘客到车站后的候车时间,则 $X\sim U[0,5]$,其概率密度为

$$f(x)=\begin{cases}\dfrac{1}{5}, & 0\leqslant x\leqslant 5,\\ 0, & \text{其他}.\end{cases}$$

所求概率为 $p=P(0\leqslant X\leqslant 3)=\int_0^3 \frac{1}{5}\mathrm{d}x=\frac{3}{5}$.

(2) 设 Y 表示 5 位乘客中候车时间不超过 3min 的人数,则 $Y\sim B\left(5,\frac{3}{5}\right)$,它的概率分布为 $P(Y=k)=C_5^k\left(\frac{3}{5}\right)^k\cdot\left(\frac{2}{5}\right)^{5-k}$,$k=0,1,2,3,4,5$.

例 2 设随机变量 X 在(0,6)上服从均匀分布,求方程 $x^2+2Xx+5X-4=0$ 有实根的概率.

解 由题设知 X 的概率密度为

$$f(x)=\begin{cases}\frac{1}{6}, & 0<x<6,\\ 0, & \text{其他}.\end{cases}$$

而方程有实根相当于判别式 $\Delta=4X^2-4(5X-4)\geqslant 0$,即 $X\geqslant 4$ 或 $X\leqslant 1$,于是所求概率为

$$P(\Delta\geqslant 0)=P(X\geqslant 4)+P(X\leqslant 1)=1-\int_0^4\frac{1}{6}\mathrm{d}x+\int_0^1\frac{1}{6}\mathrm{d}x$$

$$=1-\frac{4}{6}+\frac{1}{6}=\frac{1}{2}.$$

例 3 设随机变量 X 在(0,1)上服从均匀分布,试确定一数 a,使从(0,1)中任取 4 个数时,其中至少有一个数大于 a 的概率等于 0.9.

解 由题设知 X 的概率密度为

$$f(x)=\begin{cases}1, & 0<x<1,\\ 0, & \text{其他}.\end{cases}$$

其分布函数为

$$F(x)=\begin{cases}0, & x<0,\\ x, & 0\leqslant x<1,\\ 1, & x\geqslant 1.\end{cases}$$

从(0,1)中取到一个小于 a 的数的概率为 $P(0<X<a)=F(a)-F(0)=a$,而从(0,1)中任取 4 个数相当于四重伯努利试验,4 个数都小于 a 的概率为 a^4,于是,4 个数中至少有一个数大于 a 的概率为 $1-a^4$. 欲使 $1-a^4=0.9$,应有 $a^4=0.1$,所以,$a=\sqrt[4]{0.1}$.

2.5.2 指数分布

定义 2 如果连续型随机变量 X 的概率密度为

$$f(x)=\begin{cases}0, & x<0,\\ \lambda \mathrm{e}^{-\lambda x}, & x\geqslant 0,\end{cases}\tag{2.5.2}$$

其中 $\lambda>0$ 为常数,则称 X 服从参数为 λ 的指数分布,记为 $X\sim E(\lambda)$.

容易验证,式(2.5.2)定义的 $f(x)$ 满足概率密度的两条性质式(2.4.2)与式(2.4.3)(请读者自己验证).

可以求得指数分布的分布函数为

$$F(x)=\begin{cases}0, & x<0,\\ 1-e^{-\lambda x}, & x\geqslant 0.\end{cases} \tag{2.5.3}$$

$f(x)$与$F(x)$的图形如图 2.5.2 所示.

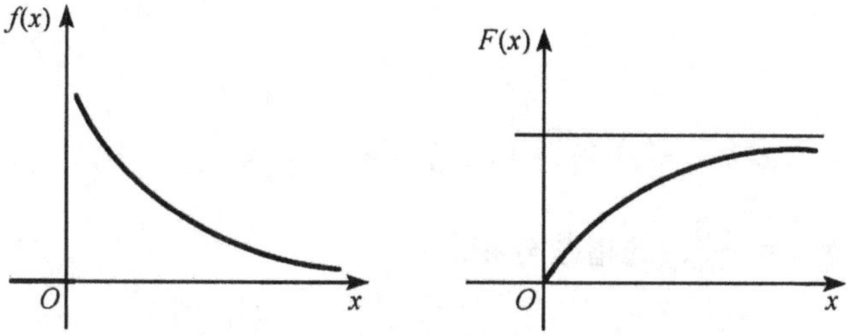

图 2.5.2

指数分布常常作为各种“寿命”分布的近似描述. 例如,某些产品(如电子元件等)的使用寿命、人或动物的寿命、某生产系统接连两次故障之间的时间间隔等. 一些随机服务系统中,“等待服务的时间”也常服从指数分布. 例如,机场的一条跑道等待一次飞机起飞或降落的时间,某网站等待一次点击的时间,顾客在柜台前、银行窗口前等待服务的时间等. 指数分布在可靠性理论和排队论等领域内有着广泛的应用,其中参数λ的含义将在第 4 章中介绍.

例 4 设某电路装有三个同种电气元件,其工作状态相互独立,且无故障工作时间(单位:h)都服从参数为$\lambda=\dfrac{1}{1\,000}$的指数分布. 当三个元件都无故障时,电路正常工作,否则整个电路不能正常工作. 试求:(1) 电路能正常工作 1 000h 以上的概率;(2) 电路正常工作的时间 T 的概率分布.

解 电路能否正常工作$t(t\geqslant 0)$小时以上,取决于每一电气元件能否正常工作t小时以上. 为此,先一般求出每一元件正常工作t小时以上的概率. 设X_i为第i个元件的无故障工作时间,则由式(2.5.3)知其分布函数为

$$F_{X_i}(x)=\begin{cases}0, & x<0,\\ 1-e^{-\frac{x}{1000}}, & x\geqslant 0,\end{cases} \quad i=1,2,3.$$

可得第i个元件正常工作t小时以上的概率为

$$P(X_i>t)=e^{-\frac{t}{1000}},\quad i=1,2,3.$$

(1) 这时,每一元件能正常工作 1 000h 以上的概率为$P(X_i>1\,000)=e^{-1}$. 要使电路能正常工作 1 000h 以上,必须每一元件都能正常工作 1 000h 以上,加之,各元件工作状态相互独立,因此所求概率为

$$P\left\{\prod_{i=1}^{3}(X_i>1\,000)\right\}=\prod_{i=1}^{3}P(X_i>1\,000)=\prod_{i=1}^{3}e^{-1}=e^{-3}.$$

(2) 设 T 的分布函数为 $F(t)$，则当 $t<0$ 时，显然有 $F(t)=0$.

当 $t\geqslant 0$ 时，$F(t)=P(T\leqslant t)=1-P(T>t)$

$$=1-P\left\{\prod_{i=1}^{3}(X_i>t)\right\}=1-\prod_{i=1}^{3}P(X_i>t)=1-\mathrm{e}^{-\frac{3t}{1\,000}}.$$

所以

$$F(t)=\begin{cases}0, & t<0,\\ 1-\mathrm{e}^{-\frac{3t}{1\,000}}, & t\geqslant 0,\end{cases}$$

即 T 服从参数为 $\lambda=\frac{3}{1\,000}$ 的指数分布.

2.5.3　正态分布

这是最常用也是最重要的一种连续型随机变量的分布.

定义 3　如果连续型随机变量 X 的概率密度为

$$f(x)=\frac{1}{\sigma\sqrt{2\pi}}\mathrm{e}^{-\frac{(x-\mu)^2}{2\sigma^2}},\quad -\infty<x<+\infty, \tag{2.5.4}$$

其中 μ,σ 为常数，且 $\sigma>0$，则称 X 服从参数为 μ,σ 的正态分布，记为 $X\sim N(\mu,\sigma^2)$.

首先，当 $\mu=0,\sigma=1$ 时的正态分布 $N(0,1)$ 称为标准正态分布，其概率密度记为 $\varphi(x)$，即

$$\varphi(x)=\frac{1}{\sqrt{2\pi}}\mathrm{e}^{-\frac{x^2}{2}},\quad -\infty<x<+\infty. \tag{2.5.5}$$

显然，$f(x)\geqslant 0$. 其次，利用泊松积分 $\int_{-\infty}^{+\infty}\mathrm{e}^{-x^2}\,\mathrm{d}x=\sqrt{\pi}$ 可以验证 $\int_{-\infty}^{+\infty}\varphi(x)\,\mathrm{d}x=1$. 再利用变量替换 $t=\frac{x-\mu}{\sigma}$，即可验证 $\int_{-\infty}^{+\infty}f(x)\,\mathrm{d}x=1$. 也就是说，式(2.5.4)定义的概率密度满足概率密度的两条性质(请读者自己具体完成这一验证).

另外，由微积分的知识知，一般正态分布的分布函数

$$F(x)=\int_{-\infty}^{x}\frac{1}{\sigma\sqrt{2\pi}}\mathrm{e}^{-\frac{(t-\mu)^2}{2\sigma^2}}\,\mathrm{d}t,\quad -\infty<x<+\infty \tag{2.5.6}$$

与标准正态分布的分布函数

$$\Phi(x)=\int_{-\infty}^{x}\frac{1}{\sqrt{2\pi}}\mathrm{e}^{-\frac{t^2}{2}}\,\mathrm{d}t,\quad -\infty<x<+\infty \tag{2.5.7}$$

都不能写为初等函数的形式.

正态分布是自然界中最常见、最常用的一种分布. 服从正态分布的随机变量 X 的特征是：X 的取值是许多相互独立的随机因素共同叠加作用的结果，其中每一因素的单独作用都相对较小，都不能起主导作用(第 5 章中将说明，符合这一特征

的随机变量服从正态分布). 一般在正常情况下,各种质量或产量指标、测量结果等都是常见的服从正态分布的随机变量. 如人的身高、体重;物体(零件)的各种尺寸(长、宽、高、直径等);农作物的产量;学生的成绩;商店的销售额以及各种测量误差,等等. 正态分布中参数 μ,σ 的含义将在第 4 章中介绍.

由微积分的知识不难看到正态分布的概率密度 $f(x)=\frac{1}{\sigma\sqrt{2\pi}}e^{-\frac{(x-\mu)^2}{2\sigma^2}}$ 有如下特性(图 2.5.3).

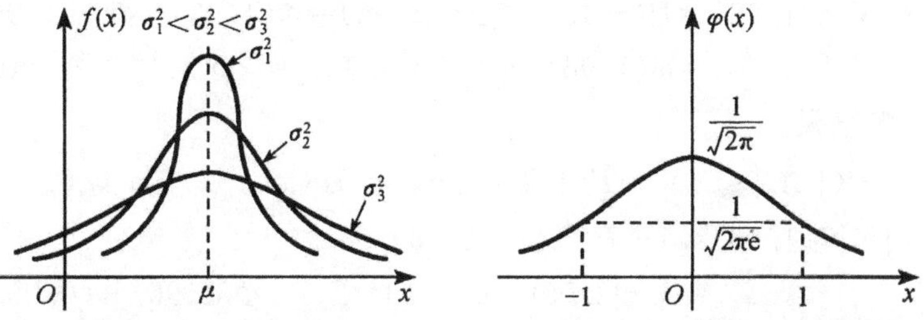

(a) 一般正态分布 $f(x)$ 的性状　　(b) 标准正态分布 $\varphi(x)$ 的性状

图 2.5.3

(1) 曲线 $y=f(x)$ 的图形关于直线 $x=\mu$ 对称,即 $f(\mu-x)=f(\mu+x)$. 因此,对任意 $x>0$, $P(\mu-x<X\leqslant\mu)=P(\mu<X\leqslant\mu+x)$;

(2) 在 $(-\infty,+\infty)$ 内, $f(x)$ 存在各阶导数;

(3) $f(x)$ 在 $(-\infty,\mu)$ 上递增,在 $(\mu,+\infty)$ 上递减,在 $x=\mu$ 处取得唯一极大值(也是最大值) $\frac{1}{\sigma\sqrt{2\pi}}$,有拐点 $\left(\mu-\sigma,\frac{1}{\sigma\sqrt{2\pi e}}\right)$ 与 $\left(\mu+\sigma,\frac{1}{\sigma\sqrt{2\pi e}}\right)$(凹向见图 2.5.3), $y=0$,即 x 轴为水平渐近线;

(4) 参数 μ 决定 $f(x)$ 图形的中心位置,而参数 σ^2 决定 $f(x)$ 图形中峰的陡峭程度与形状. 当固定 σ,改变 μ 的值时, $f(x)$ 的图形沿 x 轴平移. 当固定 μ,改变 σ 的值时,若 σ 减小,则 $f(x)$ 的最大值增大,图形尖陡, X 的取值集中在 μ 附近,即 X 落在 μ 附近的概率增大;若 σ 增大,则 $f(x)$ 的最大值减小, $f(x)$ 的图形扁平, X 取值随之分散,即 X 落在 μ 附近的概率减小.

下面讨论正态分布中有关概率的计算.

1. 标准正态分布 $N(0,1)$

因为正态分布的分布函数不能写为初等函数的形式,所以不能直接用牛顿-莱布尼茨公式计算诸如 $P(a<X<b)=\int_a^b\varphi(x)\mathrm{d}x=\int_a^b\frac{1}{\sqrt{2\pi}}e^{-\frac{x^2}{2}}\mathrm{d}x$ 的值,而只能采用其他近似计算的方法. 为计算方便,人们已把标准正态分布函数 $\Phi(x)$ 当 $x\geqslant 0$

时的函数值编制成表(附表 2). 利用对称性,可按下列公式求出对应的相应函数值

$$\varphi(-x)=\varphi(x),\quad \Phi(-x)=1-\Phi(x). \tag{2.5.8}$$

例 5 设 $X\sim N(0,1)$,试求:(1) $P(X\leqslant 1.96)$;(2) $P(X\geqslant 1.96)$;(3) $P(X\leqslant -1.96)$;(4) $P(|X|\leqslant 1.96)$;(5) $P|X|\geqslant 1.96)$;(6) $P(-1<X<2)$;(7) $P(X\leqslant 6)$.

解 (1) 经查表,$P(X\leqslant 1.96)=\Phi(1.96)=0.975$.

(2) $P(X\geqslant 1.96)=1-P(X<1.96)=1-\Phi(1.96)=1-0.975=0.025$.

(3) $P(X\leqslant -1.96)=\Phi(-1.96)=1-\Phi(1.96)=0.025$.

(4) $P(|X|\leqslant 1.96)=P(-1.96\leqslant X\leqslant 1.96)=\Phi(1.96)-\Phi(-1.96)$

$=\Phi(1.96)-[1-\Phi(1.96)]=2\Phi(1.96)-1=0.95$.

由此可得一般结果

$$P(|X|\leqslant a)=P(|X|<a)=2\Phi(a)-1,\quad a>0. \tag{2.5.9}$$

(5) $P(|X|\geqslant 1.96)=1-P(|X|<1.96)$

$=1-[2\Phi(1.96)-1]=2[1-\Phi(1.96)]=0.05$.

由此可得一般结果

$$P(|X|\geqslant a)=2[1-\Phi(a)],\quad a>0. \tag{2.5.10}$$

(6) $P(-1<X<2)=\Phi(2)-\Phi(-1)=\Phi(2)+\Phi(1)-1$

$=0.977\,25+0.841\,3-1=0.818\,55$.

(7) $P(X\leqslant 6)=\Phi(6)=1$.

例 6 设 $X\sim N(0,1)$,试求 a,使 $P(|X|>a)=0.1$.

解 由 $P(|X|>a)=2[1-\Phi(a)]$,有 $\Phi(a)=1-\frac{1}{2}P(|X|>a)$. 所以,求 a 使 $P(|X|>a)=0.1$,相当于求 a 使 $\Phi(a)=0.95$. 经查表,可得 $a\approx 1.65$,即

$$P(|X|>1.65)=0.1.$$

2. 一般正态分布 $N(\mu,\sigma^2)$

根据下面的定理,可以将一般正态分布转化为标准正态分布来计算.

定理 1 设随机变量 $X\sim N(\mu,\sigma^2)$,令随机变量 $Y=\dfrac{X-\mu}{\sigma}$(称其为 X 的标准化随机变量),则 $Y\sim N(0,1)$.

证明 只需证 Y 的分布函数 $F_Y(x)=\Phi(x)$. 事实上,由分布函数的定义可得

$$F_Y(x)=P(X\leqslant x)=P\left(\frac{X-\mu}{\sigma}\leqslant x\right)=P(X\leqslant \sigma x+\mu)$$

$$=\int_{-\infty}^{\sigma x+\mu}\frac{1}{\sigma\sqrt{2\pi}}e^{-\frac{(t-\mu)^2}{2\sigma^2}}dt \xlongequal{u=\frac{t-\mu}{2}} \int_{-\infty}^{x}\frac{1}{\sqrt{2\pi}}e^{-\frac{u^2}{2}}du=\Phi(x).$$

推论 设 $X\sim N(\mu,\sigma^2)$，其分布函数与概率密度分别为 $F(x)$ 与 $f(x)$，则有

(1) $$F(x)=\Phi\left(\frac{x-\mu}{\sigma}\right);\tag{2.5.11}$$

(2) $$f(x)=\frac{1}{\sigma}\varphi\left(\frac{x-\mu}{\sigma}\right).\tag{2.5.12}$$

证明 (1) $F(x)=P(X\leqslant x)=P\left(\frac{X-\mu}{\sigma}\leqslant\frac{x-\mu}{\sigma}\right)=\Phi\left(\frac{x-\mu}{\sigma}\right)$；

(2) 在(1)中，等式两端对 x 求导即得式(2.5.12).

例 7 设 $X\sim N(-1,4)$，试求：(1) $P(X\leqslant 0)$；(2) $P(|X|<2)$；(3) $P(|X+1|>1)$.

解 这里 $\mu=-1,\sigma=2$.

(1) 由式(2.5.11)，有 $P(X\leqslant 0)=F(0)=\Phi\left(\frac{0+1}{2}\right)=\Phi(0.5)=0.6915$；

(2) 与(1)相类似，有

$$\begin{aligned}P(|X|<2)&=P(-2<X<2)=F(2)-F(-2)=\Phi\left(\frac{2+1}{2}\right)-\Phi\left(\frac{-2+1}{2}\right)\\&=\Phi(1.5)-\Phi(-0.5)=\Phi(1.5)+\Phi(0.5)-1\\&=0.93319+0.6915-1=0.62469;\end{aligned}$$

(3) 由定理 1 及式(2.5.10)得

$$\begin{aligned}P(|X+1|>1)&=P\left(\left|\frac{X+1}{2}\right|>\frac{1}{2}\right)=2[1-\Phi(0.5)]\\&=2(1-0.6915)=0.617.\end{aligned}$$

例 8 设 $X\sim N(\mu,\sigma^2)$，已知 $P(X\leqslant -5)=0.045$，$P(X\leqslant 3)=0.618$. 试求 μ 与 σ.

解 两个已知条件可分别写为

$$\Phi\left(\frac{-5-\mu}{\sigma}\right)=0.045 \qquad ①$$

与

$$\Phi\left(\frac{3-\mu}{\sigma}\right)=0.618. \qquad ②$$

由①知 $\frac{-5-\mu}{\sigma}<0$，从而 $\Phi\left(\frac{-5-\mu}{\sigma}\right)=1-\Phi\left(\frac{5+\mu}{\sigma}\right)=0.045$，于是

$$\Phi\left(\frac{5+\mu}{\sigma}\right)=0.955. \qquad ③$$

根据②③两式查表可得 $\frac{3-\mu}{\sigma}\approx 0.3$，$\frac{5+\mu}{\sigma}\approx 1.7$，由此解得 $\mu\approx 1.8$，$\sigma\approx 4$.

例 9　设某工厂实行月超产奖励制，厂方计划把获奖比例控制在 10%以内. 设工人每月生产的产品数近似服从正态分布 $N(4\,000,3\,600)$. 问工人每月至少生产多少件产品才能获得超产奖？

解　记工人每月生产的产品数为 X，则 $X\sim N(4\,000,60^2)$. 设工人获超产奖应生产的最低产品数为 x_0，则依题意应有 $P(X\geqslant x_0)\leqslant 0.1$，即 $P(X<x_0)=F(x_0)\geqslant 0.9$，化为标准正态分布后，得 $\Phi\left(\frac{x_0-4\,000}{60}\right)\geqslant 0.9$. 查正态分布表，可知 $\Phi(1.29)=0.904\,7$，于是应有 $\frac{x_0-4\,000}{60}\geqslant 1.29$，由此解得 $x_0\geqslant 4\,077.4$，即工人每月至少生产 4 078 件才能获得超产奖.

例 10　在电源电压不超过 200V、200～240V 和超过 240V 三种情况下，某种电子元件损坏的概率分别为 0.1，0.001 和 0.2. 假设电源电压服从正态分布 $N(220,25^2)$. 试求：(1) 该电子元件损坏的概率 α；(2) 该电子元件损坏时，电源电压在 200～240V 的概率 β.

解　设电源电压为 X，则 $X\sim N(220,25^2)$. 再设 A,B,C 分别表示电压不超过 200V、200～240V 和超过 240V，则由正态分布概率密度的图形关于直线 $x=\mu=220$ 的对称性可得

$$\begin{aligned}P(C)&=P(A)=P(X\leqslant 200)=F(200)=\Phi\left(\frac{200-220}{25}\right)\\&=\Phi(-0.8)=1-\Phi(0.8)=1-0.788\,1=0.211\,9.\end{aligned}$$

从而

$$P(B)=1-P(A)-P(C)=0.576\,2.$$

而且 A,B,C 构成一个完备事件组. 再设 D 表示元件损坏，则由题设可知 $P(D|A)=0.1$，$P(D|B)=0.001$，$P(D|C)=0.2$.

(1) 由全概率公式可得

$$\begin{aligned}\alpha&=P(D)=P(A)P(D\mid A)+P(B)P(D\mid B)+P(C)P(D\mid C)\\&=0.211\,9\times 0.1+0.576\,2\times 0.001+0.211\,9\times 0.2\approx 0.064\,1.\end{aligned}$$

(2) 由贝叶斯公式可得

$$\beta=P(B\mid D)=\frac{P(B)P(D\mid B)}{P(D)}=\frac{0.000\,576\,2}{0.064\,1}\approx 0.009.$$

2.6　随机变量函数的分布

关于随机变量的函数前面已经遇到过，那就是定理 1 中的 $Y=\frac{X-\mu}{\sigma}$. 一般地，设函数 $f(x)$ 对随机变量 X 的一切可能取值 x 有意义，如果变量 Y 的取值 y 与 X

的取值 x 有关系 $y=f(x)$，则 Y 也是一个随机变量，称其为随机变量 X 的函数，记为 $Y=f(X)$.

本节要讨论的问题是：如何根据随机变量 X 的分布求出随机变量 $Y=f(X)$ 的分布？将 X 分为离散型和连续型两种情况，以例题的形式来说明.

2.6.1 离散型随机变量函数的分布

例 1 设随机变量 X 的概率分布为

$X=x_i$	0	1	2	3	4	5
P	$\frac{1}{12}$	$\frac{1}{6}$	$\frac{1}{3}$	$\frac{1}{12}$	$\frac{2}{9}$	$\frac{1}{9}$

试求：(1) 随机变量 $Y=2X+1$ 的分布；

(2) 随机变量 $Z=(X-2)^2$ 的分布以及 $P(Z<2)$.

解 (1) 由 $Y=2X+1$ 可得 $P(Y=y_i)=P(2X+1=2x_i+1)=P(X=x_i)$.

于是 Y 的概率分布为

$Y=y_i=2x_i+1$	1	3	5	7	9	11
P	$\frac{1}{12}$	$\frac{1}{6}$	$\frac{1}{3}$	$\frac{1}{12}$	$\frac{2}{9}$	$\frac{1}{9}$

(2) 由 $Z=(X-2)^2$ 可得 X 与 Z 取值的对应关系为

$X=x_i$	0	1	2	3	4	5
$Z=z_i=(x_i-2)^2$	4	1	0	1	4	9

因此，

$$P(Z=0)=P(X=2)=\frac{1}{3};$$

$$\begin{aligned}P(Z=1)&=P\{(X=1)+(X=3)\}\\&=P(X=1)+P(X=3)=\frac{1}{6}+\frac{1}{12}=\frac{1}{4};\end{aligned}$$

$$\begin{aligned}P(Z=4)&=P\{(X=0)+(X=4)\}\\&=P(X=0)+P(X=4)=\frac{1}{12}+\frac{2}{9}=\frac{11}{36};\end{aligned}$$

$$P(Z=9)=P(X=5)=\frac{1}{9}.$$

于是，$Z=(X-2)^2$ 的概率分布为

Z	0	1	4	9
P	$\frac{1}{3}$	$\frac{1}{4}$	$\frac{11}{36}$	$\frac{1}{9}$

由 Z 的概率分布即可求得 $P(Z<2)=P(Z=0)+P(Z=1)=\frac{1}{3}+\frac{1}{4}=\frac{7}{12}$.

由这个例题,不难总结求离散型随机变量函数的分布的一般方法:

(1) 当 $Y=f(X)$ 与 X 之间是一一对应的关系时,有

$$P(Y=y_i=f(x_i))=P(X=x_i).$$

(2) 当 $Y=f(X)$ 与 X 之间不是一一对应的关系时,有

$$P(Y=y_k)=\sum_{\substack{i \\ f(x_i)=y_k}} P(X=x_i).$$

2.6.2 连续型随机变量函数的分布

例 2 设 $X\sim N(0,1)$,$Y=2X+3$,试求 Y 的概率密度与 $P(0<Y<2)$.

解 设 Y 的分布函数 $F_Y(y)$,首先寻找 $F_Y(y)$ 与 X 的分布函数 $\Phi(x)$ 之间的关系.这时有

$$F_Y(y)=P(Y\leqslant y)=P(2X+3\leqslant y)=P\left(X\leqslant\frac{y-3}{2}\right)=\Phi\left(\frac{y-3}{2}\right).$$

利用复合函数求导法则,两端对 y 求导,即可得到 Y 的概率密度 $f_Y(y)$ 为

$$f_Y(y)=\varphi\left(\frac{y-3}{2}\right)\cdot\frac{1}{2}=\frac{1}{\sqrt{2\pi}}e^{-\frac{\left(\frac{y-3}{2}\right)^2}{2}}\cdot\frac{1}{2},\quad -\infty<\frac{y-3}{2}<+\infty,$$

即

$$f_Y(y)=\frac{1}{2\sqrt{2\pi}}e^{-\frac{(y-3)^2}{8}},\quad -\infty<y<+\infty.$$

由此可见,$Y=2X+3\sim N(3,2^2)$.

用类似的方法可一般证明:若 $X\sim N(\mu,\sigma^2)$,$Y=kX+b$,则 $Y\sim N(k\mu+b,k^2\sigma^2)$,也就是说,服从正态分布的随机变量的线性函数仍然服从正态分布.请读者完成这一证明.

再求 $P(0<Y<2)$.

$$\begin{aligned}P(0<Y<2)&=F_Y(2)-F_Y(0)=\Phi\left(\frac{2-3}{2}\right)-\Phi\left(\frac{0-3}{2}\right)\\&=\Phi(-0.5)-\Phi(-1.5)=\Phi(1.5)-\Phi(0.5)\\&=0.933\,19-0.691\,5=0.241\,69.\end{aligned}$$

注 若不直接利用关系 $F_Y(y)=\Phi\left(\frac{y-3}{2}\right)$,也可以进行如下计算:

$$\begin{aligned}P(0<Y<2)&=P(0<2X+3<2)=P(-1.5<X<-0.5)\\&=\Phi(-0.5)-\Phi(-1.5)=0.241\,69.\end{aligned}$$

例 3 设 $X\sim f(x)=\begin{cases}0, & x\leqslant 0,\\ \dfrac{1}{\lambda(1+x^2)}, & x>0,\end{cases}$ 并设 $Y=\ln X$,试求:(1) λ 的值;(2) Y 的概率密度 $g(y)$ 与分布函数 $G(y)$.

解 (1) 根据概率密度的性质有

$$1=\int_{-\infty}^{+\infty}f(x)\mathrm{d}x=\frac{1}{\lambda}\int_0^{+\infty}\frac{\mathrm{d}x}{1+x^2}=\frac{1}{\lambda}\arctan x\Big|_0^{+\infty}=\frac{\pi}{2\lambda},$$

所以 $\lambda=\dfrac{\pi}{2}$,于是 $f(x)=\begin{cases}0, & x\leqslant 0,\\ \dfrac{2}{\pi(1+x^2)}, & x>0.\end{cases}$

(2) 这时,$G(y)=P(Y\leqslant y)=P(\ln X\leqslant y)=P(X\leqslant \mathrm{e}^y)=F_X(\mathrm{e}^y)$,其中 $F_X(\mathrm{e}^y)$ 为 X 的分布函数. 两端对 y 求导得

$$g(y)=f(\mathrm{e}^y)\cdot \mathrm{e}^y=\begin{cases}0, & \mathrm{e}^y\leqslant 0(\text{不可能}),\\ \dfrac{2}{\pi(1+\mathrm{e}^{2y})}\mathrm{e}^y, & \mathrm{e}^y>0 \text{ 即 } -\infty<y<+\infty\end{cases}$$

$$=\frac{2\mathrm{e}^y}{\pi(1+\mathrm{e}^{2y})},\quad -\infty<y<+\infty.$$

这就是 Y 的概率密度. 又由分布函数的定义可求得

$$G(y)=\int_{-\infty}^{y}g(t)\mathrm{d}t=\int_{-\infty}^{y}\frac{2\mathrm{e}^t}{\pi(1+\mathrm{e}^{2t})}\mathrm{d}t=\frac{2}{\pi}\int_{-\infty}^{y}\frac{\mathrm{d}\mathrm{e}^t}{1+(\mathrm{e}^t)^2}$$

$$=\frac{2}{\pi}\arctan \mathrm{e}^t\Big|_{-\infty}^{y}=\frac{2}{\pi}\arctan \mathrm{e}^y.$$

例 4 设连续型随机变量 X 的分布函数是 $F_X(x)=\begin{cases}0, & x<1,\\ x-1, & 1\leqslant x<2,\\ 1, & x\geqslant 2.\end{cases}$ 试求 $Y=X^2$ 的分布函数 $F_Y(y)$ 与概率密度 $f_Y(y)$.

解 由 $F_Y(y)=P(Y\leqslant y)=P(X^2\leqslant y)$ 可得如下结果.

当 $y<0$ 时,$P(X^2\leqslant y)=P(\varnothing)=0$,从而 $F_Y(y)=0$;

当 $y\geqslant 0$ 时,$F_Y(y)=P(-\sqrt{y}\leqslant X\leqslant\sqrt{y})=F_X(\sqrt{y})-F_X(-\sqrt{y})$,将 $F_X(x)$ 的表达式代入其中,并注意到 $F_X(-\sqrt{y})=0$,有

$$F_Y(y)=F_X(\sqrt{y})=\begin{cases}0, & 0\leqslant\sqrt{y}<1 \text{ 即 } 0\leqslant y<1,\\ \sqrt{y}-1, & 1\leqslant\sqrt{y}<2 \text{ 即 } 1\leqslant y<4,\\ 1, & \sqrt{y}\geqslant 2 \text{ 即 } y\geqslant 4.\end{cases}$$

综上即得 Y 的分布函数

$$F_Y(y)=\begin{cases}0, & y<1,\\ \sqrt{y}-1, & 1\leqslant y<4,\\ 1, & y\geqslant 4.\end{cases}$$

$F_Y(y)$对 y 求导即得 Y 的概率密度

$$f_Y(y)=\begin{cases}\dfrac{1}{2\sqrt{y}}, & 1\leqslant y\leqslant 4,\\ 0, & \text{其他}.\end{cases}$$

由例 2～例 4 的求解过程可见，对连续型随机变量 X，欲求其函数 $Y=f(X)$的分布(分布函数或概率密度)，关键是根据分布函数的定义以及函数关系式 $Y=f(X)$，找到 Y 与 X 的分布函数之间的关系. 如例 2 中是

$$F_Y(y)=P(Y\leqslant y)=P(2X+3\leqslant y)=P\left(X\leqslant\frac{y-3}{2}\right)=F_X\left(\frac{y-3}{2}\right);$$

如例 3 中是

$$G(y)=P(Y\leqslant y)=P(\ln X\leqslant y)=P(X\leqslant \mathrm{e}^y)=F_X(\mathrm{e}^y);$$

如例 4 中是

$$F_Y(y)=P(Y\leqslant y)=P(X^2\leqslant y)=\begin{cases}0, & y<0,\\ F_X(\sqrt{y})-F_X(-\sqrt{y}), & y\geqslant 0.\end{cases}$$

然后再利用已知条件，选择适当的方法(先求出 Y 的概率密度或先求 Y 的分布函数)，求出 Y 的概率密度或分布函数.

小　结

随机变量 X 是定义在样本空间 Ω 上的实值单值函数，即它是随机试验结果的函数. 它的取值由随机试验的结果而定，是不能预先确定的，且它的取值有一定的概率. 当随机现象用随机变量来表示时，对随机现象的研究也就转为对随机变量的研究.

(1) 一个随机变量，如果它所有可能取的不相同的值是有限或可列个，这种随机变量称为离散型随机变量，否则，称为非离散型的. 不论随机变量 X 是离散型的，还是非离散型的，都可以借助分布函数

$$F(x)=P(X\leqslant x),\quad -\infty<x<+\infty$$

来描述，若已知随机变量 X 的分布函数，就能知道 X 落在任一区间$(x_1,x_2]$上的概率

$$P(x_1<X\leqslant x_2)=F(x_2)-F(x_1).$$

这样，分布函数就完整地描述了随机变量取值的统计规律性.

(2) 对于离散型随机变量,我们需要掌握的是它可能取哪些值,以及它以怎样的概率取这些值,这就是离散型随机变量取值的统计规律性. 因而,对于离散型随机变量,用概率函数

$$P(x=x_k)=p_k,\quad k=1,2,\cdots$$

或分布列

X	x_1	x_2	$\cdots$	x_k	$\cdots$
P	p_1	p_2	$\cdots$	p_k	$\cdots$

(这里,$\sum\limits_{k=1}^{\infty}p_k=1$)

来描述它的取值的统计规律性更为直观和简洁. 分布律和分布函数有以下的关系:

$$F(x)=P(X\leqslant x)=\sum_{x_k\leqslant x}P(X=x_k),$$

它们是一一对应的.

读者应掌握离散型随机变量的分布律、分布函数的定义及性质,必须熟悉几种重要的离散型随机变量的分布:0-1 分布、二项分布、泊松分布和超几何分布.

(3) 设随机变量 X 的分布函数为 $F(x)$,如果存在非负函数 $f(x)$,使得对于任意的 x,有

$$F(x)=\int_{-\infty}^{x}f(x)\mathrm{d}x,$$

则称 X 是连续型随机变量,其中 $f(x)\geqslant 0$ 称为 X 的概率密度.

给定 X 的概率密度 $f(x)$就能确定 $F(x)$;反之,由于 $f(x)$位于积分号之内,所以改变 $f(x)$在个别点上的函数值并不改变 $F(x)$的值. 因此,改变 $f(x)$在个别点上的值是无关紧要的. 对于连续型随机变量,通常用 $f(x)$来描述其概率分布.

连续型随机变量 X 的分布函数是连续的,且对任一指定的实数 a,有 $P(X=a)=0$. 这两点性质离散型随机变量是不具备的.

读者应掌握连续型随机变量的概率密度和分布函数的定义及性质. 必须熟悉几种重要的连续型随机变量的分布:均匀分布、正态分布和指数分布.

(4) 我们将随机变量分成为离散型和非离散型,而非离散型随机变量中常见且应用广泛的是连续型随机变量. 需要读者注意的是:一个随机变量,如果它不是离散型随机变量,它不一定就是连续型的. 对非连续型的非离散型随机变量,本书不作讨论. 本书只讨论离散型随机变量和连续型随机变量.

(5) 随机变量 X 的函数 $Y=g(X)$也是一个随机变量,要掌握如何由已知的 X 的分布(X 的分布律或概率密度)去求得 $Y=g(X)$的分布(Y 的分布律或概率密度).

注 在不同的教科书中,可能会给出两种不同的分布函数定义,一种是本书采用的定义,即 $F_1(x)=P(X\leqslant x)$,另一种记为 $F_2(x)=P(X<x)$.

(1) 它们的相同之处在于：$0\leqslant F_i(x)\leqslant 1(i=1,2)$且均单调不减，而且恒有

$$\lim_{x\to-\infty} F_i(x)=0,\quad \lim_{x\to+\infty} F_i(x)=1,\quad i=1,2.$$

(2) 它们的不同之处在于 $F_1(x)$为右连续函数，而 $F_2(x)$为左连续函数，此种区别仅体现在 $P(X=x)\neq 0$ 的点 x 处；若 $P(X=x)=0$，则 $F_1(x)$与 $F_2(x)$毫无区别，特别地，若 X 为连续性随机变量，则 $F_1(x)$与 $F_2(x)$将无任何不同.

(3) 对于每一个使 $P(X=x)\neq 0$ 的点 x，$F_1(x)$与 $F_2(x)$均不连续. 此时，有

$$P(X=x)=F_1(x)-F_1(x-0)=F_2(x+0)-F_2(x).$$

不过这样的点最多有可列个.

(4) 当确定了分布函数的定义后，$F_1(x)$在第二种定义里就不再是分布函数；同样地，$F_2(x)$在第一种定义里也不再是分布函数，但它们之间恒有如下关系：

$$F_1(x)=P(X\leqslant x)=P(X<x)+P(X=x)=F_2(x)+F_2(x+0).$$

(5) 综上所述，对离散性随机变量而言，同一种分布，当其分布函数需要分段表达时，必然会产生些微的区别，这是读者必须体会的. 例如，设随机变量 X 服从两点分布，$X\sim\begin{pmatrix} a & b \\ p & q\end{pmatrix}$，$p\geqslant 0,q\geqslant 0,p+q=1,a<b$，则

$$F_1(x)=\begin{cases}0, & x<a,\\ p, & a\leqslant x<b,\\ 1, & x\geqslant b;\end{cases}\quad F_2(x)=\begin{cases}0, & x\leqslant a,\\ p, & a<x\leqslant b,\\ 1, & x>b.\end{cases}$$

习 题 2

一、填空题

1. 设随机变量 X 的概率密度 $f(x)=\begin{cases}2x, & 0<x<1,\\ 0, & 其他,\end{cases}$ 以 Y 表示对 X 的三次独立重复观察中事件$\left\{X\leqslant\frac{1}{2}\right\}$出现的次数，则 $P(Y=2)=$________.

2. 设随机变量 X 的分布函数 $F(x)=\begin{cases}0, & x<0,\\ A\sin x, & 0\leqslant x\leqslant\frac{\pi}{2},\\ 1, & x>\frac{\pi}{2},\end{cases}$ 则 $P\left(|X|<\frac{\pi}{6}\right)=$________.

3. 设连续型随机变量 X 的概率密度为 $f(x)=\begin{cases}Ax^2, & 1\leqslant x<2,\\ Ax, & 2\leqslant x<3,\\ 0, & 其他,\end{cases}$ 则 $P(0.5<X<2.5)=$________.

4. 某实验室每天的用电量(单位：万度)是一个随机变量 X，其密度函数为 $f(x)=\begin{cases}6x(1-x), & 0<x<1,\\ 0, & 其他.\end{cases}$ 如果每天的供电量是 0.9 万度，则供电量不够的概率为________.

5*. 设随机变量 $X \sim N(0,1)$，$\lambda>0$，若 $P\{|X|>\lambda\}=\alpha$，则 $P\{X<-\lambda\}=$________.

6. 设离散型随机变量 X 的概率分布如下，则 $c=$________.

X	-2	0	2
P	$\frac{1}{2}$	$1-2c$	c^2

7. 若随机变量 $X \sim N(2,\sigma^2)$，且 $P(2<X<4)=0.3$，则 $P(X<0)=$________.

8. 设随机变量 X 服从参数为 $(2,p)$ 的二项分布，随机变量 Y 服从参数为 $(3,p)$ 的二项分布，若 $P(X\geqslant 1)=\frac{5}{9}$，则 $P(Y\geqslant 1)=$________.

二、单项选择题

1. 设随机变量 $X \sim N(\mu,\sigma^2)$，则随 σ 增大，概率 $P\{|X-\mu|<\sigma\}$(　　).

A. 单调增大；　B. 单调减小；　C. 保持不变；　D. 增减不定.

2. 设随机变量 $X \sim N(\mu,\sigma^2)$，则 $P(X\leqslant\mu)=$(　　).

A. 1/2；　B. 0；　C. 1；　D. 无法确定.

3. 下列函数中可以作为某随机变量的分布函数的是(　　).

A. $\frac{1}{1+x^2}$；　B. $\frac{3}{4}+\frac{1}{2\pi}\arctan x$；

C. $\begin{cases} 0, & x\leqslant 0, \\ \frac{x}{1+x}, & x>0; \end{cases}$　D. $\frac{2}{\pi}\arctan x+1$.

4. 随机变量 X 的概率密度为 $f(x)=\frac{1}{\pi(1+x^2)}(-\infty<x<+\infty)$，则 $Y=2X$ 的概率密度为(　　).

A. $\frac{1}{\pi(1+4x^2)}$；　B. $\frac{2}{\pi(4+x^2)}$；　C. $\frac{1}{\pi(1+x^2)}$；　D. $\frac{1}{\pi}\arctan x$.

5. 设随机变量 X 的密度函数为 $\phi(x)$，且 $\phi(-x)=\phi(x)$，$F(x)$ 是 X 的分布函数，则对任意实数 a 有(　　).

A. $F(-a)=1-\int_0^a \phi(x)\mathrm{d}x$；　B. $F(-a)=\frac{1}{2}-\int_0^a \phi(x)\mathrm{d}x$；

C. $F(-a)=F(a)$；　D. $F(-a)=2F(a)-1$.

6. 设随机变量 X 的分布函数 $F(x)=\frac{k}{1+\mathrm{e}^{-x}}$，$x\in(-\infty,+\infty)$，则 $k=$(　　).

A. 1；　B. e^{-1}；　C. e^{-2}；　D. e.

7. 设随机变量 X,Y 均服从正态分布，$X\sim N(\mu,4^2)$，$Y\sim N(\mu,5^2)$，记 $p_1=P(X\leqslant\mu-4)$，$p_2=P(Y\geqslant\mu+5)$，则(　　).

A. 对任何实数 μ，都有 $p_1=p_2$；　B. 对任何实数 μ，都有 $p_1<p_2$；

C. 只对 μ 的个别值，才有 $p_1=p_2$；　D. 对任何实数 μ，都有 $p_2<p_1$.

8. 已知随机变量 $X\sim f(x)=\begin{cases} A\mathrm{e}^{-x}, & x>\lambda, \\ 0, & x\leqslant\lambda, \end{cases}$ A 为常数，$\lambda>0$，则 $P(\lambda<x<\lambda+\alpha)(\alpha>0)$(　　).

A. 与 α 无关,随 λ 增大而增大；　　B. 与 α 无关,随 λ 增大而减小；
C. 与 λ 无关,随 α 增大而增大；　　D. 与 λ 无关,随 α 增大而减小.

三、综合题

1. 设 $X \sim P(X=k)=\frac{1}{2^k}(k=1,2,\cdots)$,求：

(1) $P(X$ 为偶数)；

(2) $P(X \geqslant 5)$；

(3) $P(X$ 为 3 的倍数).

2. 设随机变量 X 的分布律为

(1) $P(X=k)=\frac{a}{N}(k=1,2,\cdots,N)$；

(2) $P(X=k)=\frac{a}{3^k k!}(k=0,1,2,\cdots)$.

试确定常数 a.

3. 设随机变量 X 的分布律为

X	-1	0	1	2	3
P	0.16	$\frac{a}{10}$	a^2	$\frac{a}{5}$	0.3

(1) 确定常数 a；

(2) 求 X 的分布函数 $F(x)$.

4. 一汽车沿一街道行驶,需要通过三个均设有红绿信号灯的路口,每个信号灯为红或绿与其他信号灯为红或绿相互独立,且红绿两种信号显示的时间相等. 以 X 表示该汽车首次遇到红灯前已通过的路口个数. 求 X 的概率分布.

5. 将三个信封随机投入编号为 1,2,3,4 的 4 个邮箱. 求：

(1) 1 号邮箱中投入的信的数目的概率分布；

(2) 没有信的邮箱数的概率分布.

6. 甲、乙二人轮流投篮,直至有一人投中为止. 设甲、乙二人投篮的命中率分别为 0.3 与 0.4,且甲先投篮,求：

(1) 二人投篮总次数的概率分布；

(2) 乙投篮次数的概率分布.

7. 生产某种产品的废品率为 0.1,抽取 20 件产品,初步检查已发现有 2 件废品,这时能以多大概率推断这 20 件产品中废品不少于 3 件?

8. 某店内有 4 名售货员,据经验,每名售货员平均在一小时内只用秤 15min,问该店配置几台秤较为合理?

9. 有甲、乙两种味道和颜色都极为相似的名酒各 4 杯,如果从中挑选 4 杯,能将甲种酒全部挑出来,就算试验成功一次.

(1) 某人随机去猜,问他成功一次的概率有多大?

(2) 某人连续试验 10 次,成功 3 次,试推断他是猜对的还是有一定鉴别能力(设各次试验相互独立).

10. 某仪器由三个部件组装而成,假设各部件质量互不影响,且它们的优质品率都是 0.9. 如果三个部件都是优质品,则组装后的仪器一定合格;如果有一个部件不是优质品,则组装后的仪器不合格的概率为 0.2;如果有两个部件不是优质品,则组装后的仪器不合格的概率为 0.6;如果三个部件都不是优质品,则组装后的仪器不合格的概率为 0.9.

(1) 求仪器的不合格品率;

(2) 如果已发现一台仪器不合格,问它有几个部件不是优质品的概率最大?

11. 某车间有 20 台功率为 10kW 的同型号机床,工作时,每台机器平均每小时实际开动 20min,且各机床是否开动相互独立.问在工作时的任一时刻,这 20 台机床的最可能用电量是多少? 此用电量的概率多大?

12. 某产品表面上的疵点数服从参数为 $\lambda=0.8$ 的泊松分布.现规定疵点数不超过 1 为一等品,疵点数大于 1 而不多于 4 为二等品,疵点数大于 4 则为废品.引入适当的随机变量描述该产品的质量状况,并求出其概率分布.

13. 某螺钉厂生产的螺钉的不合格品率为 0.01,试用泊松分布近似计算:

(1) 若 100 个螺钉装一盒,盒中不合格品不超过 3 个的概率;

(2) 盒中应装多少个螺钉,才能以不低于 95%的把握保证盒中的合格品不少于 100 个?

14. 设某一大型设备在任何长为 t(单位:h)的时间内发生故障的次数 $N(t)$服从参数为 $\lambda_t=\frac{t}{100}$的泊松分布.

(1) 求设备无故障工作 20h 的概率(提示:$t=20$ 时,发生故障次数为零的概率);

(2) 求在 40h 内,设备至少发生一次故障的概率;

(3) 求在设备已经无故障工作 20h 的情况下,再无故障工作 20h 的概率;

(4) 对参数 λ_t,求相继两次故障之间时间间隔 T 的概率分布.

15. 设有 80 台同类型设备,各台工作是相互独立的,发生故障的概率都是 0.01,且一台设备的故障能由一个人处理.考虑两种配备维修工人的方案.其一是由 4 人维护,每人负责 20 台;其二是由 3 人共同维护 80 台.试求在分别采用这两种方法时,设备发生故障而不能及时维修的概率,并进行比较.

16. 社会定期发行某种奖券,面值 2 元,中奖率为 2.8%.某人每次购买一张奖券,如果没有中奖,下次再继续购买一张,直至中奖,试求他购买 6 张后中奖的概率.

17. 10 张考签中有 3 张难签,从中任意抽取 2 张,试求其中有难签的概率.

18. 某厂检验产品质量的方法是每 1 000 件为一批,随机抽选 10 件,若次品数不超过 1 件就验收通过,否则逐件检验.

(1) 若 1 000 件产品中有 200 件次品,验收通过的概率有多大?

(2) 若 1 000 件产品中有 10 件次品,验收通过的概率有多大(提示:用二项分布近似计算)?

19. (1) 设随机变量 X 的概率密度为

$$f(x)=\begin{cases}x, & 0\leqslant x\leqslant 1,\\ 2-x, & 1<x<2,\\ 0, & \text{其他}.\end{cases}$$

试求 X 的分布函数 $F(x)$.

(2) 设随机变量 X 的概率密度为

$$f(x)=\begin{cases}0, & x\leqslant 0,\\ \dfrac{1}{2}x^3\mathrm{e}^{-\frac{x^2}{2}}, & x>0.\end{cases}$$

试求 X 的分布函数 $F(x)$ 和 $P(-2<X\leqslant 4)$.

20. 设连续型随机变量 X 的分布函数为

$$F(x)=\begin{cases}0, & x\leqslant 0,\\ A+B\mathrm{e}^{-\frac{x^2}{2}}, & x>0.\end{cases}$$

(1) 求 A,B 的值；

(2) 求 X 的概率密度 $f(x)$.

21. 设连续型随机变量 X 的概率密度为

$$f(x)=\begin{cases}0, & x<0,\\ Ax^2\mathrm{e}^{-2x}, & x\geqslant 0.\end{cases}$$

(1) 确定 A 的值；

(2) 求 X 的分布函数 $F(x)$；

(3) 求 $P\left(-\frac{1}{2}\leqslant X\leqslant\frac{1}{2}\right)$ 与 $P\left(X=\frac{1}{2}\right)$.

22. 设 X 的概率密度 $f(x)$ 满足 $f(-x)=f(x)$. 证明对任意的常数 $a>0$，有

(1) $F(0)=0.5$；

(2) $P(X>a)=0.5-\int_0^a f(x)\mathrm{d}x$；

(3) $F(-a)=1-F(a)$；

(4) $P(|X|<a)=2F(a)-1$；

(5) $P(|X|>a)=2(1-F(a))$.

23. 顾客在某银行窗口等待服务的时间 X(以 min 计)服从参数为 $\frac{1}{5}$ 的指数分布. 某顾客在窗口等待服务，若超过 10min 就离开. 该顾客一个月要去该银行 5 次，试求他至少有一次未等到服务而离开窗口的概率.

24. 一大批元件的寿命 X(单位：h)服从参数为 $\lambda=\frac{1}{2\,000}$ 的指数分布. 规定寿命不超过 ah 为废品，寿命在 $b(b>a)$h 以上的为一级品，其余为二级品. 试确定废品、二级品、一级品的标准线 a,b，使它们的数量比为 1 ∶ 6 ∶ 3.

25. 设 $X\sim N(3,2^2)$.

(1) 求 $P(2<X<5)$ 与 $P(|X|>3)$；

(2) 确定数 c，使 $P(X\geqslant c)=P(X\leqslant c)$.

26. 设 $X\sim N(160,\sigma^2)$，欲使 $P(120\leqslant X\leqslant 200)\geqslant 0.8$，允许 σ 最大为多少？

27. 某地抽样调查结果表明，考生的外语成绩(百分制)近似服从正态分布 $N(72,\sigma^2)$，96 分以上的占考生总数的 2.3%，试求考生的外语成绩在 60 分至 84 分之间的概率.

28. 设某地区某年高考考生成绩 X 服从正态分布 $N(430,80^2)$，试问：

(1) 成绩在 470 分以上的人数比例是多少?

(2) 按成绩由高到低取 10%,分数线应为多少?

29. 公共汽车门的高度是按男子与车门顶碰头的机会在 1%以下设计的. 若男子身高(单位:cm)服从正态分布 $N(170,6^2)$,问车门应设计多高?

30. 已知测量距离时产生的误差 X(单位:m)服从正态分布 $N(20,40^2)$,做三次独立测量,试求:

(1) 只有一次误差绝对值不超过 30m 的概率;

(2) 至少有一次误差绝对值不超过 30m 的概率.

31. 设有二次型 $f(x_1,x_2,x_3)=x_1^2+x_2^2-Tx_2x_3+4x_3^2$,其中 T 为随机变量,且 $T\sim N(0,2^2)$. 试求该二次型为正定二次型的概率.

32. 求下列随机变量的函数的分布:

(1) 设 X 的概率分布为

X	-2	-1	0	1	3
P	$\frac{1}{5}$	$\frac{1}{6}$	$\frac{1}{5}$	$\frac{1}{15}$	$\frac{11}{30}$

求 $Y=3-2X$ 与 $Z=(X-1)^2$ 的概率分布;

(2) 设 $X\sim f(x)=\begin{cases}x, & 0\leqslant x<1,\\ 2-x, & 1\leqslant x\leqslant 2,\\ 0, & \text{其他},\end{cases}$ 求 $Y=1-2X$ 的概率密度与分布函数;

(3) 设 $X\sim N(0,1)$,求 $Y=X^2$ 的概率密度;

(4) 设 X 的分布函数为

$$F(x)=\begin{cases}0, & x<0,\\ 1-e^{-x}, & x\geqslant 0,\end{cases}$$

求 $Y=(X-2)^2$ 的分布函数与概率密度;

(5) 设 $X\sim U[0,1]$,求 $Y=X^{\ln X}$ 的概率密度与分布函数.

33. 设 $X\sim U[a,b]$,$Y=kX+l$(k,l 为常数),试证 Y 也服从均匀分布.

34. 假设随机变量 X 服从参数为 2 的指数分布,证明 $Y=1-e^{-2X}$ 在区间(0,1)上服从均匀分布.

第 3 章　多维随机变量

在第 2 章，我们研究了一个随机变量的情况，但是在许多实际问题中，一些随机现象经常需要同时用两个或两个以上的随机变量来描述. 例如，向一个目标进行射击，如果要考虑击中点的平面坐标，就要用两个随机变量来描述；又如测量一批产品的长、宽、高的尺寸，就要用三个随机变量来描述. 为此本章引入多维随机变量的概念.

定义 1　若 $X_1, X_2, \cdots, X_n$ 是定义在同一样本空间 Ω 上的 n 个随机变量，则 $(X_1, X_2, \cdots, X_n)$ 称为 n 维随机变量或 n 维随机向量.

本章主要介绍二维随机变量 (X,Y) 的情况，它的很多结果都可以推广到 n 维随机变量上.

3.1　二维随机变量及其分布

3.1.1　二维随机变量的分布函数与边缘分布函数

二维随机变量 (X,Y) 作为一个向量来考虑，不仅能研究各个分量的性质，而且还可以研究它们之间的相互关系，这一点对许多问题都是必要的.

与一维随机变量的情形类似，可以给出二维随机变量 (X,Y) 的分布函数.

定义 1　设 (X,Y) 是二维随机变量，对于任意实数 x, y，二元函数

$$F(x,y) = P(X \leqslant x, Y \leqslant y) \tag{3.1.1}$$

称为二维随机变量 (X,Y) 的分布函数，或称为随机变量 X 和 Y 的联合分布函数，也简称为联合分布函数.

如果将二维随机变量 (X,Y) 看成平面上随机点的坐标，则 $F(x,y)$ 表示随机点 (X,Y) 落在以 (x,y) 为顶点而位于该点左下方的无穷区域 D(图 3.1.1)上的概率.

利用 X 和 Y 的联合分布函数 $F(x,y)$，可以求出随机事件 $\{x_1 < X \leqslant x_2, y_1 < Y \leqslant y_2\}$ 的概率

$$\begin{aligned} &P(x_1 < X \leqslant x_2, y_1 < Y \leqslant y_2) \\ =&F(x_2,y_2) - F(x_2,y_1) - F(x_1,y_2) + F(x_1,y_1). \end{aligned} \tag{3.1.2}$$

式(3.1.2)的结果可以由图 3.1.2 得到.

与一维随机变量的情形类似，二维随机变量 (X,Y) 的联合分布函数 $F(x,y)$ 具有以下基本性质：

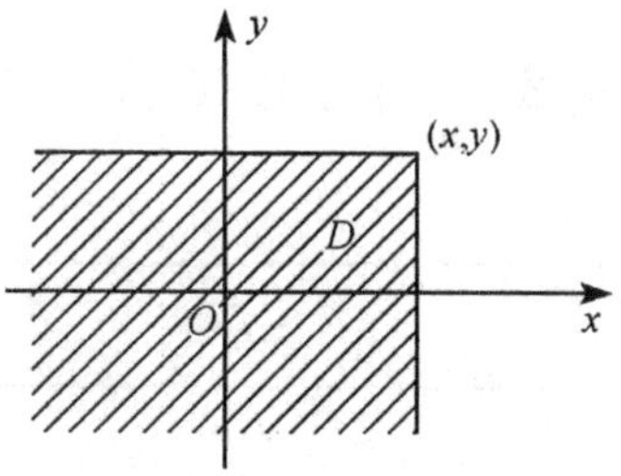

图 3.1.1

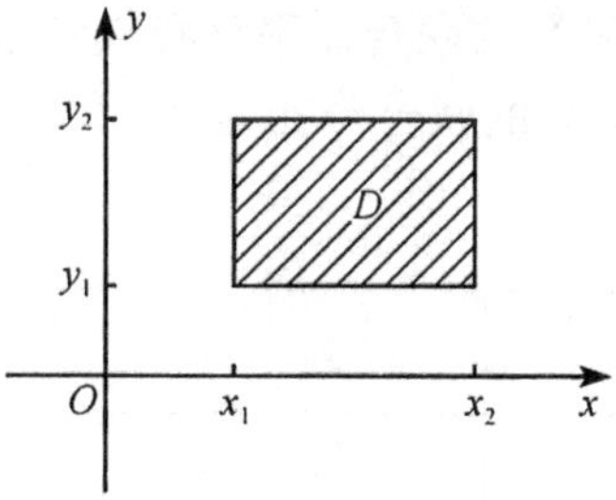

图 3.1.2

性质 1 $F(x,y)$对于每个变量都是单调不减函数,即

当 $x_1<x_2$ 时,有 $F(x_1,y)\leqslant F(x_2,y)$;当 $y_1<y_2$ 时,有 $F(x,y_1)\leqslant F(x,y_2)$.

性质 2 对任意实数 x,y,有 $0\leqslant F(x,y)\leqslant 1$,并且

$$F(-\infty,y)=\lim_{x\to-\infty}F(x,y)=0;\quad F(x,-\infty)=\lim_{y\to-\infty}F(x,y)=0;$$

$$F(-\infty,-\infty)=\lim_{x\to-\infty,y\to-\infty}F(x,y)=0;$$

$$F(+\infty,+\infty)=\lim_{x\to+\infty,y\to+\infty}F(x,y)=1.$$

性质 3 $F(x,y)$关于每个变量都是右连续的,即

$$F(x,y)=F(x+0,y);\quad F(x,y)=F(x,y+0).$$

二维随机变量(X,Y)作为一个整体,具有分布函数 $F(x,y)$,而 X 和 Y 都是随机变量,也可以对其中的任何一个随机变量单独进行研究,即求随机变量 X 和 Y 的分布,这就是二维随机变量(X,Y)的边缘分布.

如果二维随机变量(X,Y)的分布函数 $F(x,y)$已知,则随机变量 X 和 Y 的分布函数分别记为 $F_X(x)$,$F_Y(y)$,并且可由 $F(x,y)$求出,即

$$F_X(x)=P(X\leqslant x)=P(X\leqslant x,Y<+\infty)=F(x,+\infty).\quad(3.1.3)$$

同理

$$F_Y(y)=F(+\infty,y),\quad(3.1.4)$$

其中 $F(x,+\infty)=\lim\limits_{y\to+\infty}F(x,y)$;$F(+\infty,y)=\lim\limits_{x\to+\infty}F(x,y)$.

$F_X(x)$,$F_Y(y)$分别称为二维随机变量(X,Y)关于 X 和关于 Y 的边缘分布函数.

3.1.2 二维离散型随机变量

定义 2 如果二维随机变量(X,Y)的所有可能取值是有限对或可列对,并且以确定的概率取各个不同的数对,则称(X,Y)为二维离散型随机变量.

设(X,Y)为二维离散型随机变量,它的一切可能取值为(x_i,y_j),$i,j=1,2,\cdots$,则

$$P(X=x_i,Y=y_j)=p_{ij},\quad i,j=1,2,\cdots\quad(3.1.5)$$

称为 X 和 Y 的联合概率分布或联合分布.

X 和 Y 的联合分布也常写成下面的表格形式,并称之为 X 和 Y 的联合分布列.

$X \backslash Y$	y_1	y_2	$\cdots$	y_j	$\cdots$
x_1	p_{11}	p_{12}	$\cdots$	p_{1j}	$\cdots$
x_2	p_{21}	p_{22}	$\cdots$	p_{2j}	$\cdots$
$\vdots$	$\vdots$	$\vdots$		$\vdots$	
x_i	p_{i1}	p_{i2}	$\cdots$	p_{ij}	$\cdots$
$\vdots$	$\vdots$	$\vdots$		$\vdots$	

X 和 Y 的联合分布有如下性质:

性质 4　$p_{ij}\geqslant 0, i,j=1,2,\cdots$.

性质 5　$\sum_i \sum_j p_{ij} = 1$.

由式(3.1.5),二维离散型随机变量(X,Y)的分布函数可以表示为

$$F(x,y) = P(X \leqslant x, Y \leqslant y) = \sum_{x_i \leqslant x}\sum_{y_j \leqslant y} P(X = x_i, Y = y_j) = \sum_{x_i \leqslant x}\sum_{y_j \leqslant y} p_{ij}. \tag{3.1.6}$$

如果二维离散型随机变量(X,Y)的联合概率分布 p_{ij} 已知,则

$$P(X = x_i) = P(X = x_i, Y < +\infty) = \sum_j P(X = x_i, Y = y_j)$$

$$= \sum_j p_{ij} = p_{i\cdot},\quad i = 1,2,\cdots. \tag{3.1.7}$$

同理

$$P(Y = y_j) = \sum_i p_{ij} = p_{\cdot j},\quad j = 1,2,\cdots, \tag{3.1.8}$$

其中 $p_{i\cdot}$,$p_{\cdot j}$ 分别为 $\sum_j p_{ij}$ 和 $\sum_i p_{ij}$ 的记号,式(3.1.7)和式(3.1.8)分别称为二维离散型随机变量(X,Y)关于 X 和关于 Y 的边缘概率分布.

例 1　抛掷三次均匀的硬币,用 X 表示出现正面的次数,Y 表示出现正面次数与出现反面次数之差的绝对值,求(X,Y)的联合概率分布及边缘概率分布.

解　由题意 X 的可能取值为 0,1,2,3;Y 的可能取值为 1,3,则(X,Y)的联合概率分布为

$$P(X = 0, Y = 3) = C_3^0\left(\frac{1}{2}\right)^3 = \frac{1}{8};\quad P(X = 1, Y = 1) = C_3^1 \frac{1}{2} \times \left(\frac{1}{2}\right)^2 = \frac{3}{8};$$

$$P(X = 2, Y = 1) = C_3^2\left(\frac{1}{2}\right)^2 \times \frac{1}{2} = \frac{3}{8};\quad P(X = 3, Y = 3) = C_3^3\left(\frac{1}{2}\right)^3 = \frac{1}{8};$$

$$P(X=0,Y=1)=P(X=1,Y=3)=P(X=2,Y=3)$$
$$=P(X=3,Y=1)=P(\varnothing)=0.$$

也可用分布列表为

X \ Y	1	3
0	0	$\frac{1}{8}$
1	$\frac{3}{8}$	0
2	$\frac{3}{8}$	0
3	0	$\frac{1}{8}$

分别由式(3.1.7)和式(3.1.8),将上表中各行、各列的概率相加,即可得到 X 和 Y 的边缘概率分布为

X	0	1	2	3
$p_{i\cdot}$	$\frac{1}{8}$	$\frac{3}{8}$	$\frac{3}{8}$	$\frac{1}{8}$

Y	1	3
$p_{\cdot j}$	$\frac{3}{4}$	$\frac{1}{4}$

有时为了方便,常常将(X,Y)的联合概率分布及边缘概率分布写在同一个表格中,即在(X,Y)的联合概率分布表格的最右边增加一列,写上关于 X 的边缘概率分布;在表格的最下边增加一行,写上关于 Y 的边缘概率分布.如上例中(X,Y)的联合概率分布及边缘概率分布可表示为

X \ Y	1	3	$p_{i\cdot}$
0	0	$\frac{1}{8}$	$\frac{1}{8}$
1	$\frac{3}{8}$	0	$\frac{3}{8}$
2	$\frac{3}{8}$	0	$\frac{3}{8}$
3	0	$\frac{1}{8}$	$\frac{1}{8}$
$p_{\cdot j}$	$\frac{3}{4}$	$\frac{1}{4}$	

例 2 在一个箱子中,装有 3 件一等品,2 件二等品,现在从中连续取两次,每次任取一件,设 $X_i=\begin{cases}1, & 第\ i\ 次取到一等品,\\ 0, & 第\ i\ 次取到二等品,\end{cases}$ $i=1,2$,求(X_1,X_2)的联合分布

及边缘分布，

假设：采取不放回的抽取方式；采取有放回的抽取方式.

解　当采取不放回的抽取方式时，由于

$$P(X_1=0,X_2=0)=\frac{2}{5}\times\frac{1}{4}=0.1;\quad P(X_1=0,X_2=1)=\frac{2}{5}\times\frac{3}{4}=0.3;$$

$$P(X_1=1,X_2=0)=\frac{3}{5}\times\frac{2}{4}=0.3;\quad P(X_1=1,X_2=1)=\frac{3}{5}\times\frac{2}{4}=0.3,$$

则 (X_1,X_2) 的联合分布列及边缘分布列为

X \ Y	0	1	$p_{i\cdot}$
0	0.1	0.3	0.4
1	0.3	0.3	0.6
$p_{\cdot j}$	0.4	0.6	

当采取有放回的抽取方式时，由于

$$P(X_1=0,X_2=0)=\frac{2}{5}\times\frac{2}{5}=0.16;\quad P(X_1=0,X_2=1)=\frac{2}{5}\times\frac{3}{5}=0.24;$$

$$P(X_1=1,X_2=0)=\frac{3}{5}\times\frac{2}{5}=0.24;\quad P(X_1=1,X_2=1)=\frac{3}{5}\times\frac{3}{5}=0.36,$$

则 (X_1,X_2) 的联合分布列及边缘分布列为

X \ Y	0	1	$p_{i\cdot}$
0	0.16	0.24	0.4
1	0.24	0.36	0.6
$p_{\cdot j}$	0.4	0.6	

由此可知，如果知道 (X,Y) 的联合分布，就可以确定它的两个边缘分布；但是如果知道 (X,Y) 的两个边缘分布，一般情况下却不能确定它的联合分布. 如在例 2 中的两种不同条件下，(X_1,X_2) 的边缘分布完全相同，但是它们的联合分布却不一样，所以二维随机变量的联合分布不仅反映了各个分量的概率分布，而且还反映了各个分量之间的关系，因此在研究二维随机变量时，必须将它作为一个整体来研究，而不能用对每个分量的研究来替代.

3.1.3　二维连续型随机变量

定义 3　设二维随机变量 (X,Y) 的分布函数为 $F(x,y)$，如果存在非负函数

$f(x,y)$，使得对任意实数 x,y，有

$$F(x,y)=\int_{-\infty}^{y}\int_{-\infty}^{x}f(u,v)\mathrm{d}u\mathrm{d}v, \tag{3.1.9}$$

则称(X,Y)是二维连续型随机变量，$f(x,y)$称为二维随机变量(X,Y)的概率密度，或称为 X 和 Y 的联合概率密度，也可简称为密度.

二维连续型随机变量(X,Y)的概率密度 $f(x,y)$有如下性质：

性质 6　$f(x,y)\geqslant 0,(x,y)\in\mathbf{R}^2$.

性质 7　$\int_{-\infty}^{+\infty}\int_{-\infty}^{+\infty}f(x,y)\mathrm{d}x\mathrm{d}y=1$.

其几何意义为：性质 6 说明 $z=f(x,y)$所表示的是位于 xOy 平面上方的一个曲面；性质 7 则说明介于此曲面和 xOy 平面之间的空间区域的体积为 1.

由式(3.1.9)可以得到，若 $f(x,y)$在点(x,y)处连续，有

$$f(x,y)=\frac{\partial^2 F(x,y)}{\partial x\partial y}. \tag{3.1.10}$$

另外还可以推出，对任意实数 $x_1<x_2,y_1<y_2$，有

$$P(x_1<X\leqslant x_2,y_1<Y\leqslant y_2)=\int_{y_1}^{y_2}\int_{x_1}^{x_2}f(x,y)\mathrm{d}x\mathrm{d}y. \tag{3.1.11}$$

一般情况下，若 G 是 xOy 平面上的一个区域，则点(X,Y)落在 G 内的概率为

$$P\{(X,Y)\in G\}=\iint_G f(x,y)\mathrm{d}x\mathrm{d}y. \tag{3.1.12}$$

式(3.1.12)说明概率 $P\{(X,Y)\in G\}$的值等于以平面区域 G 为底、以曲面 $z=f(x,y)$为顶的曲顶柱体的体积.

对于二维连续型随机变量，与二维离散型随机变量类似，由联合概率密度可以得到边缘概率密度. 如果(X,Y)的联合概率密度为 $f(x,y)$，则由式(3.1.3)和式(3.1.9)可得

$$F_X(x)=F(x,+\infty)=\int_{-\infty}^{+\infty}\left[\int_{-\infty}^{x}f(u,v)\mathrm{d}u\right]\mathrm{d}v=\int_{-\infty}^{x}\left[\int_{-\infty}^{+\infty}f(u,v)\mathrm{d}v\right]\mathrm{d}u.$$

由此可知，X 也是连续型随机变量，其概率密度为

$$f_X(x)=\int_{-\infty}^{+\infty}f(x,y)\mathrm{d}y. \tag{3.1.13}$$

同理可得，Y 也是连续型随机变量，其概率密度为

$$f_Y(y)=\int_{-\infty}^{+\infty}f(x,y)\mathrm{d}x, \tag{3.1.14}$$

其中 $f_X(x)$和 $f_Y(y)$分别称为二维连续型随机变量(X,Y)关于 X、关于 Y 的边缘

概率密度.

例 3　设二维随机变量(X,Y)的概率密度为

$$f(x,y)=\begin{cases}ce^{-2x-3y}, & x>0,y>0,\\ 0, & \text{其他},\end{cases}$$

求:常数 c;(X,Y)的联合分布函数 $F(x,y)$;及 $P(X<Y)$.

解　由概率密度的性质 7 得

$$1=\int_{-\infty}^{+\infty}\int_{-\infty}^{+\infty}f(x,y)\mathrm{d}x\mathrm{d}y=\int_0^{+\infty}\int_0^{+\infty}ce^{-2x-3y}\mathrm{d}x\mathrm{d}y=\frac{1}{6}c,$$

所以 $c=6$.

由式(3.1.9)得

$$\begin{aligned}F(x,y)&=\int_{-\infty}^{y}\int_{-\infty}^{x}f(u,v)\mathrm{d}u\mathrm{d}v\\&=\begin{cases}\int_0^y\int_0^x 6e^{-2u-3v}\mathrm{d}u\mathrm{d}v=(1-e^{-2x})(1-e^{-3y}), & x>0,y>0,\\ 0, & \text{其他}.\end{cases}\end{aligned}$$

由式(3.1.12)得

$$P(X<Y)=\iint\limits_{x<y}f(x,y)\mathrm{d}x\mathrm{d}y=\int_0^{+\infty}\mathrm{d}x\int_x^{+\infty}6e^{-2x-3y}\mathrm{d}y=\frac{2}{5}.$$

下面的例题介绍了两种常见的二维连续型随机变量的分布.

例 4(二维均匀分布)　设二维随机变量(X,Y)的概率密度为

$$f(x,y)=\begin{cases}\dfrac{1}{S_G}, & (x,y)\in G,\\ 0, & \text{其他},\end{cases}$$

其中 S_G 为有界区域 G 的面积,则称(X,Y)在 G 上服从均匀分布,记为$(X,Y)\sim U(G)$. 现在设二维随机变量(X,Y)在由 $x=0,y=0,y=2x+1$ 围成的区域 G 上服从均匀分布,求(X,Y)的概率密度及边缘概率密度.

解　由于区域 G 的面积 $S_G=\dfrac{1}{4}$,因此(X,Y)的概率密度为

$$f(x,y)=\begin{cases}4, & (x,y)\in G,\\ 0, & \text{其他}.\end{cases}$$

由式(3.1.13)得,关于 X 的边缘概率密度为

$$f_X(x)=\int_{-\infty}^{+\infty}f(x,y)\mathrm{d}y=\begin{cases}\int_0^{2x+1}4\mathrm{d}y=4(2x+1), & -\dfrac{1}{2}\leqslant x<0,\\ 0, & \text{其他}.\end{cases}$$

由式(3.1.14)得,关于 Y 的边缘概率密度为

$$f_Y(y)=\int_{-\infty}^{+\infty}f(x,y)\mathrm{d}x=\begin{cases}\int_{\frac{y-1}{2}}^{0}4\mathrm{d}x=2(1-y), & 0\leqslant y\leqslant 1,\\ 0, & \text{其他}.\end{cases}$$

由此看到,虽然(X,Y)在G上服从均匀分布,但是它的两个边缘分布却并非均匀分布.另外,又设D是G中的一个子区域,面积为S_D,则由式(3.1.12)得

$$P\{(X,Y)\in D\}=\iint_D f(x,y)\mathrm{d}x\mathrm{d}y=\iint_D\frac{1}{S_G}\mathrm{d}x\mathrm{d}y=\frac{S_D}{S_G}.$$

例 5(二维正态分布) 设二维随机变量(X,Y)的概率密度为

$$f(x,y)=\frac{1}{2\pi\sigma_1\sigma_2\sqrt{1-\rho^2}}\exp\left\{\frac{-1}{2(1-\rho^2)}\left[\frac{(x-\mu_1)^2}{\sigma_1^2}-2\rho\frac{(x-\mu_1)(y-\mu_2)}{\sigma_1\sigma_2}+\frac{(y-\mu_2)^2}{\sigma_2^2}\right]\right\},$$

其中$\mu_1,\mu_2,\sigma_1>0,\sigma_2>0,|\rho|<1$都是常数,则称$(X,Y)$服从参数为$\mu_1,\mu_2,\sigma_1^2,\sigma_2^2,\rho$的二维正态分布,记为$(X,Y)\sim N(\mu_1,\mu_2,\sigma_1^2,\sigma_2^2,\rho)$,求$(X,Y)$的边缘概率密度.

解 由式(3.1.13)得,关于X的边缘概率密度为

$$f_X(x)=\int_{-\infty}^{+\infty}f(x,y)\mathrm{d}y,$$

设

$$\frac{x-\mu_1}{\sigma_1}=s,\quad \frac{y-\mu_2}{\sigma_2}=t,$$

于是

$$\begin{aligned}f_X(x)&=\int_{-\infty}^{+\infty}\frac{1}{2\pi\sigma_1\sqrt{1-\rho^2}}\exp\left\{\frac{-1}{2(1-\rho^2)}(s^2-2\rho st+t^2)\right\}\mathrm{d}t\\&=\int_{-\infty}^{+\infty}\frac{1}{2\pi\sigma_1\sqrt{1-\rho^2}}\exp\left\{-\frac{(t-\rho s)^2+(1-\rho^2)s^2}{2(1-\rho^2)}\right\}\mathrm{d}t\\&=\frac{1}{\sqrt{2\pi}\sigma_1}\mathrm{e}^{-\frac{s^2}{2}}\int_{-\infty}^{+\infty}\frac{1}{\sqrt{2\pi(1-\rho^2)}}\exp\left\{-\frac{(t-\rho s)^2}{2(1-\rho^2)}\right\}\mathrm{d}t.\end{aligned}$$

由于该式中的被积函数是以$\mu=\rho s,\sigma^2=1-\rho^2$为参数的一维正态分布的概率密度,因此其积分值是1,于是

$$f_X(x)=\frac{1}{\sqrt{2\pi}\sigma_1}\mathrm{e}^{-\frac{s^2}{2}}=\frac{1}{\sqrt{2\pi}\sigma_1}\mathrm{e}^{-\frac{(x-\mu_1)^2}{2\sigma_1^2}}.$$

由对称性可得,关于Y的边缘概率密度为

$$f_Y(y) = \frac{1}{\sqrt{2\pi}\sigma_2} e^{-\frac{(y-\mu_2)^2}{2\sigma_2^2}}.$$

由此看到,二维正态分布 $N(\mu_1,\mu_2,\sigma_1^2,\sigma_2^2,\rho)$的两个边缘分布都是一维正态分布,它们分别是 $N(\mu_1,\sigma_1^2)$和 $N(\mu_2,\sigma_2^2)$,并且都与参数 ρ 无关. 因此当 $\mu_1,\mu_2,\sigma_1^2,\sigma_2^2$ 不变,而 ρ 取不同值时,虽然二维正态分布不一样,但是它们的边缘分布却是一样的,故由边缘分布不能唯一确定它的联合分布.

另外,虽然二维正态分布的两个边缘分布都是一维正态分布,但是反过来,若二维联合分布的两个边缘分布均为一维正态分布,则其联合分布却未必是正态分布. 例如,$(X,Y)\sim f(x,y)=\frac{1}{2}[\varphi_1(x,y)+\varphi_2(x,y)]$,其中 $\varphi_1(x,y)\sim N\left(0,0,1,1,\frac{1}{3}\right)$,$\varphi_2(x,y)\sim N\left(0,0,1,1,-\frac{1}{3}\right)$,易证 $f_X(x)$与 $f_Y(y)$也是标准正态密度(见习题),但 $f(x,y)$却不是二维正态密度.

3.2　条件分布

对于两个随机事件,在第 1 章中介绍了它们的条件概率,同样对于两个随机变量,下面介绍它们的条件分布.

3.2.1　二维离散型随机变量的条件分布

设(X,Y)是二维离散型随机变量,其联合分布为 $P(X=x_i,Y=y_j)=p_{ij},i,j=1,2,\cdots$,两个边缘分布为 $P(X=x_i)=p_{i\cdot},i=1,2,\cdots;P(Y=y_j)=p_{\cdot j},j=1,2,\cdots$,并且 $p_{i\cdot}>0,p_{\cdot j}>0,i,j=1,2,\cdots$,则由条件概率的公式得

$$P(X=x_i \mid Y=y_j) = \frac{P(X=x_i,Y=y_j)}{P(Y=y_j)} = \frac{p_{ij}}{p_{\cdot j}}, \quad i=1,2,\cdots. \tag{3.2.1}$$

容易验证,式(3.2.1)具有分布律的两个性质,即

$$P(X=x_i \mid Y=y_j) \geqslant 0;$$

$$\sum_i P(X=x_i \mid Y=y_j) = \sum_i \frac{p_{ij}}{p_{\cdot j}} = \frac{p_{\cdot j}}{p_{\cdot j}} = 1.$$

因此,式(3.2.1)称为在 $Y=y_j$ 的条件下,X 的条件分布或条件分布律.

同样有

$$P(Y=y_j \mid X=x_i) = \frac{P(X=x_i,Y=y_j)}{P(X=x_i)} = \frac{p_{ij}}{p_{i\cdot}}, \quad j=1,2,\cdots. \tag{3.2.2}$$

式(3.2.2)称为在 $X=x_i$ 的条件下,Y 的条件分布或条件分布律.

例 1 设(X,Y)的联合分布列为

$X \backslash Y$	2	4
-1	0.18	0.12
0	0.42	0.28

求在$X=0$的条件下，Y的条件分布.

解 由式(3.2.2)得，在$X=0$的条件下，Y的条件分布为

$$P(Y=2\mid X=0)=\frac{P(X=0,Y=2)}{P(X=0)}=\frac{0.42}{0.42+0.28}=0.6;$$

$$P(Y=4\mid X=0)=\frac{P(X=0,Y=4)}{P(X=0)}=\frac{0.28}{0.42+0.28}=0.4,$$

即在$X=0$的条件下，Y的条件分布列为

Y	2	4
$P(Y=y_j\mid X=0)$	0.6	0.4

3.2.2 二维连续型随机变量的条件分布

由于连续型随机变量取任何数值的概率都为零，所以不能像离散型随机变量那样，直接利用条件概率公式给出连续型随机变量的条件概率密度，下面用极限来解决.

定义 1 设y是定值，对任意$\Delta y>0$，$P(y-\Delta y<Y\leqslant y+\Delta y)>0$，若对任意实数$x$，极限$\lim\limits_{\Delta y\to 0^+}P(X\leqslant x\mid y-\Delta y<Y\leqslant y+\Delta y)$存在，则称此极限为在$Y=y$的条件下，$X$的条件分布函数，记为$F_{X|Y}(x\mid y)$，即

$$F_{X|Y}(x\mid y)=P(X\leqslant x\mid Y=y)=\lim_{\Delta y\to 0^+}P(X\leqslant x\mid y-\Delta y<Y\leqslant y+\Delta y).$$

设(X,Y)的概率密度$f(x,y)$及边缘概率密度$f_X(x)$，$f_Y(y)$均连续，并且$f_X(x)>0$，$f_Y(y)>0$，则

$$\begin{aligned}F_{X|Y}(x\mid y)&=\lim_{\Delta y\to 0^+}P(X\leqslant x\mid y-\Delta y<Y\leqslant y+\Delta y)\\&=\lim_{\Delta y\to 0^+}\frac{P(X\leqslant x,y-\Delta y<Y\leqslant y+\Delta y)}{P(y-\Delta y<Y\leqslant y+\Delta y)}\\&=\lim_{\Delta y\to 0^+}\frac{[F(x,y+\Delta y)-F(x,y-\Delta y)]/2\Delta y}{[F_Y(y+\Delta y)-F(y-\Delta y)]/2\Delta y}\\&=\frac{\dfrac{\partial F(x,y)}{\partial y}}{\dfrac{\mathrm{d}F_Y(y)}{\mathrm{d}y}}=\frac{\int_{-\infty}^{x}f(u,y)\mathrm{d}u}{f_Y(y)}=\int_{-\infty}^{x}\frac{f(u,y)}{f_Y(y)}\mathrm{d}u,\end{aligned}$$

所以，在 $Y=y$ 的条件下，X 的条件概率密度为

$$f_{X|Y}(x \mid y)=\frac{f(x,y)}{f_Y(y)}. \tag{3.2.3}$$

同样，可以定义在 $X=x$ 的条件下，Y 的条件分布函数 $F_{Y|X}(y|x)$，即

$$F_{Y|X}(y \mid x)=P(Y\leqslant y \mid X=x)=\lim_{\Delta x\to 0^+}P(Y\leqslant y \mid x-\Delta x<X\leqslant x+\Delta x),$$

及在 $X=x$ 的条件下，Y 的条件概率密度为

$$f_{Y|X}(y \mid x)=\frac{f(x,y)}{f_X(x)}. \tag{3.2.4}$$

例 2　设 (X,Y) 的概率密度为 $f(x,y)=\begin{cases}e^{-y}, & 0<x<y,\\ 0, & \text{其他},\end{cases}$ 求 (X,Y) 的条件概率密度.

解　先计算 (X,Y) 的边缘概率密度

$$f_X(x)=\int_{-\infty}^{+\infty}f(x,y)\mathrm{d}y=\begin{cases}\int_x^{+\infty}e^{-y}\mathrm{d}y=e^{-x}, & x>0,\\ 0, & x\leqslant 0;\end{cases}$$

$$f_Y(y)=\int_{-\infty}^{+\infty}f(x,y)\mathrm{d}x=\begin{cases}\int_0^{y}e^{-y}\mathrm{d}x=ye^{-y}, & y>0,\\ 0, & y\leqslant 0.\end{cases}$$

于是由式(3.2.3)得，当 $y>0$ 时，在 $Y=y$ 的条件下，X 的条件概率密度为

$$f_{X|Y}(x \mid y)=\frac{f(x,y)}{f_Y(y)}=\begin{cases}\dfrac{1}{y}, & 0<x<y,\\ 0, & \text{其他}.\end{cases}$$

由式(3.2.4)得，当 $x>0$ 时，在 $X=x$ 的条件下，Y 的条件概率密度为

$$f_{Y|X}(y \mid x)=\frac{f(x,y)}{f_X(x)}=\begin{cases}e^{x-y}, & 0<x<y,\\ 0, & \text{其他}.\end{cases}$$

例 3　设甲、乙两人要去参加一个聚会，甲准备在 9 点到 9 点 10 分内的任一时刻出发，乙打算在甲出发后 5min 的任一时刻出发，求在甲出发时间确定后，乙出发时间的条件概率密度；及乙出发时间的概率密度.

解　需要注意的是本题不能用式(3.2.3)和式(3.2.4)求条件概率密度，这是因为本题并未给出联合概率密度.

设甲、乙出发的时刻分别为 X 和 Y，则 X 在[0,10]上服从均匀分布，其概率密度为

$$f_X(x)=\begin{cases}\dfrac{1}{10}, & 0\leqslant x\leqslant 10,\\ 0, & \text{其他}.\end{cases}$$

同时乙的出发时刻依赖于甲的出发时刻，实际上就是条件分布中的“条件”，这样，题设所给出的就是在 $X=x(0\leqslant x\leqslant 10)$ 的条件下，Y 在 $[x,5+x]$ 上服从均匀分布，因此对任意确定的 $x(0\leqslant x\leqslant 10)$ 值，在 $X=x$ 的条件下，Y 的条件概率密度为

$$f_{Y|X}(y\mid x)=\begin{cases}\dfrac{1}{5}, & x\leqslant y\leqslant 5+x,\\ 0, & \text{其他}.\end{cases}$$

为了求出边缘概率密度，可先求联合概率密度. 上面已经求出了关于 X 的边缘概率密度 $f_X(x)$，及在 $X=x$ 的条件下，Y 的条件概率密度 $f_{Y|X}(y|x)$，由式(3.2.4)即可得到联合概率密度

$$f(x,y)=f_X(x)\cdot f_{Y|X}(y\mid x)=\begin{cases}\dfrac{1}{50}, & 0\leqslant x\leqslant 10, x\leqslant y\leqslant x+5,\\ 0, & \text{其他}.\end{cases}$$

于是，由边缘概率密度的计算公式 $f_Y(y)=\int_{-\infty}^{+\infty}f(x,y)\mathrm{d}x$ 得

当 $0\leqslant y<5$ 时，$f_Y(y)=\int_0^y\dfrac{1}{50}\mathrm{d}x=\dfrac{y}{50}$；

当 $5\leqslant y<10$ 时，$f_Y(y)=\int_{y-5}^y\dfrac{1}{50}\mathrm{d}x=\dfrac{1}{10}$；

当 $10\leqslant y<15$ 时，$f_Y(y)=\int_{y-5}^{10}\dfrac{1}{50}\mathrm{d}x=\dfrac{15-y}{50}$；

当 $y<0$ 或 $y\geqslant 15$ 时，$f_Y(y)=0$.

即

$$f_Y(y)=\begin{cases}y/50, & 0\leqslant y<5,\\ 1/10, & 5\leqslant y<10,\\ (15-y)/50, & 10\leqslant y<15,\\ 0, & \text{其他}.\end{cases}$$

3.3 随机变量的独立性

3.3.1 两个随机变量的独立性

随机变量的独立性和随机事件的独立性一样，也是概率论中的一个重要概念，下面由随机事件的独立性定义给出随机变量的独立性定义. 由事件的独立性定义知道，事件“$X\leqslant x$”与“$Y\leqslant y$”相互独立，也就是下式成立：$P(X\leqslant x,Y\leqslant y)=P(X\leqslant x)P(Y\leqslant y)$，该式的左端恰好是二维随机变量 (X,Y) 的联合分布函数，右端恰好是两个边缘分布函数的乘积，即 $F(x,y)=F_X(x)F_Y(y)$，于是给出两个随

机变量相互独立的定义.

定义1 设 $F(x,y)$ 及 $F_X(x)$，$F_Y(y)$ 分别是二维随机变量 (X,Y) 的联合分布函数及边缘分布函数，若对任意实数 x,y，有

$$F(x,y)=F_X(x)F_Y(y), \tag{3.3.1}$$

则称随机变量 X 和 Y 相互独立.

下面给出随机变量独立性的一些结论，证明从略.

定理1 随机变量 X 和 Y 相互独立的充分必要条件是

(1) 离散型：$P(X=x_i,Y=y_j)=P(X=x_i)P(Y=y_j)$，$i,j=1,2,\cdots$，即

$$p_{ij}=p_{i\cdot}p_{\cdot j},\quad i,j=1,2,\cdots, \tag{3.3.2}$$

其中 p_{ij} 及 $p_{i\cdot}$，$p_{\cdot j}$ 分别是联合概率分布及两个边缘概率分布.

(2) 连续型：

$$f(x,y)=f_X(x)f_Y(y), \tag{3.3.3}$$

其中 $f(x,y)$ 及 $f_X(x)$，$f_Y(y)$ 分别是联合概率密度及两个边缘概率密度.

实际上，在判别随机变量的独立性时，利用式(3.3.2)或式(3.3.3)比用式(3.3.1)更容易. 可以验证3.1节的例2中，当采取不放回抽取时，随机变量 X_1 和 X_2 不独立；当采取有放回抽取时，随机变量 X_1 和 X_2 相互独立.

定理2 若随机变量 X 和 Y 相互独立，则 X 或 Y 的条件分布律(或条件概率密度)等于它的边缘分布律(或边缘概率密度).

定理3 若随机变量 X 和 Y 相互独立，h,g 是连续函数，则 $h(X)$ 和 $g(Y)$ 也相互独立.

例1 设 (X,Y) 服从二维正态分布 $N(\mu_1,\mu_2,\sigma_1^2,\sigma_2^2,\rho)$，则 X 和 Y 相互独立的充分必要条件是参数 $\rho=0$.

证明 由3.1节的例5知道，(X,Y) 的联合概率密度为

$$f(x,y)=\frac{1}{2\pi\sigma_1\sigma_2\sqrt{1-\rho^2}}\exp\left\{\frac{-1}{2(1-\rho^2)}\left[\frac{(x-\mu_1)^2}{\sigma_1^2}\right.\right.$$
$$\left.\left.-2\rho\frac{(x-\mu_1)(y-\mu_2)}{\sigma_1\sigma_2}+\frac{(y-\mu_2)^2}{\sigma_2^2}\right]\right\}.$$

两个边缘概率密度的乘积为

$$f_X(x)f_Y(y)=\frac{1}{2\pi\sigma_1\sigma_2}\exp\left\{\frac{-1}{2}\left[\frac{(x-\mu_1)^2}{\sigma_1^2}+\frac{(y-\mu_2)^2}{\sigma_2^2}\right]\right\}.$$

充分性：若 $\rho=0$，则由 $f(x,y)$ 及 $f_X(x)f_Y(y)$ 的表达式得，对任意实数 x,y，有

$$f(x,y)=f_X(x)f_Y(y)$$

成立，所以 X 和 Y 相互独立.

必要性：若 X 和 Y 相互独立，即对任意实数 x,y，有

$$f(x,y)=f_X(x)f_Y(y).$$

在上式中，取 $x=\mu_1$，$y=\mu_2$，则有

$$\frac{1}{2\pi\sigma_1\sigma_2\cdot\sqrt{1-\rho^2}}=\frac{1}{2\pi\sigma_1\sigma_2}.$$

于是，$\rho=0$.

例 2 某工厂使用甲、乙两台设备，预计设备甲要在第 8 年到第 12 年的任一时刻更新；设备乙要在第 7 年到第 9 年的任一时刻更新，已知甲、乙这两台设备更新与否彼此之间没有关系，求甲、乙这两台设备更新时间的联合概率密度；及甲、乙这两台设备更新时间之差不超过半年的概率.

解 设甲、乙这两台设备的更新时间分别为 X 和 Y，由题意知：$X\sim U[8,12]$，$Y\sim U[7,9]$，并且 X 和 Y 相互独立，则 X 和 Y 的概率密度分别为

$$f_X(x)=\begin{cases}\dfrac{1}{4}, & 8\leqslant x\leqslant 12,\\ 0, & \text{其他}\end{cases} \quad \text{和} \quad f_Y(y)=\begin{cases}\dfrac{1}{2}, & 7\leqslant y\leqslant 9,\\ 0, & \text{其他},\end{cases}$$

于是，X 和 Y 的联合概率密度为

$$f(x,y)=f_X(x)f_Y(y)=\begin{cases}\dfrac{1}{8}, & 8\leqslant x\leqslant 12, 7\leqslant y\leqslant 9,\\ 0, & \text{其他}.\end{cases}$$

所求概率为

$$P\left(|X-Y|\leqslant\frac{1}{2}\right)=\iint\limits_{|x-y|\leqslant\frac{1}{2}}f(x,y)\mathrm{d}x\mathrm{d}y=\iint\limits_{G}\frac{1}{8}\mathrm{d}x\mathrm{d}y=\frac{1}{8}S_G,$$

其中 G 是由 $x-y=\pm\frac{1}{2}$ 及 $x=8$，$y=9$ 所围成的四边形 $BCED$(图 3.3.1)，S_G 是区域 G 的面积，因为

$$S_G=S_{\triangle ADE}-S_{\triangle ABC}=\frac{1}{2}\times\left(\frac{3}{2}\right)^2-\frac{1}{2}\times\left(\frac{1}{2}\right)^2=1,$$

所以，$P\left(|X-Y|\leqslant\frac{1}{2}\right)=\frac{1}{8}$.

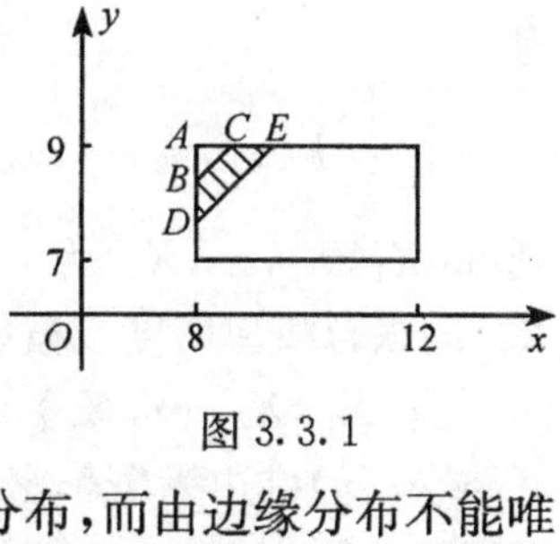

图 3.3.1

对于二维随机变量来说，由联合分布可以确定边缘分布，而由边缘分布不能唯一确定联合分布；但是当两个随机变量相互独立时，由边缘分布就可以唯一确定联合分布，即可以将二维随机变量的问题转化为一维随机变量的问题，所以说独立性是概率论中非常重要的概念之一. 在实际应用中，两个随机变量是否独立，往往并不是由式(3.3.2)或式(3.3.3)来判别的，而是由它们之间是否有影响来判别，当它

们之间无影响或影响很小时,就认为它们相互独立,否则不独立.

注　(1) 称所有的开区间、闭区间、单个实数、可列个实数以及由它们经过可列次并、交运算得到的集合为一维波雷耳点集. 若 X 和 Y 相互独立,A,B 为任意两个波雷耳点集,则有 $P(X\in A,Y\in B)=P(X\in A)P(Y\in B)$.

(2) 当 X 和 Y 不独立,其函数也可能相互独立. 如(X,Y)的联合密度为

$$f(x,y)=\begin{cases}\frac{1}{4}(1+xy), & |x|<1,|y|<1,\\ 0, & \text{其他},\end{cases}$$

则 X 和 Y 不独立,但 X^2 和 Y^2 相互独立(见习题 3).

(3) X 和 Y 之间存在着函数关系时,它们也可能相互独立. 如随机变量 X 只取一个值 a,$Y=2X$,则 X 和 Y 相互独立(见习题 3).

3.3.2　*n* 个随机变量的独立性

下面将二维随机变量的一些概念、结论推广到 n 维随机变量.

定义 2　设$(X_1,X_2,\cdots,X_n)$是 n 维随机变量,$x_1,x_2,\cdots,x_n$ 是任意实数,则称 n 元函数 $F(x_1,x_2,\cdots,x_n)=P(X_1\leqslant x_1,X_2\leqslant x_2,\cdots,X_n\leqslant x_n)$为$(X_1,X_2,\cdots,X_n)$的分布函数.

当$(X_1,X_2,\cdots,X_n)$的分布函数 $F(x_1,x_2,\cdots,x_n)$已知时,可以确定它的 $k(1\leqslant k\leqslant n)$维边缘分布函数. 如$(X_1,X_2,\cdots,X_n)$关于 X_1、关于(X_1,X_2)的边缘分布函数分别为

$$F_{X_1}(x_1)=F(x_1,+\infty,\cdots,+\infty),$$
$$F_{X_1,X_2}(x_1,x_2)=F(x_1,x_2,+\infty,\cdots,+\infty).$$

定义 3　设 $F(x_1,x_2,\cdots,x_n)$是 n 维随机变量$(X_1,X_2,\cdots,X_n)$的联合分布函数,简称分布函数,若存在非负函数 $f(x_1,x_2,\cdots,x_n)$,使对任意实数 $x_1,x_2,\cdots,x_n$,有

$$F(x_1,x_2,\cdots,x_n)=\int_{-\infty}^{x_n}\cdots\int_{-\infty}^{x_2}\int_{-\infty}^{x_1}f(t_1,t_2,\cdots,t_n)\mathrm{d}t_1\mathrm{d}t_2\cdots\mathrm{d}t_n,$$

则称$(X_1,X_2,\cdots,X_n)$为 n 维连续型随机变量,称 $f(x_1,x_2,\cdots,x_n)$为$(X_1,X_2,\cdots,X_n)$的联合概率密度或概率密度.

当$(X_1,X_2,\cdots,X_n)$的概率密度 $f(x_1,x_2,\cdots,x_n)$已知时,也可以确定它的 $k(1\leqslant k\leqslant n)$维边缘概率密度. 如$(X_1,X_2,\cdots,X_n)$关于 X_1、关于(X_1,X_2)的边缘概率密度分别为

$$f_{X_1}(x_1)=\int_{-\infty}^{+\infty}\cdots\int_{-\infty}^{+\infty}\int_{-\infty}^{+\infty}f(x_1,x_2,\cdots,x_n)\mathrm{d}x_2\mathrm{d}x_3\cdots\mathrm{d}x_n,$$

$$f_{X_1,X_2}(x_1,x_2)=\int_{-\infty}^{+\infty}\cdots\int_{-\infty}^{+\infty}\int_{-\infty}^{+\infty}f(x_1,x_2,\cdots,x_n)\mathrm{d}x_3\mathrm{d}x_4\cdots\mathrm{d}x_n.$$

定义 4 设 $F(x_1,x_2,\cdots,x_n)$ 是 $(X_1,X_2,\cdots,X_n)$ 的联合分布函数，$F_{X_i}(x_i)$ 是关于 $X_i(i=1,2,\cdots)$ 的一维边缘分布函数，若对任意实数 $x_1,x_2,\cdots,x_n$，有

$$F(x_1,x_2,\cdots,x_n)=F_{X_1}(x_1)F_{X_2}(x_2)\cdots F_{X_n}(x_n),$$

则称 $X_1,X_2,\cdots,X_n$ 相互独立.

定理 4 连续型随机变量 $X_1,X_2,\cdots,X_n$ 相互独立的充分必要条件是

$$f(x_1,x_2,\cdots,x_n)=f_{X_1}(x_1)f_{X_2}(x_2)\cdots f_{X_n}(x_n).$$

定理 5 若 $X_1,X_2,\cdots,X_n$ 相互独立，则其中任意 $r(r\leqslant n)$ 个随机变量 X_{k_1}，$X_{k_2},\cdots,X_{k_r}$ 也相互独立.

定义 3 和定理 4 所涉及的只是连续型随机变量，对于离散型随机变量结论是类似的.

3.4 二维随机变量函数的分布

与一维随机变量函数的分布类似，本节讨论二维随机变量函数的分布，即如何由 (X,Y) 的分布求出 $Z=g(X,Y)$ 的分布. 下面分离散型和连续型两种情况，以例题的形式来介绍.

3.4.1 二维离散型随机变量函数的分布

例 1 设 (X,Y) 的联合分布列为

X \ Y	0	1	2
0	0.1	0.25	0.35
1	0.2	0	0.1

求 $X+Y$ 和 XY 的分布列.

解 与一维离散型随机变量函数的分布计算类似，利用事件及其概率的运算法则，将 $X+Y$，XY 的相同值的概率相加，有

P	0.1	0.25	0.35	0.2	0	0.1
(X,Y)	(0,0)	(0,1)	(0,2)	(1,0)	(1,1)	(1,2)
$X+Y$	0	1	2	1	2	3
XY	0	0	0	0	1	2

于是，$X+Y$，XY 的分布列分别为

$X+Y$	0	1	2	3
P	0.1	0.45	0.35	0.1

XY	0	2
P	0.9	0.1

当 X 和 Y 相互独立时，也可以利用 X,Y 的边缘分布来求出 $Z=g(X,Y)$ 的分布.

例 2　设 X 和 Y 相互独立，并且都服从 $B(1,p)$ 分布，求 $Z=X+Y$ 的分布.

解　由已知 X,Y 的概率分布为 $P(X 或 Y=0)=q(q=1-p)$，$P(X 或 Y=1)=p$，所以，$Z=X+Y$ 的分布为

$$
\begin{aligned}
P(Z=0)&=P(X=0,Y=0)=P(X=0)P(Y=0)=q^2;\\
P(Z=1)&=P(X=0,Y=1)+P(X=1,Y=0)\\
&=P(X=0)P(Y=1)+P(X=1)P(Y=0)=2pq;\\
P(Z=2)&=P(X=1,Y=1)=P(X=1)P(Y=1)=p^2,
\end{aligned}
$$

即 $Z\sim B(2,p)$.

由此推广出下面结论：若 $X_1,X_2,\cdots,X_n$ 相互独立，并且 $X_i\sim B(1,p)(i=1,2,\cdots,n)$，则 $Z=X_1+X_2+\cdots+X_n\sim B(n,p)$.

3.4.2　二维连续型随机变量函数的分布

下面给出求 $Z=g(X,Y)$ 的概率密度的方法：

先求 Z 的分布函数

$$F_Z(z)=P(g(X,Y)\leqslant z)=\iint\limits_G f(x,y)\mathrm{d}x\mathrm{d}y,$$

其中 $f(x,y)$ 为 (X,Y) 的概率密度，$G=\{(x,y)\mid g(x,y)\leqslant z\}$. 如果能够直接求出 $F_Z(z)$ 的具体表达式，而且 $F_Z(z)$ 是连续的且除有限个点外都有连续导数，则 $f_Z(z)=F'_Z(z)$；如果不便直接求出 $F_Z(z)$ 的具体表达式，则可以利用变量替换，将二重积分的形式表示为 $F_Z(z)=\int_{-\infty}^{z}h(t)\mathrm{d}t$，于是由概率密度的定义有 $f_Z(z)=h(z)$.

例 3(和的分布)　设 (X,Y) 的概率密度为 $f(x,y)$，求 $Z=X+Y$ 的概率密度.

解　为了求出 Z 的概率密度，先求 Z 的分布函数

$$F_Z(z)=P(Z\leqslant z)=P(X+Y\leqslant z)=\iint\limits_{x+y\leqslant z} f(x,y)\mathrm{d}x\mathrm{d}y,$$

其中，积分域是图中的阴影部分，将 $F_Z(z)$ 化为累次积分，则有

$$F_Z(z)=\int_{-\infty}^{+\infty}\mathrm{d}x\int_{-\infty}^{z-x}f(x,y)\mathrm{d}y.$$

设 $y=t-x$，则

$$F_Z(z)=\int_{-\infty}^{+\infty}\mathrm{d}x\int_{-\infty}^{z}f(x,t-x)\mathrm{d}t$$
$$=\int_{-\infty}^{z}\mathrm{d}t\int_{-\infty}^{+\infty}f(x,t-x)\mathrm{d}x.$$

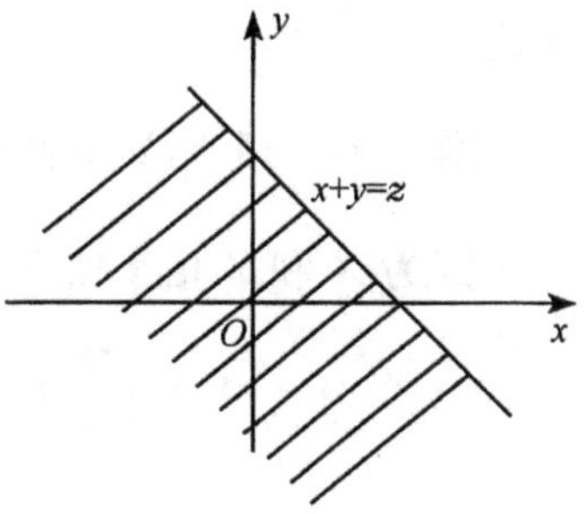

图 3.4.1

于是,由概率密度的定义可知,Z 的概率密度为

$$f_Z(z)=\int_{-\infty}^{+\infty}f(x,z-x)\mathrm{d}x, \quad (3.4.1)$$

同理可得

$$f_Z(z)=\int_{-\infty}^{+\infty}f(z-y,y)\mathrm{d}y. \quad (3.4.2)$$

若 X 和 Y 相互独立,则 $f_Z(z)$ 可写为

$$f_Z(z)=\int_{-\infty}^{+\infty}f_X(x)f_Y(z-x)\mathrm{d}x \quad (3.4.3)$$

或

$$f_Z(z)=\int_{-\infty}^{+\infty}f_X(z-y)f_Y(y)\mathrm{d}y. \quad (3.4.4)$$

式(3.4.3)和式(3.4.4)称为卷积公式,记为 $f_Z=f_X*f_Y$.

例 4　设 X 和 Y 相互独立,并且 $X\sim U[0,1]$,$Y\sim E(1)$,求 $Z=X+Y$ 的概率密度.

解　由已知 X,Y 的概率密度分别为

$$f_X(x)=\begin{cases}1, & 0\leqslant x\leqslant 1,\\ 0, & \text{其他};\end{cases}\qquad f_Y(y)=\begin{cases}\mathrm{e}^{-y}, & y\geqslant 0,\\ 0, & \text{其他}.\end{cases}$$

因为 X 和 Y 相互独立,所以由卷积公式(3.4.3)得 Z 的概率密度为

$$f_Z(z)=\int_{-\infty}^{+\infty}f_X(x)f_Y(z-x)\mathrm{d}x.$$

其中 $f_X(x)f_Y(z-x)=\begin{cases}\mathrm{e}^{x-z}, & 0\leqslant x\leqslant 1, z\geqslant x,\\ 0, & \text{其他}.\end{cases}$

于是,当 $z<0$ 时,$f_Z(z)=0$;

当 $0\leqslant z<1$ 时,$f_Z(z)=\int_0^z \mathrm{e}^{x-z}\mathrm{d}x=1-\mathrm{e}^{-z}$;

当 $z\geqslant 1$ 时,$f_Z(z)=\int_0^1 \mathrm{e}^{x-z}\mathrm{d}x=(\mathrm{e}-1)\mathrm{e}^{-z}$,即

$$f_Z(z)=\begin{cases}0, & z<0,\\ 1-\mathrm{e}^{-z}, & 0\leqslant z<1,\\ (\mathrm{e}-1)\mathrm{e}^{-z}, & z\geqslant 1.\end{cases}$$

例 5　设 X 和 Y 相互独立,并且都服从标准正态分布,求 $Z=X+Y$ 的概率

密度.

解　由已知 X,Y 的概率密度分别为 $f_X(x)=\frac{1}{\sqrt{2\pi}}e^{-\frac{x^2}{2}}$, $f_Y(y)=\frac{1}{\sqrt{2\pi}}e^{-\frac{y^2}{2}}$.

因为 X 和 Y 相互独立,所以由卷积公式(3.4.3)得 Z 的概率密度为

$$f_Z(z)=\int_{-\infty}^{+\infty}f_X(x)f_Y(z-x)\mathrm{d}x=\frac{1}{2\pi}e^{-\frac{z^2}{4}}\int_{-\infty}^{+\infty}e^{-\left(x-\frac{z}{2}\right)^2}\mathrm{d}x.$$

设 $x-\frac{z}{2}=t$,则

$$f_Z(z)=\frac{1}{2\pi}e^{-\frac{z^2}{4}}\int_{-\infty}^{+\infty}e^{-t^2}\mathrm{d}t=\frac{1}{2\sqrt{\pi}}e^{-\frac{z^2}{4}},$$

即 Z 服从 $\mu=0,\sigma^2=2$ 的正态分布.

由此推出以下结论:若 $X_1,X_2,\cdots,X_n$ 相互独立,并且 $X_i\sim N(\mu_i,\sigma_i^2)(i=1,2,\cdots,n)$,则 $Z=\sum_{i=1}^{n}c_iX_i\sim N\left(\sum_{i=1}^{n}c_i\mu_i,\sum_{i=1}^{n}c_i^2\sigma_i^2\right)$,其中 $c_i(i=1,2,\cdots,n)$ 为任意常数.

例6　设二维随机变量 (X,Y) 的概率密度为

$$f(x,y)=\begin{cases}1, & 0<x<1,0<y\leqslant 2-2x,\\ 0, & \text{其他},\end{cases}$$

求 $Z=X+Y$ 的概率密度.

解　先求 Z 的分布函数 $F_Z(z)=P(X+Y\leqslant z)=\iint\limits_{x+y\leqslant z}f(x,y)\mathrm{d}x\mathrm{d}y$.

当 $z<0$ 时,$F_Z(z)=0$;

当 $0\leqslant z<1$ 时,$F_Z(z)=\int_0^z\mathrm{d}y\int_0^{z-y}\mathrm{d}x=\frac{z^2}{2}$;

当 $1\leqslant z<2$ 时,$F_Z(z)=\int_0^{2-z}\mathrm{d}x\int_0^{z-x}\mathrm{d}y+\int_{2-z}^{1}\mathrm{d}x\int_0^{2-2x}\mathrm{d}y=-\frac{z^2}{2}+2z-1$;

当 $z\geqslant 2$ 时,$F_Z(z)=1$,即

$$F_Z(z)=\begin{cases}0, & z<0,\\ \frac{1}{2}z^2, & 0\leqslant z<1,\\ -\frac{1}{2}z^2+2z-1, & 1\leqslant z<2,\\ 1, & z\geqslant 2,\end{cases}$$

于是,Z 的概率密度为

$$f_Z(z)=F'_Z(z)=\begin{cases}z, & 0\leqslant z<1,\\ 2-z, & 1\leqslant z<2,\\ 0, & \text{其他}.\end{cases}$$

此题也可用式(3.4.1)或式(3.4.2)求解(请读者完成),但是由于 X 和 Y 不独立,故不能用卷积公式求解.

例 7(商的分布) 设随机变量 X 和 Y 相互独立,并且都服从区间$[0,a]$上的均匀分布,求 $Z=\dfrac{X}{Y}$的概率密度.

解 由于 $X,Y\sim U[0,a]$,并且相互独立,所以

$$f(x,y)=f_X(x)f_Y(y)=\begin{cases}\dfrac{1}{a^2}, & 0\leqslant x\leqslant a,0\leqslant y\leqslant a,\\ 0, & \text{其他}.\end{cases}$$

先求 Z 的分布函数 $F_Z(z)=P\left(\dfrac{X}{Y}\leqslant z\right)=\iint\limits_{\frac{x}{y}\leqslant z}f(x,y)\mathrm{d}x\mathrm{d}y.$

当 $z<0$ 时,$F_Z(z)=0$;

当 $0\leqslant z<1$ 时,$F_Z(z)=\displaystyle\int_0^a\mathrm{d}y\int_0^{zy}\frac{1}{a^2}\mathrm{d}x=\frac{z}{2}$;

当 $z\geqslant 1$ 时,$F_Z(z)=\displaystyle\int_0^a\mathrm{d}x\int_{\frac{x}{z}}^a\frac{1}{a^2}\mathrm{d}y=1-\frac{1}{2z}.$

于是,Z 的概率密度为

$$f_Z(z)=F'_Z(z)=\begin{cases}0, & z<0,\\ \dfrac{1}{2}, & 0\leqslant z<1,\\ \dfrac{1}{2z^2}, & z\geqslant 1.\end{cases}$$

例 8(极值分布) 设随机变量 X 和 Y 相互独立,其分布函数分别为 $F_X(x)$和 $F_Y(y)$,求 X,Y 中的最大值 $\max(X,Y)$和最小值 $\min(X,Y)$的分布函数.

解 先求 $\max(X,Y)$的分布函数 $F_{\max}(z)=P(\max(X,Y)\leqslant z)$,因为 $\max(X,Y)\leqslant z$ 等价于 $X\leqslant z$ 且 $Y\leqslant z$,以及 X 和 Y 相互独立,所以

$$F_{\max}(z)=P(X\leqslant z,Y\leqslant z)=P(X\leqslant z)P(Y\leqslant z),$$

即

$$F_{\max}(z)=F_X(z)F_Y(z). \tag{3.4.5}$$

下面求 $\min(X,Y)$的分布函数 $F_{\min}(z)=P(\min(X,Y)\leqslant z)=1-P(\min(X,Y)>z)$. 因为 $\min(X,Y)>z$ 等价于 $X>z$ 且 $Y>z$,以及 X 和 Y 相互独立,所以

$$F_{\min}(z)=1-P(X>z,Y>z)=1-P(X>z)P(Y>z)$$

$$= 1 - [1 - P(X \leqslant z)][1 - P(Y \leqslant z)],$$

即

$$F_{\min}(z) = 1 - [1 - F_X(z)][1 - F_Y(z)]. \tag{3.4.6}$$

由此可以推出下面的结论：若 $X_1, X_2, \cdots, X_n$ 相互独立，其分布函数分别为 $F_{X_i}(x_i)(i=1,2,\cdots,n)$，则 $\max(X_1, X_2, \cdots, X_n)$ 和 $\min(X_1, X_2, \cdots, X_n)$ 的分布函数分别为

$$F_{\max}(z) = F_{X_1}(z) F_{X_2}(z) \cdots F_{X_n}(z), \tag{3.4.7}$$

$$F_{\min}(z) = 1 - [1 - F_{X_1}(z)][1 - F_{X_2}(z)] \cdots [1 - F_{X_n}(z)]. \tag{3.4.8}$$

特别地，若 $X_1, X_2, \cdots, X_n$ 不仅相互独立，并且同分布，设分布函数均为 $F(x)$，则由式(3.4.7)和式(3.4.8)得

$$F_{\max}(z) = [F(z)]^n, \tag{3.4.9}$$

$$F_{\min}(z) = 1 - [1 - F(z)]^n. \tag{3.4.10}$$

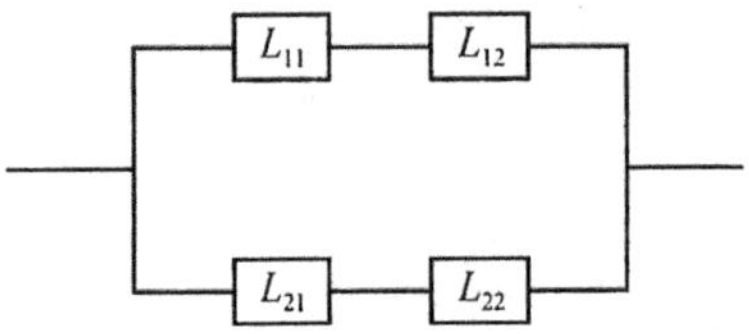

图 3.4.2

例 9　某电子仪器是由 4 个相互独立的电子部件 L_{ij} $(i, j = 1, 2)$ 组成，组成方式如图 3.4.2 所示，已知每个电子部件的使用寿命 $X_{ij}(i,j=1,2)$ 都服从参数为 λ 的指数分布，求电子仪器的使用寿命 Z 的密度函数.

解　由已知 $X_{ij}(i,j=1,2)$ 的分布函数为

$$F_{X_{ij}}(x) = \begin{cases} 1 - \mathrm{e}^{-\lambda x}, & x \geqslant 0, \\ 0, & x < 0. \end{cases}$$

下面先求两个串联组的使用寿命 $Y_i(i,=1,2)$ 的分布函数. 因为在串联时，只要 L_{i1}, L_{i2} 中任何一个部件损坏，其串联组就停止工作，所以第 $i(i=1,2)$ 个串联组的使用寿命为

$$Y_i = \min(X_{i1}, X_{i2}), \quad i = 1, 2.$$

这样，由式(3.4.10)得，$Y_i(i,=1,2)$ 的分布函数为

$$F_{Y_i}(y) = \begin{cases} 1 - \mathrm{e}^{-2\lambda y}, & y \geqslant 0, \\ 0, & y < 0, \end{cases} \quad i = 1, 2.$$

现在求电子仪器的使用寿命 Z 的分布函数. 因为在并联时，只有当两个串联组都损坏，电子仪器才停止工作，所以电子仪器的使用寿命为

$$Z = \max(Y_1, Y_2).$$

这样，由式(3.4.9)得 Z 的分布函数为

$$F_Z(z) = \begin{cases} (1 - \mathrm{e}^{-2\lambda z})^2, & z \geqslant 0, \\ 0, & z < 0. \end{cases}$$

于是，Z 的密度函数为

$$f_Z(z) = F'_Z(z) = \begin{cases} 4\lambda e^{-2\lambda z}(1 - e^{-2\lambda z}), & z \geqslant 0, \\ 0, & z < 0. \end{cases}$$

小 结

(1) 从一维随机变量拓展到二维乃至 n 维随机变量，除了了解各个变量自身的性质，如边缘分布函数、边缘分布、边缘密度，还需要考虑各个分量之间的相互联系，如条件分布、独立性等.

(2) 二维随机变量的分布函数完整地刻画了各个分量的分布以及分量之间的相互联系.

(3) 常用二维随机变量函数的分布主要是两个随机变量经过叠加即和或差的分布. 若随机变量之间具有独立性，也可方便地解决乘积、商、最大随机变量、最小随机变量的分布.

本章重要概念：二维随机变量　二维随机变量的分布函数　边缘分布函数　联合分布　边缘分布　联合密度　边缘密度　条件分布　二维均匀分布　二维正态分布　随机变量的独立性　二维随机变量函数的分布

习 题 3

一、填空题

1. 设二维随机变量(X,Y)的分布函数 $F(x,y)=A\left(B+\arctan\frac{x}{2}\right)\left(C+\arctan\frac{y}{3}\right)$，则$A=$________，$B=$________，$C=$________.

2. 设二维随机变量(X,Y)的概率密度 $f(x,y)=\begin{cases} c\sin(x+y), & 0\leqslant x,y\leqslant\frac{\pi}{4}, \\ 0, & \text{其他}, \end{cases}$ 则 $c=$________.

3. 从数 1,2,3,4 中任取一个数，记为 X，再从 $1,\cdots,X$ 中任取一个数，记为 Y，则 $P(Y=2)=$________.

4. 设随机变量 X_i 的分布列为

X_i	-1	0	1
P	$1/4$	$1/2$	$1/4$

$i=1,2$，且 $P(X_1X_2=0)=1$，则 $P(X_1=X_2)=$________.

5. 设二维随机变量(X,Y)的概率密度 $f(x,y)=\begin{cases} 6x, & 0\leqslant x\leqslant y\leqslant 1, \\ 0, & \text{其他}, \end{cases}$ 则 $P(X+Y\leqslant 1)=$________.

6. 设随机变量 X 和 Y 相互独立，并且均服从区间$[0,3]$上的均匀分布，则 $P(\max\{X,Y\}\leqslant$

1) = ________.

7. 设二维随机变量 (X,Y) 在区域 D 上服从均匀分布，其中 D 是由曲线 $y=\frac{1}{x}$ 及直线 $y=0$，$x=1$，$x=e^2$ 围成，则 (X,Y) 关于 X 的边缘概率密度在 $x=e$ 点处的值为________.

8. 设二维随机变量 (X,Y) 的概率密度为 $f(x,y)=\frac{1}{4\pi}e^{-\frac{1}{2}\left(x^2+\frac{1}{4}y^2\right)}$，$(x,y)\in\mathbf{R}^2$，则 $Z=X-Y$ 的概率密度 $f_Z(z)=$________.

二、单项选择题

1. 设二维随机变量 (X,Y) 的分布函数为 $F(x,y)$，则关于 X 的边缘分布函数 $F_X(x)$ 为(　　).

A. $F(x,0)$；　B. $F(0,x)$；　C. $\lim\limits_{y\to-\infty}F(x,y)$；　D. $\lim\limits_{y\to+\infty}F(x,y)$.

2. 设二维随机变量 (X,Y) 的分布函数与密度函数分别为 $F(x,y)$ 和 $f(x,y)$，则下面不正确的是(　　).

A. $\frac{\partial^2 F(x,y)}{\partial x\partial y}=f(x,y)$；　B. $F(x,y)=\int_{-\infty}^{b}\int_{+\infty}^{x}f(x,y)\mathrm{d}x\mathrm{d}y$；

C. $\int_{-\infty}^{+\infty}\int_{-\infty}^{+\infty}f(x,y)=1$；　D. $f(x,y)\geqslant 0$.

3. 设二维随机变量 (X,Y) 的分布函数为 $F(x,y)$，则以下各式成立的是(　　).

A. $P(x_1<X<x_2,y_1<Y<y_2)=F(x_2,y_2)-F(x_1,y_1)$；

B. $P(X\leqslant x)=F(x,+\infty)$；

C. $F(+\infty,y)=1$；

D. $F(-\infty,+\infty)=1$.

4. 设 X_1 和 X_2 是任意两个相互独立的连续型随机变量，它们的概率密度分别为 $f_1(x)$ 和 $f_2(x)$，分布函数分别为 $F_1(x)$ 和 $F_2(x)$，则(　　).

A. $f_1(x)+f_2(x)$ 必为某一随机变量的概率密度；

B. $f_1(x)f_2(x)$ 必为某一随机变量的概率密度；

C. $F_1(x)+F_2(x)$ 必为某一随机变量的分布函数；

D. $F_1(x)F_2(x)$ 必为某一随机变量的分布函数.

5. 设随机变量 X 和 Y 相互独立，且同分布，$P(X=Y=-1)=P(X=Y=1)=\frac{1}{2}$，则以下各式成立的是(　　).

A. $P(XY=1)=1$；　B. $P(X+Y=0)=\frac{1}{4}$；

C. $P(XY=1)=\frac{1}{4}$；　D. $P(X=Y)=\frac{1}{2}$.

6. 设 X 和 Y 相互独立，且都服从 $N(-1,2^2)$，若 $P(aX-bY<-1)=\frac{1}{2}$，则有(　　).

A. $a=\frac{1}{2},b=\frac{1}{2}$；　B. $a=\frac{1}{2},b=-\frac{1}{2}$；

C. $a=-\frac{1}{2},b=\frac{1}{2}$；　D. $a=-\frac{1}{2},b=-\frac{1}{2}$.

7. 设随机变量 X 和 Y 相互独立，并且 $X \sim N(0,1)$，$Y \sim N(1,1)$，则有（　　）.

A. $P(X+Y \leqslant 0)=\frac{1}{2}$；　　B. $P(X+Y \leqslant 1)=\frac{1}{2}$；

C. $P(X-Y \leqslant 0)=\frac{1}{2}$；　　D. $P(X-Y \leqslant 1)=\frac{1}{2}$.

8. 设随机变量 X 和 Y 独立同分布，且 X 的分布函数为 $F(x)$，则 $Z=\max(X,Y)$ 的分布函数为（　　）.

A. $F^2(x)$；　　B. $F(x)F(y)$；

C. $1-[1-F(x)]^2$；　　D. $[1-F(x)][1-F(y)]$.

三、综合题

1. 某盒子中有5张卡片，标号分别是1,2,3,4,5，现在从中任取3张卡片，用 X,Y 分别表示取出的卡片的最大标号和最小标号，求 (X,Y) 的联合分布列和边缘分布列.

2. 设 $X \sim E(1)$，$Y_k=\begin{cases}0, & X \leqslant k, \\ 1, & X>k,\end{cases}$ $k=1,2$，求 (Y_1,Y_2) 的联合分布，边缘分布及 $P(Y_1<Y_2)$，$P(Y_1+Y_2=1)$.

3. 某袋中有三个球，依次标有数字1、2、2，从中任取一个不放回袋中，再取一个，用 X,Y 分别表示第一次和第二次取到的球上标有的数字，求 (X,Y) 的联合分布及联合分布函数.

4. 在区间[0,1]上随机地取两个数，求这两个数之差的绝对值小于 $\frac{1}{2}$ 的概率.

5. 设二维随机变量 (X,Y) 的概率密度为

$$f(x,y)=\begin{cases}cxy, & 0 \leqslant x \leqslant 1, 0 \leqslant y \leqslant 1, \\ 0, & \text{其他},\end{cases}$$

求：(1) 常数 c；(2) (X,Y) 的联合分布函数；(3) $P\left(0<X<\frac{1}{2}, \frac{1}{4}<Y<1\right)$，$P(X=Y)$，及 $P(X<Y)$.

6. 设二维随机变量 (X,Y) 在区域 $D: 0<x<1, |y|<x$ 内服从均匀分布，求边缘概率密度.

7. 设 $X \sim B(1,0.6)$ 在 $X=0$ 及 $X=1$ 的条件下，Y 的条件分布分别为

Y	1	2	3
$P(Y=y_j \mid X=0)$	1/4	1/2	1/4

Y	1	2	3
$P(Y=y_j \mid X=1)$	1/2	1/6	1/3

求 (X,Y) 的联合分布及 $Y \neq 1$ 的条件下 X 的条件分布.

8. 设随机变量 X 在区间(0,1)上服从均匀分布，在 $X=x(0<x<1)$ 的条件下，Y 在区间 $(0,x)$ 上服从均匀分布，求：(1) (X,Y) 的联合概率密度；(2) Y 的概率密度；(3) $P(X+Y)>1$.

9. 设二维随机变量 (X,Y) 的联合分布为

X \ Y	1	2	3
1	1/6	1/9	1/18
2	1/3	α	β

(1) α,β 应满足什么条件;

(2) α,β 取什么值时,X 和 Y 相互独立.

10. 设随机变量 X 和 Y 的分布列分别为

X	-1	0	1
P	$1/4$	$1/2$	$1/4$

Y	0	1
P	$1/2$	$1/2$

并且 $P(XY=0)=1$,求:(1) X 和 Y 的联合分布列;(2) X 和 Y 是否相互独立?

11. 一个电子器件包含两个主要元件,分别用 X 和 Y 表示这两个元件的寿命(以 h 计),设 (X,Y) 的分布函数为

$$F(x,y)=\begin{cases}1-e^{-0.01x}-e^{-0.01y}+e^{-0.01(x+y)}, & x\geqslant 0, y\geqslant 0,\\ 0, & \text{其他}.\end{cases}$$

(1) X 和 Y 是否相互独立?

(2) 求两个元件的寿命都超过 120h 的概率.

12. 设二维随机变量 (X,Y) 的概率密度为

$$f(x,y)=\begin{cases}e^{-y}, & x>0, y>x,\\ 0, & \text{其他},\end{cases}$$

求:(1) 边缘概率密度,并判别其独立性;(2) 条件概率密度;(3) $P(X>2|Y<4)$ 及 $P(X+Y\leqslant 1)$.

13. 设 X 和 Y 相互独立,并且都服从 $[0,1]$ 上的均匀分布,求使方程 $t^2+2Xt+Y=0$ 有实根的概率.

14. 两人约定在下午 2 点到 3 点的时间内在某地见面,先到的人要等候另一人 15min 才能离去,假定每人到达的时间均匀分布于 2 点到 3 点之间,并且是相互独立的,求他们能见面的概率.

15. 设随机变量 (X,Y) 的联合密度为

$$f(x,y)=\begin{cases}\frac{1}{4}(1+xy), & |x|<1, |y|<1,\\ 0, & \text{其他},\end{cases}$$

证明:(1) X 和 Y 不独立;(2) X^2 和 Y^2 相互独立.

16. 设随机变量 X 只取一个值 a,Y 为任意随机变量,证明 X 和 Y 相互独立.

17. 设随机变量 (X,Y) 的联合分布列为

X \ Y	0	1	2
1	0.2	0.3	0
2	0.1	0.15	0.25

求 $X+Y$,$X-Y$,XY 的分布列.

18. 设随机变量 X_1,X_2,X_3,X_4 相互独立且同分布,$P(X_i=0)=0.6$,$P(X_i=1)=0.4$($i=$

1,2,3,4),求行列式 $X=\begin{vmatrix} X_1 & X_2 \\ X_3 & X_4 \end{vmatrix}$ 的概率分布.

19. 设 X 和 Y 相互独立,它们分别服从参数为 λ_1 和 λ_2 的泊松分布,证明 $Z=X+Y$ 服从参数为 $\lambda_1+\lambda_2$ 的泊松分布.

20. 设二维随机变量 (X,Y) 的概率密度为

$$f(x,y)=\begin{cases} 2-x-y, & 0<x<1,0<y<1, \\ 0, & \text{其他}, \end{cases}$$

求 $Z=X+Y$ 的概率密度.

21. 设二维随机变量 (X,Y) 的概率密度为

$$f(x,y)=\begin{cases} 1, & 0<x<1,0<y<2x, \\ 0, & \text{其他}, \end{cases}$$

求:(1) 边缘概率密度 $f_X(x)$,$f_Y(y)$;(2) $Z=2X-Y$ 的概率密度;(3) $P\left(Y\leqslant\frac{1}{2}\,\middle|\,X\leqslant\frac{1}{2}\right)$.

22. 设二维随机变量 (X,Y) 在正方形 $G=\{(x,y)\mid 1\leqslant x\leqslant 3,1\leqslant y\leqslant 3\}$ 上服从均匀分布,求 $Z=|X-Y|$ 的概率密度.

23. 设随机变量 X 和 Y 相互独立,其概率密度分别为

$$f_X(x)=\begin{cases} a\mathrm{e}^{-ax}, & x>0, \\ 0, & x\leqslant 0; \end{cases} \quad f_Y(y)=\begin{cases} b\mathrm{e}^{-by}, & y>0, \\ 0, & y\leqslant 0, \end{cases}$$

其中 a,b 为正实数,又设随机变量 $Z=\begin{cases} 1, & X\leqslant Y, \\ 0, & X>Y, \end{cases}$ 求 Z 的分布.

24. 设 X 和 Y 相互独立,并且都服从参数为 $p(0<p<1)$ 的 0-1 分布,又设随机变量

$$Z=\begin{cases} 1, & X+Y\ \text{为偶数}, \\ 0, & X+Y\ \text{为奇数}, \end{cases}$$

问 p 为何值时,X 和 Z 相互独立?这时 X,Y,Z 是否相互独立?

25. 设二维随机变量 (X,Y) 在以 $(-2,0)$,$(2,0)$,$(0,1)$,$(0,-1)$ 为顶点的四边形上服从均匀分布,又设随机变量

$$U=\begin{cases} -1, & X\leqslant -1, \\ 1, & X>-1; \end{cases} \quad V=\begin{cases} -1, & Y\leqslant 1/2, \\ 1, & Y>1/2, \end{cases}$$

求 (U,V) 的联合分布.

26. 设二维随机变量 (X,Y) 在矩形 $D=\{(x,y)\mid 0\leqslant x\leqslant 2,0\leqslant y\leqslant 1\}$ 上服从均匀分布,求边长为 X 和 Y 的矩形面积 S 的概率密度 $f(S)$.

27. 假设某商品一周的需求量 X 是一个随机变量,其概率密度为

$$f(x)=\begin{cases} x\mathrm{e}^{-x}, & x>0, \\ 0, & x\leqslant 0. \end{cases}$$

假设各周对该商品的需求是相互独立的.

(1) 以 U_k 表示 k 周的需求量,求 U_2,U_3 的概率密度 $f_2(u)$,$f_3(u)$;

(2) 以 Y 表示三周中各周需求量的最大值,求 Y 的概率密度 $f_Y(y)$.

28. 设随机变量 X 和 Y 相互独立，其中 X 的概率分布为

X	1	2
P	0.3	0.7

而 Y 的概率密度为 $f(y)$，求 $U=X+Y$ 的概率密度 $g(u)$.

29. 设随机变量 X 和 Y 相互独立，X 的概率分布为 $P(X=i)=\frac{1}{3}(i=-1,0,1)$，$Y$ 的概率密度为 $f_Y(y)=\begin{cases}1, & 0\leqslant y\leqslant 1,\\ 0, & \text{其他}.\end{cases}$ 记 $Z=X+Y$. 求：(1) $P\left(Z\leqslant\frac{1}{2}\,\middle|\,X=0\right)$；(2) Z 的概率密度.

第 4 章　随机变量的数字特征

一个随机变量完全可以由它的分布函数(或离散型随机变量的分布律,连续型随机变量的概率密度)来确定.但是很多时候不一定要知道它的分布,况且求随机变量的分布常常不是一件容易的事.这样,就有必要引入一些新的概念.比如在评估电子元件的质量时,求平均寿命是首先要关心的;除此以外,相对于这个平均寿命的偏离程度也是我们所关心的.这是因为使用寿命长是质量好的标志;而相对于平均寿命偏离较小,则说明质量比较稳定.下面引入的数学期望与方差就是对诸如这样的标志以科学的描述.另外,本章还介绍协方差、相关系数,以及条件期望等数字特征,它们在概率论与数理统计中起着重要的作用.

4.1　数学期望及其性质

4.1.1　离散型随机变量的数学期望

数学期望是描述随机变量取值的平均状态的数字特征,这里的平均不是一般的算数平均,它是以概率为权重的加权平均.由于随机变量的分布情况不同,因此合理地进行计算就是首先要解决的问题.下面的例子将引出数学期望的概念及其计算方法.

在一次考试中,某班 10 名学生有 1 人得 65 分,2 人得 75 分,3 人得 80 分,2 人得 85 分,2 人得 90 分,那么这 10 名学生的平均成绩应该是

$$(1\times 65+2\times 75+3\times 80+2\times 85+2\times 90)/10=80.5(\text{分}).$$

现在换一个角度来看这个问题,将这 10 名学生的成绩看成一个随机变量 X,则其分布列为

X	65	75	80	85	90
P	0.1	0.2	0.3	0.2	0.2

这样,上述平均成绩恰好就是随机变量 X 的所有可能取值与相应的概率乘积之和,一般有如下的定义.

定义 1　设离散型随机变量 X 的分布律为 $P(X=x_k)=p_k(k=1,2,\cdots)$,若级数 $\sum\limits_{k=1}^{\infty}x_kp_k$ 绝对收敛,则称 $\sum\limits_{k=1}^{\infty}x_kp_k$ 的和为 X 的数学期望,记为 EX,即

$$EX = \sum_{k=1}^{\infty} x_k p_k. \tag{4.1.1}$$

若级数 $\sum\limits_{k=1}^{\infty} x_k p_k$ 发散或条件收敛,则称 X 的数学期望不存在.

定义中要求级数 $\sum\limits_{k=1}^{\infty} x_k p_k$ 绝对收敛,是为了允许改变 x_k 的次序而不影响其和的值.

例 1　射手每次射击的命中率为 0.6,现在他对一目标进行射击,直到命中为止,但限制最多只能射击三次,求射击次数的数学期望.

解　设 X 为射击次数,则 X 的分布律为

$$P(X=1)=0.6,\quad P(X=2)=0.4\times 0.6=0.24,$$
$$P(X=3)=0..4\times 0.4\times 0.1=0.16,$$

于是,$EX=1\times 0.6+2\times 0.24+3\times 0.16=1.56$.

例 2　设随机变量 X 服从参数为 $\lambda(\lambda>0)$ 的泊松分布,求 EX.

解　由题意 X 的分布为 $P(X=k)=\frac{\lambda^k}{k!}e^{-\lambda}, k=0,1,2,\cdots$,所以

$$EX=\sum_{k=0}^{\infty} k\frac{\lambda^k}{k!}e^{-\lambda}=\lambda e^{-\lambda}\sum_{k=1}^{\infty}\frac{\lambda^{k-1}}{(k-1)!}=\lambda e^{-\lambda}e^{\lambda}=\lambda.$$

例 3　设随机变量 X 的概率分布为 $P\left(X=(-1)^k\frac{2^k}{k}\right)=\frac{1}{2^k}(k=1,2,\cdots)$,判断 EX 是否存在.

解　由于级数 $\sum\limits_{k=1}^{\infty}|x_k|p_k=\sum\limits_{k=1}^{\infty}\left|(-1)^k\frac{2^k}{k}\right|\frac{1}{2^k}=\sum\limits_{k=1}^{\infty}\frac{1}{k}$ 发散,即级数 $\sum\limits_{k=1}^{\infty} x_k p_k$ 不绝对收敛,所以 EX 不存在.

4.1.2　连续型随机变量的数学期望

定义 2　设连续型随机变量 X 的概率密度为 $f(x)$,若广义积分 $\int_{-\infty}^{+\infty} xf(x)dx$ 绝对收敛,则称 $\int_{-\infty}^{+\infty} xf(x)dx$ 的值为 X 的数学期望,记为 EX,即

$$EX=\int_{-\infty}^{+\infty} xf(x)dx. \tag{4.1.2}$$

若 $\int_{-\infty}^{+\infty}|x|f(x)dx$ 发散,则称 X 的数学期望不存在.

例 4　地下铁道列车的运行间隔为 10min,一位旅客在任意时刻进入站台,求候车时间的数学期望.

解　设旅客的候车时间为 Xmin,则 X 服从[0,10]上的均匀分布,其概率密

度为

$$f(x)=\begin{cases}\dfrac{1}{10}, & 0\leqslant x\leqslant 10,\\ 0, & \text{其他}.\end{cases}$$

于是，$EX=\int_{-\infty}^{+\infty}xf(x)\mathrm{d}x=\int_{0}^{10}\frac{1}{10}x\mathrm{d}x=5$，即该旅客候车时间的数学期望为5min.

一般地，若随机变量 X 在区间 $[a,b]$ 上服从均匀分布，则

$$EX=\int_{-\infty}^{+\infty}xf(x)\mathrm{d}x=\int_{a}^{b}\frac{1}{b-a}x\mathrm{d}x=\frac{a+b}{2},$$

这正好是区间 $[a,b]$ 的中点.

例 5 设随机变量 X 服从参数为 $\lambda(\lambda>0)$ 的指数分布，求 EX.

解 由题意 X 的概率密度为

$$f(x)=\begin{cases}\lambda \mathrm{e}^{-\lambda x}, & x>0,\\ 0, & \text{其他},\end{cases}$$

于是

$$\begin{aligned}EX&=\int_{-\infty}^{+\infty}xf(x)\mathrm{d}x=\int_{0}^{+\infty}x\lambda \mathrm{e}^{-\lambda x}\mathrm{d}x=-\int_{0}^{+\infty}x\mathrm{d}\mathrm{e}^{-\lambda x}\\&=-x\mathrm{e}^{-\lambda x}\Big|_{0}^{+\infty}+\int_{0}^{+\infty}\mathrm{e}^{-\lambda x}\mathrm{d}x=-\frac{1}{\lambda}\mathrm{e}^{-\lambda x}\Big|_{0}^{+\infty}=\frac{1}{\lambda}.\end{aligned}$$

4.1.3 随机变量函数的数学期望

先讨论一维随机变量函数 $Y=g(X)$ 的数学期望，其中 g 是连续实函数. 求 Y 的数学期望有两种方法：其一是利用 X 的分布先求出 Y 的分布，再由式(4.1.1)或式(4.1.2)计算 EY，但是 Y 的分布有时并不容易求出，这就使得用该方法计算 EY 比较困难；其二是直接由 X 的分布求 $Y=g(X)$ 的数学期望. 经常使用的是第二种方法，下面给出其计算公式.

设 X 是离散型随机变量，其概率分布为 $P(X=x_k)=p_k(k=1,2,\cdots)$，若级数 $\sum\limits_{k=1}^{\infty}g(x_k)p_k$ 绝对收敛，则有

$$EY=E[g(X)]=\sum_{k=1}^{\infty}g(x_k)p_k. \tag{4.1.3}$$

设 X 是连续型随机变量，其概率密度为 $f(x)$，若积分 $\int_{-\infty}^{+\infty}g(x)f(x)\mathrm{d}x$ 绝对收敛，则有

$$EY=E[g(X)]=\int_{-\infty}^{+\infty}g(x)f(x)\mathrm{d}x. \tag{4.1.4}$$

式(4.1.3)和式(4.1.4)的方便之处就在于求 EY 时，不需要先计算 Y 的分布，只要利用 X 的分布. 它的证明超出了本书范围.

下面将式(4.1.3)和式(4.1.4)推广到二维随机变量函数的情况. 设 $Z=g(X,Y)$，其中 g 是连续实函数，与一维随机变量函数一样，要计算 EZ 也不需要先求 Z 的分布，而是由下面的公式直接计算.

设(X,Y)是二维离散型随机变量，其联合概率分布为 $P(X=x_i,Y=y_j)=p_{ij}(i,j=1,2,\cdots)$，则有

$$EZ=E[g(X,Y)]=\sum_i\sum_j g(x_i,y_j)p_{ij}. \tag{4.1.5}$$

设(X,Y)是二维连续型随机变量，其联合概率密度为 $f(x,y)$，则有

$$EZ=E[g(X,Y)]=\int_{-\infty}^{+\infty}\int_{-\infty}^{+\infty}g(x,y)f(x,y)\mathrm{d}x\mathrm{d}y. \tag{4.1.6}$$

这里也要求级数 $\sum\limits_i\sum\limits_j g(x_i,y_j)p_{ij}$ 和积分 $\int_{-\infty}^{+\infty}\int_{-\infty}^{+\infty}g(x,y)f(x,y)\mathrm{d}x\mathrm{d}y$ 绝对收敛.

利用式(4.1.5)可以得到由二维离散型随机变量(X,Y)的联合概率分布 $P(X=x_i,Y=y_j)=p_{ij}(i,j=1,2,\cdots)$，求 X 和 Y 的数学期望公式

$$EX=\sum_i\sum_j x_ip_{ij}, \tag{4.1.7}$$

$$EY=\sum_i\sum_j y_jp_{ij}. \tag{4.1.8}$$

利用式(4.1.6)可以得到，由二维连续型随机变量(X,Y)的联合概率密度 $f(x,y)$求 X 和 Y 的数学期望公式

$$EX=\int_{-\infty}^{+\infty}\int_{-\infty}^{+\infty}xf(x,y)\mathrm{d}x\mathrm{d}y, \tag{4.1.9}$$

$$EY=\int_{-\infty}^{+\infty}\int_{-\infty}^{+\infty}yf(x,y)\mathrm{d}x\mathrm{d}y. \tag{4.1.10}$$

例 6　设随机变量 X 的分布列为

X	-1	0	1	2
P	1/8	1/4	3/8	1/4

求 X^2 的数学期望.

解　由式(4.1.3)得

$$EX^2=(-1)^2\times\frac{1}{8}+0^2\times\frac{1}{4}+1^2\times\frac{3}{8}+2^2\times\frac{1}{4}=\frac{3}{2}.$$

由于此题比较简单，也可以先求出 X^2 的分布列

X^2	0	1	4
P	1/4	1/2	1/4

然后，再由式(4.1.1)得

$$EX^2 = 0 \times \frac{1}{4} + 1 \times \frac{1}{2} + 4 \times \frac{1}{4} = \frac{3}{2}.$$

例 7 在国际市场上每年对我国出口的某种商品的需求量是随机变量 X(单位:t)，它服从区间[2 000,4 000]上的均匀分布，设每售出这种商品 1t，可为国家挣得外汇 3 万元，但假如销售不出而积压于仓库，则每吨需浪费保养费 1 万元，问需要组织多少货源，才能使国家收益最大?

解 设 t 为预备出口的商品数量，显然有 $2\,000 \leqslant t \leqslant 4\,000$. 设 Y 为国家获得的收益，则由题意有

$$Y = g(X) = \begin{cases} 3t, & X \geqslant t, \\ 3X - (t - X), & X < t. \end{cases}$$

又 $X \sim U[2\,000, 4\,000]$，其概率密度为

$$f(x) = \begin{cases} \dfrac{1}{2\,000}, & 2\,000 \leqslant x \leqslant 4\,000, \\ 0, & \text{其他}. \end{cases}$$

于是，由式(4.1.4)得

$$\begin{aligned} EY &= \int_{-\infty}^{+\infty} g(x) f(x) \mathrm{d}x = \int_{2\,000}^{t} \frac{4x - t}{2000} \mathrm{d}x + \int_{t}^{4\,000} \frac{3t}{2\,000} \mathrm{d}x \\ &= -\frac{1}{1\,000}(t^2 - 7000t + 4 \times 10^6), \end{aligned}$$

故当 $t = 3\,500$ 时，EY 达到最大值，即组织 3 500t 该商品是最好的决策.

例 8 设二维随机变量(X,Y)的联合概率密度为

$$f(x,y) = \begin{cases} 8xy, & 0 \leqslant x \leqslant 1, 0 \leqslant y \leqslant x, \\ 0, & \text{其他}, \end{cases}$$

求 $EX, EY, E(XY)$.

解 由式(4.1.6)得

$$EX = \int_{-\infty}^{+\infty}\int_{-\infty}^{+\infty} x f(x,y) \mathrm{d}x \mathrm{d}y = \int_0^1 \mathrm{d}x \int_0^x 8x^2 y \mathrm{d}y = \frac{4}{5};$$

$$EY = \int_{-\infty}^{+\infty}\int_{-\infty}^{+\infty} y f(x,y) \mathrm{d}x \mathrm{d}y = \int_0^1 \mathrm{d}x \int_0^x 8xy^2 \mathrm{d}y = \frac{8}{15};$$

$$E(XY) = \int_{-\infty}^{+\infty}\int_{-\infty}^{+\infty} xy f(x,y) \mathrm{d}x \mathrm{d}y = \int_0^1 \mathrm{d}x \int_0^x 8x^2 y^2 \mathrm{d}y = \frac{4}{9}.$$

4.1.4　数学期望的基本性质

下面给出数学期望的几个基本性质,假设各性质中所涉及的数学期望都存在.

性质 1　常量的数学期望等于这个常量,即

$$EC = C. \tag{4.1.11}$$

证明　将 C 看成只取一个值 C 的随机变量,显然它取这个值的概率为 1,则由式(4.1.1)得

$$EC = C \times 1 = C.$$

性质 2　随机变量 X 与常量之和的数学期望等于随机变量 X 的数学期望与这个常量之和,即

$$E(X+C) = EX + C. \tag{4.1.12}$$

证明　将 $X+C$ 看成随机变量 X 的函数,对于连续型随机变量 X,若其概率密度为 $f(x)$,则由式(4.1.4)得

$$E(X+C) = \int_{-\infty}^{+\infty}(x+C)f(x)\mathrm{d}x = \int_{-\infty}^{+\infty}xf(x)\mathrm{d}x + C\int_{-\infty}^{+\infty}f(x)\mathrm{d}x = EX + C.$$

对于离散型情况,请读者自证.

性质 3　常量与随机变量 X 的乘积的数学期望等于这个常量与随机变量 X 的数学期望的乘积,即

$$E(CX) = CEX. \tag{4.1.13}$$

证明　将 CX 看成随机变量 X 的函数,对于离散型随机变量 X,若其概率分布为 $P(X=x_k)=p_k(k=1,2,\cdots)$,则由式(4.1.3)得

$$E(CX) = \sum_{k=1}^{\infty}(Cx_k)p_k = C\sum_{k=1}^{\infty}x_kp_k = CEX.$$

对于连续型情况,请读者自证.

推论　随机变量 X 的线性函数的数学期望等于随机变量 X 的数学期望的同一线性函数,即

$$E(aX+b) = aEX + b. \tag{4.1.14}$$

由性质 2 和性质 3 即可得证.

性质 4　两个随机变量之和的数学期望等于这两个随机变量的数学期望之和,即

$$E(X+Y) = EX + EY. \tag{4.1.15}$$

证明　设离散型随机变量(X,Y)的联合分布为 $P(X=x_i,Y=y_j)=p_{ij}(i,j=1,2,\cdots)$,则由式(4.1.5)得

$$\mathrm{E}(X+Y) = \sum_i\sum_j(x_i+y_j)p_{ij} = \sum_i\sum_j x_ip_{ij} + \sum_i\sum_j y_jp_{ij} = EX + EY.$$

对于连续型情况,请读者自证.

推论 任意有限个随机变量之和的数学期望等于它们的数学期望之和,即

$$E\left(\sum_{i=1}^{n} X_i\right)=\sum_{i=1}^{n} EX_i. \tag{4.1.16}$$

性质 5 两个相互独立的随机变量乘积的数学期望等于它们的数学期望的乘积,即若 X 和 Y 相互独立,则

$$E(XY)=EXEY. \tag{4.1.17}$$

证明 设连续型随机变量(X,Y)的联合概率密度为 $f(x,y)$,两个边缘概率密度分别为 $f_X(x)$和 $f_Y(y)$,因为 X 和 Y 相互独立,所以

$$f(x,y)=f_X(x)f_Y(y).$$

于是,由式(4.1.6)得

$$E(XY)=\int_{-\infty}^{+\infty}\int_{-\infty}^{+\infty} xyf(x,y)\mathrm{d}x\mathrm{d}y=\int_{-\infty}^{+\infty} xf_X(x)\mathrm{d}x\int_{-\infty}^{+\infty} yf_Y(y)\mathrm{d}y=EXEY.$$

推论 任意有限个相互独立的随机变量乘积的数学期望等于它们的数学期望的乘积,即若 $X_1,X_2,\cdots,X_n$ 相互独立,则

$$E\left(\prod_{i=1}^{n} X_i\right)=\prod_{i=1}^{n} EX_i. \tag{4.1.18}$$

例 9 将一枚均匀骰子连续掷 10 次,求所得点数之和的数学期望.

解 设 X 为所得点数之和,如果先求 X 的分布列,再计算 EX 会很困难.现在设 X_i 为第 i 次得到的点数,则 $X=\sum_{i=1}^{10} X_i$. 于是,由式(4.1.16)得

$$EX=\sum_{i=1}^{10} EX_i.$$

而

$$EX_i=(1+2+3+4+5+6)\times\frac{1}{6}=\frac{7}{2},$$

所以

$$EX=10\times\frac{7}{2}=35.$$

例 10 假设 r 个人在楼的底层进入电梯,楼上有 n 层,而且每名乘客在任何一层下电梯的概率是相同的.如果到某一层无人下电梯,电梯就不停车,求直到乘客全部下完,电梯停车次数 X 的数学期望.

解 引入随机变量

$$X_i=\begin{cases}1, & \text{第 } i \text{ 层有人下电梯},\\ 0, & \text{第 } i \text{ 层无人下电梯},\end{cases}\quad i=1,2,\cdots,n.$$

则

$$X=\sum_{i=1}^{n}X_i.$$

下面先求 X_i 的概率分布,因为每个人在任何一层下电梯的概率均为$\frac{1}{n}$,所以 r 个人同时不在第 i 层下电梯的概率为$\left(1-\frac{1}{n}\right)^r$,则

$$P(X_i=0)=\left(1-\frac{1}{n}\right)^r,\quad P(X_i=1)=1-\left(1-\frac{1}{n}\right)^r.$$

因此,$EX_i=1-\left(1-\frac{1}{n}\right)^r$,于是,$EX=\sum_{i=1}^{n}EX_i=n\left[1-\left(1-\frac{1}{n}\right)^r\right]$.

由上面两个例子的求解过程看到,在有些场合下,当直接求某个随机变量的数学期望很困难或比较烦琐时,可将它分成若干个容易计算数学期望的随机变量之和,从而比较方便地计算出它的数学期望.

4.2 方差及其性质

4.2.1 方差的概念

数学期望是随机变量的一个重要数字特征,它反映了随机变量的取值关于其概率的平均值. 但是在许多实际问题中,只知道随机变量的均值是不够的. 比如考察一批电子元件的质量,不仅需要知道它的平均寿命,而且还要知道每个电子元件的寿命与平均寿命的偏离程度,这反映了生产的稳定性. 由此可见,对于一些问题既要知道均值,还要知道与均值的偏离程度.

可以用$|X-EX|$的均值$E|X-EX|$来衡量随机变量 X 与其均值 EX 的平均偏离程度. 但是由于$|X-EX|$的均值不便计算,因此改用$(X-EX)^2$ 的均值 $E(X-EX)^2$ 来衡量随机变量 X 与其均值 EX 的平均偏离程度. 由此引入方差的定义.

定义 1　设 X 是一个随机变量,若 $E(X-EX)^2$ 存在,则称 $E(X-EX)^2$ 为 X 的方差,记为 DX,即

$$DX=E(X-EX)^2. \tag{4.2.1}$$

并称$\sqrt{DX}$为 X 的标准差或均方差.

若 X 是离散型随机变量,其概率分布为 $P(X=x_k)=p_k(k=1,2,\cdots)$,则

$$DX=\sum_{k=1}^{\infty}(x_k-EX)^2p_k. \tag{4.2.2}$$

若 X 是连续型随机变量,其概率密度为 $f(x)$,则

$$DX=\int_{-\infty}^{+\infty}(x-EX)^2f(x)\mathrm{d}x. \tag{4.2.3}$$

显然，随机变量的方差是非负的，当 X 的取值密集在 EX 附近时，DX 较小；在相反情况下，DX 较大. 所以方差刻画了随机变量的取值的分散程度.

对于随机变量的方差，经常利用下面的公式计算：

$$DX = EX^2 - (EX)^2. \tag{4.2.4}$$

事实上，由方差的定义及数学期望的性质得

$$\begin{aligned} DX &= E(X-EX)^2 = E[X^2 - 2XEX + (EX)^2] \\ &= EX^2 - 2EXEX + (EX)^2 = EX^2 - (EX)^2. \end{aligned}$$

由方差的非负性及式(4.2.4)可以看出，关系式 $EX^2 \geqslant (EX)^2$ 成立. 而且在一般情况下，总有 $EX^2 > (EX)^2$.

例 1 若甲、乙两名工人生产同一种产品，日产量相等，在一天中出现的废品数分别记为 X 和 Y，其分布列分别为

X	0	1	2	3
P	0.3	0.4	0.2	0.1

Y	0	1	2	3
P	0.4	0.3	0.1	0.2

试比较甲、乙两人的技术哪个好?

解

$$EX = 0\times 0.3 + 1\times 0.4 + 2\times 0.2 + 3\times 0.1 = 1.1,$$
$$EY = 0\times 0.4 + 1\times 0.3 + 2\times 0.1 + 3\times 0.2 = 1.1.$$

由于 $EX=EY$，这说明两人技术的平均水平没有区别，因此需要计算它们的方差. 又

$$EX^2 = 0^2\times 0.3 + 1^2\times 0.4 + 2^2\times 0.2 + 3^2\times 0.1 = 2.1,$$
$$EY^2 = 0^2\times 0.4 + 1^2\times 0.3 + 2^2\times 0.1 + 3^2\times 0.2 = 2.5,$$

于是，

$$DX = EX^2 - (EX)^2 = 0.89,$$
$$DY = EY^2 - (EY)^2 = 1.29,$$

由于 $DX < DY$，所以从技术的稳定性看甲比乙好.

例 2 设随机变量 X 的概率密度为

$$f(x) = \begin{cases} 2(1-x), & 0 \leqslant x \leqslant 1, \\ 0, & \text{其他}, \end{cases}$$

求 DX.

解

$$EX = \int_{-\infty}^{+\infty} x f(x)\mathrm{d}x = \int_0^1 2x(1-x)\mathrm{d}x = \frac{1}{3},$$

$$EX^2=\int_{-\infty}^{+\infty}x^2 f(x)\mathrm{d}x=\int_0^1 2x^2(1-x)\mathrm{d}x=\frac{1}{6},$$

所以

$$DX=EX^2-(EX)^2=\frac{1}{18}.$$

例 3　设二维随机变量(X,Y)的联合分布列为

X \ Y	0	1
0	0.1	0.3
1	0.3	0.3

求 DX,DY 及 $D(X+Y)$.

解　由已知关于 X,关于 Y 的边缘分布列均为

X 或 Y	0	1
P	0.4	0.6

则 $EX=0.6$,$EX^2=0.6$,于是

$$DX=DY=EX^2-(EX)^2=0.24.$$

由已知,$X+Y$ 的分布列为

$X+Y$	0	1	2
P	0.1	0.6	0.3

则 $E(X+Y)=1.2$,$E(X+Y)^2=1.8$,于是

$$D(X+Y)=E(X+Y)^2-[E(X+Y)]^2=0.36.$$

4.2.2　方差的性质

假设以下性质中的方差均存在.

性质 1　常量的方差等于零,即

$$DC=0. \tag{4.2.5}$$

证明　由方差的定义得

$$DC=E(C-EC)^2=E(C-C)^2=0.$$

性质 2　随机变量 X 与常量之和的方差等于随机变量 X 的方差,即

$$D(X+C)=DX. \tag{4.2.6}$$

证明　由方差的定义及数学期望的性质得

$$D(X+C)=E[X+C-E(X+C)]^2=E(X+C-EX-C)^2=DX.$$

性质 3 常量与随机变量 X 的乘积的方差等于这个常量的平方与随机变量 X 的方差的乘积,即

$$D(CX)=C^2DX. \tag{4.2.7}$$

证明 由方差的定义及数学期望的性质得

$$D(CX)=E[CX-E(CX)]^2=E[C(X-EX)]^2=C^2DX.$$

推论 随机变量 X 的线性函数的方差等于 X 的系数的平方与 X 的方差的乘积,即

$$D(aX+b)=a^2DX. \tag{4.2.8}$$

由性质 2 和性质 3 即可得证.

性质 4 两个相互独立的随机变量代数和的方差等于这两个随机变量的方差之和,即 若 X 和 Y 相互独立,则

$$D(X\pm Y)=DX+DY. \tag{4.2.9}$$

证明 由式(4.2.4)得

$$\begin{aligned}D(X\pm Y)&=E(X\pm Y)^2-[E(X\pm Y)]^2\\&=E(X^2\pm 2XY+Y^2)-[(EX)^2\pm 2EXEY+(EY)^2]\\&=EX^2-(EX)^2+EY^2-(EY)^2\pm 2[E(XY)-EXEY],\end{aligned}$$

由于 X 和 Y 相互独立,则 $E(XY)=EXEY$,于是

$$D(X\pm Y)=DX+DY.$$

推论 任意有限个"两两独立"的随机变量代数和的方差等于它们的方差之和,即若 $X_1,X_2,\cdots,X_n$ 两两独立,则

$$D(X_1\pm X_2\pm\cdots\pm X_n)=\sum_{i=1}^{n}DX_i. \tag{4.2.10}$$

性质 5 $DX=0$ 的充分必要条件是 $P(X=EX)=1$(证明从略).

例 4 求 4.1 节例 9 中所得点数之和的方差.

解 在 4.1 节例 9 中已求出 $EX_i=\dfrac{7}{2}$,又

$$EX_i^2=(1^2+2^2+3^2+4^2+5^2+6^2)\times\frac{1}{6}=\frac{91}{6},$$

于是,$DX_i=EX_i^2-(EX_i)^2=\dfrac{35}{12}$. 又因为 $X_1,X_2,\cdots,X_n$ 相互独立,所以

$$DX=\sum_{i=1}^{10}DX_i=\frac{175}{6}.$$

4.3　几种重要分布的数学期望与方差

4.3.1　0-1 分布

设随机变量 X 服从 0-1 分布，其概率分布为 $P(X=0)=q, P(X=1)=p$，其中 $p+q=1$，则

$$EX = 0\times q + 1\times p = p.$$

又

$$EX^2 = 0^2\times q + 1^2\times p = p,$$

于是，$DX=EX^2-(EX)^2=p-p^2=pq$. 即 0-1 分布的数学期望为 p，方差为 pq.

4.3.2　二项分布

设随机变量 X 服从二项分布 $B(n,p)$，其概率分布为 $P(X=k)=C_n^k p^k q^{n-k}$ $(k=0,1,\cdots,n)$，其中 $p+q=1$.

因为由 X 的分布直接求 EX 比较麻烦，于是将 X 看成是 n 重伯努利试验中事件 A 发生的次数. 并设 X_i 为在第 i 次伯努利试验中事件 A 发生的次数，则 X_i 服从 0-1 分布，并且 $X_1,X_2,\cdots,X_n$ 相互独立.

由于在每次试验中事件 A 发生的概率为 p，所以 $EX_i=p, DX_i=pq(i=1,2,\cdots,n)$，而 $X=\sum\limits_{i=1}^{n}X_i$，又 $X_1,X_2,\cdots,X_n$ 相互独立，于是由期望及方差的性质得

$$EX = \sum_{i=1}^{n} EX_i = np,\quad DX = \sum_{i=1}^{n} DX_i = npq.$$

即二项分布 $B(n,p)$ 的数学期望为 np，方差为 npq.

4.3.3　泊松分布

设随机变量 X 服从泊松分布 $P(\lambda)$，其概率分布为 $P(X=k)=\frac{\lambda^k}{k!}e^{-\lambda}(k=0,1,\cdots)$，其中 $\lambda>0$. 在 4.1 节例 2 中已求出 $EX=\lambda$，又

$$EX^2 = E[X(X-1)+X] = E[X(X-1)]+EX = \sum_{k=0}^{\infty}k(k-1)\frac{\lambda^k}{k!}e^{-\lambda}+\lambda$$

$$= \lambda^2 e^{-\lambda}\sum_{k=2}^{\infty}\frac{\lambda^{k-2}}{(k-2)!}+\lambda = \lambda^2 e^{-\lambda}e^{\lambda}+\lambda = \lambda^2+\lambda,$$

于是，$DX=EX^2-(EX)^2=\lambda$.

即泊松分布 $P(\lambda)$ 的数学期望与方差相等，恰好是 λ. 因此泊松分布由它的数

学期望或方差唯一确定.

4.3.4 几何分布

设随机变量 X 服从几何分布 $G(p)$,其概率分布为 $P(X=k)=pq^{k-1}(k=1,2,\cdots)$,其中 $p+q=1$. 这里省去其数学期望与方差的推导过程,只给出结果

$$EX=\frac{1}{p},\quad DX=\frac{q}{p^2}.$$

4.3.5 超几何分布

设随机变量 X 服从超几何分布 $H(N,M,n)$,其概率分布为 $P(X=k)=\frac{C_M^k C_{N-M}^{n-k}}{C_N^n}(k=0,1,\cdots,n)$,其中 $0\leqslant M\leqslant N,0\leqslant n\leqslant N$. 这里省去其数学期望与方差的推导过程,只给出结果

$$EX=\frac{nM}{N},\quad DX=\frac{nM(N-M)(N-n)}{N^2(N-1)}.$$

4.3.6 均匀分布

设随机变量 X 服从均匀分布 $U[a,b]$,其概率密度为

$$f(x)=\begin{cases}\frac{1}{b-a}, & a\leqslant x\leqslant b,\\ 0, & \text{其他}.\end{cases}$$

在 4.1 节例 4 中已求出 $EX=\frac{a+b}{2}$;又

$$EX^2=\int_{-\infty}^{+\infty}x^2f(x)\mathrm{d}x=\int_a^b\frac{x^2}{b-a}\mathrm{d}x=\frac{a^2+ab+b^2}{3},$$

于是

$$DX=EX^2-(EX)^2=\frac{(b-a)^2}{12}.$$

即均匀分布 $U[a,b]$的数学期望是随机变量分布区间的中点,方差是分布区间的长度平方的$\frac{1}{12}$.

4.3.7 指数分布

设随机变量 X 服从指数分布 $E(\lambda)$,其概率密度为

$$f(x)=\begin{cases}\lambda\mathrm{e}^{-\lambda x}, & x\geqslant 0,\\ 0, & x<0,\end{cases}$$

其中 $\lambda>0$，在 4.1 节例 5 中已求出 $EX=\frac{1}{\lambda}$；又

$$EX^2=\int_{-\infty}^{+\infty}x^2f(x)\mathrm{d}x=\int_0^{\infty}x^2\lambda\mathrm{e}^{-\lambda x}\mathrm{d}x=\frac{2}{\lambda^2},$$

于是

$$DX=EX^2-(EX)^2=\frac{1}{\lambda^2},$$

即指数分布 $E(\lambda)$ 的数学期望为 $\frac{1}{\lambda}$，方差为 $\frac{1}{\lambda^2}$.

4.3.8 正态分布

设随机变量 X 服从正态分布 $N(\mu,\sigma^2)$，其概率密度为

$$f(x)=\frac{1}{\sqrt{2\pi}\sigma}\mathrm{e}^{-\frac{(x-\mu)^2}{2\sigma^2}}.$$

其中 $\sigma>0$，则

$$EX=\int_{-\infty}^{+\infty}xf(x)\mathrm{d}x=\int_{-\infty}^{+\infty}\frac{x}{\sqrt{2\pi}\sigma}\mathrm{e}^{-\frac{(x-\mu)^2}{2\sigma^2}}\mathrm{d}x.$$

设 $\frac{x-\mu}{\sigma}=t$，得

$$\begin{aligned}EX&=\frac{1}{\sqrt{2\pi}}\int_{-\infty}^{+\infty}(\sigma t+\mu)\mathrm{e}^{-\frac{t^2}{2}}\mathrm{d}t=\frac{\sigma}{\sqrt{2\pi}}\int_{-\infty}^{+\infty}t\mathrm{e}^{-\frac{t^2}{2}}\mathrm{d}t+\frac{\mu}{\sqrt{2\pi}}\int_{-\infty}^{+\infty}\mathrm{e}^{-\frac{t^2}{2}}\mathrm{d}t\\&=\frac{\mu}{\sqrt{2\pi}}\sqrt{2\pi}=\mu.\end{aligned}$$

由方差的定义有

$$DX=E(X-EX)^2=\int_{-\infty}^{+\infty}(x-EX)^2f(x)\mathrm{d}x=\int_{-\infty}^{+\infty}(x-\mu)^2\frac{1}{\sqrt{2\pi}\sigma}\mathrm{e}^{-\frac{(x-\mu)^2}{2\sigma^2}}\mathrm{d}x,$$

设 $\frac{x-\mu}{\sigma}=t$，得

$$\begin{aligned}DX&=\frac{\sigma^2}{\sqrt{2\pi}}\int_{-\infty}^{+\infty}t^2\mathrm{e}^{-\frac{t^2}{2}}\mathrm{d}t=-\frac{\sigma^2}{\sqrt{2\pi}}\int_{-\infty}^{+\infty}t\mathrm{d}\mathrm{e}^{-\frac{t^2}{2}}=-\frac{\sigma^2}{\sqrt{2\pi}}\left(t\mathrm{e}^{-\frac{t^2}{2}}\Big|_{-\infty}^{+\infty}-\int_{-\infty}^{+\infty}\mathrm{e}^{-\frac{t^2}{2}}\mathrm{d}t\right)\\&=-\frac{\sigma^2}{\sqrt{2\pi}}(-\sqrt{2\pi})=\sigma^2.\end{aligned}$$

即正态分布 $N(\mu,\sigma^2)$ 的数学期望是 μ，方差是 σ^2. 因此正态分布由它的数学期望和方差唯一确定.

特别地，若 X 服从标准正态分布，即 $X\sim N(0,1)$，则 $EX=0$，$DX=1$.

例 1 设随机变量 X 和 Y 相互独立，并且都服从正态分布 $N\left(0,\frac{1}{2}\right)$，求 $E|X-Y|$ 和 $D|X-Y|$.

解 设 $Z=X-Y$，由于随机变量 X 和 Y 都服从正态分布 $N\left(0,\frac{1}{2}\right)$，并且相互独立，所以 $Z\sim N(0,1)$，于是

$$E|X-Y|=E|Z|=\int_{-\infty}^{+\infty}|z|\frac{1}{\sqrt{2\pi}}\mathrm{e}^{-\frac{z^2}{2}}\mathrm{d}z=\frac{2}{\sqrt{2\pi}}\int_0^{+\infty}z\mathrm{e}^{-\frac{z^2}{2}}\mathrm{d}z=\sqrt{\frac{2}{\pi}};$$

$$\begin{aligned}D|X-Y|&=D|Z|=E|Z|^2-(E|Z|)^2\\&=EZ^2-\frac{2}{\pi}=(EZ)^2+DZ-\frac{2}{\pi}=1-\frac{2}{\pi}.\end{aligned}$$

4.4 协方差与相关系数

对于二维随机变量 (X,Y)，EX，EY 及 DX，DY 反映的是它们各自的平均值，以及各自与均值的偏离程度. 有时，仅知道这些是不够的，还需要讨论 X 与 Y 之间的相互关联程度. 下面所引入的协方差与相关系数正是体现这一要求的数字特征.

4.4.1 协方差

定义 1 设 (X,Y) 是二维随机变量，若 $E(X-EX)(Y-EY)$ 存在，则称它为 X 与 Y 的协方差或相关矩，记为 $\mathrm{cov}(X,Y)$，即

$$\mathrm{cov}(X,Y)=E(X-EX)(Y-EY). \tag{4.4.1}$$

由式(4.4.1)及期望的性质可以得到计算协方差的常用公式

$$\mathrm{cov}(X,Y)=E(XY)-EXEY. \tag{4.4.2}$$

由式(4.4.2)及期望的性质容易得到：若 X 与 Y 相互独立，则 $\mathrm{cov}(X,Y)=0$.

另外，对于任意两个随机变量 X 和 Y 由方差及协方差的定义有

$$\begin{aligned}D(X\pm Y)&=E[(X\pm Y)-E(X\pm Y)]^2=E[(X-EX)\pm(Y-EY)]^2\\&=E(X-EX)^2+E(Y-EY)^2\pm 2E(X-EX)(Y-EY),\end{aligned}$$

即

$$D(X\pm Y)=DX+DY\pm 2\mathrm{cov}(X,Y). \tag{4.4.3}$$

下面给出协方差的性质.

性质 1

$$\mathrm{cov}(X,Y)=\mathrm{cov}(Y,X). \tag{4.4.4}$$

性质 2

$$\mathrm{cov}(aX,bY)=ab\,\mathrm{cov}(X,Y), \tag{4.4.5}$$

其中 a,b 为常数.

由协方差的定义性质 1、2 显然成立.

性质 3

$$\operatorname{cov}(X_1+X_2,Y)=\operatorname{cov}(X_1,Y)+\operatorname{cov}(X_2,Y). \tag{4.4.6}$$

证明　由式(4.4.2)及期望的性质得

$$\begin{aligned}\operatorname{cov}(X_1+X_2,Y)&=E(X_1+X_2)Y-E(X_1+X_2)EY\\&=E(X_1Y+X_2Y)-(EX_1+EX_2)EY\\&=[E(X_1Y)-EX_1EY]+[E(X_2Y)-EX_2EY]\\&=\operatorname{cov}(X_1,Y)+\operatorname{cov}(X_2,Y).\end{aligned}$$

例 1　设随机变量 X 和 Y 的方差都是 1,它们的协方差是 0.25,求随机变量 $U=X+Y$ 和 $V=X-2Y$ 的协方差.

解　由已知 $DX=DY=1,\operatorname{cov}(X,Y)=0.25$,则

$$\begin{aligned}\operatorname{cov}(U,V)&=\operatorname{cov}(X+Y,X-2Y)\\&=\operatorname{cov}(X,X)-2\operatorname{cov}(X,Y)+\operatorname{cov}(Y,X)-2\operatorname{cov}(Y,Y)\\&=DX-\operatorname{cov}(X,Y)-2DY=-1.25.\end{aligned}$$

4.4.2　相关系数

定义 2　设(X,Y)是二维随机变量,若 X 与 Y 的协方差 $\operatorname{cov}(X,Y)$存在,并且 $DX>0,DY>0$,则称$\dfrac{\operatorname{cov}(X,Y)}{\sqrt{DX}\sqrt{DY}}$为 X 与 Y 的相关系数,记为 ρ_{XY},即

$$\rho_{XY}=\frac{\operatorname{cov}(X,Y)}{\sqrt{DX}\,\sqrt{DY}}. \tag{4.4.7}$$

下面给出相关系数的性质.

性质 4

$$|\rho_{XY}|\leqslant 1. \tag{4.4.8}$$

证明　考虑标准化随机变量 $X^*=\dfrac{X-EX}{\sqrt{DX}},Y^*=\dfrac{Y-EY}{\sqrt{DY}}$,并设 $Z=X^*\pm Y^*$.

下面通过计算 Z 的方差来证明不等式(4.4.8).首先由式(4.4.3)得

$$DZ=D(X^*\pm Y^*)=DX^*+DY^*\pm 2\operatorname{cov}(X^*,Y^*).$$

又因为 $EX^*=EY^*=0,DX^*=DY^*=1$,所以

$$\begin{aligned}\operatorname{cov}(X^*,Y^*)&=E(X^*-EX^*)(Y^*-EY^*)=E\left(\frac{X-EX}{\sqrt{DX}}\right)\left(\frac{Y-EY}{\sqrt{DY}}\right)\\&=\frac{E(X-EX)(Y-EY)}{\sqrt{DX}\,\sqrt{DY}}=\rho_{XY}.\end{aligned}$$

于是

$$DZ = 1 + 1 \pm 2\rho_{XY} = 2(1 \pm \rho_{XY}),$$

注意到方差 $DZ \geqslant 0$,则有 $1 \pm \rho_{XY} \geqslant 0$,即 $|\rho_{XY}| \leqslant 1$.

性质 5 $|\rho_{XY}| = 1$ 的充分必要条件是存在常数 a,b 使 $P(Y = aX + b) = 1$(证明从略).

由性质 4、5 可知,$|\rho_{XY}| = 1$ 表明 X 和 Y 之间有线性关系. $|\rho_{XY}|$ 越接近于 1,表明 X 和 Y 之间的线性关系越显著;而 ρ_{XY} 越接近于零,表明 X 和 Y 之间的线性关系越不显著. $\rho_{XY} > 0$ 表示 Y 随 X 的增加而增加;$\rho_{XY} < 0$ 表示 Y 随 X 的增加而减小. 因此相关系数 ρ_{XY} 是反映 X 和 Y 之间线性关系程度的一个数字特征.

定义 3 设 (X,Y) 是二维随机变量,若 $\rho_{XY} = 0$,则称 X 和 Y 不相关.

性质 6 对于随机变量 X 和 Y,以下结论是等价的:

(i) $\mathrm{cov}(X,Y) = 0$;

(ii) X 和 Y 不相关;

(iii) $E(XY) = EXEY$;

(iv) $D(X \pm Y) = DX + DY$.

证明 由定义 3 和式(4.4.7),显然(i)和(ii)等价;由式(4.4.2),显然(i)和(iii)等价;又由式(4.4.3),显然(i)和(iv)等价. 因此,以上结论等价.

性质 7 若 X 和 Y 相互独立,则 X 和 Y 不相关.

比较 4.1 节数学期望的性质 5 与上述性质中(ii)和(iii)的等价性,即得此结论. 这里应该特别注意的是此性质的逆命题不成立,即由 X 和 Y 不相关,推不出 X 和 Y 相互独立. 下面的例题 4 正好说明这一点.

例 2 设随机变量 U 在区间 $[-2,2]$ 上服从均匀分布,随机变量

$$X = \begin{cases} -1, & U \leqslant -1, \\ 1, & U > -1; \end{cases} \quad Y = \begin{cases} -1, & U \leqslant 1, \\ 1, & U > 1. \end{cases}$$

求 X 和 Y 的联合分布;$\mathrm{cov}(X,Y)$ 及 ρ_{XY}.

解 由题意 X 和 Y 的可能取值均为 $-1,1$,则

$$P(X = -1, Y = -1) = P(U \leqslant -1, U \leqslant 1) = P(U \leqslant -1) = \frac{1}{4};$$

$$P(X = -1, Y = 1) = P(U \leqslant -1, U > 1) = P(\varnothing) = 0;$$

$$P(X = 1, Y = -1) = P(U > -1, U \leqslant 1) = P(-1 < U \leqslant 1) = \frac{1}{2};$$

$$P(X = 1, Y = 1) = P(U > -1, U > 1) = P(U > 1) = \frac{1}{4},$$

即 X 和 Y 的联合分布为

X \ Y	-1	1
-1	1/4	0
1	1/2	1/4

由 X 和 Y 的联合分布可得 X,Y 及 XY 的分布分别为

X	-1	1
P	1/4	3/4

Y	-1	1
P	3/4	1/4

XY	-1	1
P	1/2	1/2

则 $EX=\frac{1}{2}, EY=-\frac{1}{2}, E(XY)=0$，于是由式(4.4.2)得

$$\operatorname{cov}(X,Y)=E(XY)-EXEY=\frac{1}{4}.$$

又因为 $EX^2=1, EY^2=1$，所以

$$DX=EX^2-(EX)^2=\frac{3}{4};$$

$$DY=EY^2-(EY)^2=\frac{3}{4}.$$

于是，由式(4.4.7)得

$$\rho_{XY}=\frac{\operatorname{cov}(X,Y)}{\sqrt{DX}\sqrt{DY}}=\frac{1}{3}.$$

例 3　设二维随机变量(X,Y)的联合密度为

$$f(x,y)=\begin{cases}2, & 0<x<y<1,\\ 0, & \text{其他},\end{cases}$$

求 $\operatorname{cov}(X,Y)$ 及 ρ_{XY}.

解

$$EX=\int_{-\infty}^{+\infty}\int_{-\infty}^{+\infty}xf(x,y)\mathrm{d}x\mathrm{d}y=\int_0^1\mathrm{d}y\int_0^y 2x\mathrm{d}x=\frac{1}{3},$$

$$EY=\int_{-\infty}^{+\infty}\int_{-\infty}^{+\infty}yf(x,y)\mathrm{d}x\mathrm{d}y=\int_0^1\mathrm{d}y\int_0^y 2y\mathrm{d}x=\frac{2}{3},$$

$$E(XY)=\int_{-\infty}^{+\infty}\int_{-\infty}^{+\infty}xyf(x,y)\mathrm{d}x\mathrm{d}y=\int_0^1\mathrm{d}y\int_0^y 2xy\mathrm{d}x=\frac{1}{4}.$$

由式(4.4.2)得

$$\operatorname{cov}(X,Y)=E(XY)-EXEY=\frac{1}{36}.$$

又

$$EX^2=\int_{-\infty}^{+\infty}\int_{-\infty}^{+\infty}x^2f(x,y)\mathrm{d}x\mathrm{d}y=\int_0^1\mathrm{d}y\int_0^y 2x^2\mathrm{d}x=\frac{1}{6},$$

$$EY^2 = \int_{-\infty}^{+\infty}\int_{-\infty}^{+\infty} y^2 f(x,y)\mathrm{d}x\mathrm{d}y = \int_0^1 \mathrm{d}y \int_0^y 2y^2 \mathrm{d}x = \frac{1}{2},$$

所以

$$DX = EX^2 - (EX)^2 = \frac{1}{18}, \quad DY = EY^2 - (EY)^2 = \frac{1}{18},$$

于是，由式(4.3.7)得 $\rho_{XY} = \dfrac{\operatorname{cov}(X,Y)}{\sqrt{DX}\sqrt{DY}} = \dfrac{1}{2}$.

例 4 设 $X \sim N(0,1)$，$Y = X^2$，求 ρ_{XY}，并判别 X 和 Y 是否相互独立？

解 因为 $X \sim N(0,1)$，所以 $EX=0$，$DX=1$，于是由式(4.4.2)得

$$\operatorname{cov}(X,Y) = E(XY) - EXEY = E(XY) = EX^3 = \int_{-\infty}^{+\infty} x^3 \frac{1}{\sqrt{2\pi}} \mathrm{e}^{-\frac{x^2}{2}} \mathrm{d}x = 0.$$

由此可得 $\rho_{XY}=0$，即 X 和 Y 不相关.

注意以下事件关系：$\{Y \leqslant 1\} = \{X^2 \leqslant 1\} \subset \{X \leqslant 1\}$. 于是有

$$P(X \leqslant 1, Y \leqslant 1) = P(Y \leqslant 1).$$

又因为 $P(X \leqslant 1) < 1$，所以 $P(X \leqslant 1)P(Y \leqslant 1) < P(Y \leqslant 1)$，因此有

$$P(X \leqslant 1, Y \leqslant 1) > P(X \leqslant 1)P(Y \leqslant 1).$$

故 X 和 Y 不独立.

下面给出二维正态分布的一个结论：

性质 5 若(X,Y)服从二维正态分布 $N(\mu_1, \mu_2, \sigma_1^2, \sigma_2^2, \rho)$，则

(1) $\rho_{XY} = \rho$；(2) X 和 Y 相互独立与 X 和 Y 不相关等价.

(1)的推导从略；由服从二维正态分布的随机变量 X 和 Y 相互独立的充分必要条件是 $\rho=0$ 以及 $\rho=\rho_{XY}$，即可得(2).

4.5* 矩、协方差矩阵

数学期望、方差、条件期望及协方差都是随机变量的常用数字特征，但是为了更好地描述随机变量分布的特征，本节介绍一个更广泛的数字特征——矩.

定义 1 设 X 为随机变量，若 EX^k $(k=1,2,\cdots)$存在，则称它为 X 的 k 阶原点矩，记为

$$m_k = EX^k, \quad k = 1,2,\cdots. \tag{4.5.1}$$

若 $E(X-EX)^k$ $(k=1,2,\cdots)$存在，则称它为 X 的 k 阶中心矩，记为

$$c_k = E(X-EX)^k, \quad k = 1,2,\cdots. \tag{4.5.2}$$

显然，X 的一阶原点矩就是 X 的数学期望，X 的一阶中心矩等于零，X 的二阶中心矩就是 X 的方差.

下面给出原点矩和中心矩之间的关系，由定义得

$$c_k = E(X - EX)^k = \sum_{i=0}^{k} (-1)^{k-i} C_k^i EX^i (EX)^{k-i},$$

即

$$c_k = \sum_{i=0}^{k} (-1)^{k-i} C_k^i m_1^{k-i} m_i. \tag{4.5.3}$$

当 $k=2,3,4$ 时,关系式分别为

$$c_2 = m_2 - m_1^2, \tag{4.5.4}$$

$$c_3 = m_3 - 3m_2 m_1 + 2m_1^3, \tag{4.5.5}$$

$$c_4 = m_4 - 4m_3 m_1 + 6m_2 m_1^2 - 3m_1^4, \tag{4.5.6}$$

其中式(4.5.4)就是求方差的常用公式 $DX = EX^2 - (EX)^2$.

定义 2　设(X,Y)为二维随机变量,若 $E(X^k Y^l)(k,l=1,2,\cdots)$存在,则称它为 X 和 Y 的 $k+l$ 阶混合矩.

若 $E(X-EX)^k(Y-EY)^l(k,l=1,2,\cdots)$存在,则称它为 X 和 Y 的 $k+l$ 阶混合中心矩.

显然,X 和 Y 的二阶混合中心矩就是 X 和 Y 的协方差.

设二维随机变量(X_1,X_2)的 4 个二阶中心矩都存在,分别记为 c_{ij},则

$$c_{ij} = \mathrm{cov}(X_i,X_j) = E(X_i - EX_i)(X_j - EX_j), \quad i,j = 1,2.$$

将它们写成矩阵 $\begin{pmatrix} c_{11} & c_{12} \\ c_{21} & c_{22} \end{pmatrix}$,称此矩阵为二维随机变量$(X_1,X_2)$的协方差矩阵,其实这里的 c_{11},c_{22} 分别是 X_1 和 X_2 的方差.

小　结

(1) 数字特征是描述随机变量主要特征的有效工具. 虽然数字特征并不能完整地描述随机变量,但却可以反映随机变量取值的一些特性. 另外一些重要的分布如二项分布、泊松分布、指数分布、正态分布等,只要知道其数字特征,也就确切地知道了随机变量的分布.

(2) 数字特征中的数学期望、方差、协方差、相关系数等都有着其明确的概率意义.

(3) 矩在概率统计中具有重要地位.

本章重要概念:数学期望　方差　协方差　相关系数

习　题　4

一、填空题

1. 袋中有 6 个红球,4 个黄球,任意取出一个球,记住颜色后再放入袋中,一共进行 4 次,设

X 为红球出现的次数,则 $EX=$________.

2. 已知 $EX=-1,DX=2$,则 $E[4(X^2-2)]=$________.

3. 设随机变量 X 在区间 $[-1,2]$ 上服从均匀分布,随机变量 $Y=\begin{cases}1, & X>0,\\ 0, & X=0,\\ -1, & X<0,\end{cases}$ 则 $DY=$________.

4. 已知 X 和 Y 相互独立,且 $DX=5,DY=2$,则 $D(2X-3Y)=$________.

5. 若 $X\sim B(n,p)$,且 $EX=6,DX=3.6$,则 $n=$________.

6. 若 X 的概率密度 $f(x)=\begin{cases}\frac{1}{10}e^{-\frac{x}{10}}, & x>0,\\ 0, & x\leqslant 0,\end{cases}$ 则 $E(2X+1)=$________.

7. 若 $X\sim P(\lambda)$,且 $P(X=1)=P(X=2)$,则 $\lambda=$________.

8. 若 X_1,X_2,X_3 相互独立,并且都服从泊松分布 $P(\lambda)$,$Y=\frac{1}{3}(X_1+X_2+X_3)$,则 $EY^2=$________.

9. 设随机变量 X 服从参数为 1 的泊松分布,则 $P(X=EX^2)=$________.

10. 设随机变量 X 和 Y 的相关系数为 0.5,$EX=EY=0,EX^2=EY^2=2$,则 $E(X+Y)^2=$________.

11. 设随机变量 X 和 Y 的相关系数为 0.9,若 $Z=X-0.4$,则 Y 与 Z 的相关系数 $\rho_{YZ}=$________.

12. 设随机变量 X 和 Y 的联合概率分布为

X \ Y	-1	0	1
0	0.07	0.18	0.15
1	0.08	0.32	0.20

则 X 和 Y 的相关系数 $\rho=$________;X^2 和 Y^2 的协方差 $\mathrm{cov}(X^2,Y^2)=$________.

二、单项选择题

1. 人的体重 $X\sim f(x)$,$EX=a,DX=b$,10 个人的平均体重记为 Y,则有(　　).

A. $EY=a$;　　B. $EY=0.1a$;　　C. $DY=b$;　　D. $DY=0.01b$.

2. 设 $X\sim N(2,9)$,$Y\sim N(2,1)$,$E(XY)=6$,则 $D(X-Y)$ 等于(　　).

A. 14;　　B. 6;　　C. 12;　　D. 4.

3. 若 X 和 Y 相互独立,则下面不成立的是(　　).

A. $E(XY)=EXEY$;　　B. $D(X-Y)=DX+DY$;

C. $\mathrm{cov}(X,Y)=0$;　　D. $\rho_{XY}=1$.

4. 设随机变量 X 和 Y 都服从正态分布且不相关,则它们(　　).

A. 一定独立;　　B. 一定服从二维正态分布;

C. 未必独立;　　D. 不服从二维正态分布.

5. 设随机变量 X 和 Y 的方差存在且不等于 0,则 $D(X+Y)=DX+DY$ 是 X 和 Y(　　).

A. 不相关的充分但非必要条件；　B. 不相关的充分必要条件；

C. 独立的充分但非必要条件；　D. 独立的充分必要条件.

6. 假设随机试验 E 成功的概率为 p，失败的概率为 $q(q=1-p)$，用 X 表示试验成功的次数，用 Y 表示试验失败的次数，则 X 和 Y 的相关系数等于(　　).

A. -1；　B. -0.5；　C. 0.5；　D. 1.

7. 设随机变量 X 和 Y 的在圆 $x^2+y^2\leqslant 1$ 上均匀分布，则(　　).

A. X 在区间$[-a,a]$上均匀分布；　B. X 和 Y 不相关；

C. Y 在区间$[-a,a]$上均匀分布；　D. X 和 Y 相互独立.

8. 设随机变量(X,Y)服从二维正态分布，则随机变量 $\xi=X+Y$ 与 $\eta=X-Y$ 不相关的充分必要条件是(　　).

A. $EX=EY$；　B. $EX^2-(EX)^2=EY^2-(EY)^2$；

C. $EX^2=EY^2$；　D. $EX^2+(EX)^2=EY^2+(EY)^2$.

9. 设随机变量 $X_1,X_2,\cdots,X_n(n>1)$独立同分布，并且其方差为 σ^2，令 $Y=\frac{1}{n}\sum_{i=1}^{n}X_i$，则以下各式成立的是(　　).

A. $\mathrm{cov}(X_1,Y)=\frac{\sigma^2}{n}$；　B. $\mathrm{cov}(X_1,Y)=\sigma^2$；

C. $D(X_1+Y)=\frac{n+2}{n}\sigma^2$；　D. $D(X_1-Y)=\frac{n+1}{n}\sigma^2$.

10. 设随机变量(X,Y)服从二维正态分布，并且 X 与 Y 不相关，$f_X(x)$，$f_Y(y)$分别表示 X，Y 的概率密度，则在 $Y=y$ 的条件下，X 的条件概率密度 $f_{X|Y}(x|y)$为(　　).

A. $f_X(x)$；　B. $f_Y(y)$；　C. $f_X(x)f_Y(y)$；　D. $\frac{f_X(x)}{f_Y(y)}$.

11. 设随机变量(X,Y)的概率密度 $f(x,y)=\begin{cases}e^{-(x+y)}, & x\geqslant 0, y\geqslant 0,\\ 0, & x<0 \text{ 或 } y<0,\end{cases}$ 则(　　).

A. $X+Y$ 服从指数分布；　B. X 和 Y 相互独立；

C. Y 是 X 的函数；　D. X 与 Y 的相关系数 $\rho=1$.

12. 设 $X\sim N(0,1)$，$Y\sim N(1,4)$，且 $\rho_{XY}=1$，则(　　).

A. $P(Y=-2X+1)=1$；　B. $P(Y=2X-1)=1$；

C. $P(Y=-2X-1)=1$；　D. $P(Y=2X+1)=1$.

三、综合题

1. 某机床在一天内发生故障的概率是 0.2，机床发生故障时，全天停止工作. 如果在一周五天的工作日里无故障，可获得利润 10 万元；发生一次故障仍可获得利润 5 万元；发生两次故障所获利润是 0 万元；发生三次或三次以上故障就要亏损 2 万元，求一周内的期望利润.

2. 甲、乙两个箱子中装有同样的产品，其中甲箱中有 3 件合格品和 3 件次品，乙箱中仅有 3 件合格品，从甲箱中任取 3 件产品放入乙箱后，求：

(1) 乙箱中次品数的数学期望；

(2) 从乙箱中任取 1 件产品是次品的概率.

3. 已知随机变量 X 的概率密度为

$$f(x)=\begin{cases}x, & 0\leqslant x<1,\\ 2-x, & 1\leqslant x<2,\\ 0, & \text{其他},\end{cases}$$

求 EX 及 $E\left(\frac{1}{X}\right)$.

4. 假设公共汽车于每时的 5 分、25 分、55 分从起点发车,某乘客不知道发车的时间,在每小时内任一时刻到达车站是随机的,求乘客到车站等车时间的数学期望.

5. 设某种商品每周的需求量 X 是服从区间[10,30]上均匀分布的随机变量,而经销商店的进货数量是区间[10,30]中的某一整数. 商店每销售 1 单位商品可获利 500 元;若供大于求,则削价处理,每处理 1 单位商品亏损 100 元;若供不应求,则从外部调剂供应,此时每 1 单位商品仅获利 300 元.

(1) 为使商品所获利润的期望值不小于 9 280 元,试确定最少进货量;

(2) 为使商品所获利润的期望值最大,试确定进货量.

6. 设某企业生产线上产品合格率为 0.96,不合格产品中只有 $\frac{3}{4}$ 产品可进行再加工,并且再加工的合格率为 0.8,其余均为废品,每件合格品获利 80 元,每件废品亏损 20 元,为保证该企业每天平均利润不低于 2 万元,问企业每天至少生产多少产品?

7. 设随机变量 X 服从柯西分布,其概率密度为 $f(x)=\frac{1}{\pi(1+x^2)}$,求 $E(\min\{|X|,1\})$.

8. 某机修车间有 5 个零件备用箱,各箱中存放的正品数、次品数依次是 5 正、3 次;7 正、3 次;8 正、2 次;9 正、1 次;6 正、2 次. 现在从各箱中任意取出 1 个零件,试求被取出的 5 个零件中次品数 X 的数学期望.

9. 设随机变量 $X_1,X_2,\cdots,X_n$ 相互独立,并且都分别以概率 $p,q(q=1-p)$ 取 1、-1 的值,求随机变量 $Y=X_1X_2\cdots X_n$ 的概率分布.

10. 一个袋子中有 5 个球,编号分别为 1,2,3,4,5,现在从中任取 3 个球,求取出的 3 个球的最大编号的数学期望和方差.

11. 某人乘车到学校的途中有三个交通岗,假设在每个交通岗遇到红灯的事件是相互独立的,并且其概率都是 0.4,设 X 为途中遇到红灯的次数,求 EX,DX.

12. 设随机变量 X 服从拉普拉斯分布,其概率密度为 $f(x)=\frac{1}{2}e^{-|x|}$,求 EX,DX.

13. 证明事件在一次试验中发生次数的方差不超过 $\frac{1}{4}$.

14. 设随机变量 X 和 Y 相互独立,证明 $D(XY)\geqslant DXDY$.

15. 设随机变量 X 的概率密度为

$$f(x)=\begin{cases}\frac{1}{2}\cos\frac{x}{2}, & 0<x<\pi,\\ 0, & \text{其他}.\end{cases}$$

对 X 独立地重复观察 4 次,用 Y 表示观察值大于 $\frac{\pi}{3}$ 的次数,求 Y^2 的数学期望.

16. 设随机变量 X 的分布函数为

$$F(x)=\begin{cases}0, & x<-1,\\ 0.25, & -1\leqslant x<0,\\ 0.75, & 0\leqslant x<1,\\ 1, & x\geqslant 1,\end{cases}$$

求 $D\dfrac{X}{1+X^2}$.

17. 已知二维随机变量(X,Y)的联合分布列为

X \ Y	1	2
0	0.3	0.2
1	0.1	0.1
2	0	0.3

求 $EX,EY,E(\max\{X,Y\}),D(\max\{X,Y\})$.

18. 设二维随机变量(X,Y)的概率密度为

$$f(x,y)=\begin{cases}1, & 0<x<1,\ |y|<x,\\ 0, & \text{其他},\end{cases}$$

求 EX,EY 及 $E(XY)$.

19. 设随机变量 X 和 Y 相互独立且同分布,其分布列为

X 或 Y	1	2
P	2/3	1/3

记 $U=\max\{X,Y\}$, $V=\min\{X,Y\}$,求(U,V)的概率分布;U 和 V 的协方差 $\mathrm{cov}(U,V)$.

20. 设 $X_1,X_2,\cdots,X_n\,(n>2)$ 为相互独立的随机变量,并且都服从 $N(0,1)$,记 $\overline{X}=\dfrac{1}{n}\sum\limits_{i=1}^{n}X_i$, $Y_i=X_i-\overline{X}\,(i=1,2,\cdots,n)$,求:

(1) Y_i 的方差 $DY_i\,(i=1,2,\cdots,n)$;

(2) Y_1 与 Y_n 的协方差 $\mathrm{cov}(Y_1,Y_n)$;

(3) $P(Y_1+Y_n\leqslant 0)$.

21. 设二维随机变量(X,Y)的联合分布为

X \ Y	−1	0	1
−1	1/8	1/8	1/8
0	1/8	0	1/8
1	1/8	1/8	1/8

问 X 和 Y 是否相关?是否独立?

22. 设 A,B 是两个事件,随机变量

$$X=\begin{cases}1, & 若 A 出现,\\ -1, & 若 A 不出现;\end{cases}\quad Y=\begin{cases}1, & 若 B 出现,\\ -1, & 若 B 不出现,\end{cases}$$

试证明随机变量 X 和 Y 不相关的充分必要条件是事件 A 和 B 相互独立.

23. 设二维随机变量 (X,Y) 在矩形 $G=\{(x,y)\,|\,0\leqslant x\leqslant 2, 0\leqslant y\leqslant 1\}$ 上服从均匀分布,记

$$U=\begin{cases}0, & 若 X\leqslant Y,\\ 1, & 若 X>Y;\end{cases}\quad V=\begin{cases}0, & 若 X\leqslant 2Y,\\ 1, & 若 X>2Y.\end{cases}$$

求 (U,V) 的联合分布;U 和 V 的相关系数 ρ_{UV}.

24. 在第 18 题中,求 $\mathrm{cov}(X,Y)$,并判别 X 和 Y 是否相互独立?

25. 设二维随机变量 (X,Y) 的密度函数为 $f(x,y)=\frac{1}{2}[\varphi_1(x,y)+\varphi_2(x,y)]$,其中 $\varphi_1(x,y)$,$\varphi_2(x,y)$ 都是二维正态密度函数,并且它们对应的二维随机变量的相关系数分别为 $\frac{1}{3}$ 和 $-\frac{1}{3}$,它们的边缘密度函数对应的随机变量的数学期望都是 0,方差都是 1.

(1) 求随机变量 X,Y 的密度函数 $f_1(x)$ 和 $f_2(y)$;

(2) 求 X 和 Y 的相关系数;

(3) 问 X 和 Y 是否相互独立? 为什么?

26. 已知 $DX=4, DY=9$,

(1) 当 $D(X-Y)=12$ 时,求 ρ_{XY};

(2) 当 $\rho_{XY}=0.4$ 时,求 $D(X+Y)$.

27. 已知 $EX=EY=1, EZ=-1, DX=DY=DZ=1, \rho_{XY}=0, \rho_{XZ}=1, \rho_{YZ}=-\frac{1}{2}$,求 $E(X+Y+Z)$,$D(X+Y+Z)$.

28. 设二维随机变量 (X,Y) 在以点 $(0,1)$,$(1,0)$,$(1,1)$ 为顶点的三角形区域上服从均匀分布,求随机变量 $U=X+Y$ 的方差.

29. 假设 n 个信封分别装有发给 n 个人的通知,但是信封上每个收信人的地址是随机填写的,用 X 表示收到自己通知的人数,求 EX, DX.

30. 设随机变量 X 和 Y 都服从标准正态,相关系数 $\rho_{XY}=\frac{1}{2}$,令 $Z_1=aX, Z_2=bX+cY$,试确定 a,b,c 的值,使 $DZ_1=DZ_2=1$,并且 Z_1 和 Z_2 不相关.

31. 设随机变量 X 和 Y 相互独立,证明 $D(XY)=DXDY+(EX)^2DY+(EY)^2DX$.

32. 设 $X=aX_1+b, Y=cX_2+d$,其中 a,b,c,d 均为常数,并且 a,c 同号,证明 $\rho_{XY}=\rho_{X_1Y_1}$.

第 5 章　大数定律及中心极限定理

在第 1 章中我们曾给出过概率的统计定义，它说明在大量的重复试验里，那些偶然发生的事件却可以呈现出明显的规律性，即一个随机事件发生的频率会在某个固定的常数附近摆动，并且随着试验次数的增大，这种稳定摆动的幅度还会越来越小. 然而至今为止，我们对此仅仅是一种猜想，并没有给予理论上的证明. 不仅如此，我们甚至还不知道如何去描述这种摆动的极限行为.

另外，对相互独立的随机变量序列之和收敛于正态分布的极限理论的研究，在长达两个世纪的时期内成了概率论研究的中心课题，从而得到了中心极限定理的名称.

对以上两类问题的深入探讨已经完全超出了本书的范围，本章仅能对其中最为基础的部分结果作一些简单的介绍.

5.1　切比雪夫不等式

定理 1　设随机变量 X 的数学期望 EX 与方差 DX 均存在，则对任意给定的正数 $\varepsilon>0$，有

$$P(|X-EX|\geqslant\varepsilon)\leqslant\frac{DX}{\varepsilon^2}, \tag{5.1.1}$$

该不等式称为切比雪夫不等式.

证明　设 X 为连续型随机变量，其概率密度为 $f(x)$. 考虑

$$\begin{aligned}DX&=\int_{-\infty}^{+\infty}(x-EX)^2f(x)\mathrm{d}x\\&=\int_{|x-EX|\geqslant\varepsilon}(x-EX)^2f(x)\mathrm{d}x+\int_{|x-EX|<\varepsilon}(x-EX)^2f(x)\mathrm{d}x\\&\geqslant\int_{|x-EX|\geqslant\varepsilon}(x-EX)^2f(x)\mathrm{d}x\geqslant\int_{|x-EX|\geqslant\varepsilon}\varepsilon^2f(x)\mathrm{d}x=\varepsilon^2\int_{|x-EX|\geqslant\varepsilon}f(x)\mathrm{d}x\\&=\varepsilon^2P(|X-EX|\geqslant\varepsilon),\end{aligned}$$

即

$$P(|X-EX|\geqslant\varepsilon)\leqslant\frac{DX}{\varepsilon^2}.$$

至于离散型随机变量，则可以类似地予以证明.

不难看出，切比雪夫不等式还可以写成另外一种形式

$$P(|X-EX|<\varepsilon)\geqslant 1-\frac{DX}{\varepsilon^2}. \tag{5.1.2}$$

例 1 设 X,Y 为两个随机变量，并且 $EX=-2,EY=2,DX=1,DY=4,\rho_{XY}=-\frac{1}{2}$，试证

$$P(|X+Y|\geqslant 6)\leqslant\frac{1}{12}.$$

证明 令 $Z=X+Y$，则

$$EZ=E(X+Y)=0,$$

$$DZ=D(X+Y)=DX+DY+2\operatorname{cov}(X,Y)=1+4+2\times\left(-\frac{1}{2}\right)\times 1\times 2=3.$$

故

$$P(|X+Y|\geqslant 6)=P(|Z-EZ|\geqslant 6)\leqslant\frac{3}{6^2}=\frac{1}{12}.$$

例 2 某保险公司对该市投保商业医疗保险的人数进行估计. 假设每人投保的概率为 0.01，且投保行为相互独立. 该市共有人口 150 万，试估计投该保险的人数在 14 500 至 15 500 之间的概率.

解 设 X 代表该市投此项保险的人数，则 $X\sim B(1\,500\,000,0.01)$. 于是有

$$P(14\,500\leqslant X\leqslant 15\,500)=\sum_{k=14\,500}^{15\,500}C_{1\,500\,000}^{k}\times 0.01^{k}\times 0.99^{1\,500\,000-k}.$$

按上式计算是相当冗繁的，所以改用切比雪夫不等式估算，此时

$$EX=1\,500\,000\times 0.01=15\,000,\quad DX=1\,500\,000\times 0.01\times 0.99=14\,850.$$

故有

$$P(14\,500\leqslant X\leqslant 15\,500)=P(|X-15\,000|\leqslant 500)\geqslant 1-\frac{14\,850}{500^2}\approx 0.941.$$

当然，利用切比雪夫不等式估算出来的结果的精度要比直接用二项分布的计算公式得到的结果要低一些.

5.2 大数定律

5.2.1 依概率收敛

定义 1 设 $X_1,X_2,\cdots,X_n,\cdots$ 为一个随机变量序列，若存在随机变量 X，使得对任意给定的正数 $\varepsilon>0$，有

$$\lim_{n\to\infty}P(|X_n-X|<\varepsilon)=1. \tag{5.2.1}$$

或等价地

$$\lim_{n\to\infty} P(|X_n - X| \geqslant \varepsilon) = 0. \tag{5.2.2}$$

则称随机变量序列$\{X_n\}$依概率收敛于随机变量 X(X 也可为常数)，并用下面的符号表示：

$$X_n \xrightarrow{P} X \quad 或 \quad \lim_{n\to\infty} X_n = X \quad (P).$$

例 1　设随机变量序列$\{X_n\}$的分布为：对固定的 n，X_n 只取$\frac{1}{n}$和$n+1$两个值，且相应的概率为

$$\begin{cases} P\left(X_n = \dfrac{1}{n}\right) = 1 - \dfrac{1}{n}, \\ P(X_n = n+1) = \dfrac{1}{n}, \end{cases} \tag{5.2.3}$$

显然，$\{X_n\}$依概率收敛于 0. 事实上，对任意的 $\varepsilon>0$，有

$$\lim_{n\to\infty} P(|X_n| \geqslant \varepsilon) = \lim_{n\to\infty} P(X_n = n+1) = \lim_{n\to\infty} \frac{1}{n} = 0.$$

不过在式(5.2.3)中的第二个式子里，X_n 并不收敛，它将趋向无穷大，从而$\{X_n\}$在这种情况下是不收敛的. 这说明依概率收敛与通常在微积分中描绘的序列收敛并不是同一概念.

5.2.2　大数定律

定义 2　设 $X_1, X_2, \cdots, X_n, \cdots$ 为一个随机变量序列，且 EX_n 存在($n=1, 2, \cdots$). 令 $\overline{X}_n = \frac{1}{n}\sum_{i=1}^{n} X_i$，若有

$$\overline{X}_n - E\overline{X}_n \xrightarrow{P} 0,$$

则称随机变量序列$\{X_n\}$服从大数定律.

定理 1(伯努利大数定律)　设 μ_n 为 n 重伯努利试验中事件 A 发生的次数，p 为 A 在每次试验中发生的概率，则对任意给定的正数 $\varepsilon>0$，有

$$\lim_{n\to\infty} P\left(\left|\frac{\mu_n}{n} - p\right| < \varepsilon\right) = 1,$$

即

$$\frac{\mu_n}{n} \xrightarrow{P} p.$$

证明　令 $X = \frac{\mu_n}{n}$，则

$$EX = E\frac{\mu_n}{n} = \frac{1}{n}E\mu_n = \frac{1}{n}\cdot np = p, \quad DX = D\frac{\mu_n}{n} = \frac{1}{n^2}D\mu_n = \frac{1}{n^2}\cdot npq = \frac{pq}{n}.$$

由切比雪夫不等式知，对任意给定的正数 $\varepsilon>0$，有

$$1 \geqslant P(|X-EX|<\varepsilon) \geqslant 1-\frac{DX}{\varepsilon^2},$$

亦即

$$1 \geqslant P\left(\left|\frac{\mu_n}{n}-p\right|<\varepsilon\right) \geqslant 1-\frac{pq}{n\varepsilon^2}.$$

同时取极限，则有

$$\lim_{n\to\infty}1 \geqslant \lim_{n\to\infty}P\left(\left|\frac{\mu_n}{n}-p\right|<\varepsilon\right) \geqslant \lim_{n\to\infty}\left(1-\frac{pq}{nq^2}\right).$$

从而

$$\lim_{n\to\infty}P\left(\left|\frac{\mu_n}{n}-p\right|<\varepsilon\right)=1.$$

定理 2(切比雪夫大数定律)　设 $X_1, X_2, \cdots, X_n, \cdots$ 为相互独立的随机变量序列，且 EX_i, DX_i 均存在且 $DX_i \leqslant c(<+\infty)(i=1,2,\cdots)$. 则对任意给定的正数 $\varepsilon>0$，有

$$\lim_{n\to\infty}P\left(\left|\frac{1}{n}\sum_{i=1}^{n}X_i-\frac{1}{n}\sum_{i=1}^{n}EX_i\right|<\varepsilon\right)=1.$$

证明　令 $X=\frac{1}{n}\sum_{i=1}^{n}X_i$，则

$$EX=\frac{1}{n}\sum_{i=1}^{n}EX_i, \quad DX=\frac{1}{n^2}\sum_{i=1}^{n}DX_i \leqslant \frac{1}{n^2}\cdot nc=\frac{c}{n}.$$

对任意给定的正数 $\varepsilon>0$，由切比雪夫不等式知

$$1 \geqslant P(|X-EX|<\varepsilon) \geqslant 1-\frac{DX}{\varepsilon^2} \geqslant 1-\frac{c}{n\varepsilon}.$$

取极限，有

$$1 \geqslant \lim_{n\to\infty}P\left(\left|\frac{1}{n}\sum_{i=1}^{n}X_i-\frac{1}{n}\sum_{i=1}^{n}EX_i\right|<\varepsilon\right) \geqslant \lim_{n\to\infty}\left(1-\frac{c}{n\varepsilon}\right)=1.$$

即

$$\lim_{n\to\infty}P\left(\left|\frac{1}{n}\sum_{i=1}^{n}X_i-\frac{1}{n}\sum_{i=1}^{n}EX_i\right|<\varepsilon\right)=1.$$

定理 3(泊松大数定律)　设 $X_1, X_2, \cdots, X_n, \cdots$ 为相互独立的随机变量序列，且有 $P(X_i=1)=p_i, P(X_i=0)=1-p_i=q_i(i=1,2,\cdots)$. 则随机变量序列 $\{X_n\}$ 服从大数定律.

证明　首先证明：对任意的 $0<p<1, q=1-p$ 若随机变量 X 满足 $P(X=1)=$

$p, P(X=0)=q$,则有 $DX \leqslant \frac{1}{4}$.

实际上,$DX=pq=p(1-p)=p-p^2=f(p)$. $f(p)$对 p 的一阶导数 $f'(p)=1-2p=0$,得 $p=\frac{1}{2}$, $f''(p)=-2<0$. 故 $p=\frac{1}{2}$是 $f(p)$的最大值点,即$\max f(p)=f\left(\frac{1}{2}\right)=\frac{1}{4}$,从而 $DX \leqslant \frac{1}{4}$.

由切比雪夫大数定律可知,

$$\lim_{n\to\infty} P\left(\left|\frac{1}{n}\sum_{i=1}^{n} X_i - \frac{1}{n}\sum_{i=1}^{n} p_i\right| < \varepsilon\right) = 1,$$

即随机变量序列$\{X_n\}$服从大数定律.

定理 4(辛钦大数定律)　设 $X_1, X_2, \cdots, X_n, \cdots$为相互独立且同分布的随机变量序列,且有 $EX_i=a(i=1,2,\cdots)$. 则对任意给定的正数 $\varepsilon>0$,有

$$\lim_{n\to\infty} P\left(\left|\frac{1}{n}\sum_{i=1}^{n} X_i - a\right| < \varepsilon\right) = 1.$$

证明略.

5.2.3*　强大数定律

定义 3　设 $X_1, X_2, \cdots, X_n, \cdots$为随机变量序列,若存在随机变量 X(X 可以是常数),使

$$P(\lim_{n\to\infty} X_n = X) = 1,$$

则称随机变量序列$\{X_n\}$以概率 1 收敛于 X,也称随机变量序列$\{X_n\}$几乎处处收敛于 X,并记为

$$X_n \xrightarrow{\text{a.s.}} X \quad 或 \quad \lim_{n\to\infty} X_n = X \qquad (\text{a.s.}).$$

定义 4　设 $X_1, X_2, \cdots, X_n, \cdots$为一个随机变量序列,$EX_n$ 存在且 $EX_n < +\infty (n=1,2,\cdots)$. 若 $\overline{X}_n = \frac{1}{n}\sum_{i=1}^{n} X_i$ 满足

$$P\{\lim_{n\to\infty}(\overline{X}_n - E\overline{X}_n) = 0\} = 1,$$

则称随机变量序列$\{X_n\}$服从强大数定律.

5.3　中心极限定理

5.3.1*　依分布收敛

定义 1　设 $F_n(x)(n=1,2,\cdots)$与 $F(x)$分别是随机变量 X_n 及 X 的分布函数.

若在 $F(x)$的任意连续点 x 处,均有

$$\lim_{n\to\infty}F_n(x) = F(x).$$

则称随机变量序列$\{X_n\}$依分布收敛于 X,并称 $F(x)$为分布函数序列$\{F_n(x)\}$的极限分布函数,简记为 $X_n\xrightarrow{W}X$.

定义 2 对于分布函数序列$\{F_n(x)\}$,若存在一个单调不减函数 $F(x)$,使在 $F(x)$的任意连续点 x 处,均有 $\lim\limits_{n\to\infty}F_n(x)=F(x)$,则称序列$\{F_n(x)\}$弱收敛于 $F(x)$,并记为

$$F_n(x)\xrightarrow{W}F(x) \quad 或 \quad \lim_{n\to\infty}F_n(x) = F(x) \qquad (W).$$

注 这里 $F(x)$未必是分布函数.

例 1 令

$$F_n(x) = \begin{cases} 0, & x<-\dfrac{1}{n}, \\ 1, & x\geqslant-\dfrac{1}{n}. \end{cases}$$

当 $n\to\infty$时,显然$\{F_n(x)\}$收敛于

$$F(x) = \begin{cases} 0, & x<0, \\ 1, & x\geqslant 0. \end{cases}$$

例 2 考虑具有退化分布的随机变量序列$\{X_n\}$,$P(X_n=n)=1(n=1,2,\cdots)$.此时,X_n 的分布函数为

$$F_n(x) = \begin{cases} 0, & x<n, \\ 1, & x\geqslant n. \end{cases}$$

显然,对任意固定的 x,总存在一个时刻 $n(x)$,使得 $n(x)>x$,即有

$$\lim_{n\to\infty}F_n(x) = 0 = F(x).$$

从而有 $F_n(x)\xrightarrow{W}F(x)$,但 $F(x)$并不是分布函数.

5.3.2 中心极限定理

定义 3 设随机变量序列 $X_1,X_2,\cdots,X_n,\cdots$为相互独立并有有限的期望和方差:$EX_i=\mu_i$,$DX_i=\sigma_i^2(i=1,2,\cdots)$,则对任意实数 x,一致地有

$$\lim_{n\to\infty}P\left(\sum_{i=1}^{n}\frac{X_i-\mu_i}{\sqrt{\sum\limits_{i=1}^{n}\sigma_i^2}}\leqslant x\right) = \int_{-\infty}^{x}\frac{1}{\sqrt{2\pi}}e^{-\frac{t^2}{2}}dt,$$

则称随机变量序列$\{X_n\}$服从中心极限定理.

定理 1(林德贝格-列维定理) 设 $X_1,X_2,\cdots,X_n,\cdots$为相互独立且同分布的随

机变量序列，$EX_i=\mu, DX_i=\sigma^2\ (i=1,2,\cdots)$. 则对任意实数 x，一致地有

$$\lim_{n\to\infty}P\left\{\frac{\sum_{i=1}^{n}X_i-n\mu}{\sigma\sqrt{n}}\leqslant x\right\}=\int_{-\infty}^{x}\frac{1}{\sqrt{2\pi}}\mathrm{e}^{-\frac{t^2}{2}}\mathrm{d}t.$$

证明略.

定理 2(拉普拉斯定理)　设 $X_1, X_2, \cdots, X_n, \cdots$ 相互独立，且均服从 $B(1,p)$ $(0<p<1)$. 令 $X=\sum_{i=1}^{n}X_i$，则对任意给定的实数 x，一致地有

$$\lim_{n\to\infty}P\left\{\frac{X-np}{\sqrt{npq}}\leqslant x\right\}=\int_{-\infty}^{x}\frac{1}{\sqrt{2\pi}}\mathrm{e}^{-\frac{t^2}{2}}\mathrm{d}t.$$

显然定理 2 是定理 1 的一种特殊情形.

例 3　袋装食盐每袋净重为随机变量，规定每袋的标准重量为 500g，标准差为 10g，一箱内装食盐 100 袋. 试用中心极限定理求一箱食盐净重超过 50 250g 的概率.

解　设 X_i 为第 i 袋食盐的重量$(i=1,2,\cdots,100)$，则一箱食盐的净重为 $X=\sum_{i=1}^{100}X_i$. 由条件知 $EX_i=500\text{g}, DX_i=10^2\text{g}^2\ (i=1,2,\cdots,100)$；

$$EX=\sum_{i=1}^{100}EX_i=5\times100^2\text{g},\quad DX=\sum_{i=1}^{100}DX_i=100^2\text{g}^2,$$

依中心极限定理 $Y=\dfrac{X-EX}{\sqrt{DX}}\sim N(0,1)$，于是

$$\begin{aligned}P(X>50250)&=P\left(\frac{X-5\times100^2}{100}>\frac{50\,250-5\times100^2}{100}\right)\\&=P(Y>2.5)=1-P(Y\leqslant2.5)=1-\Phi(2.5)=0.006\,2.\end{aligned}$$

例 4　某学校有 200 台电话分机，每台分机有 5%的时间需要使用外线，试问总机至少应安装多少条外线才能保证有 90%以上的把握在需要使用外线时不必等候？

解　设 X 为在同一时刻需要的外线条数，x 为需要实际安装的外线数，则

$$X\sim B(200,0.05),\quad P(0\leqslant X\leqslant x)\geqslant90\%.$$

即

$$P\left(\frac{0-10}{\sqrt{9.5}}\leqslant\frac{X-10}{\sqrt{9.5}}\leqslant\frac{x-10}{\sqrt{9.5}}\right)=\Phi\left(\frac{x-10}{\sqrt{9.5}}\right)-\Phi\left(\frac{-10}{\sqrt{9.5}}\right)\approx\Phi\left(\frac{x-10}{\sqrt{9.5}}\right)\geqslant0.90.$$

从而 $\dfrac{x-10}{\sqrt{9.5}}\geqslant1.30$，即 $x\geqslant14$.

小　结

(1) 人们在生产活动及社会活动中积累的大量经验显示,那些具有很大概率的随机事件在一次试验中几乎一定会发生;而概率很小的随机事件在一次试验中差不多可以看作实际上的不可能事件.不过同样大小的概率问题,在实际事件的处理上会有着形形色色的不同结果,因此在实践与理论问题中,概率接近于1或0的事件便有了重要的研究价值,也就是说,要建立大概率或小概率的规律,特别是大量独立或相关因素累积结果所产生的规律,大数定律就是这种理论中最为重要的一类.

(2) 人们还在实践活动中发现,正态分布在自然界中极为普遍.事实上,如果一个量是由大量相互独立的随机因素的影响所形成,而每一个别因素在总的影响中均不起决定性作用,则这个量通常服从或接近服从正态分布.另外,在数理统计中经常假定总体服从正态,这种假定的重要依据就是通过对中心极限定理的阐述来实现的.

(3) 大数定律与中心极限定理均是概率论中极其深刻的结果,我们不可能在本书做更加详细的研究.不过细心的读者可以从我们对这些理论所做的一点简单的介绍中就足以领悟到本章的知识对整个概率论的基础有着多么巨大的影响了.

习　题　5

一、填空题

1. 设随机变量为 $X, EX=\mu, DX=\sigma^2$,则有 $P(|X-\mu|\geqslant 3\sigma)\leqslant$________.

2. 设 $EX=EY=2, DX=1, DY=4, \rho_{XY}=\dfrac{1}{2}$,则 $P(|X-Y|\geqslant 6)\leqslant$________.

3. 设 Y_n 是 n 次伯努利试验中事件 A 发生的次数,p 是事件在每次试验中发生的概率,对 $\forall\varepsilon>0$,当 $n\to\infty$ 时,有 $P\left(\left|\dfrac{Y_n}{n}-p\right|\geqslant\varepsilon\right)=$________.

4. 设 $X_1, X_2, \cdots, X_n, \cdots$ 是随机变量序列,若存在随机变量,使 $P(\lim\limits_{n\to\infty}X_n=X)=1$,则称 $\{X_n\}$________.

5. 设 $X_1, X_2, \cdots, X_n, \cdots$ 独立同分布,且 $EX_n=0\,(n=1,2,\cdots)$,则 $\lim\limits_{n\to\infty}P\left(\sum\limits_{i=1}^{n}X_i<n\right)=$________.

二、单项选择题

1. 设随机变量 X 的期望 $EX=100$,方差 $DX=10$,则由切比雪夫不等式 $P(80<X<120)\geqslant$ (　　).

A. 0.925;　　B. 0.875;　　C. 0.975;　　D. 0.985.

2. X 为随机变量，$EX=a, DX=\sigma^2$，则有 $P(|X-a|\geqslant 2\sigma)\geqslant$(　　).

A. $\frac{1}{2}$；　　B. $\frac{3}{4}$；　　C. $\frac{2}{3}$；　　D. $\frac{1}{4}$.

3. 设 $X\sim B(100,0.2)$，则 $P(14\leqslant X\leqslant 30)=$(　　).

A. 0.927；　　B. 0.950；　　C. 0.982；　　D. 0.955.

4. 设$\{F_n(x)\}$是随机变量的分布函数序列，$F(x)$是单调不减函数，若 $F(x)$在 x 处连续，且有 $\lim\limits_{n\to\infty}F_n(x)=F(x)$，则一定有结论(　　).

A. $F(x)$为序列$\{F_n(x)\}$的极限分布函数；

B. 相应的随机变量序列$\{X_n\}$依分布收敛于某随机变量 X；

C. 相应的随机变量序列$\{X_n\}$依概率收敛于某随机变量 X；

D. $\{F_n(x)\}$弱收敛于 $F(x)$.

5. 设$\{X_n\}$为随机变量序列，EX_n 存在，令 $\overline{X}_n=\frac{1}{n}\sum\limits_{i=1}^{n}X_i$，若对 $\forall\varepsilon>0$，有 $\lim\limits_{n\to\infty}(|\overline{X}_n-E\overline{X}_n|<\varepsilon)=1$，则称(　　)服从大数定律.

A. $\{\overline{X}_n\}$；　　B. $\sum\limits_{i=1}^{n}X_i$；　　C. $\{X_n\}$；　　D. $\frac{1}{n}\sum\limits_{i=1}^{n}X_i^2$.

6. 设 $X_1,X_2,\cdots,X_n,\cdots$ 独立同分布，且 $X_i\,(i=1,2,\cdots)$ 均服从参数是 λ 的指数分布，则(　　)成立(其中 $\Phi(x)$为标准正态分布函数).

A. $\lim\limits_{n\to\infty}P\left(\frac{\lambda\sum\limits_{i=1}^{n}X_i-n}{\sqrt{n}}\leqslant x\right)=\Phi(x)$；　　B. $\lim\limits_{n\to\infty}P\left(\frac{\sum\limits_{i=1}^{n}X_i-n}{\sqrt{n}}\leqslant x\right)=\Phi(x)$；

C. $\lim\limits_{n\to\infty}P\left(\frac{\sum\limits_{i=1}^{n}X_i-\lambda}{\lambda\sqrt{n}}\leqslant x\right)=\Phi(x)$；　　D. $\lim\limits_{n\to\infty}P\left(\frac{\sum\limits_{i=1}^{n}X_i-\lambda}{n\lambda}\leqslant x\right)=\Phi(x)$.

7. 设随机变量序列$\{X_n\}$相互独立，$X_n\sim U[-n,n]\,(n=1,2,\cdots)$，则对$\{X_n\}$(　　).

A. 可使用切比雪夫大数定律；　　B. 不可使用切比雪夫大数定律；

C. 可使用辛钦大数定律；　　D. 可使用泊松大数定律.

8. 设随机变量 $X_1,X_2,\cdots,X_n$ 为相互独立，$S_n=\sum\limits_{i=1}^{n}X_i$，由林德贝格-列维中心极限定理，当 n 充分大时，S_n 服从渐近正态分布，只需 $X_1,X_2,\cdots,X_n$(　　).

A. 有相同的数学期望；　　B. 有相同的方差；

C. 服从同一指数分布；　　D. 服从同一离散分布.

三、综合题

1. 设随机变量序列$\{X_n\}$，$\{Y_n\}$分别依概率收敛于 X 与 Y，试证 $X_n+Y_n\xrightarrow{P}X+Y$.

2. 设$\{X_n\}$相互独立，均服从(a,b)上的均匀分布$(a>0)$. 令 $M_{(n)}=\max\{X_1,X_2,\cdots,X_n\}$，试证 $\lim\limits_{n\to\infty}M_{(n)}\xrightarrow{P}b$.

3. 设$\{X_n\}$为相互独立的随机变量序列，且有 $P(X_n=1)=p_n$，$P(X_n=0)=1-p_n\,(n=1,2,\cdots)$. 证明$\{X_n\}$依概率收敛于零的充要条件是 $\lim\limits_{n\to\infty}p_n=0$.

4. 设$\{X_n\}$为相互独立同分布的随机变量序列，其分布为$P\left(X_n=\frac{2^k}{k^2}\right)=\frac{1}{2^k}(k=1,2,\cdots)$，说明$\{X_n\}$是否服从大数定律.

5. 试用中心极限定理计算极限$\lim\limits_{n\to\infty}C^{-n}\sum\limits_{k=1}^{n}\frac{n^k}{k!}$.

6. 设对某一目标进行 100 次轰炸，每次命中目标的炮弹数为一个随机变量，期望为 2，方差为 1.69. 试求在 100 次轰炸中命中目标的炮弹数在 180～220 颗的概率.

7. 某心理学家研究一群儿童智商的平均值μ，并用$\overline{X}_n=\frac{1}{n}\sum\limits_{i=1}^{n}X_i$作为$\mu$的估计量，其中$X_1,X_2,\cdots,X_n$分别为对$n$个儿童智商的测试结果. 若$EX_i=\mu,DX_i=263.66(i=1,2,\cdots,n)$，试用中心极限定理说明，为使对$\overline{X}$的估计精度在$\pm5$之间的概率不小于 0.96，问至少应测试多少个儿童？

8. 设$\mu_n\sim B(n,\mathrm{p})$，$n$充分大，令$k(0\leqslant k\leqslant n)$为整数，$\alpha(0<\alpha<1)$满足$P(\mu_k\geqslant k)=\alpha$.

(1) 对给定的n与k，求α；

(2) 对给定的n与α，求k.

9. 设生产线组装一件成品的时间服从指数分布，平均用时为 10min，各产品组装时间相互独立.

(1) 试求组装 100 件成品需要 15～20h 的概率p；

(2) 以 95%的概率在 16h 之内最多可以组装多少件成品？

第 6 章　数理统计基本概念

数理统计与概率论都是研究随机现象统计规律性的学科. 在数理统计中，通过对实验或调查所得到的受随机因素影响的数据进行分析，通过数学、统计方法建立模型，从而对研究对象做出推断或预测. 本书介绍数理统计含：参数估计、假设检验、方差分析和回归分析.

6.1　随机样本

定义 1　总体、个体：通常把研究对象的全体称为总体，总体中每个构成元素称为个体.

例如，电子元件都是有一定寿命的，通过对部分元件寿命的测试，可知其取值的情况，研究其取值的特性，对于我们所研究的总体的某些属性具有指导意义. 通常看来要想将总体了解得十分清晰，就应逐个的去测量其个体，但应知道很多测试是具有破坏性的，如元件寿命的测试. 也有很多测量是无法确切实现的，如想了解地球上海水中盐的真实准确含量. 当然有的测量不具备破坏性，而且在实际中具备可行性，但是花费巨大，时间漫长，如中国人口的普查.

从总体中随机地抽取个体的过程，称为随机抽样，相应的个体称为随机样本，相应个体的实验结果称为样本观察值. 本书限于篇幅，只研究简单随机样本.

定义 2　简单随机样本：从总体中抽取的样本如果相互独立且与总体同分布，则称为简单随机样本(简称样本)，抽取样本的个数，称为样本容量.

在有限总体中，做放回抽样时即为简单随机样本. 在有限总体很大而抽取的样本数相对于总体个数很小时，也可以视为简单随机样本. 在无限总体中，有放回和不放回的抽样样本，都是简单随机抽样.

从总体 X 中抽取 n 个个体，记为 $X_1, X_2, \cdots, X_n$，在一次具体试验观测中，它们是一组测量值，记为 $x_1, x_2, \cdots, x_n$，受到随机因素的影响，不同的观测样本其取值可能不同，即把 $X_1, X_2, \cdots, X_n$ 可看成 n 个随机变量. 也就是说样本具有二重性，具体试验观测中看作是一个数，离开具体的观测看作是随机变量.

如果总体 X 的分布函数为 $F(x)$，则 $X_1, X_2, \cdots, X_n$ 的联合分布函数为

$$F(x_1, x_2, \cdots, x_n) = \prod_{i=1}^{n} F(x_i).$$

如总体 X 为离散型随机变量，其分布为 $P(X=x)=p(x)$，则样本 $X_1, X_2, \cdots,$

X_n 的联合概率分布为 $P(X_1=x_1,X_2=x_2,\cdots,X_n=x_n)=\prod_{i=1}^{n}p(x_i)$.

如总体 X 为连续型随机变量,其概率密度为 $f(x)$,则样本 $X_1,X_2,\cdots,X_n$ 的联合概率密度为 $f(x_1,x_2,\cdots,x_n)=\prod_{i=1}^{n}f(x_i)$.

例 1 设总体 X 服从参数为 λ 的泊松分布,则样本 $X_1,X_2,\cdots,X_n$ 的联合概率分布为

$$P(X_1=x_1,X_2=x_2,\cdots,X_n=x_n)=\frac{\lambda^{\sum\limits_{i=1}^{n}x_i}}{x_1!x_2!\cdots x_n!}e^{-n\lambda},\quad \lambda>0.$$

例 2 设总体 X 服从正态分布 $N(\mu,\sigma^2)$,则样本 $X_1,X_2,\cdots,X_n$ 的联合概率密度为

$$f(x_1,x_2,\cdots,x_n)=(\sqrt{2\pi}\sigma)^{-n}e^{-\frac{\sum\limits_{i=1}^{n}(x_i-\mu)^2}{2\sigma^2}},\quad \sigma>0.$$

在现实中我们常用样本所含信息的整合去研究总体的特征,这就是下面要介绍的一个新概念.

定义 3 统计量:设 $X_1,X_2,\cdots,X_n$ 是总体 X 的样本,$g(X_1,X_2,\cdots,X_n)$是样本的函数,且不含任何未知参数,则称 $g(X_1,X_2,\cdots,X_n)$为统计量.

样本 $X_1,X_2,\cdots,X_n$ 是随机变量,统计量也是一个随机变量.

下面介绍几种常用统计量:

(1) 样本均值 $\overline{X}=\frac{1}{n}\sum\limits_{i=1}^{n}X_i$;

均值观察值 $\overline{x}=\frac{1}{n}\sum\limits_{i=1}^{n}x_i$.

(2) 样本方差 $S^2=\frac{1}{n-1}\sum\limits_{i=1}^{n}(X_i-\overline{X})^2=\frac{1}{n-1}\left(\sum\limits_{i=1}^{n}X_i^2-n\overline{X}^2\right)$;

方差观察值 $s^2=\frac{1}{n-1}\sum\limits_{i=1}^{n}(x_i-\overline{x})^2=\frac{1}{n-1}\left(\sum\limits_{i=1}^{n}x_i^2-n\overline{x}^2\right)$;

样本标准差 $S=\sqrt{S^2}=\sqrt{\frac{1}{n-1}\sum\limits_{i=1}^{n}(X_i-\overline{X})^2}$;

标准差观察值 $s=\sqrt{s^2}=\sqrt{\frac{1}{n-1}\sum\limits_{i=1}^{n}(x_i-\overline{x})^2}$.

(3) 样本矩

样本的 k 阶原点矩 $A_k=\frac{1}{n}\sum\limits_{i=1}^{n}X_i^k$;

k 阶原点矩观察值 $a_k = \frac{1}{n}\sum_{i=1}^{n} x_i^k$；

样本的 k 阶中心矩 $B_k = \frac{1}{n}\sum_{i=1}^{n}(X_i - \overline{X})^k$；

k 阶中心矩观察值 $b_k = \frac{1}{n}\sum_{i=1}^{n}(x_i - \overline{x})^k$．

(4) 顺序统计量

设 $X_1, X_2, \cdots, X_n$ 是来自总体 X 的容量为 n 的样本，记 $(x_1, x_2, \cdots, x_n)$ 为相应的样本观测值，将其依递增的次序重新排列

$$x_1^* \leqslant x_2^* \leqslant \cdots \leqslant x_n^*.$$

我们定义 $X_k^{(n)}$，它当 $X_1, X_2, \cdots, X_n$ 取值为 $(x_1, x_2, \cdots, x_n)$ 时，其对应的观测值为 x_k^*．由此得到的 $(X_1^{(n)}, X_2^{(n)}, \cdots, X_n^{(n)})$ 就称为 $(X_1, X_2, \cdots, X_n)$ 的一组顺序统计量，显然有

$$X_1^{(n)} \leqslant X_2^{(n)} \leqslant \cdots \leqslant X_n^{(n)},$$

可见 $X_k^{(n)}$ 是样本 $X_1, X_2, \cdots, X_n$ 的函数，且容易看出

$$X_1^{(n)} = \min_{1\leqslant i\leqslant n}\{X_i\}, \quad X_n^{(n)} = \max_{1\leqslant i\leqslant n}\{X_i\}.$$

例 3　设 $X_1, X_2, \cdots, X_n$ 是从正态总体 $N(\mu, \sigma^2)$ 中抽取的样本，其中 μ 未知，σ 已知，则 $X_1 + X_2, X_1^2 - X_2^2, \sum_{i=1}^{n}\frac{X_i}{\sigma}$ 都是统计量，而 $X_1 - \mu$ 不是统计量．

例 4　设总体 $X \sim N(12, 4)$，从中抽取一个容量为 5 的样本，求 $P\{\max(X_1, X_2, X_3, X_4, X_5) > 15\}$．

解

$$\begin{aligned} P\{\max(X_1, X_2, X_3, X_4, X_5) > 15\} &= 1 - P\{\max(X_1, X_2, X_3, X_4, X_5) \leqslant 15\} \\ &= 1 - F_{\max}(15) = 1 - [F(15)]^5 \\ &= 1 - \left[\Phi\left(\frac{15-12}{2}\right)\right]^5 = 1 - [\Phi(1.5)]^5 \\ &= 1 - 0.9332^5 = 0.2923. \end{aligned}$$

6.2　抽样分布

统计量是个随机变量，其相应的概率分布称为统计量的抽样分布．本节介绍几个在数理统计中常用的来自正态总体统计量的分布．

6.2.1　χ^2 分布

定义 1　设 $X_1, X_2, \cdots, X_n$ 是来自标准正态分布 $N(0,1)$ 的样本，称统计量

$$\chi^2 = X_1^2 + X_2^2 + \cdots + X_n^2$$

为服从自由度为 n 的 χ^2 分布，记为 $\chi^2\sim\chi^2(n)$.

可以证明 $\chi^2(n)$ 的概率密度为

$$f(x)=\begin{cases}\dfrac{1}{2^{\frac{n}{2}}\Gamma\left(\dfrac{n}{2}\right)}x^{\frac{n}{2}-1}e^{-\frac{x}{2}}, & x>0,\\ 0, & x\leqslant 0,\end{cases}$$

其中 $\Gamma(r)=\int_0^{+\infty}x^{r-1}e^{-x}dx, r>0$.

定义 2 设 $\chi^2\sim\chi^2(n)$，对于给定正数 $\alpha(0<\alpha<1)$，称满足

$$P(\chi^2>\chi_\alpha^2(n))=\int_{\chi_\alpha^2(n)}^{+\infty}f(x)dx=\alpha$$

的点 $\chi_\alpha^2(n)$（图 6.2.1）为 $\chi^2(n)$ 的上 α 分位点（数）.

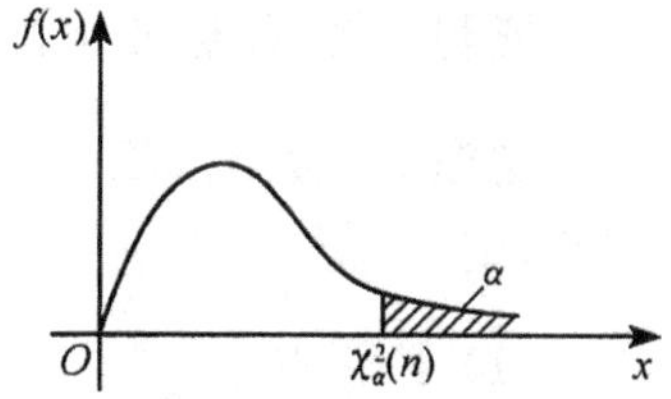

图 6.2.1

$\chi_\alpha^2(n)$ 就是图中阴影面积为 α 时，在 x 轴上确定的点，对于给定的 α 与 n，可从书末附表中查找 $\chi_\alpha^2(n)$ 的值. 如 $\chi_{0.95}^2(12)=5.226$，即 $P(\chi^2>5.226)=0.95$.

性质 1 若 $\chi^2\sim\chi^2(n)$，则 $E(\chi^2)=n, D(\chi^2)=2n$.

证明 由定义 1，$\chi^2=\sum\limits_{i=1}^{n}X_i^2, X_i\sim N(0,1), X_1, X_2, \cdots, X_n$ 相互独立，则

$$E(X_i)=0, D(X_i)=1; E(X_i^2)=E[(X_i-EX_i)^2]=D(X_i)=1.$$

故

$$E(\chi^2)=E\left(\sum_{i=1}^{n}X_i^2\right)=\sum_{i=1}^{n}E(X_i^2)=n.$$

因为 $D(X_i^2)=E(X_i^4)-[E(X_i^2)]^2$，而

$$EX_i^4=\int_{-\infty}^{+\infty}x^4f(x)dx=\frac{1}{\sqrt{2\pi}}\int_{-\infty}^{+\infty}x^4e^{-\frac{x^2}{2}}dx$$

$$\overset{\text{设}t=\frac{x^2}{2}}{=}\frac{2}{\sqrt{2\pi}}\int_0^{+\infty}4t^2e^{-t}(2t)^{-\frac{1}{2}}dt$$

$$=\frac{2^{\frac{5}{2}}\Gamma\left(\frac{5}{2}\right)}{\sqrt{2\pi}}=\frac{2^2\,\frac{3}{2}\cdot\frac{1}{2}\Gamma\left(\frac{1}{2}\right)}{\sqrt{\pi}}=3,$$

因此，$DX_i^2=3-1=2, D\chi^2=D\left(\sum\limits_{i=1}^{n}X_i^2\right)=\sum\limits_{i=1}^{n}DX_i^2=2n$.

性质 2 设 $X\sim\chi^2(n_1), Y\sim\chi^2(n_2)$，且 X 与 Y 相互独立，则 $X+Y\sim\chi^2(n_1+n_2)$.

证明 由 χ^2 分布定义易知.

性质 3　设 $\chi^2 \sim \chi^2(n)$，对任意实数 x 有

$$\lim_{n\to\infty} P\left\{\frac{\chi^2 - n}{\sqrt{2n}} \leqslant x\right\} = \frac{1}{\sqrt{2\pi}}\int_{-\infty}^{x} e^{-\frac{t^2}{2}}\,dt.$$

证明　由中心极限定理及性质 1 可知.

定理 1　设 $X_1, X_2, \cdots, X_n$ 是总体 $N(\mu, \sigma^2)$ 的样本，则随机变量 $\chi^2 = \frac{1}{\sigma^2}\sum_{i=1}^{n}(X_i - \mu)^2 \sim \chi^2(n)$.

证明　将 X_i 标准化，得 $\frac{X_i - \mu}{\sigma} \sim N(0,1)$，再由定义 1 可知.

定理 2　设 $X_1, X_2, \cdots, X_n$ 是总体 $N(\mu, \sigma^2)$ 的样本，$\overline{X}$ 为样本均值，S^2 为样本方差，则

(1) $\overline{X} \sim N\left(\mu, \frac{\sigma^2}{n}\right)$；

(2) $\frac{(n-1)S^2}{\sigma^2} = \frac{1}{\sigma^2}\sum_{i=1}^{n}(X_i - \overline{X})^2 \sim \chi^2(n-1)$；

(3) $\overline{X}$ 与 S^2 相互独立.

证明　只证(1). 因为

$$E\overline{X} = E\left(\frac{1}{n}\sum_{i=1}^{n}X_i\right) = \frac{1}{n}\sum_{i=1}^{n}EX_i = \mu;\quad D\overline{X} = D\left(\frac{1}{n}\sum_{i=1}^{n}X_i\right) = \frac{1}{n^2}\sum_{i=1}^{n}DX_i = \frac{\sigma^2}{n}.$$

根据独立正态随机变量的线性组合还是正态随机变量，将 $\overline{X}$ 标准化知 $\overline{X} \sim N\left(\mu, \frac{\sigma^2}{n}\right)$.

6.2.2　*t* 分布

定义 3　设 $X \sim N(0,1)$，$Y \sim \chi^2(n)$，且 X 与 Y 相互独立，称统计量 $t = \frac{X}{\sqrt{\frac{Y}{n}}}$ 为服从自由度为 n 的 t 分布，记为 $t \sim t(n)$.

可以证明 $t(n)$ 分布的概率密度为

$$f(x) = \frac{\Gamma\left(\frac{n+1}{2}\right)}{\sqrt{n\pi}\cdot\Gamma\left(\frac{n}{2}\right)}\left(1 + \frac{x^2}{n}\right)^{-\frac{n+1}{2}},$$

由 Γ 函数性质 $\lim_{n\to\infty} f(x) = \frac{1}{\sqrt{2\pi}} e^{-\frac{x^2}{2}}$，故当 n 足够大时，$t(n)$ 分布近似于标准正态分布 $N(0,1)$.

显然 $t(n)$ 分布的密度函数 $f(x)$ 关于 $x=0$ 对称.

定义 4 设 $t\sim t(n)$，对于给定正数 $\alpha(0<\alpha<1)$，称满足

$$P(t>t_\alpha(n))=\int_{t_\alpha(n)}^{+\infty}f(x)\mathrm{d}x=\alpha$$

的点 $t_\alpha(n)$（图 6.2.2）为 $t(n)$ 分布的上 α 分位点（数）.

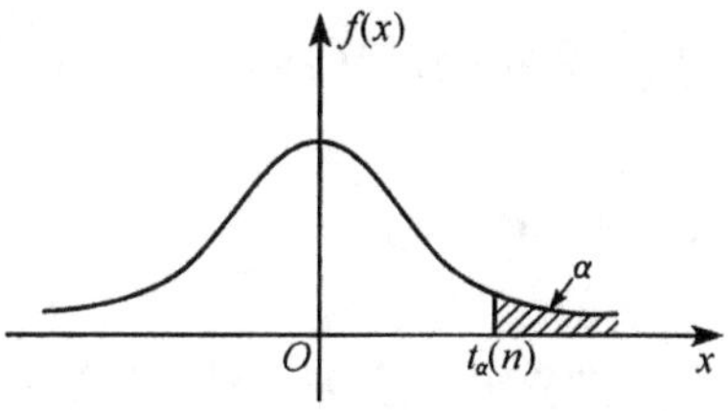

图 6.2.2

根据 $t(n)$ 分布概率密度的对称性，可知 $t_{1-\alpha}(n)=-t_\alpha(n)$，$t_\alpha(n)$ 就是图中阴影面积为 α 时，在 x 轴上确定的点，如 $t_{0.05}(11)=1.7959$，即 $P(t>1.7959)=0.05$；$t_{0.95}(11)=-t_{0.05}(11)=-1.7959$，即 $P(t>-1.7959)=0.95$.

当 n 很大时，可用标准正态分布查表，得 $t_\alpha(n)\approx u_\alpha$.

定理 3 设 $X_1,X_2,\cdots,X_n$ 是来自总体正态总体 $N(\mu,\sigma^2)$ 的样本，$\overline{X}$ 为样本均值，S^2 为样本方差，则随机变量

$$t=\frac{\overline{X}-\mu}{S/\sqrt{n}}\sim t(n-1).$$

证明 根据定理 2，因为 $\overline{X}\sim N\left(\mu,\frac{\sigma^2}{n}\right)$，$\frac{\overline{X}-\mu}{\sigma/\sqrt{n}}\sim N(0,1)$，且 $\frac{(n-1)S^2}{\sigma^2}\sim\chi^2(n-1)$，由于 $\overline{X}$ 与 S^2 相互独立，因此 $\frac{\overline{X}-\mu}{\sigma/\sqrt{n}}$ 与 $\frac{(n-1)}{\sigma^2}S^2$ 相互独立，从而

$$\frac{\overline{X}-\mu}{S/\sqrt{n}}=\frac{\dfrac{\overline{X}-\mu}{\sigma/\sqrt{n}}}{\sqrt{\dfrac{(n-1)S^2}{\sigma^2}/n-1}}\sim t(n-1).$$

定理 4 设 $X_1,X_2,\cdots,X_n$ 与 $Y_1,Y_2,\cdots,Y_m$ 分别是来自正态总体 $N(\mu_1,\sigma^2)$ 和 $N(\mu_2,\sigma^2)$ 的样本，且 $(X_1,X_2,\cdots,X_n)$ 与 $(Y_1,Y_2,\cdots,Y_m)$ 相互独立，样本均值依次为 $\overline{X}$ 和 $\overline{Y}$，样本方差依次为 S_1^2 和 S_2^2，记 $S_w=\sqrt{\dfrac{(n-1)S_1^2+(m-1)S_2^2}{n+m-2}}$，则随机变量

$$t=\frac{\overline{X}-\overline{Y}-(\mu_1-\mu_2)}{S_w\sqrt{\dfrac{1}{n}+\dfrac{1}{m}}}\sim t(n+m-2).$$

证明 易知 $\overline{X}-\overline{Y}\sim N\left(\mu_1-\mu_2,\frac{\sigma^2}{m}+\frac{\sigma^2}{n}\right)$，故 $\dfrac{(\overline{X}-\overline{Y})-(\mu_1-\mu_2)}{\sigma\sqrt{\dfrac{1}{n}+\dfrac{1}{m}}}\sim N(0,1)$.

又

$$\frac{(n-1)S_1^2}{\sigma^2}\sim\chi^2(n-1),\quad \frac{(m-1)S_2^2}{\sigma^2}\sim\chi^2(m-1).$$

由 χ^2 分布的可加性知，$\dfrac{(n-1)S_1^2}{\sigma^2}+\dfrac{(m-1)S_2^2}{\sigma^2}\sim\chi^2(n+m-2)$，由 t 分布定义即知.

6.2.3　*F* 分布

定义 5　设 $X\sim\chi^2(n)$，$Y\sim\chi^2(m)$，且 X 与 Y 相互独立，称统计量 $F=\dfrac{X/n}{Y/m}$服从第一自由度为 n，第二自由度为 m 的 F 分布，记为 $F\sim F(n,m)$.

可以证明 $F(n,m)$的概率密度为

$$f(x)=\begin{cases}\dfrac{\Gamma\left(\dfrac{n+m}{2}\right)}{\Gamma\left(\dfrac{n}{2}\right)\Gamma\left(\dfrac{m}{2}\right)}\left(\dfrac{n}{m}\right)^{\frac{n}{2}}x^{\frac{n}{2}-1}\left(1+\dfrac{n}{m}x\right)^{-\frac{n+m}{2}}, & x>0\\ 0, & x\leqslant 0,\end{cases}$$

由 F 分布的定义易知，若 $F\sim F(n,m)$，则$\dfrac{1}{F}\sim F(m,n)$.

定义 6　设 $F\sim F(n,m)$，对于给定的正数$\alpha(0<\alpha<1)$，称满足

$$P(F>F_\alpha(n,m))=\int_{F_\alpha(n,m)}^{+\infty}f(x)\mathrm{d}x=\alpha$$

的点 $F_\alpha(n,m)$（图 6.2.3）为 $F(n,m)$分布的上 α 分位点(数).

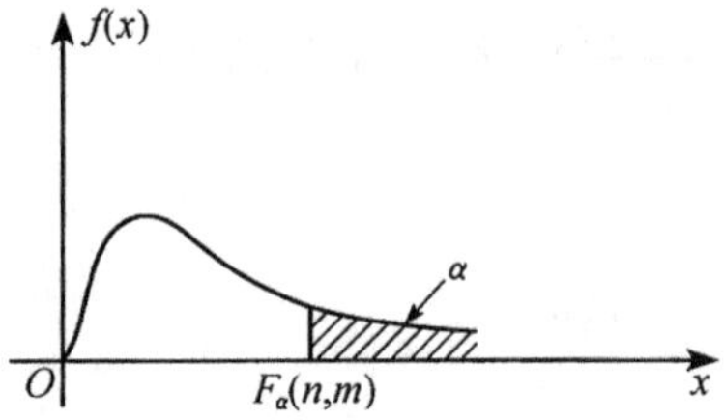

图 6.2.3

由 F 分布定义上 α 分位点，显然具备 $F_{1-\alpha}(n,m)=\dfrac{1}{F_\alpha(m,n)},\dfrac{1}{F(n,m)}\sim F(m,n)$.

$F_\alpha(n,m)$就是图中阴影面积为 α 时，在 x 轴上确定的点，对于给定的 α,n,m，可从书末附表中查找 $F_\alpha(n,m)$的值.

例如，$n=4$，$m=6$，$\alpha=0.05$，则 $F_{0.05}(4,6)=4.53$，即

$$P(F(4,6)>4.53)=0.05,$$

$$F_{0.95}(6,4)=\frac{1}{F_{0.05}(4,6)}=\frac{1}{4.53}=0.2208.$$

定理 5　设 $X_1,X_2,\cdots,X_n$ 是来自正态总体 $N(\mu_1,\sigma_1^2)$的样本，$Y_1,Y_2,\cdots,Y_m$ 是来自正态总体 $N(\mu_2,\sigma_2^2)$的样本，并且这两个样本相互独立，则随机变量

$$F=\frac{m\sigma_2^2\sum_{i=1}^{n}(X_i-\mu_1)^2}{n\sigma_1^2\sum_{i=1}^{m}(Y_i-\mu_2)^2}\sim F(n,m).$$

证明　由定理 1 及$(X_1,X_2,\cdots,X_n)$和$(Y_1,Y_2,\cdots,Y_m)$相互独立即可证得.

定理 6 设从两个正态总体 $N(\mu_1,\sigma_1^2)$ 和 $N(\mu_2,\sigma_2^2)$ 中分别独立地抽取样本 $X_1,X_2,\cdots,X_n,Y_1,Y_2,\cdots,Y_m$，样本方差分别是 S_1^2,S_2^2，则随机变量

$$F=\frac{S_1^2/\sigma_1^2}{S_2^2/\sigma_2^2}\sim F(n-1,m-1).$$

证明 由定理 2 及 F 分布的定义可得.

例 1 设随机变量 X 与 Y 相互独立且都服从 $N(0,\sigma^2)$，X_1,X_2,X_3 和 Y_1,Y_2,Y_3,Y_4 是分别来自 X 和 Y 的样本，则统计量

$$\frac{\sum_{i=1}^{3}X_i^2}{\sum_{i=1}^{4}(Y_i-\overline{Y})^2}\sim F(3,3).$$

证明 由定理 1 及 F 分布的定义可知.

例 2 设 $X_1,X_2,\cdots,X_{10}$ 为正态总体 $N(\mu,\sigma^2)$ 的一个样本，试求：

(1) $P\left\{0.26\sigma^2\leqslant\frac{1}{10}\sum_{i=1}^{10}(X_i-\overline{X})^2\leqslant 2.3\sigma^2\right\}$；

(2) $P\left\{0.26\sigma^2\leqslant\frac{1}{10}\sum_{i=1}^{10}(X_i-\mu)^2\leqslant 2.3\sigma^2\right\}$.

解 (1)

$$\begin{aligned}&P\left\{0.26\sigma^2\leqslant\frac{1}{10}\sum_{i=1}^{10}(X_i-\overline{X})^2\leqslant 2.3\sigma^2\right\}\\&=P\left\{2.6\leqslant\sum_{i=1}^{10}(X_i-\overline{X})^2/\sigma^2\leqslant 23\right\}\\&=P\{2.6\leqslant\chi^2(9)\leqslant 23\}\\&=P\{\chi^2(9)\leqslant 23\}-P\{\chi^2(9)<2.6\}\\&=P\{\chi^2(9)>2.6\}-P\{\chi^2(9)>23\}\\&=0.975-0.005=0.97.\end{aligned}$$

(2)

$$\begin{aligned}&P\left\{0.26\sigma^2\leqslant\frac{1}{10}\sum_{i=1}^{10}(X_i-\mu)^2\leqslant 2.3\sigma^2\right\}\\&=P\left\{2.6\leqslant\sum_{i=1}^{10}(X_i-\mu)^2/\sigma^2\leqslant 23\right\}\\&=P\{2.6\leqslant\chi^2(10)\leqslant 23\}\\&=P\{\chi^2(10)>2.6\}-P\{\chi^2(10)>23\}\\&=0.99-0.01=0.98.\end{aligned}$$

例 3 设 $X_1,X_2,\cdots,X_n$ 是来自于不论何种总体 X 的样本，若总体期望 $EX=\mu$，$DX=\sigma^2$，则 $E\overline{X}=\mu$，$D\overline{X}=\frac{\sigma^2}{n}$，$ES^2=\sigma^2$.

证明

$$E\overline{X}=E\left(\frac{1}{n}\sum_{i=1}^{n}X_i\right)=\frac{1}{n}\sum_{i=1}^{n}EX_i=\mu,$$

$$D\overline{X}=D\left(\frac{1}{n}\sum_{i=1}^{n}X_i\right)=\frac{1}{n^2}\sum_{i=1}^{n}DX_i=\frac{\sigma^2}{n}.$$

$$ES^2=E\left(\frac{1}{n-1}\sum_{i=1}^{n}(X_i-\overline{X})^2\right)=\frac{1}{n-1}\left[\sum_{i=1}^{n}EX_i^2-n(E\overline{X})^2\right]=\sigma^2.$$

小　结

(1) 熟悉简单随机样本及统计量等基本概念.

(2) 本章涉及常用统计量的分布是以后两章的基础,请读者熟记各个定理.

习　题　6

一、填空题

1. 设 $X_1,X_2,\cdots,X_n$ 是取自正态总体 $N(\mu,\sigma^2)$ 的样本,则 $\dfrac{\sum\limits_{i=1}^{n}(X_i-\overline{X})^2}{\sigma^2}$ 服从________分布.

2. 设 $X_1,X_2,\cdots,X_{15}$ 是来自正态总体 $N(0,2^2)$ 的样本,则 $Y=\dfrac{X_1^2+X_2^2+\cdots+X_{10}^2}{2(X_{11}^2+X_{12}^2+\cdots+X_{15}^2)}$ 服从________分布.

3. 设 $X\sim N(0,1)$,$Y\sim\chi^2(n-1)$,且 X,Y 相互独立,则 $Z=\dfrac{X}{\sqrt{Y/n-1}}$ 服从________分布.

4. 设随机变量 $X\sim t(n)$,若 $P(|X|>\lambda)=\alpha$,则 $P(X<-\lambda)=$________.

5. 设 $X_1,X_2,\cdots,X_5$ 是来自总体 $\chi^2(10)$ 的样本,则 $Y=\sum\limits_{i=1}^{5}X_i$ 服从________分布.

6. 设随机变量 $T\sim t(n)$,则 T^2 服从________分布.

7. 设随机变量 $X\sim F(n,n)$,则 $P(X\geqslant 1)=$________.

8. 设样本 X_1,X_2,X_3,X_4,X_5 来自正态总体 $N(0,1)$,则 $C=$________时,$\dfrac{C(X_1+X_2)}{\sqrt{X_3^2+X_4^2+X_5^2}}$ 服从 t 分布.

二、单项选择题

1. 设 $X_1,X_2,\cdots,X_n$ 是来自正态总体 $N(0,1)$ 的样本,$\overline{X}$ 是样本均值,则(　　)正确 $(n\geqslant 2)$.

A. $\overline{X}\sim N(0,1)$;　　　　B. $n\overline{X}\sim N(0,1)$;

C. $\sum\limits_{i=1}^{n}X_i^2\sim\chi^2(n)$;　　　　D. $\overline{X}\sim t(n-1)$.

2. 设 X_1,X_2,X_3 是来自于正态总体 $N(\mu,\sigma^2)$ 的样本,μ,σ^2 未知,则(　　)是统计量.

A. $X_1+X_2+X_3-\mu$; B. $\frac{X_1-\mu}{\sigma}$

C. $\frac{X_1^2}{\sigma^2}$; D. X_1.

3. 设随机变量 X 与 Y 相互独立，且都服从 $N(0,\sigma^2)$，X_1,X_2,X_3 和 Y_1,Y_2,Y_3,Y_4 是分别来自 X 和 Y 的样本，则 $\frac{\sum_{i=1}^{3}X_i^2}{\sum_{i=1}^{4}(Y_i-\overline{Y})^2}$ 服从的分布为(　　).

A. $N(0,1)$; B. $t(3)$; C. $F(3,3)$; D. $F(3,4)$.

4. 设 $X_1,X_2,\cdots,X_n$ 为来自正态总体 $N(\mu,\sigma^2)$ 的样本，记 $S_1^2=\frac{1}{n-1}\sum_{i=1}^{n}(X_i-\overline{X})^2$，$S_2^2=\frac{1}{n}\sum_{i=1}^{n}(X_i-\overline{X})^2$，$S_3^2=\frac{1}{n-1}\sum_{i=1}^{n}(X_i-\mu^2)$，$S_4^2=\frac{1}{n}\sum_{i=1}^{n}(X_i-\mu)^2$，则服从自由度为 $n-1$ 的 t 分布的随机变量是(　　).

A. $\frac{\overline{X}-\mu}{S_1/\sqrt{n-1}}$; B. $\frac{\overline{X}-\mu}{S_2/\sqrt{n-1}}$; C. $\frac{\overline{X}-\mu}{S_3/\sqrt{n-1}}$; D. $\frac{\overline{X}-\mu}{S_4/\sqrt{n-1}}$.

三、综合题

1. 在正态总体中 $N(12,4)$ 随机抽取容量为 5 的样本，$\overline{X}$ 为样本均值.

(1) 求 $P(|\overline{X}-12|>1)$;

(2) 求 $P(\max(X_1,X_2,\cdots,X_5)>15)$;

(3) 求 $P(\min(X_1,X_2,\cdots,X_5)<10)$.

2. 设 $X_1,X_2,\cdots,X_{10}$ 为正态总体 $N(0,0.3^2)$ 的一个样本，求 $P\left(\sum_{i=1}^{10}X_i^2>1.44\right)$.

3. 设 $X\sim B(1,p)$，$X_1,X_2,\cdots,X_n$ 是 X 的样本，试写出该样本的联合概率分布.

4. 设总体 X 的概率密度函数为 $f(x)=\begin{cases}2x, & 0<x<1,\\ 0, & \text{其他},\end{cases}$ $X_1,X_2,\cdots,X_n$ 是来自总体 X 的样本，试写出最小次序统计量 $X_{(1)}$ 和最大次序统计量 $X_{(n)}$ 的概率密度函数.

5. 设 $X_1,X_2,\cdots,X_6$ 是来自正态总体 $N(0,1)$ 的样本，试确定常数 C，使随机变量 $Y=C[(X_1+X_2+X_3)^2+(X_4+X_5+X_6)^2]$ 服从 χ^2 分布，其自由度为多少？

6. 设总体 $X\sim N(20,3)$，从 X 中分别抽取容量为 10，15 的两个相互独立的样本，求两样本均值之差的绝对值大于 0.3 的概率.

7. 设 $X_1,X_2,\cdots,X_n$ 是来自正态总体 $N(\mu,\sigma^2)$ 的样本，其样本均值 $\overline{X}=\frac{1}{n}\sum_{i=1}^{n}X_i$，样本方差 $S^2=\frac{1}{n-1}\sum_{i=1}^{n}(X_i-\overline{X})^2$，$X_{n+1}$ 是对总体的又一次独立观测值，试判断统计量 $Z=\frac{X_{n+1}-\overline{X}}{S}\sqrt{\frac{n}{n-1}}$ 所服从的分布.

8. 设总体 X 服从指数分布，其概率密度为 $f(x)=\begin{cases}\frac{1}{\theta}e^{-\frac{x}{\theta}}, & x>0,\theta>0,\\ 0, & \text{其他},\end{cases}$ $X_1,X_2,\cdots,X_n$ 是

总体的一个样本，证明$\frac{2n\overline{X}}{\theta}\sim\chi^2(2n)$.

9. 设在正态总体 $N(\mu,\sigma^2)$ 中抽取一容量为 16 的样本，μ,σ^2 未知，求：

(1) $P\left(\frac{S^2}{\sigma^2}\leqslant 2.041\right)$，其中 S^2 为样本方差；

(2) ES^2, DS^2.

第 7 章　参 数 估 计

本章主要讨论在总体分布类型已知，但在其中有一个或多个参数未知的情况下，通过总体样本提供的信息对未知参数做出估计，并通过一些准则对所作出的估计进行评价.

7.1　参数的点估计

设 $X_1, X_2, \cdots, X_n$ 是来自总体 X 的样本，总体中含有未知参数，如构造统计量 $\hat{\theta}(X_1, X_2, \cdots, X_n)$，当样本观察值为 $x_1, x_2, \cdots, x_n$ 时，以 $\hat{\theta}(x_1, x_2, \cdots, x_n)$ 作为总体分布中某个未知参数 θ 的估计值，这种方法称为点估计，并称 $\hat{\theta}(X_1, X_2, \cdots, X_n)$ 为 θ 的点估计量，$\hat{\theta}(x_1, x_2, \cdots, x_n)$ 为 θ 的点估计值.

如检测某种产品，从中任取 6 件得检测值

$$6.3\quad 6.5\quad 6.1\quad 6.4\quad 6.3\quad 6.1$$

样本平均数 $\bar{x}=\frac{1}{6}(6.3+6.5+6.1+6.4+6.3+6.1)=6.28$，将样本从小到大排列

$$6.1\quad 6.1\quad 6.3\quad 6.3\quad 6.4\quad 6.5$$

得中位数为 6.3，这样就可用平均数或中位数来估计这批产品的平均水平.

估计的方法有很多，本书只讨论常用的两种估计：矩估计和最大似然估计.

7.1.1　矩估计法

设总体 X 中有 m 个参数 $\theta_1, \theta_2, \cdots, \theta_m$，总体 X 的一阶、二阶直到 k 阶原点矩存在，一般说来它们都是 $\theta_1, \theta_2, \cdots, \theta_m$ 的函数，即 $\mu_k=\mu_k(\theta_1, \theta_2, \cdots, \theta_m)=E(X^k)$，$k=1,2,\cdots,m$.

设 $X_1, X_2, \cdots, X_n$ 是总体 X 的样本，根据大数定律可知，$n\to\infty$时，样本 k 阶原点矩 A_k 依概率收敛于总体的 k 阶原点矩 μ_k，因此可用样本的 k 阶原点矩作为总体原点矩的估计量.

$$A_k=\frac{1}{n}\sum_{i=1}^{n} X_i^k=\mu_k=\mu_k(\theta_1, \theta_2, \cdots, \theta_m)=E(X^k), k=1,2,\cdots,m,\text{即}$$

$$\begin{cases} A_1=\mu_1(\theta_1, \theta_2, \cdots, \theta_m) \\ A_2=\mu_2(\theta_1, \theta_2, \cdots, \theta_m) \\ \quad\cdots\cdots \\ A_m=\mu_m(\theta_1, \theta_2, \cdots, \theta_m). \end{cases}$$

这样就得到了 m 个方程、m 个未知数的方程组，如果有解，则

$$\hat{\theta}_1=\theta_1(A_1,A_2,\cdots,A_m),$$
$$\hat{\theta}_2=\theta_2(A_1,A_2,\cdots,A_m),$$
$$\cdots\cdots$$
$$\hat{\theta}_m=\theta_m(A_1,A_2,\cdots,A_m).$$

可作为未知参数 $\theta_1,\theta_2,\cdots,\theta_m$ 的估计量，这种求未知参数点估计的方法叫做矩估计法. 对于样本观测值 $x_1,x_2,\cdots,x_n$，可得到相应的未知参数 $\theta_1,\theta_2,\cdots,\theta_m$ 的矩估计值.

例 1　设总体 X 服从泊松分布，$P(X=k)=\frac{\lambda^k}{k!}e^{-\lambda}(k=0,1,2,\cdots)$，其中 λ 未知，又 $(x_1,x_2,\cdots,x_n)$ 为样本观测值，求 λ 的矩估计值.

解　由于 $EX=DX=\lambda, DX=A_2-A_1^2$，所以

$$\hat{\lambda}_1=A_1=\overline{X}=\frac{1}{n}\sum_{i=1}^{n}X_i,$$

即 λ 的估计值 $\hat{\lambda}_1=\overline{x}=\frac{1}{n}\sum\limits_{i=1}^{n}x_i$.

也可由 $\hat{\lambda}_2=A_2-A_1^2=\frac{1}{n}\sum\limits_{i=1}^{n}X_i^2-\left(\frac{1}{n}\sum\limits_{i=1}^{n}X_i\right)^2=\frac{1}{n}\sum\limits_{i=1}^{n}(X_i-\overline{X})^2$，相应地 λ 的估计值为 $\hat{\lambda}_2=\frac{1}{n}\sum\limits_{i=1}^{n}(x_i-\overline{x})^2$.

注　由该例可见总体中参数的矩估计量不具有唯一性.

例 2　设总体 X 的概率分布律为

x	1	2	3
P	θ^2	$2\theta(1-\theta)$	$(1-\theta)^2$

$X_1,X_2,\cdots,X_n$ 是来自总体的样本，求参数 θ 的矩估计(其中 $0<\theta<1$).

解　因为 $EX=1\cdot\theta^2+2\cdot 2\theta(1-\theta)+3(1-\theta)^2=3-2\theta, A_1=\overline{X}=\frac{1}{n}\sum\limits_{i=1}^{n}X_i$，所以 $3-2\theta=\overline{X}$，即 $\theta=\frac{1}{2}(3-\overline{X})$，故参数 θ 的矩估计为 $\hat{\theta}=\frac{1}{2}(3-\overline{X})$.

例 3　设总体 X 的概率密度为 $f(x)=\begin{cases}(\theta+1)x^\theta, & 0<x<1,\\ 0, & \text{其他},\end{cases}$ 其中 $\theta>-1$ 是未知参数，$X_1,X_2,\cdots,X_n$ 是来自总体 X 的样本，求 θ 的矩估计量.

解　$EX=\int_{-\infty}^{+\infty}xf(x)dx=\int_0^1 x(\theta+1)x^\theta dx=\frac{\theta+1}{\theta+2}, A_1=\overline{X}=\frac{1}{n}\sum\limits_{i=1}^{n}X_i$，所以，$\frac{\theta+1}{\theta+2}=\overline{X}$，由此解得 θ 的矩估计量为 $\hat{\theta}=\frac{2\overline{X}-1}{1-\overline{X}}$.

例 4 设 $X \sim U(a,b)$，$X_1, X_2, \cdots, X_n$ 是总体 X 的样本，求参数 a,b 的矩估计.

解 因为 $X \sim U(a,b)$，$EX=\dfrac{a+b}{2}$，$DX=\dfrac{(b-a)^2}{12}$，从而

$$\begin{cases} \dfrac{a+b}{2} = A_1 = \dfrac{1}{n}\sum_{i=1}^{n} X_i = \overline{X}, \\ \dfrac{(b-a)^2}{12} = A_2 - A_1^2 = \dfrac{1}{n}\sum_{i=1}^{n}(X_i - \overline{X})^2 = S_n^2, \end{cases}$$

解得 a,b 的矩估计为 $\hat{a}=\overline{X}-\sqrt{3S_n^2}$，$\hat{b}=\overline{X}+\sqrt{3S_n^2}$.

事实上无论总体 X 服从何种分布，只要其期望 μ、方差 σ^2 存在，总可以用样本去估计.

由 $EX^2=DX+(EX)^2=\sigma^2+\mu^2$，有

$$\begin{cases} \mu = \overline{X}, \\ \sigma^2 + \mu^2 = \dfrac{1}{n}\sum_{i=1}^{n} X_i^2, \quad \sigma^2 = \dfrac{1}{n}\sum_{i=1}^{n}(X_i - \overline{X})^2. \end{cases}$$

这样可以看到样本均值和样本二阶中心矩分别是总体期望 μ、方差 σ^2 的矩估计.

矩估计法简便、实用，但其也有局限性. 如总体原点矩不存在时，或在用矩估计某些总体参数时，矩估计量可能不唯一.

矩估计法只是利用了矩的信息，而没有充分利用分布对参数提供的信息.

7.1.2 最大似然估计

如果一随机事件的概率为 p，且 p 只能取 0.05 或 0.9，在一次试验中该事件发生了，这样认为 $p=0.9$ 是合理的. 再有如甲、乙两人共同射击一个目标，事先并不知甲、乙的命中率，现每人各射击一次，结果目标被甲命中，这样我们便认为甲的命中率比乙的命中率要高. 再有如一盒中有同样大小的黑球、白球若干只，现已知两者的比例是 1∶3，现从中有放回抽取三次，结果有两白球一黑球，如何估计黑白球的比例呢？考虑黑∶白＝1∶3，则出现白球概率 $p_1=\dfrac{3}{4}$，故 P_1（两白球，一黑球）$=\mathrm{C}_3^2\left(\dfrac{3}{4}\right)^2\left(\dfrac{1}{4}\right)=\dfrac{27}{64}$，考虑黑∶白＝3∶1 时，则出现白球概率 $p_2=\dfrac{1}{4}$，故 P_2（两白球，一黑球）$=\mathrm{C}_3^2\left(\dfrac{1}{4}\right)^2\left(\dfrac{3}{4}\right)=\dfrac{9}{64}$，因而我们认为取黑∶白＝1∶3 的估计要比黑∶白＝3∶1 的估计来得更合理些，即事件发生概率最大的最可能出现.

上述选取 p 的估计值 $\hat{p}$ 的方法是：对样本观察值，选取 $\hat{p}$ 使样本观察值出现的概率最大，这种方法称为最大似然估计法.

本章只对总体是离散型或连续型随机变量进行讨论.

(1) 总体为离散型随机变量,其概率分布为 $P(X=x)=p(x,\theta)$,设 Θ 为 θ 的取值范围(θ 可以是向量形式),θ 未知,$X_1,X_2,\cdots,X_n$ 是总体 X 的样本,则样本的联合概率分布为

$$P(X_1=x_1,X_2=x_2,\cdots,X_n=x_n)=\prod_{i=1}^{n}p(x_i,\theta).$$

当样本给定时,看作是 θ 的函数,记为 $L(\theta)$,称 $L(\theta)=\prod\limits_{i=1}^{n}p(x_i,\theta)$,$\theta\in\Theta$ 为似然函数.选择使 $L(\theta)$ 为最大的那个 $\hat{\theta}$ 作为 θ 的估计即可.

(2) 总体为连续型随机变量,其概率密度为 $f(x,\theta)$,$X_1,X_2,\cdots,X_n$ 是来自总体 X 的一个样本,则$(X_1,X_2,\cdots,X_n)$落在其样本观察值$(x_1,x_2,\cdots,x_n)$附近的概率大小,依赖于 $f(x,\theta)$的大小,称 $L(\theta)=\prod\limits_{i=1}^{n}f(x_i,\theta)$ 为似然函数.同样,选择 $\hat{\theta}$ 使 $L(\theta)$最大即可.

定义 1　如果存在 $\hat{\theta}\in\Theta$,使对任意 $\theta\in\Theta$,都有 $L(\hat{\theta})\geqslant L(\theta)$,则称 $\hat{\theta}$ 是 θ 的最大似然估计.$\hat{\theta}(x_1,x_2,\cdots,x_n)$称为参数最大似然估计值,$\hat{\theta}(X_1,X_2,\cdots,X_n)$称为参数最大似然估计量.求未知参数 θ 的最大似然估计问题相当于求似然函数 $L(\theta)$的最大值问题,利用微积分知识,如 $L(\theta)$是可微函数,欲使 $L(\theta)$取到极大值,θ 必须满足方程

$$\frac{\mathrm{d}L(\theta)}{\mathrm{d}\theta}=0\quad 或\quad \frac{\partial L(\theta)}{\partial\theta_i}=0,\quad i=1,2,\cdots,k,\theta=(\theta_1,\theta_2,\cdots,\theta_k).$$

上述方程也称为似然方程.

由于 L 为连乘积构造,$\ln x$ 为单调增加函数,故可将似然方程改为

$$\frac{\mathrm{d}\ln L(\theta)}{\mathrm{d}\theta}=0\quad 或\quad \frac{\partial\ln L(\theta)}{\partial\theta_i}=0,\quad i=1,2,\cdots,k,\theta=(\theta_1,\theta_2,\cdots,\theta_k).$$

如 $L(\theta)$不可微时,一般可用定义判断分析.当然对于某些分布并不存在最大似然估计,在此省略说明.

例 5　设总体 X 服从泊松分布 $P(\lambda)$,$X_1,X_2,\cdots,X_n$ 是来自总体 X 的样本,求参数 λ 的最大似然估计.

解　设 $x_1,x_2,\cdots,x_n$ 是样本观察值,由于 $P(X=x_k)=\dfrac{\lambda^{x_k}}{x_k!}\mathrm{e}^{-\lambda}(k=1,2,\cdots,n)$,故

似然函数　$$L(\lambda)=\prod_{i=1}^{n}\frac{\lambda^{x_i}}{x_i!}\mathrm{e}^{-\lambda}=\frac{\lambda^{\sum\limits_{i=1}^{n}x_i}}{x_1!x_2!\cdots x_n!}\mathrm{e}^{-n\lambda};$$

对数似然函数　$$\ln L(\lambda)=\left(\sum_{i=1}^{n}x_i\right)\ln\lambda-\sum_{i=1}^{n}\ln x_i!-n\lambda.$$

由$\dfrac{\mathrm{d}\ln L(\lambda)}{\mathrm{d}\lambda}=\dfrac{\sum\limits_{i=1}^{n}x_i}{\lambda}-n=0$,得$\lambda=\dfrac{\sum\limits_{i=1}^{n}x_i}{n}=\overline{x}$.

又$\dfrac{\mathrm{d}^2\ln L(\lambda)}{\mathrm{d}\lambda^2}=-\dfrac{\sum\limits_{i=1}^{n}x_i}{\lambda^2}<0$,故$\hat{\lambda}=\overline{x}=\dfrac{1}{n}\sum\limits_{i=1}^{n}x_i$ 即为λ 的最大似然估计.

例 6 设总体的概率分布为

x	1	2	3
P	θ^2	$2\theta(1-\theta)$	$(1-\theta)^2$

$0<\theta<1$,求θ的最大似然估计.

解 设$x_1,x_2,\cdots,x_n$是样本观测值.

似然函数 $L(\theta)=\theta^2\cdot 2\theta(1-\theta)\cdot(1-\theta)^2=2\theta^3(1-\theta)^3$;

对数似然函数 $\ln L(\theta)=\ln 2+3\ln\theta+3\ln(1-\theta)$.

由$\dfrac{\mathrm{d}\ln L(\theta)}{\mathrm{d}\theta}=\dfrac{3}{\theta}-\dfrac{3}{1-\theta}=0$,$\dfrac{\mathrm{d}^2\ln L(\theta)}{\mathrm{d}\theta^2}=\dfrac{-3}{\theta^2}+\dfrac{-3}{(1-\theta)^2}<0$,解得$\theta=\dfrac{1}{2}$. 故$\hat{\theta}=\dfrac{1}{2}$为$\theta$的最大似然估计.

例 7 设总体X的概率密度为$f(x)=\begin{cases}(\theta+1)x^\theta, & 0<x<1,\\ 0, & \text{其他}.\end{cases}$,其中$\theta>-1$是未知参数,求$\theta$的最大似然估计.

解 设$x_1,x_2,\cdots,x_n$是样本观测值.

似然函数 $L(\theta)=\prod\limits_{i=1}^{n}(\theta+1)x_i^\theta=(\theta+1)^n\left(\prod\limits_{i=1}^{n}x_i\right)^\theta$;

对数似然函数 $\ln L(\theta)=n\ln(\theta+1)+\theta\sum\limits_{i=1}^{n}\ln x_i$.

由$\dfrac{\mathrm{d}\ln L(\theta)}{\mathrm{d}\theta}=\dfrac{n}{\theta+1}+\sum\limits_{i=1}^{n}\ln x_i=0$,得$\theta=-\dfrac{n}{\sum\limits_{i=1}^{n}\ln x_i}-1$,$\dfrac{\mathrm{d}^2\ln L(\theta)}{\mathrm{d}\theta^2}=-\dfrac{n}{(\theta+1)^2}<0$. 故$\hat{\theta}=-\dfrac{n}{\sum\limits_{i=1}^{n}\ln x_i}-1$为$\theta$的最大似然估计.

注 请读者注意此估计与矩估计是不同的.

例 8 若某总体为两点分布,抽取样本反复试验,直到事件A发生,设$P(A)=p$,设样本观察值为$x_1,x_2,\cdots,x_n$,求参数p的最大似然估计.

解 概率分布$P(x=x_i)=q^{x_i-1}p(i=1,2,\cdots,n)$,其中$q=1-p$.

似然函数 $L(p)=p^nq^{\sum\limits_{i=1}^{n}x_i-n}$;

对数似然函数　$\ln L = n\ln p + (\sum_{i=1}^{n} x_i - n)\ln q.$

由$\frac{\mathrm{d}\ln L}{\mathrm{d}p}=0$，得$\frac{n}{p} - \frac{(\sum_{i=1}^{n} x_i - n)}{1-p} = 0$. 解得

$$p = \frac{n}{\sum_{i=1}^{n} x_i}, \quad \frac{\mathrm{d}^2 \ln L(p)}{\mathrm{d}p^2} = -\frac{n}{p^2} - \frac{(\sum_{i=1}^{n} x_i - n)}{(1-p)^2} < 0.$$

故 $\hat{p} = \frac{n}{\sum_{i=1}^{n} x_i}$ 为参数 p 的最大似然估计.

例 9　总体 X 服从正态分布 $N(\mu,\sigma^2)$，其中 μ 和 σ^2 都是未知参数，求未知参数 μ 和 σ^2 的最大似然估计值.

解　设 $x_1,x_2,\cdots,x_n$ 是样本观测值，密度函数为 $f(x)=\frac{1}{\sqrt{2\pi}\sigma}\mathrm{e}^{-\frac{(x-\mu)^2}{2\sigma^2}}$.

似然函数　$L(\mu,\sigma^2) = \prod_{i=1}^{n} \frac{1}{\sqrt{2\pi}\sigma}\mathrm{e}^{-\frac{(x_i-\mu)^2}{2\sigma^2}}$;

对数似然函数　$\ln L(\mu,\sigma^2) = -\frac{n}{2}[\ln(2\pi)+\ln\sigma^2] - \frac{1}{2\sigma^2}\sum_{i=1}^{n}(x_i-\mu)^2.$

由$\frac{\partial \ln L(\mu,\sigma^2)}{\partial \mu}=0$，$\frac{\partial \ln L(\mu,\sigma^2)}{\partial \sigma^2}=0$，得

$$\begin{cases} \frac{1}{\sigma^2}(\sum_{i=1}^{n} x_i - n\mu) = 0, \\ -\frac{n}{2\sigma^2} + \frac{1}{2\sigma^4}\sum_{i=1}^{n}(x_i-\mu)^2 = 0. \end{cases}$$

解出$\begin{cases} \mu = \frac{1}{n}\sum_{i=1}^{n} x_i = \bar{x}, \\ \sigma^2 = \frac{1}{n}\sum_{i=1}^{n}(x_i-\bar{x})^2. \end{cases}$　所以，μ 和 σ^2 的最大似然估计值是$\begin{cases} \hat{\mu} = \bar{x}, \\ \hat{\sigma}^2 = \frac{1}{n}\sum_{i=1}^{n}(x_i-\bar{x})^2. \end{cases}$

例 10　设总体在$[a,b]$上服从均匀分布，求未知参数 a 和 b 的最大似然估计.

解　设 $x_1,x_2,\cdots,x_n$ 是样本观测值，似然函数

$$L(a,b) = \begin{cases} \frac{1}{(b-a)^n}, & a \leqslant x_i \leqslant b, \\ 0, & \text{其他}. \end{cases}$$

显然，偏导方程组无解，按最大似然定义使 L 最大即可.

$$x_{(1)}=\min(x_1,x_2,\cdots,x_n),\quad x_{(n)}=\max(x_1,x_2,\cdots,x_n).$$

$$0<L(a,b)=\frac{1}{(b-a)^n}\leqslant\frac{1}{(x_{(n)}-x_{(1)})^n},\quad a\leqslant x_{(1)},x_{(n)}\leqslant b,$$

故 a,b 的最大似然估计值是 $\hat{a}=x_{(1)}=\min(x_1,x_2,\cdots,x_n)$，$\hat{b}=x_{(n)}=\max(x_1,x_2,\cdots,x_n)$.

例 11 设总体 X 的概率密度函数为

$$f(x)=\begin{cases}\frac{1}{\theta}e^{-\frac{x-\mu}{\theta}}, & x\geqslant\mu,\\ 0, & x<\mu,\end{cases}\quad \theta>0,-\infty<\mu<+\infty,$$

求参数 θ 和 μ 的最大似然估计.

解 似然函数 $L(\theta,\mu)=\prod_{i=1}^{n}f(x_i)=\begin{cases}\theta^{-n}e^{-\frac{1}{\theta}\sum_{i=1}^{n}(x_i-\mu)}, & x_1,x_2,\cdots,x_n\geqslant\mu,\\ 0, & \text{其他}.\end{cases}$

当 $x_1,x_2,\cdots,x_n\geqslant\mu$ 时，对数似然函数为 $\ln L(\theta,\mu)=-n\ln\theta-\frac{1}{\theta}\sum_{i=1}^{n}(x_i-\mu)$.

由 $\frac{\partial\ln L(\theta,\mu)}{\partial\theta}=0$，$\frac{\partial\ln L(\theta,\mu)}{\partial\mu}=0$，得

$$\begin{cases}-n\left[\frac{1}{\theta}-\frac{1}{\theta^2}(\bar{x}-\mu)\right]=0,\\ \frac{n}{\theta}=0.\end{cases}$$

第二个方程无解，但由最大似然估计的定义，知 $\mu=\min(x_1,x_2,\cdots,x_n)=x_{(1)}$ 时，L 最大. 于是 μ 和 θ 的最大似然估计值为 $\hat{\mu}=x_{(1)}$，$\hat{\theta}=\bar{x}-x_{(1)}$.

7.2 参数估计量的评价准则

通过样本对总体参数进行估计的方法并不唯一，这样就有必要给出评判估计量“好坏”的准则，而准则的选定是希望参数 θ 与它的估计量 $\hat{\theta}$ 在某种意义下最接近. 评判准则有很多种，本节只介绍无偏性、有效性和一致性.

7.2.1 无偏性

由于估计量是由样本确定的，所以估计量是个随机变量，估计量 $\hat{\theta}$ 与估计参数 θ 一般有偏差，我们希望 $\hat{\theta}$ 取值的平均值在 θ 附近，偏差越小越好.

定义 1　设 $X_1, X_2, \cdots, X_n$ 是总体 X 的样本，$\hat{\theta}=\hat{\theta}(X_1, X_2, \cdots, X_n)$是未知参数的估计量，如果 $E\hat{\theta}$ 存在，且 $E\hat{\theta}=\theta, \theta\in\Theta$，则称 $\hat{\theta}$ 为 θ 的无偏估计量，也称 $\hat{\theta}$ 具有无偏性.

例 1　设 $X_1, X_2, \cdots, X_n$ 是总体的样本，总体均值为 μ，则估计量 $\hat{\theta}=c_1X_1+c_2X_2+\cdots+c_nX_n$ 在 $c_1+c_2+\cdots+c_n=1$ 下是无偏的.

证明

$$\begin{aligned} E\hat{\theta} &= E(c_1X_1+c_2X_2+\cdots+c_nX_n)=c_1EX_1+c_2EX_2+\cdots+c_nEX_n \\ &=(c_1+c_2+\cdots+c_n)\mu=\mu. \end{aligned}$$

注　该例说明 μ 的无偏估计有无穷多个.

例 2　设 $X_1, X_2, \cdots, X_n$ 是来自总体 X 的样本，总体均值为 μ，方差为 σ^2，则

(1) $E\overline{X}=\mu, D\overline{X}=\dfrac{\sigma^2}{n}$；　(2) $ES^2=\sigma^2$.

证明　(1)

$$E\overline{X} = E\Big(\frac{1}{n}\sum_{i=1}^{n}X_i\Big)=\frac{1}{n}\sum_{i=1}^{n}EX_i = \frac{1}{n}n\mu = \mu,$$

$$D\overline{X} = D\Big(\frac{1}{n}\sum_{i=1}^{n}X_i\Big)=\frac{1}{n^2}\sum_{i=1}^{n}DX_i = \frac{1}{n^2}n\sigma^2 = \frac{\sigma^2}{n}.$$

(2)

$$\begin{aligned} ES^2 &= E\Big[\frac{1}{n-1}\sum_{i=1}^{n}(X_i-\overline{X})^2\Big]=\frac{1}{n-1}E\Big(\sum_{i=1}^{n}X_i^2-n\overline{X}^2\Big) \\ &= \frac{1}{n-1}\Big(\sum_{i=1}^{n}EX_i^2-nE\overline{X}^2\Big) \\ &= \frac{1}{n-1}\Big[\sum_{i=1}^{n}(DX_i+(EX_i)^2)-nD\overline{X}-n(E\overline{X})^2\Big] \\ &= \frac{1}{n-1}\Big[\sum_{i=1}^{n}(\sigma^2+\mu^2)-n\cdot\frac{1}{n}\sigma^2-n\mu^2\Big]=\sigma^2. \end{aligned}$$

该例说明样本均值 $\overline{X}$ 是 μ 的无偏估计，样本方差 S^2 是 σ^2 的无偏估计. 显然 $S_n^2 = \dfrac{1}{n}\sum\limits_{i=1}^{n}(X_i-\overline{X})^2$ 不是 σ^2 的无偏估计.

如果 $\hat{\theta}$ 是 θ 的无偏估计量，一般说来 θ 的函数 $f(\theta)$不一定有 $f(\hat{\theta})$是 $f(\theta)$的无偏估计量，由例 2，$\overline{X}$ 是 μ 的无偏估计量，但 $E\overline{X}^2=D\overline{X}+(E\overline{X})^2=\dfrac{1}{n}\sigma^2+\mu^2\neq\mu^2$，这就说明了 $\overline{X}^2$ 不是 μ^2 的无偏估计量.

7.2.2　有效性

由例 1 看出，一个参数存在许多无偏估计量，我们当然希望选择的估计量在无偏的条件下，方差尽可能小.

定义 2　设 $X_1, X_2, \cdots, X_n$ 是总体 X 的样本，$\hat{\theta}_1(X_1, X_2, \cdots, X_n)$，$\hat{\theta}_2(X_1, X_2, \cdots, X_n)$都是未知参数 θ 的无偏估计，如

$$D\hat{\theta}_1 < D\hat{\theta}_2.$$

则称估计量 $\hat{\theta}_1$ 比估计量 $\hat{\theta}_2$ 更有效.

例 3* 设 $X_1, X_2, \cdots, X_n$ 是总体 X 的样本,总体均值为 μ,方差为 σ^2,求估计量 $\hat{\theta}=c_1X_1+c_2X_2+\cdots+c_nX_n$ 在 $c_1+c_2+\cdots+c_n=1$ 条件下最有效的估计.

解 由例 1 知

$$E\hat{\theta} = \mu,$$

$$D\hat{\theta} = D(c_1X_1+c_2X_2+\cdots+c_nX_n) = (c_1^2+c_2^2+\cdots+c_n^2)\sigma^2.$$

由拉格朗日条件极值解法 $L=c_1^2+c_2^2+\cdots+c_n^2+\lambda(c_1+c_2+\cdots+c_n-1)$,

$$\begin{cases} \dfrac{\partial L}{\partial c_1} = 2c_1+\lambda = 0 \\ \dfrac{\partial L}{\partial c_2} = 2c_2+\lambda = 0 \\ \quad\cdots\cdots \\ \dfrac{\partial L}{\partial c_n} = 2c_n+\lambda = 0 \\ c_1+c_2+\cdots+c_n = 1 \end{cases}$$

解得 $c_1 = c_2 = \cdots = c_n = \dfrac{1}{n}$,即 $\overline{X} = \dfrac{1}{n}\sum\limits_{i=1}^{n} X_i$ 是所有 $\hat{\theta}$ 中最有效的.

例 4 设 X_1, X_2, X_3 是来自均匀分布总体 $U[0,\theta]$的一个样本,证明

$$\hat{\theta}_1 = \frac{4}{3}\max_{1\leqslant i\leqslant 3} X_i = \frac{4}{3}X_{(3)}, \quad \hat{\theta}_2 = 4\min_{1\leqslant i\leqslant 3} X_i = 4X_{(1)}$$

都是 θ 的无偏估计,并指出哪一个更有效.

解 $X_{(3)}$ 的概率密度函数为 $f_3(x)=3[F(x)]^2f(x)=\begin{cases} \dfrac{3}{\theta^3}x^2, & 0\leqslant x\leqslant\theta, \\ 0, & \text{其他}. \end{cases}$

$$E\hat{\theta}_1 = E\left(\frac{4}{3}X_{(3)}\right) = \frac{4}{3}\int_0^\theta x\,\frac{3}{\theta^3}x^2\,\mathrm{d}x = \theta;$$

$$E\hat{\theta}_1^2 = E\left(\frac{16}{9}X_{(3)}^2\right) = \frac{16}{9}\int_0^\theta x^2\,\frac{3}{\theta^3}x^2\,\mathrm{d}x = \frac{16}{15}\theta^2;$$

$$D\hat{\theta}_1 = E\hat{\theta}_1^2 - (E\hat{\theta}_1)^2 = \frac{1}{15}\theta^2.$$

$X_{(1)}$ 的概率密度函数为

$$f_1(x) = 3[1-F(x)]^2f(x) = \begin{cases} 3\left(1-\dfrac{x}{\theta}\right)^2\dfrac{1}{\theta}, & 0\leqslant x\leqslant\theta, \\ 0, & \text{其他}; \end{cases}$$

$$E\hat{\theta}_2 = E(4X_{(1)}) = 4\int_0^\theta x3\left(1-\frac{x}{\theta}\right)^2\frac{1}{\theta}\,\mathrm{d}x = \theta;$$

$$E\hat{\theta}_2^2 = E(16X_{(1)}) = 16\int_0^\theta x^2 3\left(1-\frac{x}{\theta}\right)^2 \frac{1}{\theta}\mathrm{d}x = \frac{8}{5}\theta^2;$$

$$D\hat{\theta}_2 = E\hat{\theta}_2^2 - (E\hat{\theta}_2)^2 = \frac{3}{5}\theta^2.$$

由于 $D\hat{\theta}_1 < D\hat{\theta}_2$，故 $\hat{\theta}_1$ 比 $\hat{\theta}_2$ 更有效.

7.2.3　一致性

在大样本的条件下，我们希望估计量 $\hat{\theta}$ 的值稳定在未知参数 θ 附近.

定义3　设 $X_1, X_2, \cdots, X_n$ 是总体 X 的样本，$\hat{\theta}_n = \hat{\theta}_n(X_1, X_2, \cdots, X_n)$，$n=1, 2, \cdots$ 是未知参数 θ 的估计量序列，如对于任意给定的正数 $\varepsilon>0$，有

$$\lim_{n\to\infty} P\{|\hat{\theta}_n - \theta| < \varepsilon\} = 1,$$

则称 $\hat{\theta}_n$ 是 θ 的一致估计量(相合估计量).

例5　设 $X_1, X_2, \cdots, X_n$ 是总体 X 的样本，总体均值 μ 和方差 σ^2 均存在，证明：

(1) 样本均值 $\overline{X}$ 是 μ 的一致估计；

(2) 若总体服从正态分布，则样本方差 S^2 是 σ^2 的一致估计.

证明　(1) 由切比雪夫大数定律，对任意给定正数 $\varepsilon>0$，有

$$\lim_{n\to\infty} P\left\{\left|\frac{1}{n}\sum_{i=1}^n X_i - \mu\right| < \varepsilon\right\} = 1,$$

故 $\overline{X}$ 是 μ 的一致估计.

(2) 由例2 $ES^2 = \sigma^2$，由于总体为正态分布，故 $\dfrac{(n-1)S^2}{\sigma^2} \sim \chi^2(n-1)$，所以

$$D\frac{(n-1)S^2}{\sigma^2} = 2(n-1),$$

$$DS^2 = D\left(\frac{\sigma^2}{n-1}\frac{(n-1)S^2}{\sigma^2}\right) = \frac{\sigma^4}{(n-1)^2}D\frac{(n-1)S^2}{\sigma^2}$$

$$= \frac{\sigma^4}{(n-1)^2}2(n-1) = \frac{2\sigma^4}{n-1}.$$

由切比雪夫不等式 $P\{|S^2 - \sigma^2| < \varepsilon\} \geqslant 1 - \dfrac{DS^2}{\varepsilon^2} = 1 - \dfrac{2\sigma^4}{\varepsilon^2(n-1)}$，故

$$\lim_{n\to\infty} P\{|S^2 - \sigma^2| < \varepsilon\} = 1.$$

即 S^2 是 σ^2 的一致估计.

若总体的 k 阶原点矩存在，$1 \leqslant k \leqslant r$，则由大数定律可知样本的 k 阶原点矩依概率收敛于总体的 k 阶原点矩，即样本的 k 阶原点矩是总体 k 阶原点矩的一致估计.

7.3 参数的区间估计

在参数的点估计中,我们用样本构造估计量去判断总体参数的结果,在一次抽样中估计量与参数真值是否有误差,误差大小有多少,是不能确定的.在重复抽样后,无偏性、有效性、一致性等评价准则可以从统计意义加以说明.本节给出参数估计的另一种方法,就是利用样本构造随机区间$(\hat{\theta}_1,\hat{\theta}_2)$,使得该区间包含未知参数$\theta$的可能性尽可能大.(如以0.95的概率包含未知参数就是指在抽样得到100个区间时,平均约有95个区间包含未知参数.)

定义1(双侧区间估计) 设$X_1,X_2,\cdots,X_n$是总体X的一个样本,θ为总体中未知参数,如对于给定的概率$1-\alpha(0<\alpha<1)$,存在统计量$\hat{\theta}_1=\hat{\theta}_1(X_1,X_2,\cdots,X_n)$,$\hat{\theta}_2=\hat{\theta}_2(X_1,X_2,\cdots,X_n)$,使得$P(\hat{\theta}_1<\theta<\hat{\theta}_2)=1-\alpha$,则称随机区间$(\hat{\theta}_1,\hat{\theta}_2)$为未知参数$\theta$的置信水平(置信度)为$1-\alpha$的置信区间.$\hat{\theta}_1$,$\hat{\theta}_2$分别称为置信下限和置信上限.

注 置信区间的长度越短,则说明估计的精确度越高,在给定置信水平$1-\alpha$时,尽量寻找长度尽可能短的置信区间.

区间估计总体未知参数θ的一般方法如下:

(1) 构造样本$X_1,X_2,\cdots,X_n$及只含未知参数θ的函数,$g=g(X_1,X_2,\cdots,X_n,\theta)$,显然$g$是一个随机变量,要求$g$的分布已知,如服从正态分布、$\chi^2$分布、$t$分布、$F$分布,等等.

(2) 对于给定的置信水平$1-\alpha$,由g的分布找到两个常数a和b,使得

$$P(a<g(X_1,X_2,\cdots,X_n,\theta)<b)=1-\alpha.$$

(3) 对应地求出与随机事件$\{a<g(X_1,X_2,\cdots,X_n,\theta)<b\}$等价的事件$\{\hat{\theta}_1(X_1,X_2,\cdots,X_n)<\theta<\hat{\theta}_2(X_1,X_2,\cdots,X_n)\}$,即

$$P\{\hat{\theta}_1(X_1,X_2,\cdots,X_n)<\theta<\hat{\theta}_2(X_1,X_2,\cdots,X_n)\}=1-\alpha.$$

这里$\hat{\theta}_1$,$\hat{\theta}_2$是统计量.$(\hat{\theta}_1,\hat{\theta}_2)$就是$\theta$的一个置信水平为$1-\alpha$的置信区间.

下面介绍几种总体未知参数的区间估计.

1. 单个正态总体均值与方差的区间估计

设总体$X\sim N(\mu,\sigma^2)$,$X_1,X_2,\cdots,X_n$是总体X的样本,$\overline{X}$为样本均值,S^2为样本方差.

(1) σ^2已知,求μ的置信水平为$1-\alpha$的置信区间.

因为$\overline{X}\sim N\left(\mu,\dfrac{\sigma^2}{n}\right)$,故随机变量$U=\dfrac{\overline{X}-\mu}{\sigma/\sqrt{n}}\sim N(0,1)$.

由于标准正态分布概率密度曲线关于 y 轴对称，为使 μ 的置信区间最短，选取 $a=-u_{\frac{\alpha}{2}}$，$b=u_{\frac{\alpha}{2}}$，使得 $P\left\{-u_{\frac{\alpha}{2}}<\frac{\overline{X}-\mu}{\sigma/\sqrt{n}}<u_{\frac{\alpha}{2}}\right\}=1-\alpha$，等价地，

$$P\left\{\overline{X}-u_{\frac{\alpha}{2}}\frac{\sigma}{\sqrt{n}}<\mu<\overline{X}+u_{\frac{\alpha}{2}}\frac{\sigma}{\sqrt{n}}\right\}=1-\alpha.$$

这里称 $u_{\frac{\alpha}{2}}$ 是标准正态分布的上 $\frac{\alpha}{2}$ 分位数.

μ 的置信水平为 $1-\alpha$ 的置信区间为

$$\left(\overline{X}-u_{\frac{\alpha}{2}}\frac{\sigma}{\sqrt{n}},\overline{X}+u_{\frac{\alpha}{2}}\frac{\sigma}{\sqrt{n}}\right),\tag{7.3.1}$$

如图 7.3.1 所示，区间长度 $l=2u_{\frac{\alpha}{2}}\frac{\sigma}{\sqrt{n}}$.

(2) σ^2 未知，求 μ 的置信水平为 $1-\alpha$ 的置信区间.

由于随机变量 $t=\frac{\overline{X}-\mu}{S/\sqrt{n}}\sim t(n-1)$，而 t 分布的概率密度曲线关于 y 轴对称，为使 μ 的置信区间最短，选取 $a=-t_{\frac{\alpha}{2}}(n-1)$，$b=t_{\frac{\alpha}{2}}(n-1)$，使

$$P\left\{-t_{\frac{\alpha}{2}}(n-1)<\frac{\overline{X}-\mu}{S/\sqrt{n}}<t_{\frac{\alpha}{2}}(n-1)\right\}=1-\alpha.$$

如图 7.3.2 所示，等价地，$P\left\{\overline{X}-t_{\frac{\alpha}{2}}(n-1)\frac{S}{\sqrt{n}}<\mu<\overline{X}+t_{\frac{\alpha}{2}}(n-1)\frac{S}{\sqrt{n}}\right\}=1-\alpha$，这里 $t_{\frac{\alpha}{2}}(n-1)$ 是自由度为 $n-1$ 的 t 分布的上 $\frac{\alpha}{2}$ 分位数.

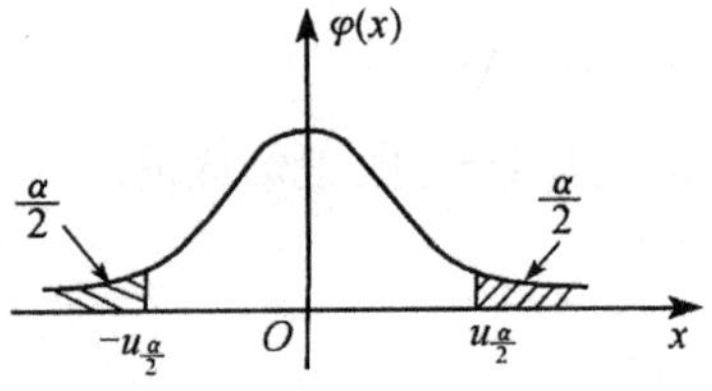

图 7.3.1

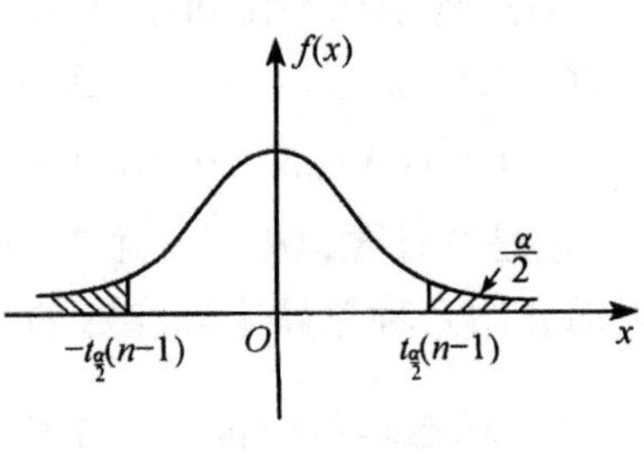

图 7.3.2

μ 的置信水平为 $1-\alpha$ 的置信区间为

$$\left(\overline{X}-t_{\frac{\alpha}{2}}(n-1)\frac{S}{\sqrt{n}},\overline{X}+t_{\frac{\alpha}{2}}(n-1)\frac{S}{\sqrt{n}}\right).\tag{7.3.2}$$

(3) μ 已知，求 σ^2 的置信水平为 $1-\alpha$ 的置信区间.

随机变量$\chi^2=\frac{1}{\sigma^2}\sum_{i=1}^{n}(X_i-\mu)^2\sim\chi^2(n)$. 由于$\chi^2$分布的概率密度曲线没有对称性，为方便起见，通常取 $a=\chi^2_{1-\frac{\alpha}{2}}(n)$, $b=\chi^2_{\frac{\alpha}{2}}(n)$ $\left(\text{显然 } P\{\chi^2<\chi^2_{1-\frac{\alpha}{2}}(n)\}=P\{\chi^2>\chi^2_{\frac{\alpha}{2}}(n)\}=\frac{\alpha}{2}\right)$，使 $P\left\{\chi^2_{1-\frac{\alpha}{2}}(n)<\frac{1}{\sigma^2}\sum_{i=1}^{n}(X_i-\mu)^2<\chi^2_{\frac{\alpha}{2}}(n)\right\}=1-\alpha$，如图 7.3.3 所示，等价地，

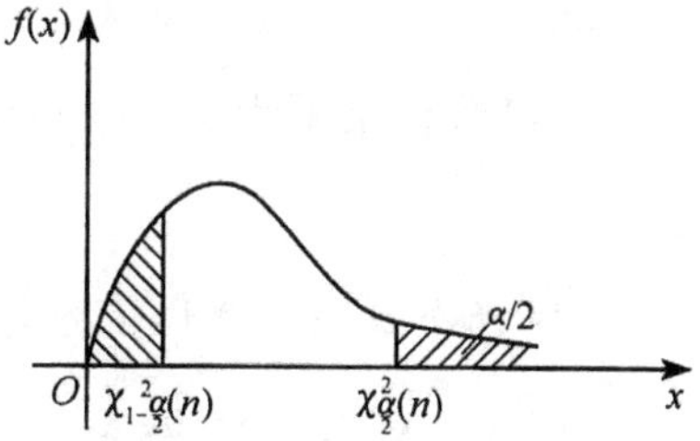

图 7.3.3

$$P\left\{\frac{\sum_{i=1}^{n}(X_i-\mu)^2}{\chi^2_{\frac{\alpha}{2}}(n)}<\sigma^2<\frac{\sum_{i=1}^{n}(X_i-\mu)^2}{\chi^2_{1-\frac{\alpha}{2}}(n)}\right\}=1-\alpha.$$

由此得σ^2的置信水平为$1-\alpha$的置信区间为

$$\left(\frac{\sum_{i=1}^{n}(X_i-\mu)^2}{\chi^2_{\frac{\alpha}{2}}(n)},\frac{\sum_{i=1}^{n}(X_i-\mu)^2}{\chi^2_{1-\frac{\alpha}{2}}(n)}\right).$$

σ的置信水平为$1-\alpha$的置信区间为

$$\left(\sqrt{\frac{\sum_{i=1}^{n}(X_i-\mu)^2}{\chi^2_{\frac{\alpha}{2}}(n)}},\sqrt{\frac{\sum_{i=1}^{n}(X_i-\mu)^2}{\chi^2_{1-\frac{\alpha}{2}}(n)}}\right). \tag{7.3.3}$$

$\chi^2_{\frac{\alpha}{2}}(n)$是自由度为$n$的$\chi^2$分布上$\frac{\alpha}{2}$分位数；

$\chi^2_{1-\frac{\alpha}{2}}(n)$是自由度为$n$的$\chi^2$分布上$1-\frac{\alpha}{2}$分位数.

(4) μ未知，求σ^2的置信水平为$1-\alpha$的置信区间.

随机变量$\chi^2=\frac{(n-1)S^2}{\sigma^2}\sim\chi^2(n-1)$. 与(3)相仿，取$a=\chi^2_{1-\frac{\alpha}{2}}(n-1)$，$b=\chi^2_{\frac{\alpha}{2}}(n-1)$，使得$P\left\{\chi^2_{1-\frac{\alpha}{2}}(n-1)<\frac{(n-1)S^2}{\sigma^2}<\chi^2_{\frac{\alpha}{2}}(n-1)\right\}=1-\alpha$，等价地，

$$P\left\{\frac{(n-1)S^2}{\chi^2_{\frac{\alpha}{2}}(n-1)}<\sigma^2<\frac{(n-1)S^2}{\chi^2_{1-\frac{\alpha}{2}}(n-1)}\right\}=1-\alpha.$$

由此得σ^2的置信水平为$1-\alpha$的置信区间为

$$\left(\frac{(n-1)S^2}{\chi^2_{\frac{\alpha}{2}}(n-1)},\frac{(n-1)S^2}{\chi^2_{1-\frac{\alpha}{2}}(n-1)}\right)=\left(\frac{\sum_{i=1}^{n}(X_i-\overline{X})^2}{\chi^2_{\frac{\alpha}{2}}(n-1)},\frac{\sum_{i=1}^{n}(X_i-\overline{X})^2}{\chi^2_{1-\frac{\alpha}{2}}(n-1)}\right). \tag{7.3.4}$$

σ 的置信水平为 $1-\alpha$ 的置信区间为 $\left(\sqrt{\dfrac{\sum\limits_{i=1}^{n}(X_i-\overline{X})^2}{\chi^2_{\frac{\alpha}{2}}(n-1)}},\sqrt{\dfrac{\sum\limits_{i=1}^{n}(X_i-\overline{X})^2}{\chi^2_{1-\frac{\alpha}{2}}(n-1)}}\right)$.

2. 两个正态总体均值差与方差比的区间估计

设 $X_1,X_2,\cdots,X_n$ 与 $Y_1,Y_2,\cdots,Y_m$ 为分别独立地从两个正态总体 $N(\mu_1,\sigma_1^2)$ 和 $N(\mu_2,\sigma_2^2)$ 中抽取的样本. 样本均值依次记为 $\overline{X}$ 和 $\overline{Y}$,样本方差依次记为 S_1^2 和 S_2^2.

(1) σ_1^2,σ_2^2 已知时,求 $\mu_1-\mu_2$ 的置信水平 $1-\alpha$ 的置信区间.

随机变量 $U=\dfrac{\overline{X}-\overline{Y}-(\mu_1-\mu_2)}{\sqrt{\dfrac{\sigma_1^2}{n}+\dfrac{\sigma_2^2}{m}}}\sim N(0,1)$,由

$$P\left\{-u_{\frac{\alpha}{2}}<\frac{\overline{X}-\overline{Y}-(\mu_1-\mu_2)}{\sqrt{\dfrac{\sigma_1^2}{n}+\dfrac{\sigma_2^2}{m}}}<u_{\frac{\alpha}{2}}\right\}=1-\alpha,$$

等价地,$P\left\{\overline{X}-\overline{Y}-u_{\frac{\alpha}{2}}\sqrt{\dfrac{\sigma_1^2}{n}+\dfrac{\sigma_2^2}{m}}<\mu_1-\mu_2<\overline{X}-\overline{Y}+u_{\frac{\alpha}{2}}\sqrt{\dfrac{\sigma_1^2}{n}+\dfrac{\sigma_2^2}{m}}\right\}=1-\alpha$. 由此得 $\mu_1-\mu_2$ 的置信水平 $1-\alpha$ 的置信区间为

$$\left(\overline{X}-\overline{Y}-u_{\frac{\alpha}{2}}\sqrt{\frac{\sigma_1^2}{n}+\frac{\sigma_2^2}{m}},\overline{X}-\overline{Y}+u_{\frac{\alpha}{2}}\sqrt{\frac{\sigma_1^2}{n}+\frac{\sigma_2^2}{m}}\right). \tag{7.3.5}$$

(2) 当 $\sigma_1^2=\sigma_2^2=\sigma^2$ 未知时,求 $\mu_1-\mu_2$ 的置信水平 $1-\alpha$ 的置信区间.

由随机变量 $t=\dfrac{\overline{X}-\overline{Y}-(\mu_1-\mu_2)}{S_w\sqrt{\dfrac{1}{n}+\dfrac{1}{m}}}\sim t(n+m-2)$,这里

$$S_w=\sqrt{\frac{(n-1)S_1^2+(m-1)S_2^2}{n+m-2}}=\sqrt{\frac{\sum\limits_{i=1}^{n}(X_i-\overline{X})^2+\sum\limits_{j=1}^{m}(Y_j-\overline{Y})^2}{n+m-2}}.$$

由 $P\left\{-t_{\frac{\alpha}{2}}(n+m-2)<\dfrac{\overline{X}-\overline{Y}-(\mu_1-\mu_2)}{S_w\sqrt{\dfrac{1}{n}+\dfrac{1}{m}}}<t_{\frac{\alpha}{2}}(n+m-2)\right\}=1-\alpha$,等价地,

$$P\left\{\overline{X}-\overline{Y}-t_{\frac{\alpha}{2}}(n+m-2)S_w\sqrt{\frac{1}{n}+\frac{1}{m}}<\mu_1-\mu_2\right.$$
$$\left.<\overline{X}-\overline{Y}+t_{\frac{\alpha}{2}}(n+m-2)S_w\sqrt{\frac{1}{n}+\frac{1}{m}}\right\}=1-\alpha.$$

由此得 $\mu_1-\mu_2$ 的置信水平 $1-\alpha$ 的置信区间为

$$\left(\overline{X}-\overline{Y}-t_{\frac{\alpha}{2}}(n+m-2)S_w\sqrt{\frac{1}{n}+\frac{1}{m}},\overline{X}-\overline{Y}+t_{\frac{\alpha}{2}}(n+m-2)S_w\sqrt{\frac{1}{n}+\frac{1}{m}}\right). \tag{7.3.6}$$

(3) 当 μ_1,μ_2 均已知时,求$\dfrac{\sigma_1^2}{\sigma_2^2}$的置信水平为 $1-\alpha$ 的置信区间.

随机变量 $F=\dfrac{m}{n}\cdot\dfrac{\sigma_2^2}{\sigma_1^2}\cdot\dfrac{\sum\limits_{i=1}^{n}(X_i-\mu_1)^2}{\sum\limits_{j=1}^{m}(Y_j-\mu_2)^2}\sim F(n,m)$. 由于 F 分布的概率密度函数不具有对称性,为了便于计算,选取 $a=F_{1-\frac{\alpha}{2}}(n,m)=\dfrac{1}{F_{\frac{\alpha}{2}}(m,n)}$,$b=F_{\frac{\alpha}{2}}(n,m)$,如图 7.3.4 所示,则对于$\dfrac{\sigma_1^2}{\sigma_2^2}$给定置信水平 $1-\alpha$ 的置信区间为

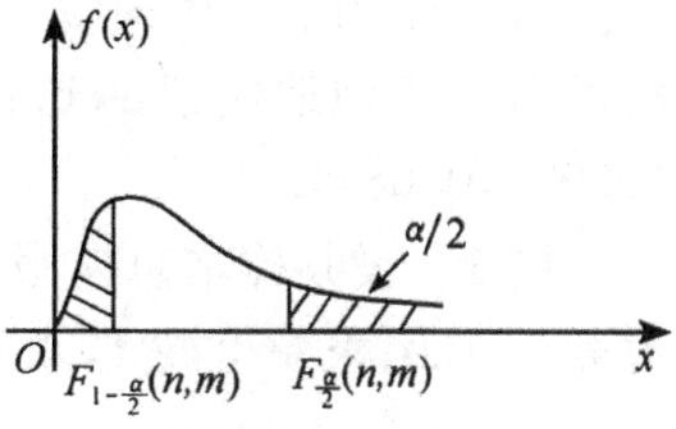

图 7.3.4

$$\left(\frac{m}{n}\cdot\frac{\sum\limits_{i=1}^{n}(X_i-\mu_1)^2}{\sum\limits_{j=1}^{m}(Y_j-\mu_2)^2}\cdot\frac{1}{F_{\frac{\alpha}{2}}(n,m)},\frac{m}{n}\cdot\frac{\sum\limits_{i=1}^{n}(X_i-\mu_1)^2}{\sum\limits_{j=1}^{m}(Y_j-\mu_2)^2}\cdot F_{\frac{\alpha}{2}}(m,n)\right). \tag{7.3.7}$$

(4) 当 μ_1 和 μ_2 都未知时,求$\dfrac{\sigma_1^2}{\sigma_2^2}$的置信水平为 $1-\alpha$ 的置信区间.

随机变量 $F=\dfrac{S_1^2/\sigma_1^2}{S_2^2/\sigma_2^2}\sim F(n-1,m-1)$,与(3)类似,对于$\dfrac{\sigma_1^2}{\sigma_2^2}$的置信水平为 $1-\alpha$ 的置信区间为

$$\left(\frac{S_1^2}{S_2^2}\cdot\frac{1}{F_{\frac{\alpha}{2}}(n-1,m-1)},\frac{S_1^2}{S_2^2}\cdot F_{\frac{\alpha}{2}}(m-1,n-1)\right). \tag{7.3.8}$$

在上述各置信区间中出现的 $U_{\frac{\alpha}{2}}$,$t_{\frac{\alpha}{2}}(n)$,$\chi^2_{\frac{\alpha}{2}}(n)$,$F_{\frac{\alpha}{2}}(n,m)$ 均可通过查附表可得,如 $1-\alpha=0.95$,即 $\alpha=0.05$,取某些特定的 n,m 值,如

$$U_{\frac{\alpha}{2}}=U_{0.025}=1.96,\quad t_{\frac{\alpha}{2}}(6)=t_{0.025}(6)=2.4469,$$

$$\chi^2_{\frac{\alpha}{2}}(6)=\chi^2_{0.025}(6)=14.449,$$

$$\chi^2_{1-\frac{\alpha}{2}}(6)=\chi^2_{0.975}(6)=1.237,\quad F_{\frac{\alpha}{2}}(6,7)=F_{0.025}(6,7)=5.70,$$

$$F_{1-\frac{\alpha}{2}}(6,7)=\frac{1}{F_{\frac{\alpha}{2}}(7,6)}=\frac{1}{F_{0.025}(7,6)}=\frac{1}{5.12}=0.1953.$$

例 1 设某样本总体服从正态分布 $N(\mu,0.6)$,现从中随机抽取 6 个样本,得到样本观察值为 14.6,15.1,14.9,14.8,15.2,15.1,求 μ 的置信水平 95%的置信

区间.

解　$1-\alpha=0.95,\alpha=0.05,U_{\frac{\alpha}{2}}=1.96,\sigma^2$ 已知,样本均值 $\overline{x}=14.95$,故由式(7.3.1)得 μ 的置信水平95%的置信区间为(14.75,15.15).

例2　设某样本总体服从正态分布 $N(\mu,\sigma^2)$,σ^2 未知,随机抽取200个样本,得样本均值 $\overline{x}=0.081$,样本标准差 $S^2=0.025$,求 μ 的置信水平95%的置信区间.

解　此例本应用式(7.3.2),这是由于 σ 未知,但由于样本容量较大($n\geqslant 50$),故可由 S 近似地代替 σ,这样利用式(7.3.1)得 μ 的置信水平95%的置信区间为(0.078,0.084).

例3　设某样本总体服从正态分布 $N(\mu,\sigma^2)$,从中抽取25个样本,得该样本方差为100,求 σ^2 的置信水平95%的置信区间.

解　$1-\alpha=0.95,\alpha=0.05,n=25,\chi^2_{\frac{\alpha}{2}}(24)=\chi^2_{0.025}(24)=39.364,\chi^2_{1-\frac{\alpha}{2}}(24)=\chi^2_{0.975}(24)=12.401$,故由式(7.3.4)得 σ^2 的置信水平95%的置信区间为(63.5098,201.5967).

例4　设样本总体服从正态分布 $N(\mu,\sigma^2)$,σ^2 未知,得样本观察值为

49.3,48.6,47.5,48.0,51,2,45.6,47.7,49.5,46.0,50.6,

求 μ 的置信水平95%的置信区间.

解　$1-\alpha=0.95,\quad \alpha=0.05,\quad n=10,\quad \overline{x}=\dfrac{1}{10}\sum\limits_{i=1}^{n}x_i=48.4,$

$$S^2=\frac{1}{10-1}\sum_{i=1}^{10}(x_i-\overline{x})^2=3.311,\quad t_{\frac{\alpha}{2}}(n-1)=t_{0.025}(9)=2.2622.$$

由式(7.3.2)得 μ 的置信水平95%的置信区间为(47.098,49.702).

例5　设样本分布独立来自两正态总体 $N(24,\sigma_1^2)$,$N(20,\sigma_2^2)$,现分别得样本观测值为

来自 $N(24,\sigma_1^2)$:23,22,26,24,22,25;

来自 $N(20,\sigma_2^2)$:22,18,19,23,17.

求 $\dfrac{\sigma_1^2}{\sigma_2^2}$ 的置信水平95%的置信区间.

解　已知 $\mu_1=24,n=6,\mu_2=20,m=5,\ \sum\limits_{i=1}^{6}(x_i-24)^2=14,\sum\limits_{j=1}^{5}(y_j-20)^2=27,\ 1-\alpha=0.95,\alpha=0.05,F_{0.025}(6,5)=6.98,F_{0.975}(6,5)=\dfrac{1}{F_{0.025}(5,6)}=\dfrac{1}{5.99}.$

故由式(7.3.7)得 $\dfrac{\sigma_1^2}{\sigma_2^2}$ 的置信水平95%的置信区间为(0.06,2.59).

例6　设样本来自两正态总体 $N(\mu_1,\sigma^2)$,$N(\mu_2,\sigma^2)$,来自 $N(\mu_1,\sigma^2)$ 的样本观测值为

620,570,650,600,630,580,570,600,600,580,

来自 $N(\mu_2,\sigma^2)$的样本观测值为

560,590,560,570,580,570,600,550,570,550,

求 $\mu_1-\mu_2$ 的置信水平 95%的置信区间.

解 两总体 σ^2 相等但未知,$\bar{x}=600,\bar{y}=570,9S_1^2=6\,400,9S_2^2=2\,400,n=m=10,S_w=22,t_{\frac{\alpha}{2}}(n+m-2)=t_{0.025}(18)=2.100\,9$. 故由式(7.3.6)得 $\mu_1-\mu_2$ 的置信水平 95%的置信区间为(9,51).

3. 单侧置信区间

在实际生活中,我们往往只关心未知参数的置信上限或下限,如对于某批产品,希望其废品率控制在某个数值以下. 而对于某些元件的使用寿命,则希望其平均寿命达到某个标准之上.

定义 2 设样本 $X_1,X_2,\cdots,X_n$ 来自总体 X,且总体中含有未知参数 θ,对于给定的置信水平 $1-\alpha(0<\alpha<1)$,如果有统计量 $\hat{\theta}_1=\hat{\theta}_1(X_1,X_2,\cdots,X_n),\hat{\theta}_2=\hat{\theta}_2(X_1,X_2,\cdots,X_n)$满足 $P(\theta>\hat{\theta}_1)=1-\alpha$ 或 $P(\theta<\hat{\theta}_2)=1-\alpha$,则称$(\hat{\theta}_1,+\infty)$或$(-\infty,\hat{\theta}_2)$是参数 θ 的置信水平 $1-\alpha$ 的单侧置信区间,$\hat{\theta}_1$ 为单侧置信下限,$\hat{\theta}_2$ 为单侧置信上限.

假设样本来自正态总体,与前面讲述的双侧正态总体相似,只举几例,余者完全相仿可推式(7.3.1)~式(7.3.8).

例 7 设样本 $X_1,X_2,\cdots,X_n$ 来自正态总体 $N(\mu,\sigma^2)$,σ^2 未知,对于给定的置信水平 $1-\alpha$,求 μ 的单侧置信区间.

解 由于 σ^2 未知,选取随机变量 $t=\dfrac{\overline{X}-\mu}{S/\sqrt{n}}\sim t(n-1)$,由

$$P\left\{\frac{\overline{X}-\mu}{S/\sqrt{n}}<t_\alpha(n-1)\right\}=1-\alpha,$$

等价地,$P\left\{\mu>\overline{X}-t_\alpha(n-1)\dfrac{S}{\sqrt{n}}\right\}=1-\alpha$. 故 μ 的置信水平 $1-\alpha$ 的置信下限区间为

$$\left(\overline{X}-t_\alpha(n-1)\frac{S}{\sqrt{n}},+\infty\right). \tag{7.3.9}$$

由于 t 分布的概率密度函数关于 y 轴对称,$P\{t>t_{1-\alpha}(n-1)\}=P\{t>-t_\alpha(n-1)\}=1-\alpha$,$P\left\{\dfrac{\overline{X}-\mu}{S/\sqrt{n}}>-t_\alpha(n-1)\right\}=1-\alpha$,等价地 $P\left\{\mu<\overline{X}+t_\alpha(n-1)\dfrac{S}{\sqrt{n}}\right\}=1-\alpha$,故 μ 的置信水平 $1-\alpha$ 的置信上限区间为

$$\left(-\infty,\overline{X}+t_\alpha(n-1)\frac{S}{\sqrt{n}}\right). \tag{7.3.10}$$

例 8　设从某批产品中随机抽取10只进行寿命试验，得到样本观察值的平均值 $\bar{x}=1\ 500(\mathrm{h})$，样本标准差 $S=20(\mathrm{h})$，设总体为正态分布，求总体期望 μ 的置信水平95%的置信下限.

解　$n=10, 1-\alpha=0.95, \alpha=0.05, t_{0.05}(9)=1.833\ 1$，由式(7.3.9)得 μ 的置信水平95%的置信下限为 $\overline{X}-t_{0.05}(9)\dfrac{S}{\sqrt{n}}=1\ 488.41$.

例 9　设从某批产品中随机抽取10只进行寿命试验，得到样本标准差 $S=45(\mathrm{h})$，设总体为正态分布，求总体标准差 σ 的置信水平95%的单侧置信上限.

解　$n=10, 1-\alpha=0.95, \alpha=0.05, \chi^2_{0.95}(9)=3.325$，从而 σ 的置信水平95%的置信上限为 $\sqrt{\dfrac{(n-1)S^2}{\chi^2_{0.95}(9)}}=32.95$.

小　结

(1) 参数估计是数理统计的推断方法之一，评价估计量的标准有：无偏性、有效性、相合性(一致性)等.

(2) 未知参数的点估计主要有矩法估计和最大似然估计，矩法估计简单直观，但优良性一般不及最大似然估计.

(3) 点估计不能反映估计的精度，为此引入区间估计. 区间估计是指以概率 $1-\alpha$ 包含未知参数的随机区间.

习　题　7

一、填空题

1. 设总体 X 以等概率 $\dfrac{1}{\theta}$ 取值 $1,2,\cdots,\theta$，则未知参数的矩估计量为________.

2. 正态总体 $N(\mu,\sigma^2)$，σ^2 未知，则 μ 的置信度 $1-\alpha$ 的置信区间的长度 $L=$________.

3. $X_1,X_2,\cdots,X_n$ 是来自总体 X 的简单随机样本，则 DX 的无偏估计量是________.

4. 设有来自正态总体 $X\sim N(\mu,0.9^2)$ 的容量为9的简单随机样本得到的样本平均数 $\bar{x}=5$，则 μ 的置信度为0.95的置信区间为________.

5. 若样本来自于正态总体 $N(\mu,10^2)$，则若使 μ 的置信水平为 $1-\alpha=0.95$ 的置信区间长度为5，样本容量 n 最小应为________.

二、单项选择题

1. 设 X_1,X_2 是总体的样本，则在下列估计量中，最有效的估计量是(　　).

A. $\dfrac{2}{3}X_1+\dfrac{1}{3}X_2$；　B. $\dfrac{1}{4}X_1+\dfrac{3}{4}X_2$；　C. $\dfrac{1}{2}X_1+\dfrac{1}{2}X_2$；　D. $\dfrac{2}{5}X_1+\dfrac{3}{5}X_2$.

2. 设总体 $X\sim N(\mu,\sigma^2)$，μ,σ^2 未知，若 $\hat{\sigma}_1^2$ 与 $\hat{\sigma}_2^2$ 分别是 σ^2 的矩估计量，最大似然估计量，则(　　).

A. $\hat{\sigma}_1^2=\hat{\sigma}_2^2$； B. $\hat{\sigma}_1^2<\hat{\sigma}_2^2$； C. $\hat{\sigma}_1^2>\hat{\sigma}_2^2$； D. $\hat{\sigma}_1^2\neq\hat{\sigma}_2^2$.

3. 设统计量 $\hat{\theta}$ 是总体参数 θ 的无偏估计量，且 $D(\hat{\theta})\neq 0$，则 $\hat{\theta}^2$ 是 θ^2 的(　　).

A. 无偏估计； B. 有偏估计； C. 有效估计； D. 不能确定.

4. θ 为总体中的未知参数，θ 的估计量是 $\hat{\theta}$，则有(　　).

A. $\hat{\theta}$ 是一个数，近似等于 θ； B. $\hat{\theta}$ 是一个随机变量；

C. $\hat{\theta}$ 是一个统计量，且 $E(\hat{\theta})=\theta$； D. 当 n 越大，$\hat{\theta}$ 的值可任意接近 θ.

三、综合题

1. 设 $X_1,X_2,\cdots,X_n$ 为取自总体 X 的样本，X 的密度函数为

$$f(x)=\begin{cases}\dfrac{2x}{\theta^2}, & 0\leqslant x\leqslant\theta,\\ 0, & 其他,\end{cases}$$

求 θ 的矩估计和最大似然估计.

2. 设 $X_1,X_2,\cdots,X_n$ 是二项分布总体 $B(k,p)$ 的样本，k 是正整数，$0<p<1$，k,p 未知，求 k 和 p 的矩估计.

3. 设 $X_1,X_2,\cdots,X_n$ 为来自参数为 n,p 的二项分布总体的样本，求 p^2 的无偏估计量.

4. 设总体 X 服从参数为 λ 的泊松分布，λ 为未知参数，证明

$$T(X)=\begin{cases}-1, & X 为奇数,\\ 1, & X 为偶数\end{cases}$$

是 $e^{-2\lambda}$ 的一个无偏估计量.

5. 设 X 具有概率密度函数 $f(x,\theta)=\begin{cases}\dfrac{2\theta^2}{(\theta^2-1)x^3}, & 1<x<\theta,\\ 0, & 其他.\end{cases}$ $X_1,X_2,\cdots,X_n$ 是取自总体 X 的样本，试求参数 θ 的矩估计.

6. 设总体 X 服从几何分布，其概率分布为 $P(X=k)=p(1-p)^{k-1}$，$k=1,2,\cdots$，$X_1,X_2,\cdots,X_n$ 是总体 X 的样本，求参数 p 的最大似然估计.

7. 设总体 X 的概率密度函数为 $f(x)=\begin{cases}\dfrac{1}{\theta}e^{-(x-c)/\theta}, & x\geqslant c,\\ 0, & 其他,\end{cases}$ 其中 c,θ 为未知正参数，且取到的样本满足 $x_1\leqslant x_2\leqslant\cdots\leqslant x_n$，求 c,θ 的矩估计和最大似然估计.

8. 设总体 X 服从二项分布 $B(m,p)$，$0<p<1$ 为未知参数，求 p 的最大似然估计.

9. 设总体 X 具有分布列

X	1	2	3
P	θ^2	$2\theta(1-\theta)$	$(1-\theta)^2$

其中 $0<\theta<1$ 为未知参数，已知取得了样本值 $x_1=1,x_2=2,x_3=1$，求 θ 的矩估计值和最大似然估计值.

10. 设总体 X 的概率密度函数

$$f(x,\theta)=\begin{cases}\dfrac{1}{\theta}e^{-\frac{x}{\theta}}, & x>0,\\ 0, & 其他,\end{cases}\quad \theta>0,$$

抽取样本 X_1,X_2,X_3，考虑 θ 的如下三种估计：

$$\hat{\theta}_1=\frac{1}{2}(X_1+X_2),\quad \hat{\theta}_2=\frac{1}{3}(X_1+2X_2+X_3),\quad \hat{\theta}_3=\frac{1}{3}(X_1+X_2+X_3).$$

哪些是 $\hat{\theta}$ 的无偏估计，并计算其方差.

11. 设 X 服从均匀分布 $U(0,\theta)$，$\theta>0$ 是未知参数，$X_1,X_2,\cdots,X_n$ 是来自 X 的样本，证明 $\hat{\theta}_1=\frac{n+1}{n}X_{(n)}$，$\hat{\theta}_2=(n+1)X_{(1)}$ 都是 θ 的无偏估计量，且 $\hat{\theta}_1$ 比 $\hat{\theta}_2$ 更有效.

12. 设总体 X 服从泊松分布 $P(\lambda)$，$\lambda>0$ 未知，$X_1,X_2,\cdots,X_n$ 是来自总体的样本，试求 λ^2 的无偏估计量.

13. 设 θ_1,θ_2 是参数 θ 的两个相互独立的无偏估计量，且 $D(\hat{\theta}_1)=2D(\hat{\theta}_2)$，求 k_1 和 k_2，使 $k_1\hat{\theta}_1+k_2\hat{\theta}_2$ 也是 θ 的无偏估计量，并且在所有这种形式的估计量中最有效.

14. 设正态总体 $X\sim N(\mu,\sigma^2)$，$X_1,X_2,\cdots,X_n$ 为其样本，求 k，使 (1) $\hat{\sigma}_1^2=\frac{1}{k}\sum_{i=1}^{n-1}(X_{i+1}-X_i)^2$ 为 σ^2 的无偏估计量；(2) $\hat{\sigma}_2=\frac{1}{k}\sum_{i=1}^{n}|X_i-\overline{X}|$ 为 σ 的无偏估计量，其中 $\overline{X}$ 为样本均值；(3) $\hat{\sigma}_3^2=\overline{X}^2-kS^2$ 是 μ^2 的无偏估计，其中 S^2 为样本方差.

15. 设总体概率密度函数为

$$f(x,\theta)=\begin{cases}\frac{1}{\theta}e^{-\frac{x}{\theta}}, & x\geqslant 0,\\ 0, & x<0,\end{cases}$$

其中 $\theta>0$ 是未知参数，$X_1,X_2,\cdots,X_n$ 是 X 的样本，证明：$\hat{\theta}=\overline{X}$ 是参数 θ 的无偏和一致估计量.

16. 设总体服从正态分布 $N(\mu,\sigma^2)$，从总体中抽取 9 个样本取值为

6.0,5.7,5.8,6.5,7.0,6.3,5.6,6.1,5.0,

(1) $\sigma=0.6$；

(2) σ 未知. 求 μ 的置信水平为 0.95 的置信区间.

17. 设 0.50,1.25,0.80,2.00 是来自总体的一组观测值，$Y=\ln X$ 服从正态分布 $N(\mu,1)$，求 μ 的置信水平为 0.95 的置信区间.

18. 已知从某自动机床加工的同类零件抽取 16 件，得样本均值 $\overline{X}=12.08$，

$$\sum_{i=1}^{16}(X_i-\overline{X})^2=0.037,$$

假设其取值服从正态分布 $N(\mu,\sigma^2)$，求 σ^2 的置信水平为 95% 的置信区间.

19. 假设两种产品分别服从正态分布 $N(\mu_1,2.18^2)$，$N(\mu_2,1.76^2)$，从两种产品中分别抽取容量为 200 和 100 的样本，得其均值 $\overline{X}=5.32$，$\overline{Y}=5.76$，求 $\mu_1-\mu_2$ 的置信度为 0.95 的区间估计.

20. 某公司利用两条自动化流水线罐装矿泉水，现从生产线上随机抽取样本 $X_1,X_2,\cdots,X_{12}$ 和 $Y_1,Y_2,\cdots,Y_{17}$，它们表示每瓶矿泉水的体积(单位：mL)，经计算得样本均值 $\overline{X}=501.1$ 和 $\overline{Y}=499.7$，样本方差 $S_1^2=2.4$，$S_2^2=4.7$，假设其体积值都服从正态分布 $N(\mu_1,\sigma^2)$ 和 $N(\mu_2,\sigma^2)$，求 $\mu_1-\mu_2$ 的置信水平为 0.95 的区间估计.

21. 研究机器 A 和机器 B 生产的钢管内径，随机抽取机器 A 生产的钢管 18 只，其方差 $S_1^2=$

0. 34mm^2，抽取机器 B 生产的钢管 13 只，其方差 $S_2^2=0.29\text{mm}^2$，两样本相互独立且分别服从正态分布 $N(\mu_1,\sigma_1^2)$ 和 $N(\mu_2,\sigma_2^2)$，这里 $\mu_i,\sigma_i^2(i=1,2)$ 均未知，求方差比 $\frac{\sigma_1^2}{\sigma_2^2}$ 的置信度为 0.90 的置信区间.

22. 在一批容量为 100 的样本中，经检验有 16 只次品，求这批产品的次品率的置信水平为 0.95 的置信区间.

23. 设某电子元件的寿命服从参数为 λ 的指数分布，现从中任取 10 个，测得其平均寿命 $\overline{X}=4\,500(\text{h})$，试求以 95% 的置信度估计元件的平均寿命.

第 8 章　假 设 检 验

第 7 章介绍了对总体的分布函数所含参数的估计问题，然而在许多重要的实际问题中，还会遇到有关参数的另一种提法，即假设检验的理论与操作，该问题同样是数理统计的主要内容之一.

假设检验与第 7 章的参数估计，特别是区间估计有一些共同点. 首先，所讨论的重点都是随机变量分布中的参数，其中尤为重要的是正态分布中的参数；其次，所使用的统计量与区间估计也是一样的. 然而假设检验与参数估计处理问题的角度是不同的，前者是根据样本所提供的信息对参数的取值做出推断；后者首先是提出假设，或者说是提出目标，然后利用数理统计的方法检验其是否与样本所提供的信息相容，相容则肯定原先所做的假设，不相容则否定原假设.

8.1　假设检验的基本概念

8.1.1　引例

例 1　某工厂在新的生产工艺下试验生产了 200 件产品，按有关规定，这批产品的不合格率不能大于 3%，否则新的生产工艺就不能通过鉴定. 现从中任意抽取了 10 件，发现 10 件中有 2 件不合格，问新的生产工艺是否应该实施?

这个问题的实质是如何根据抽样的结果来判断这批产品的不合格率是否不超过 3%.

例 2　用一种新仪器间接测量某种金属熔液的温度，测得温度值如下：1 250℃，1 265℃，1 245℃，1 260℃，1 275℃. 如果已确知该金属熔液的真实温度是 1 277℃，问这种新型测温仪器有无系统偏差?

这个问题的实质是如何判断新仪器的测量值这一随机变量的期望是否等于 1 277℃.

例 3　要鉴定一种国内生产的针织品是否在质量上达到国际同一种类产品的标准，需要对国内、外两种产品的断裂强度进行抽样试验并得结果如下：

国内产品的断裂强度：17.7，20.3，20.0，18.8，19.0，20.1，20.2，19.1(单位：kg)；

国外产品的断裂强度：20.5，18.8，19.8，20.9，21.5，19.5，21.0，21.2(单位：kg).

能否认为这两种针织品的断裂强度并无明显差别?

这个问题的实质是通过抽样测定判断国内的这种针织品的主要质量指标是否

已达到国外同类产品的水平.

例 4 如何依据一个随机变量的样本,判断该随机变量是否服从正态分布?更一般地,如何根据样本的特性去判断随机变量是否服从给定的分布函数?

以上这些例子所代表的问题是很广泛的,其实质就是由样本值出发去判断一种假设是否成立,这就是所谓的假设检验问题. 例 1 和例 2 均是关于一个随机变量的参数判断,叫做一个总体的参数检验问题. 例 3 是关于两个随机变量的判断,叫做两个总体的参数检验问题,也可以考虑多个总体的检验问题. 例 4 也是一个总体检验问题,但不是参数检验,而是分布函数的检验问题.

8.1.2 假设检验的基本思想

假设检验的基本思想实质上是带有某种概率性质的反证法. 我们把要检验的假设记为 H_0,为了检验 H_0 是否正确,首先假定 H_0 正确,然后根据抽取到的样本对假设 H_0 作出接受或拒绝的决策. 如果样本观察值导致了不合理的现象发生,则应拒绝假设 H_0. 如果并没有不合理的现象发生,则应接受假设 H_0.

这种方法并非纯数学中的严格反证法,因为这里所说的不合理现象,不是形式逻辑中的绝对的矛盾,而是基于人们在实践中广泛采用的小概率原则,即小概率事件在一次观测中一般认为不会发生. 这一原则在人们的日常生活中是被普遍使用着的.

至于概率小到什么程度才能当作小概率事件呢? 这要视具体问题而定. 一种有可能被染菌的药物即使只有百分之一的可能性也是应该禁用的;但一盒粉笔中有百分之一的次品则并无大碍. 一般在检验之前都会事先指定一个小正数 α(称为显著性水平或检验水平),概率不超过 α 的事件都可认为是小概率事件,α 常取 0.05,0.01 或 0.1.

回过头来看一下例 1,实际上要检验的假设是次品率 $p\leqslant 0.03$,先假定 $p\leqslant 0.03$. 看一下会出现什么后果. 这时,200 件产品中至多有 6 件次品,抽取 10 件,至少有 2 件次品的概率不会超过 0.04. 这说明如果这批产品的次品率果真不高于 3%,那么 10 件产品中出现 2 件次品的机会是很小的,也就是说,若 $p\leqslant 0.03$ 确实成立的话,则在一次抽样中,人们实际上很少能遇到出现 10 件产品有 2 个次品的情形. 然而,现在的事实是:在这一次具体的抽样中,竟然发生了这种情况,这是不合理的. 产生这种不合理现象的根源就在于假设了 $p\leqslant 0.03$;应该认为 $p\leqslant 0.03$ 的假设是不成立的,也就是说,按有关规定,新的生产工艺不能实施.

8.1.3 假设检验的两类错误

我们是通过样本来推断总体性质的,这种由部分来推断整体的做法本身就决定了不能保证绝对不犯错误. 假设检验可能犯两类错误. 在假设 H_0 实际上为真时，我们可能犯拒绝 H_0 的错误，称这类错误为第一类错误，也称为弃真错误. 又当 H_0 实际上不真时，我们也有可能接受 H_0，称这类错误为第二类错误，也称为取伪错误.

理论上，自然希望犯这两类错误的概率都很小. 但是，当样本容量固定时，犯这两类错误的概率之间存在着此消彼长的关系，若减少犯第一类错误的概率，则犯第二类错误的概率往往增大，反之亦然. 只有增加样本容量，才能使犯两类错误的概率都减小. 在实际应用中，一般都是先控制犯第一类错误的概率，使它不超过所给定的显著性水平 α，然后通过增大样本容量来减少犯第二类错误的概率.

8.1.4　假设检验的一般步骤

在假设检验中，把要检验的假设 H_0 称为原假设（零假设或基本假设），把原假设 H_0 的对立面称为备择假设（对立假设），记为 H_1.

例如，前面例 2 的假设检验问题可以简记为

$$H_0: \mu = \mu_0, \quad H_1: \mu \neq \mu_0, \quad \mu_0 = 1\,277. \tag{8.1.1}$$

形如式(8.1.1)的假设检验称为双侧（边）假设检验.

在实际问题中，有时还需要检验如下形式的假设：

$$H_0: \mu \leqslant \mu_0, \quad H_1: \mu > \mu_0; \tag{8.1.2}$$

$$H_0: \mu \geqslant \mu_0, \quad H_1: \mu < \mu_0. \tag{8.1.3}$$

形如式(8.1.2)的假设检验称为右侧（边）检验. 形如式(8.1.3)的假设检验称为左侧（边）检验. 右侧（边）检验和左侧（边）检验统称为单侧（边）检验.

假设检验的步骤如下：

(1) 根据实际问题的要求，提出原假设 H_0 及备择假设 H_1；

(2) 给定显著性水平 α 以及样本容量 n；

(3) 确定检验统计量以及拒绝域的形式；

(4) 按 P(拒绝 $H_0 \mid H_0$ 为真)$\leqslant \alpha$ 求出拒绝域；

(5) 作一次具体的抽样，根据样本观测值以及拒绝域，对假设 H_0 作出拒绝或接受的判断.

下面我们只讨论正态总体参数的假设检验.

8.2　一个正态总体的假设检验

设总体 $X \sim N(\mu, \sigma^2)$，关于参数 μ 和 σ^2 的假设检验问题，我们讨论如下四种情形.

8.2.1 已知方差 σ^2，检验假设 $H_0:\mu=\mu_0$（μ_0 已知）

我们先看一个例子.

例 1 某工厂生产的一种铜丝，根据以往的资料，这种铜丝的折断力 X 服从期望为 570kg、方差为 64kg^2 的正态分布. 现在使用了一种新的生产工艺，从铜丝的性能来看，新产品折断力的方差不会改变，但不知折断力本身大小与原来有无显著性差别?

这个问题实际上就是已知 $\sigma^2=64$，检验假设 $H_0:\mu=570$.

设抽出 10 个样品，测得铜丝的折断力(单位：kg)为：596，572，570，572，568，570，572，578，584，570.

解 先提出假设 $H_0:\mu=570$，此时 $X\sim N(570,8^2)$，设 $X_1,X_2,\cdots,X_n$ 是来自总体 X 的一个样本，则 $\overline{X}\sim N\left(570,\frac{8^2}{n}\right)$. 当 $n=10$ 时，$\overline{X}\sim N\left(570,\frac{8^2}{10}\right)$. 于是

$$U=\frac{\overline{X}-570}{\sqrt{\frac{8^2}{10}}}\sim N(0,1).$$

假设给定 $\alpha=0.05$，查正态分布表知，$P\left\{\left|\frac{\overline{X}-570}{\sqrt{8^2/10}}\right|>1.96\right\}=0.05$. 即在 H_0 成立的情况下，$\left\{\left|\frac{\overline{X}-570}{\sqrt{8^2/10}}\right|>1.96\right\}$是一个概率仅为 0.05 的小概率事件.

现在根据所给的 10 个样本值计算 $\overline{x}=575.2$，从而可得

$$\left|\frac{\overline{x}-570}{\sqrt{\frac{8^2}{10}}}\right|=\left|\frac{575.2-570}{\frac{8}{\sqrt{10}}}\right|=2.05>1.96.$$

这说明 5%的小概率事件竟在一次观测中发生了，这种不合理的现象表明原假设 $H_0:\mu=570$ 不能成立，即认为折断力的大小与原先的有显著性差异.

将上面的检验方法加以概括，可得正态总体的方差已知，关于期望的假设检验步骤：

(1) 提出待检验的假设 $H_0:\mu=\mu_0$；

(2) 确定样本统计量 $U=\frac{\overline{X}-\mu_0}{\sigma/\sqrt{n}}$. 在 H_0 成立的条件下，$U\sim N(0,1)$；

(3) 从关系式 $P\{|U|>u_{\frac{\alpha}{2}}\}=\alpha$ 出发，可得 $\Phi(u_{\frac{\alpha}{2}})=1-\frac{\alpha}{2}$，对于给定的 α，可查正态分布表，求得 $u_{\frac{\alpha}{2}}$；

(4) 计算出统计量 U 的数值；

(5) 得出结论：若 $|U|>u_{\frac{\alpha}{2}}$，则拒绝原假设 H_0；若 $|U|\leqslant u_{\frac{\alpha}{2}}$，则接受原假设 H_0.

例 2　砖瓦厂生产的某种砖的抗断强度 X 服从方差 $\sigma^2=1.21$ 的正态分布，现在随机地从该厂生产的一批砖中抽取了 6 块，测得抗断强度(单位：kg/cm²)如下：

$$31.03,31.87,30.00,31.64,29.66,32.56.$$

问能否认为这批砖的抗断强度为 32.50kg/cm²($\alpha=0.05$)？

解　(1) 提出待检假设 $H_0:\mu=32.50$；

(2) 确定统计量 $U=\dfrac{\overline{X}-32.50}{\sqrt{1.21/6}}\sim N(0,1)$；

(3) 以 $\alpha=0.05$ 为检验标准，查表可得 $u_{0.025}=1.96$；

(4) 计算 $U=\dfrac{31.13-32.50}{\sqrt{1.21/6}}\approx-3.05$；

(5) 由于 $|U|=3.05>1.96$，故应拒绝原假设 $H_0:\mu=32.50$，即不能认为这批砖的抗断强度是 32.50kg/cm².

在上面的例子中，我们是将概率为 0.05 的事件当作“小概率事件”的. 而有些实际问题却需要把检验标准定得更小些(或更大些)，如取 $\alpha=0.01$(或 $\alpha=0.1$). 即使是同一问题，若采用不同的检验标准，常常会得出不同的结论. 以例 1 来说，如果取 $\alpha=0.01$，查正态分布表得到临界值 $u_{0.005}=2.58$，即 $P\left\{\left|\dfrac{\overline{X}-570}{8/\sqrt{10}}\right|>2.58\right\}=0.01$，此时有 $|U|=2.05<2.58$，这意味着概率为 0.01 的小概率事件没有发生，因此应接受原假设. 可见检验的结果取决于 α 的选择.

8.2.2　未知方差 σ^2，检验假设 $H_0:\mu=\mu_0$(μ_0 已知)

在实际问题中，常常是总体的期望与方差都不知道. 如例 2 是用一种新仪器间接测量温度，得到 5 个数据：1 250℃，1 265℃，1 245℃，1 260℃，1 275℃. 测量值 X 服从正态分布，现在根据更精确的测量方法得到该金属熔液温度的真值是 1 277℃. 问这种新仪器测量温度有无系统偏差？

这显然是检验假设 $H_0:\mu=1\,277$℃是否成立的问题.

由于并不知道 σ^2，很自然地想到用 σ^2 的估计量 $S^2=\dfrac{1}{n-1}\sum\limits_{i=1}^{n}(X_i-\overline{X})^2$ 来代替 σ^2. 因此，在我们的问题里，就要选用 $T=\dfrac{\overline{X}-1\,277}{S/\sqrt{5}}$ 作为检验统计量. 当 $X\sim N(1\,277,\sigma^2)$时，统计量 $T=\dfrac{\overline{X}-1\,277}{S/\sqrt{5}}\sim t(4)$. 假设给定 $\alpha=0.05$，查附表，知

$$P\left\{\left|\frac{\overline{X}-1\ 277}{S/\sqrt{5}}\right|>2.776\right\}=0.05,$$

即在 H_0 成立的情况下,事件$\left|\frac{\overline{X}-1\ 277}{S/\sqrt{5}}\right|>2.776$是一个概率仅为 0.05 的小概率事件.

根据所给的样本值,算得 $\bar{x}=1\ 259$,$S^2=142.5$,于是$\left|\frac{\bar{x}-1\ 277}{S/\sqrt{5}}\right|=3.371>2.776$.

这说明所给的样本值竟使"小概率事件"在一次试验中发生了,这是不合理的,而产生这个不合理现象的根源就在于假定了 H_0 的成立,故应该拒绝假设 H_0,即认为新仪器间接测量有系统偏差.

将上面的检验方法加以概括,可得正态总体的方差未知时,关于期望的假设检验步骤:

(1) 提出待检假设 $H_0:\mu=\mu_0$;

(2) 确定统计量 $T=\frac{\overline{X}-\mu_0}{S/\sqrt{n}}$. 在 H_0 成立的条件下,$T\sim t(n-1)$;

(3) 对于给定的 α,查 t 分布临界值表可得 $t_{\frac{\alpha}{2}}(n-1)$,使之满足

$$P(|T|>t_{\frac{\alpha}{2}}(n-1))=\alpha;$$

(4) 计算统计量 T 的数值;

(5) 得出结论:若 $|T|>t_{\frac{\alpha}{2}}(n-1)$,则拒绝原假设 H_0;若 $|T|\leqslant t_{\frac{\alpha}{2}}(n-1)$,则接受原假设 H_0.

例 3 一种用于建筑上的钢筋,要求其抗拉强度应达到一定的数值.现在生产了一批这种钢筋,想知道其平均抗拉强度是否可以认为是 52kg/mm²,经抽样进行抗拉试验,分别得到如下 6 个数据(单位:kg/mm²):52.5,56.0,49.5,53.5,49.0,48.5,问能否认为这批钢筋的强度已达到要求?

解 (1) 设这批钢筋的抗拉强度 $X\sim N(\mu,\sigma^2)$,现在检验假设 $H_0:\mu=52.0$.

(2) 确定统计量 $T=\frac{\overline{X}-52.0}{S/\sqrt{6}}$. 在 H_0 成立的条件下,$T\sim t(5)$.

(3) 对于 $\alpha=0.05$,查 t 分布临界值表可得 $t_{0.025}(5)=2.571$.

(4) 根据样本值进行计算,得

$$|T|=\left|\frac{51.5-52.0}{\sqrt{8.9/6}}\right|=|-0.41|=0.41<t_{0.025}(5)=2.571.$$

(5) 故应接受 H_0,即可以认为这批钢筋的抗拉强度是 52.0kg/mm².

8.2.3　未知期望 μ，检验假设 $H_0:\sigma^2=\sigma_0^2$（σ_0^2 已知）

我们还是由一个具体例子来分析，将例 1 的提法变动一下.

例 4　某工厂生产的铜丝的折断力 $X\sim N(\mu,\sigma^2)$，今抽出 10 根测定折断力，得数据如下(单位：kg)：596，572，570，572，568，570，572，578，584，570. 问是否可以相信该厂生产的铜丝的折断力的方差就是 64kg^2？

解　现在的问题是检验假设 $H_0:\sigma^2=64$.

选取统计量

$$\chi^2=\frac{(n-1)S^2}{64}=\frac{\sum_{i=1}^{n}(X_i-\overline{X})^2}{64},$$

在 H_0 成立的条件下，χ^2 服从 9 个自由度的 χ^2 分布，通过查 χ^2 分布的临界值表，可以找到 $\chi^2_{0.975}(9)$ 和 $\chi^2_{0.025}(9)$，使之满足

$$P(\chi^2<\chi^2_{0.975}(9))=P(\chi^2>\chi^2_{0.025}(9))=0.025.$$

于是，事件 $\{\chi^2<\chi^2_{0.975}(9)\}$ 或 $\{\chi^2>\chi^2_{0.025}(9)\}$ 就成了小概率事件.

现在根据所给的样本值，计算出统计量 $\chi^2=10.65$.

查 χ^2 分布的临界值表，得 $\chi^2_{0.975}(9)=2.70$，$\chi^2_{0.025}(9)=19.023$，而 $2.70<\chi^2=10.65<19.023$，从而应接受 $H_0:\sigma^2=64$.

将上例使用的方法加以概括，可得正态总体的期望未知时，关于方差的假设检验步骤：

(1) 提出待检假设 $H_0:\sigma^2=\sigma_0^2$（σ_0^2 已知）；

(2) 确定检验统计量 $\chi^2=\dfrac{(n-1)S^2}{\sigma_0^2}$，在 H_0 成立的条件下，$\chi^2\sim\chi^2(n-1)$；

(3) 对给定的 α，查 χ^2 分布表，找到 $\chi^2_{1-\frac{\alpha}{2}}(n-1)$ 和 $\chi^2_{\frac{\alpha}{2}}(n-1)$，使之满足

$$P(\chi^2<\chi^2_{1-\frac{\alpha}{2}}(n-1))=P(\chi^2>\chi^2_{\frac{\alpha}{2}}(n-1))=\frac{\alpha}{2};$$

(4) 根据样本值计算 χ^2 的数值；

(5) 得出结论：若 $\chi^2<\chi^2_{1-\frac{\alpha}{2}}(n-1)$ 或 $\chi^2>\chi^2_{\frac{\alpha}{2}}(n-1)$，则拒绝原假设 H_0；若 $\chi^2_{1-\frac{\alpha}{2}}(n-1)\leqslant\chi^2\leqslant\chi^2_{\frac{\alpha}{2}}(n-1)$，则接受原假设 H_0.

8.2.4　未知期望 μ，检验假设 $H_0:\sigma^2\leqslant\sigma_0^2$（$\sigma_0^2$ 已知）

因为在实际问题中往往并不要求总体的方差一定与已知数相等，而是希望方差不要太大，即要求总体方差不超过某一定值，所以这种检验在实际应用中更为重要.

我们来分析一下这个问题. 设 $X_1,X_2,\cdots,X_n$ 是来自总体 $X\sim N(\mu,\sigma^2)$ 的样本.

在假设 $H_0:\sigma^2\leqslant\sigma_0^2$ 成立的条件下，$\dfrac{(n-1)S^2}{\sigma_0^2}=\dfrac{\sum\limits_{i=1}^{n}(X_i-\overline{X})^2}{\sigma_0^2}$ 的概率分布不得而知，因为这里 σ_0^2 可能并不是总体的方差，如何克服这一困难呢？我们知道 $\chi^2=\dfrac{(n-1)S^2}{\sigma^2}\sim\chi^2(n-1)$，查 χ^2 分布临界值表可得 $\chi_\alpha^2(n-1)$，使之满足 $P\{\chi^2>\chi_\alpha^2(n-1)\}=\alpha$，即 $\{\chi^2>\chi_\alpha^2(n-1)\}$ 是一个小概率事件.

由于 σ^2 的值未知，所以无法计算出 χ^2 的观测值. 但在假设 $H_0:\sigma^2\leqslant\sigma_0^2$ 成立的条件下，有

$$P\left\{\frac{(n-1)S^2}{\sigma_0^2}>\chi_\alpha^2(n-1)\right\}\leqslant P\left\{\frac{(n-1)S^2}{\sigma^2}>\chi_\alpha^2(n-1)\right\}=\alpha,$$

这表明 $\left\{\dfrac{(n-1)S^2}{\sigma_0^2}>\chi_\alpha^2(n-1)\right\}$ 将是一个概率更小的事件.

通过上面的分析，可得正态总体的期望未知时，检验假设 $H_0:\sigma^2\leqslant\sigma_0^2$ 的步骤：

(1) 提出待检假设 $H_0:\sigma^2\leqslant\sigma_0^2$（$\sigma_0^2$ 已知）；

(2) 确定检验统计量 $W=\dfrac{(n-1)S^2}{\sigma_0^2}=\dfrac{\sum\limits_{i=1}^{n}(X_i-\overline{X})^2}{\sigma_0^2}$；

(3) 查 χ^2 分布的临界值表，找到 $\chi_\alpha^2(n-1)$，使之满足 $P\{\chi^2>\chi_\alpha^2(n-1)\}=\alpha$；

(4) 计算统计量 W 的数值；

(5) 得出结论：若 $W>\chi_\alpha^2(n-1)$，则拒绝原假设 $H_0:\sigma^2\leqslant\sigma_0^2$；若 $W\leqslant\chi_\alpha^2(n-1)$，则接受原假设 $H_0:\sigma^2\leqslant\sigma_0^2$.

例 5　有一种导线，要求其电阻的方差 $\sigma^2\leqslant 0.005^2$，现在从一批该种导线中随机抽取 9 根，测得 $S^2=0.007^2$，问在 $\alpha=0.05$ 的检验水平下，能否认为这批导线电阻的方差显著偏大？

解　(1) 提出假设 $H_0:\sigma^2\leqslant 0.005^2=\sigma_0^2$；

(2) 确定统计量 $W=\dfrac{(n-1)S^2}{\sigma_0^2}$；

(3) 查 χ^2 分布的临界值表，得 $\chi_{0.05}^2(8)=15.51$；

(4) 计算出 $W=15.68$；

(5) 由于 $W>\chi_{0.05}^2(8)$，故应拒绝 H_0，即可以认为这批导线电阻的方差显著偏大.

以上讨论了一个正态总体的假设检验问题，在实际问题中常会遇到非正态总体的情形，此时除了可以运用其他检验方法之外，当样本容量 n 很大时，还可以近似地视为正态总体来处理，这样检验方法与步骤就和本节所述完全一致.

8.3　两个正态总体的假设检验

设总体 $X\sim N(\mu_1,\sigma_1^2)$，总体 $Y\sim N(\mu_2,\sigma_2^2)$，$X_1,X_2,\cdots,X_{n_1}$ 是来自总体 X 的样本，$Y_1,Y_2,\cdots,Y_{n_2}$ 是来自总体 Y 的样本，这两个样本相互独立，记 $\overline{X}$ 和 S_1^2 分别为样本 $X_1,X_2,\cdots,X_{n_1}$ 的均值和方差，$\overline{Y}$ 和 S_2^2 分别为样本 $Y_1,Y_2,\cdots,Y_{n_2}$ 的均值和方差.

关于两个正态总体的参数，我们讨论如下三种情形的假设检验问题.

8.3.1　σ_1^2,σ_2^2 未知，但 $\sigma_1^2=\sigma_2^2=\sigma^2$，检验假设 $H_0:\mu_1=\mu_2$

我们直接给出这类假设检验的步骤：

(1) 提出待检假设 $H_0:\mu_1=\mu_2$；

(2) 确定检验统计量 $T=\dfrac{\overline{X}-\overline{Y}}{\sqrt{\dfrac{(n_1-1)S_1^2+(n_2-1)S_2^2}{n_1+n_2-2}}\sqrt{\dfrac{1}{n_1}+\dfrac{1}{n_2}}}$，在 H_0 成立的条件下，$T\sim t(n_1+n_2-2)$；

(3) 给定显著性水平 α，由 $P(|T|>t_{\frac{\alpha}{2}}(n_1+n_2-2))=\alpha$，查 t 分布临界值表可得 $t_{\frac{\alpha}{2}}(n_1+n_2-2)$；

(4) 计算统计量 T 的数值；

(5) 得出结论：若 $|T|>t_{\frac{\alpha}{2}}(n_1+n_2-2)$，则拒绝原假设 H_0；若 $|T|\leqslant t_{\frac{\alpha}{2}}(n_1+n_2-2)$，则接受原假设 H_0.

我们来看在 8.1 节中提到过的一个例子.

例 1　要鉴定一种国内生产的针织品是否在质量上达到国外同类产品的标准，需要对国内、外两种产品的断裂强度进行抽样试验并得如下结果：

国内产品的断裂强度：17.7，20.3，20.0，18.8，19.0，20.1，20.2，19.1(单位：kg)；

国外产品的断裂强度：20.5，18.8，19.8，20.9，21.5，19.5，21.0，21.2(单位：kg).

能否认为这两种针织品的断裂强度并无明显差别($\alpha=0.05$)?

解　令 X 与 Y 分别表示国内和国外两种产品的断裂强度，假设它们相互独立且均服从正态分布，$X\sim N(\mu_1,\sigma^2)$，$Y\sim N(\mu_2,\sigma^2)$.

(1) 提出待检假设 $H_0:\mu_1=\mu_2$；

(2) 确定统计量 $T=\dfrac{\overline{X}-\overline{Y}}{\sqrt{\dfrac{(n_1-1)S_1^2+(n_2-1)S_2^2}{n_1+n_2-2}}\sqrt{\dfrac{1}{n_1}+\dfrac{1}{n_2}}}$，在 H_0 成立的条件下，$T\sim t(n_1+n_2-2)$；

(3) 对于给定的 $\alpha=0.05$，查 t 分布临界值表可得 $t_{0.025}(14)=2.145$；

(4) 这里 $n_1=n_2=8$，$\bar{x}=19.4$，$\bar{y}=20.4$，$S_1^2=0.8303$，$S_2^2=0.8857$，可计算得 $T=-2.16$；

(5) 由于 $|T|=2.16>t_{0.025}(14)=2.145$，故应拒绝原假设 $H_0:\mu_1=\mu_2$，即不能认为这两种针织品的断裂强度无明显差别.

8.3.2 μ_1,μ_2 未知，检验假设 $H_0:\sigma_1^2=\sigma_2^2$

我们直接给出这类假设检验的步骤：

(1) 提出待检假设 $H_0:\sigma_1^2=\sigma_2^2$；

(2) 确定检验统计量 $F=\dfrac{S_1^2}{S_2^2}$，在 H_0 成立的条件下，$F\sim F(n_1-1,n_2-1)$；

(3) 给定显著性水平 α，由

$$P(F<F_{1-\frac{\alpha}{2}}(n_1-1,n_2-1))=P(F>F_{\frac{\alpha}{2}}(n_1-1,n_2-1))=\frac{\alpha}{2},$$

查 F 分布临界值表，找到 $F_{1-\frac{\alpha}{2}}(n_1-1,n_2-1)$ 和 $F_{\frac{\alpha}{2}}(n_1-1,n_2-1)$；

(4) 计算统计量 F 的数值；

(5) 得出结论：若 $F<F_{1-\frac{\alpha}{2}}(n_1-1,n_2-1)$ 或 $F>F_{\frac{\alpha}{2}}(n_1-1,n_2-1)$，则拒绝原假设 H_0；若 $F_{1-\frac{\alpha}{2}}(n_1-1,n_2-1)\leqslant F\leqslant F_{\frac{\alpha}{2}}(n_1-1,n_2-1)$，则接受原假设 H_0.

关于查 F 分布表的问题，还应向读者说明一下. $F_{\frac{\alpha}{2}}(n_1-1,n_2-1)$ 可直接从表中读出，但 $F_{1-\frac{\alpha}{2}}(n_1-1,n_2-1)$ 却无法从表中直接读出，需要利用关系 $P(F<F_{1-\frac{\alpha}{2}})=P\left(\dfrac{1}{F}>\dfrac{1}{F_{1-\frac{\alpha}{2}}}\right)$，而 $\dfrac{1}{F}$ 是服从第一自由度为 n_2-1，第二自由度为 n_1-1 的 F 分布的统计量，由此可得

$$F_{1-\frac{\alpha}{2}}(n_1-1,n_2-1)=\frac{1}{F_{\frac{\alpha}{2}}(n_2-1,n_1-1)}.$$

例 2 机床厂某日从两台机器所加工的同一种零件中，分别抽若干个样品测量零件尺寸，结果如下：

第一台机器：6.2，5.7，6.5，6.0，6.3，5.8，5.7，6.0，6.0，5.8，6.0（单位：cm）；

第二台机器：5.6，5.9，5.6，5.7，5.8，6.0，5.5，5.7，5.5（单位：cm）.

试问这两台机器的加工精度是否有显著性差异（$\alpha=0.05$）？

解 设第一台机器加工的零件尺寸 X 与第二台机器加工的零件尺寸 Y 均服从正态分布，即 $X\sim N(\mu_1,\sigma_1^2)$，$Y\sim N(\mu_2,\sigma_2^2)$，且 X 与 Y 相互独立.

(1) 提出待检假设 $H_0:\sigma_1^2=\sigma_2^2$；

(2) 确定样本统计量 $F=\dfrac{S_1^2}{S_2^2}$，在 H_0 成立的条件下，$F\sim F(n_1-1,n_2-1)$，这里 $n_1=11$，$n_2=9$，故 $F\sim F(10,8)$；

(3) 查 F 分布临界值表，可得

$$F_{0.025}(10,8)=4.30,\quad F_{0.975}(10,8)=\frac{1}{F_{0.025}(8,10)}=\frac{1}{3.85}=0.26;$$

(4) 可计算得 $S_1^2=0.064$，$S_2^2=0.030$，从而 $F=\frac{S_1^2}{S_2^2}=2.13$；

(5) 由于 $F_{0.975}(10,8)<F<F_{0.025}(10,8)$，故应接受原假设 H_0，即这两台机器的加工精度无显著性差异.

8.3.3 μ_1,μ_2 未知，检验假设 $H_0:\sigma_1^2\leqslant\sigma_2^2$

前面曾经说过，对于总体的方差有时要进行限制，所以，在实际情况中，常会遇到这类问题.

要检验 $H_0:\sigma_1^2\leqslant\sigma_2^2$，很容易想到用 $F=\frac{S_1^2}{S_2^2}$ 作为统计量. 由于现在 $\sigma_1^2=\sigma_2^2$ 的条件已不成立，所以 F 的概率分布就无法求出. 但我们知道 $\widetilde{F}=\frac{S_1^2/\sigma_1^2}{S_2^2/\sigma_2^2}\sim F(n_1-1,n_2-1)$，可以通过查 F 分布临界值表，得到 $F_\alpha(n_1-1,n_2-1)$，使之满足 $P(\widetilde{F}>F_\alpha)=\alpha$.

可见 $\{\widetilde{F}>F_\alpha\}$ 是一个小概率事件，在 $H_0:\sigma_1^2\leqslant\sigma_2^2$ 成立的条件下，有 $F\leqslant\widetilde{F}$，故

$$P(F>F_\alpha)\leqslant P(\widetilde{F}>F_\alpha)=\alpha.$$

所以，$\{F>F_\alpha\}$ 就更是一个小概率事件.

通过上面的分析，我们可以得到这类假设检验的步骤：

(1) 提出待检假设 $H_0:\sigma_1^2\leqslant\sigma_2^2$；

(2) 确定检验统计量 $F=\frac{S_1^2}{S_2^2}$；

(3) 给定显著性水平 α，查 F 分布临界值表，得到 $F_\alpha(n_1-1,n_2-1)$；

(4) 计算统计量 F 的数值；

(5) 得出结论：若 $F>F_\alpha(n_1-1,n_2-1)$，则拒绝原假设 H_0；若 $F\leqslant F_\alpha(n_1-1,n_2-1)$，则接受原假设 H_0.

例 3　有两台车床生产同一型号的钢球，根据以往经验，可以认为这两台车床生产的钢球的直径均服从正态分布，现在从这两台车床的产品中分别抽出 8 个和 9 个，测得钢球的直径如下(单位：mm)：

甲车床产品：15.0，14.5，15.2，15.5，14.8，15.1，15.2，14.8；

乙车床产品：15.2，15.2，15.0，14.8，15.1，15.0，14.8，14.8，15.0.

能否认为乙车床产品直径的方差比甲车床产品直径的方差小($\alpha=0.05$)？

解　以 X,Y 分别表示甲、乙两个车床的产品的直径，$X\sim N(\mu_1,\sigma_1^2)$，$Y\sim N(\mu_2,\sigma_2^2)$，$X,Y$ 相互独立.

(1) 提出待检假设 $H_0:\sigma_1^2\leqslant\sigma_2^2$；

(2) 选取统计量 $F=\dfrac{S_1^2}{S_2^2}$;

(3) $n_1=8, n_2=9$,对于给定的 $\alpha=0.05$,可得临界值 $F_{0.05}(7,8)=3.50$;

(4) 计算统计量 $F=\dfrac{S_1^2}{S_2^2}=\dfrac{0.095}{0.026}=3.65$;

(5) 由于 $F>F_{0.05}(7,8)$,故应拒绝 $H_0:\sigma_1^2\leqslant\sigma_2^2$,即可以认为乙车床产品直径的方差比甲车床产品直径的方差小.

8.4　总体分布函数的假设检验

前面已经讨论了服从正态分布的总体的期望和方差的假设检验问题.但是,如何去判断一个随机变量 X 的概率分布是正态的或者是遵从某个给定的分布函数呢?

这种问题的解决有时可以利用概率论的知识,对事物的本质进行分析后获得结论.但在一些情况下,我们只能从一大堆数据中去发现规律,从而推断出总体的分布.

一般说来,可以先根据样本值用直方图法推测出总体可能服从的分布函数或密度函数,然后再利用下面将要介绍的方法加以检验.

设 $X_1,X_2,\cdots,X_n$ 是来自总体 X 的样本.在实数轴上取 m 个点:$t_1,t_2,\cdots,t_m(t_1<t_2<\cdots<t_m)$,于是这 m 个分点将实数轴分成 $m+1$ 段,第 1 段是 $(-\infty,t_1]$,第 2 段是 $(t_1,t_2]$,$\cdots$,第 $m+1$ 段是 $(t_m,+\infty)$.用 γ_i 表示 $X_1,X_2,\cdots,X_n$ 中落入第 i 段的个数 $(i=1,2,\cdots,m+1)$.这里 γ_i 为频数,$\dfrac{\gamma_i}{n}$ 为频率.用 p_i 表示 X 取值落于第 i 段的概率.

现在假设 H_0:X 以 $F(x)$ 为分布函数.在 H_0 相容的假设下,可以计算 $p_i(i=1,2,\cdots,m+1)$.

实际上,

$$p_1=P(X\leqslant t_1)=F(t_1),$$
$$p_i=P(t_{i-1}<X\leqslant t_i)=F(t_i)-F(t_{i-1}),\quad 2\leqslant i\leqslant m,$$
$$p_{m+1}=P(X>t_m)=1-F(t_m).$$

这里 $F(x)$ 是已知函数.

根据概率与频率的关系可知,如果 H_0 成立,则 $\dfrac{\gamma_i}{n}$ 与 p_i 应该接近,即 $\left(\dfrac{\gamma_i}{n}-p_i\right)^2$ 应该不会太大.于是 $V=\sum\limits_{i=1}^{m+1}\left(\dfrac{\gamma_i}{n}-p_i\right)^2\dfrac{n}{p_i}$ 也应该比较小才合理.此处

因子$\frac{n}{p_i}$起到了平衡的作用. 否则，对于较小的 p_i 而言，即使$\frac{\gamma_i}{n}$和 p_i 相对差别很大，也不足以使$\left(\frac{\gamma_i}{n}-p_i\right)^2$ 变得很大. 现在取 V 作为统计量. 注意到 V 还可以写成

$$V=\sum_{i=1}^{m+1}\frac{(\gamma_i-np_i)^2}{np_i}.$$

由于 V 也是随机变量，同时也可以证明在 H_0 成立的前提下，V 近似服从 m 个自由度的 χ^2 分布，而且样本容量越大，近似的程度越好. 于是，给定检验标准 α 后，查 χ^2 分布表，可找到 χ^2_α，使之满足 $P(V>\chi^2_\alpha)=\alpha$. 这样，$\{V>\chi^2_\alpha\}$便是一个“小概率事件”. 如果根据所给的样本值 $x_1,x_2,\cdots,x_n$ 算得 V 的值大于 χ^2_α，就拒绝假设 H_0；否则就接受 H_0.

例 1　某工厂生产一种钢轴，随机抽取了 50 个，测得它们的直径（单位：mm）如下：

15.6，14.2，14.2，14.5，14.5，15.5，14.5，14.9，14.8，14.7，14.8，14.8，15.1，14.9，15.3，14.7，15.7，15.6，15.0，15.0，15.9，15.6，15.3，15.2，15.1，14.2，15.1，15.0，15.0，15.9，15.1，14.6，15.2，15.3，15.2，15.2，15.5，14.7，15.8，15.1，14.9，15.8，15.5，15.0，15.0，15.3，14.9，14.6，15.1，15.5.

可以算得 $\bar{x}=15.1$，$S^2=0.4325^2$. 现在来检验假设 H_0：钢轴直径是否服从正态分布 $N(15.1,0.4325^2)$？

为了计算统计量 V 的值，先找出所给样本值中的最小数与最大数，取比最小数略小的数为 a，比最大数略大的数 b. 将区间$[a,b]$进行 $m+1$ 等分，得分点 t_1，$t_2,\cdots,t_m(a<t_1<t_2<\cdots<t_m<b)$，至于 m 取多大，则要依画直方图时的原则.

这里有 50 个数据，最小值是 14.2，最大值是 15.9. 取 $a=14.05$，$b=16.15$，$m=6$，$t_1=14.35$，$t_2=14.65$，$t_3=14.95$，$t_4=15.25$，$t_5=15.55$，$t_6=15.85$. 实数轴被分成了 7 段，当 H_0 成立时，我们来计算 p_i 的值.

用 $F(x)$表示钢轴直径 $X(X\sim N(15.1,0.4325^2))$的分布函数，则

$$\begin{aligned}
p_1&=F(t_1),\\
p_2&=F(t_2)-F(t_1),\\
p_3&=F(t_3)-F(t_2),\\
p_4&=F(t_4)-F(t_3),\\
p_5&=F(t_5)-F(t_4),\\
p_6&=F(t_6)-F(t_5),\\
p_7&=1-F(t_6).
\end{aligned}$$

为了计算 $F(t_i)$之值，要利用标准正态分布函数 $\Phi(x)$，此时

$$F(t_i)=\Phi\left(\frac{t_i-15.1}{0.4325}\right),\quad i=1\sim 6.$$

于是，

$$F(t_1)=\Phi(-1.7341)=1-\Phi(1.7341),$$
$$F(t_2)=\Phi(-1.0405)=1-\Phi(1.0405),$$
$$F(t_3)=\Phi(-0.3468)=1-\Phi(0.3468),$$
$$F(t_4)=\Phi(0.3468),$$
$$F(t_5)=\Phi(1.0405),$$
$$F(t_6)=\Phi(1.7341).$$

查附表，得

$$F(t_1)=0.0414,\quad F(t_2)=0.1491,$$
$$F(t_3)=0.3645,\quad F(t_4)=0.6355,$$
$$F(t_5)=0.8509,\quad F(t_6)=0.9586.$$

从而

$$p_1=0.0414,\quad p_2=0.1077,\quad p_3=0.2154,$$
$$p_4=0.2710,\quad p_5=0.2154,\quad p_6=0.1077,\quad p_7=0.0414.$$

将这些数据代入 V 中，则可算得 $V=1.7284$.

取 $\alpha=0.05$，查 χ^2 分布表，得 $\chi^2_{0.05}(4)=9.49$.

现在 $V=1.7284<9.49$，故应接受 H_0，即可以据此认为钢轴直径服从正态分布 $N(15.1,0.4325^2)$.

注意，这里我们在查 χ^2 分布表时，将自由度定为 $m-2=6-2=4$，而并非定为 $m=6$，这是因为要检验的假设“H_0：总体服从 $N(\mu,\sigma^2)$”中，μ 与 σ^2 实际上是用样本平均数 $\bar{x}$ 和样本方差 S^2 来代替的，这就需要减掉两个自由度. 关于这一点的严格数学证明可以在更详尽的教科书中找到，这里就从略了.

上述检验法称为分布函数的 χ^2 检验法. 它的优点在于，不论事先给出的 $F(x)$ 是怎样的分布函数，均可检验一个总体是否以其为分布函数. 所以，它的应用较为广泛. 不过，从上面的例子可以看出，对于连续型随机变量而言，其计算会较为冗繁，但该检验法对离散型随机变量则相对方便得多.

假如 X 为离散型随机变量，其概率分布为 $P(X=a_i)=p_i(i=1,2,\cdots,m+1)$，$X_1,X_2,\cdots,X_n$ 是来自总体 X 的样本，取统计量 $V=\sum\limits_{i=1}^{m+1}\frac{(\gamma_i-np_i)^2}{np_i}$，这里 λ_i 是 n 个样本中 a_i 出现的频数($i=1,2,\cdots,m+1$).

小 结

(1) 假设检验是重要的统计推断方法，它用样本统计量按照小概率原理对零

假设 H_0 做出拒绝或接受的推断.

(2) 假设检验做出的推断不能保证绝对正确,可能会出现两类错误.

(3) 假设检验一般可通过建立统计假设,确定检验统计量及其分布,按照指定的显著性水平并由相应的统计量及其分布确定临界值,最后由样本值计算出统计量的观测值,与临界值进行比较,从而得出拒绝或接受零假设 H_0 的推断.

习　题　8

一、填空题

1. 概率很小的事件可认为在一次试验中是不可能发生的,这个原则称为________.

2. 要使犯两类错误的概率同时减少,只有________.

3. 若 $X_1,X_2,\cdots,X_n$ 是来自总体 $N(\mu_1,\sigma_1^2)$ 的样本,$Y_1,Y_2,\cdots,Y_m$ 是来自总体 $N(\mu_2,\sigma_2^2)$ 的样本,S_1^2,S_2^2 分别为对应的样本方差,要检验 $H_0:\sigma_1^2=\sigma_2^2$,应采用的统计量是________.

二、单项选择题

1. 在假设检验中,用 α 和 β 分别表示犯第一类错误和第二类错误的概率,则当样本容量一定时,下列结论正确的为(　　).

A. α 减小 β 也减小;

B. α 与 β 其中一个减小时另一个往往会增大;

C. α 增大 β 也增大;

D. A 和 C 同时成立.

2. 在假设检验问题中,如果检验方法选择正确,计算也没有错误,则(　　).

A. 仍有可能作出错误判断;

B. 不可能作出错误判断;

C. 计算再精确些就可避免作出错误判断;

D. 增加样本容量就不会作出错误判断.

3. 在假设检验中,U 检验和 t 检验都是关于总体均值的假设检验. 当总体方差已知时,可选用(　　).

A. t 检验法;　　B. U 检验法;

C. t 检验法或 U 检验法;　　D. 其他检验法.

4. 设 $X\sim N(\mu,\sigma^2)$,σ^2 未知. 现从总体中抽取容量为 5 的简单随机样本 $X_1,X_2,\cdots,X_5$. 在显著性水平 α 之下,检验 $H_0:\mu=\mu_0$ 应选取统计量(　　).

A. $\dfrac{\overline{X}-\mu_0}{\sigma/\sqrt{5}}$;　B. $\dfrac{\overline{X}-\mu_0}{\sigma/\sqrt{4}}$;　C. $\dfrac{\overline{X}-\mu_0}{S/\sqrt{5}}$;　D. $\dfrac{\overline{X}-\mu_0}{S/\sqrt{4}}$.

三、综合题

1. 盐厂用自动打包机打包,每包标准量为 100kg,每天开工后需要检验一次打包机工作是否正常,某日开工后测得几包量(单位:kg)如下:

$$100.5,102.1,99.5,99.7,98.3,101.2,100.5,98.7,99.3.$$

问该日打包机工作是否正常($\alpha=0.05$)?

2. 设某地区磁场强度 X 服从正态分布 $N(\mu,\sigma^2)$，由以往的统计资料知 $\mu=56$，$\sigma=20$. 现有一台新型号仪器用来对该地区进行磁测，共抽测了 41 个点，得 $\overline{X}=61.1$，问这种新型仪器有无系统偏差($\alpha=0.05$)?

3. 从一批木材中随机抽取 100 根，测量其小头直径，得平均直径 $\overline{X}=11.2\text{cm}$，已知这批木材小头直径的标准差 $\sigma=2.6\text{cm}$，并设小头直径服从正态分布，问能否认为这批木材小头直径的平均值为 12cm($\alpha=0.05$)?

4. 一种矿砂含铜量经测定为 3.25，3.27，3.24，3.26，3.24(单位：kg/t). 在 $\alpha=0.01$ 的检验水平下，能否认为这批矿砂的平均含铜量为 3.25?

5. 对一种食品的维生素 C 的含量进行检测，已知该食品的维生素 C 含量的测量误差服从正态分布 $N(0,\sigma^2)$，共测检 12 次，平均误差 $\overline{X}=0.1\text{g/cm}^3$，$S=0.2\text{g/cm}^3$，试判断检测质量是否满足要求?

6. 某医院从 1999 年的新生儿中随机抽出 20 个测得其平均体重为 3 160g，样本标准差为 300g，而根据 1998 年的资料，新生儿平均体重为 3 140g，问 1999 年与 1998 年新生儿体重有无显著差异(体重服从正态分布，$\alpha=0.05$)?

7. 正常人的脉搏平均 72 次/min，现某医院测得 10 例慢性铅中毒患者的脉搏(次/min)如下：

54，67，68，78，70，66，67，70，65，79.

问这种患者与正常人的脉搏有无明显差异(已知脉搏服从正态分布，$\alpha=0.05$)?

8. 某厂生产的细纱支数服从正态分布 $N(\mu,\sigma^2)$，其中 $\sigma=1.2$，现从某日生产的一批产品中随机抽取 16 缕进行支数测量，得 $S^2=2.689\,6$，问这天生产的细纱支数的方差有无显著变化($\alpha=0.05$)?

9. 已知某工厂生产的仪表寿命服从正态分布 $N(\mu,\sigma^2)$，$\sigma^2=150$. 现在由于新工人增多，对生产的一批产品进行检验，抽取 10 根，测得样本方差为 $S^2=182.4$，问能否认为这批仪表的寿命方差没有明显变化($\alpha=0.05$)?

10. 一种钢梁的弯曲应力经抽样测试得数据(单位：kg/cm²)如下：

5 780，5 720，5 700，5 680，5 720，5 700，5 700，5 720，5 900，5 840，

并知其应力服从正态分布，问能否认为这种钢梁的弯曲应力的方差不超过 6 400($\alpha=0.05$)?

11. 甲、乙两车床加工同一种零件，测得两机床生产的零件的直径如下(单位：cm)：

甲车床：6.2，5.7，6.5，5.8，5.7，6.0，6.0，5.8，6.0；

乙车床：5.6，5.9，5.6，5.7，5.8，6.0，5.5，5.7，6.1.

若已知两车床加工的零件直径均服从正态分布，且分别为 $N(\mu_1,\sigma_1^2)$ 和 $N(\mu_2,\sigma_2^2)$，并知 $\sigma_1^2=\sigma_2^2$，问可否认为 $\mu_1=\mu_2$($\alpha=0.05$)?

12. 甲乙两个学校各抽查了 50 和 52 名学生进行数学成绩测定，算出样本方差分别为 $S_1^2=0.013\,9$，$S_2^2=0.005\,3$，问两校学生数学成绩的方差有无显著差异($\alpha=0.05$)?

13. 中国科学院曾对京津两市从事金属工作的老年男性血压进行了抽样检查，各抽取了 19 个数据(收缩压，mmHg)列于下面：

北京：133，120，122，114，130，155，116，140，160，100，105，220，120，182，130，139，190，124，110；

天津：98，160，136，128，130，114，123，134，128，107，123，125，129，132，154，115，126，132，136.

试比较这两组人血压的方差有无显著差异($\alpha=0.10$)?

第 9 章　方 差 分 析

在科学试验、生产实践和社会生活中，影响一个事件的因素往往很多. 例如，在工业生产中，产品的质量要同时受到原材料、设备、技术及员工素质等因素的影响. 在众多因素中，有些因素影响可能较大，有些因素影响可能会较小. 因此，在实际问题中，就需要考察这些因素对事件结果的影响是否存在显著差异，如果是，就有必要进一步找出对事件结果有显著影响的那些因素. 而方差分析就是鉴别各个因素影响效应的一种有效方法，是工农业生产和科学研究中分析数据的一个重要工具.

9.1　问题的提出

由于试验条件的影响，在进行试验时，可能使试验结果表现出系统误差. 称可控制的试验条件为因素或因子，因素变化的各个等级为水平. 如果在试验中只有一个因素在变化，其他可控制的条件不变，称它为单因素试验；若试验中变化的因素多于一个，则称为多因素试验.

我们这里只讨论单因素试验. 若试验中只有两个水平，就是第 8 章提到的两个总体的比较问题. 多于两个水平时，则需要对多个总体进行比较，这时，方差分析就是一种有效的方法.

下面通过例题来说明问题的提法.

例 1(灯丝的配料方案选优)　某灯泡厂用 4 种不同配料方案制成的灯丝生产了四批灯泡，在每批灯泡中随机地抽取若干个测得其使用寿命(单位：h)，所得数据如表 9.1.1 所示.

表 9.1.1　灯泡使用寿命数据表

使用寿命/h　灯泡 灯丝	1	2	3	4	5	6	7	8
甲	1 600	1 610	1 650	1 680	1 700	1 720	1 800	
乙	1 580	1 640	1 640	1 700	1 750			
丙	1 460	1 550	1 600	1 620	1 640	1 740	1 660	1 820
丁	1 510	1 520	1 530	1 570	1 680	1 600		

试问：这 4 种灯丝生产的灯泡其使用寿命有无显著差异？倘若使用寿命无显著差异，我们就可以从中选一种既经济又方便的配料方案；如果有显著差异，则希

望选一种较优的配料方案,以便提高灯泡的使用寿命.

在这个例子里,灯泡的使用寿命称为试验结果,试验中,除灯丝外其他条件相同,灯丝的配料方案本身称为因素,4 种配料方案称为 4 个水平,因此本例称为单因素 4 水平的试验.

这 4 种灯泡的使用寿命可视为 4 个总体,要比较这 4 种灯丝生产的灯泡其使用寿命有无显著差异,也就是要检验这 4 个总体的均值是否一致.

9.2 模型的建立

一般来说,我们记单因素试验中变化的因素为 A,设该因素有 r 个水平,记为 $A_1, A_2, \cdots, A_r$,视每一水平下所考察的全体为一个总体,记为 $X_1, X_2, \cdots, X_r$. 同时我们假定:

(1) 每一总体均服从正态分布;

(2) 在不同水平下,各总体的方差相同;

(3) 从不同总体中抽取的样本相互独立.

我们的目的就是要考察 r 个总体的均值是否相同. 设 $X_i \sim N(\mu_i, \sigma^2)$, $i=1, 2, \cdots, r$,为此提出原假设

$$H_0: \mu_1 = \mu_2 = \cdots = \mu_r, \tag{9.2.1}$$

及备择假设

$$H_1: \mu_i \text{ 不全相同}, \quad i = 1, 2, \cdots, r.$$

今后备择假设 H_1 常常略写.

用于检验式(9.2.1)的检验统计方法称为方差分析法.

为检验式(9.2.1),需要从每一总体中抽取样本,设从第 i 个总体 X_i 获得样本容量为 m_i 的样本,记为 $X_{i_1}, X_{i_2}, \cdots, X_{i_{m_i}}$ $(i=1,2,\cdots,r)$. 按照前面的假设,各总体样本间是相互独立的.

记 $X_{ij} - \mu_i = \varepsilon_{ij}$,称 ε_{ij} $(i=1,2,\cdots,r; j=1,2,\cdots,m_i)$ 为随机误差. 此时有 $X_{ij} = \mu_i + \varepsilon_{ij}$,这表明在第 i 个水平下获取的样本数据 X_{ij} 未必等于该水平的均值 μ_i,而是受随机误差 ε_{ij} 的影响,且由假设总体 $X_i \sim N(\mu_i, \sigma^2)$ 可知 $\varepsilon_{ij} \sim N(0, \sigma^2)$.

综上所述单因素方差分析统计模型可描述为

$$\begin{cases} X_{ij} = \mu_i + \varepsilon_{ij}, i = 1, 2, \cdots, r, j = 1, 2, \cdots, m_i, \\ \varepsilon_{ij} \sim N(0, \sigma^2), \text{各个 } \varepsilon_{ij} \text{ 相互独立}, \mu_i \text{ 和 } \sigma^2 \text{ 未知}. \end{cases}$$

在上述条件下检验 $H_0: \mu_1 = \mu_2 = \cdots = \mu_r$ 是否成立.

为使后面的分析更方便,在此给出两个重要概念.

首先,称各总体均值 μ_i 的加权平均 $\mu = \dfrac{1}{n}\sum\limits_{i=1}^{r} m_i \mu_i$ 为理论总均值,其中 $n =$

$\sum_{i=1}^{r} m_i$；其次，称 $a_i = \mu_i - \mu (i = 1,2,\cdots,r)$ 为因素 A 的第 i 个水平 A_i 的效应. 容易得出 $\sum_{i=1}^{r} m_i a_i = 0$，也可将效应式写成 $\mu_i = \mu + a_i$，它表明第 i 个总体的均值 μ_i 为总均值 μ 和效应 a_i 的叠加.

引入这两个概念后，可将单因素方差分析的统计模型改写为

$$\begin{cases} X_{ij} = \mu + a_i + \varepsilon_{ij}, \quad i = 1,2,\cdots,r, j = 1,2,\cdots,m_i, \\ \sum_{i=1}^{r} m_i a_i = 0, \\ \varepsilon_{ij} \sim N(0,\sigma^2), \text{各个 } \varepsilon_{ij} \text{ 相互独立}, \mu_i \text{ 和 } \sigma^2 \text{ 未知}. \end{cases}$$

而前述假设则等价于

$$H_0: a_1 = a_2 = \cdots = a_r = 0,$$
$$H_1: a_i \text{ 不全为零}, \quad i = 1,2,\cdots,r.$$

在单因素试验的方差分析中，我们将主要来检验上述假设，即 r 个总体 $N(\mu_i, \sigma^2)(i=1,2,\cdots,r)$ 的均值是否相等，除此以外，我们还将对方差分析的另一任务，即未知参数 σ^2 及 $\mu_i(i=1,2,\cdots,r)$ 的估计，进行简要的介绍.

9.3　统 计 分 析

通常在单因素方差分析中，我们首先获取观察数据，见表 9.3.1.

表 9.3.1　观察数据表

水 平	观察值			
A_1	x_{11}	x_{12}	$\cdots$	x_{1m_1}
A_2	x_{21}	x_{22}	$\cdots$	x_{2m_2}
$\vdots$	$\vdots$	$\vdots$		$\vdots$
A_r	x_{r1}	x_{r2}	$\cdots$	x_{rm_r}

下面我们来构造检验假设 $H_0: a_1 = a_2 = \cdots = a_r$ 用的统计量. 首先分析一下各个 X_{ij} 为什么不相等？即引起 X_{ij} 波动的原因是什么？这里有两个原因.

其一，当假设 H_0 成立时，有 $X_{ij} \sim N(\mu, \sigma^2)$，各个 X_{ij} 的波动完全由重复试验中的随机误差引起.

其二，当假设 H_0 不成立时，$X_{ij} \sim N(\mu_i, \sigma^2)$，各个 $X_{ij}(i=1,2,\cdots,r)$ 的数学期望不同，当然取值也不会相同，这时，除了随机波动引起的差异之外，还包含由于因素 A 的不同水平作用所产生的差异. 因此，我们想用一个量来刻画各个 X_{ij} 之间的波动程度，并且把引起 X_{ij} 波动的两个不同原因区分开来，这就是方差分析的总偏

差平方和分解方法，并由此构造检验用的统计量.

将 A_i 水平下的数据和记为 $T_{i\cdot}=\sum_{j=1}^{m_i}x_{ij}$，其平均值记为$\overline{x_{i\cdot}}=\frac{1}{m_i}T_{i\cdot}$，由此可推出：$\overline{x_{i\cdot}}=\mu_i+\overline{\varepsilon_{i\cdot}}$，其中$\overline{\varepsilon_{i\cdot}}=\frac{1}{m_i}\sum_{j=1}^{m_i}\varepsilon_{ij}\,(i=1,2,\cdots,r)$.

将所有数据之和记为 $T=\sum_{i=1}^{r}\sum_{j=1}^{m_i}x_{ij}$，其平均值记为 $\bar{x}=\frac{T}{n}$，容易得出 $\bar{x}=\mu+\bar{\varepsilon}$，其中 $\bar{\varepsilon}=\frac{1}{n}\sum_{i=1}^{r}\sum_{j=1}^{m_i}\varepsilon_{ij}$.

记 $S_T=\sum_{i=1}^{r}\sum_{j=1}^{m_i}(x_{ij}-\bar{x})^2$，称 S_T 为总偏差平方和，S_T 的大小反映了全部数据 X_{ij} 的波动程度的大小；

记 $S_e=\sum_{i=1}^{r}\sum_{j=1}^{m_i}(x_{ij}-\overline{x_{i\cdot}})^2$，称 S_e 为组内偏差平方和或误差平方和，S_e 反映了由于随机误差的作用而在数据 X_{ij} 中引起的波动，S_e 的大小反映了重复试验中随机误差的大小；

记 $S_A=\sum_{i=1}^{r}\sum_{j=1}^{m_i}(\overline{x_{i\cdot}}-\bar{x})^2=\sum_{i=1}^{r}m_i(\overline{x_{i\cdot}}-\bar{x})^2$，称 S_A 为因素 A 的偏差平方和或组间偏差平方和，S_A 主要反映了由于因素 A 的各个水平的不同作用在数据 X_{ij} 中引起的波动，S_A 的大小主要反映了因素 A 的各个水平所对应的总体均值 $\mu_i\,(i=1,2,\cdots,r)$之间的差异程度.

定理 1(平方和分解定理) 在单因素方差分析模型中，平方和有如下恒等式：

$$S_T=S_e+S_A.$$

证明略.

定理 1 的意义是将试验中的总偏差平方和分解为试验随机误差的平方和与因素 A 的偏差平方和.

定理 2 在单因素的方差分析模型中，有

(1) $\frac{S_e}{\sigma^2}\sim\chi^2(n-r)$；

(2) 当假设 H_0 成立时，则有$\frac{S_A}{\sigma^2}\sim\chi^2(r-1)$，且 S_A 与 S_e 相互独立.

证明略. 根据定理 2，我们可以构造统计量 $F=\frac{S_A/(r-1)}{S_e/(n-r)}$，当假设 H_0 成立时，$F\sim F(r-1,n-r)$.

因此，H_0 为真时，对于给定的显著性水平 α，有 $P\{F>F_\alpha(r-1,n-r)\}=\alpha$，查

F 分布临界值表，可以得到 $F_\alpha(r-1,n-r)$.

为了使用方便，通常将以上检验方法列成一张表格，称为方差分析表，其形式见表 9.3.2.

表 9.3.2　单因素方差分析表

方差来源	平方和	自由度	均方和	F 值
因素 A	S_A	$r-1$	$V_A=S_A/(r-1)$	$F=V_A/V_e$
误差 e	S_e	$n-r$	$V_e=S_e/(n-r)$	
总和 T	S_T	$n-1$		

综上所述，方差分析的步骤如下：

(1) 计算各种水平下的数据和 $T_{i\cdot}$，$i=1,2,\cdots,r$ 及总和 T；

(2) 计算各类平方和 $\sum_{i=1}^{r}\sum_{j=1}^{m_i}x_{ij}^2$，$\sum_{i=1}^{r}\frac{T_{i\cdot}^2}{m_i}$，$\frac{T^2}{n}$；

(3) 按如下公式计算各类偏差平方和 S_A,S_e,S_T：

$$S_T=\sum_{i=1}^{r}\sum_{j=1}^{m_i}(x_{ij}-\overline{x})^2=\sum_{i=1}^{r}\sum_{j=1}^{m_i}x_{ij}^2-\frac{T^2}{n},$$

$$S_A=\sum_{i=1}^{r}\sum_{j=1}^{m_i}(\overline{x_{i\cdot}}-\overline{x})^2=\sum_{i=1}^{r}m_i(\overline{x_{i\cdot}}-\overline{x})^2=\sum_{i=1}^{r}\frac{T_{i\cdot}^2}{m_i}-\frac{T^2}{n},$$

$$S_e=S_T-S_A;$$

(4) 填写方差分析表(表 9.3.2)；

(5) 对给定的显著性水平 α，查 F 分布的分位数表得 $F_\alpha(r-1,n-r)$，并与 F 值比较大小，若 $F>F_\alpha(r-1,n-r)$，则拒绝 H_0，即认为因素 A 对试验结果的影响显著；若 $F\leqslant F_\alpha(r-1,n-r)$，则接受 H_0，即认为因素 A 对试验结果的影响不显著.

例 1　对 9.1 节例 1 给出的数据，作出相应的方差分析.

解　从例 1 的数据表可得表 9.3.3.

表 9.3.3　灯泡使用寿命数据表

灯　丝	使用寿命								$T_{i\cdot}$	$T_{i\cdot}^2$
甲	1 600	1 610	1 650	1 680	1 700	1 720	1 800		11 760	138 297 600
乙	1 580	1 640	1 640	1 700	1 750				8 310	69 056 100
丙	1 460	1 550	1 600	1 620	1 640	1 740	1 660	1 820	13 090	171 348 100
丁	1 510	1 520	1 530	1 570	1 680	1 600			9 410	88 548 100

$$r=4,\quad n=\sum_{i=1}^{r}m_i=26;\quad \sum_{i=1}^{r}\sum_{j=1}^{m_i}x_{ij}^2=69\,895\,900;$$

$$\frac{T^2}{n}=\frac{1}{n}\Big(\sum_{i=1}^{r}T_{i\cdot}\Big)^2=69\,700\,188.46;$$

$$S_T=\sum_{i=1}^{r}\sum_{j=1}^{m_i}x_{ij}^2-\frac{T^2}{n}=195\,711.54;\quad S_A=\sum_{i=1}^{r}\frac{T_{i\cdot}^2}{m_i}-\frac{T^2}{n}=44\,360.7;$$

$$S_e=S_T-S_A=151\,350.8;\quad F=\frac{S_A/(r-1)}{S_e/(n-r)}=2.15.$$

给定显著性水平 $\alpha=0.1$，查 F 分布表，得 $F_{0.1}(3,22)=2.35$.

由于 $F=2.15<F_{0.1}(3,22)=2.35$，故因素 A（灯丝材料）对灯泡寿命无显著影响，即认为灯泡的平均寿命不因灯丝材料不同而有差异.

上述计算结果可整理成下面的方差分析表.

表 9.3.4

方差来源	平方和	自由度	均方和	F 值
因素 A	44 360.7	3	14 786.9	2.15
误差 e	151 350.8	22	6 879.59	
总和 T	195 711.54	25		

在这个问题中，4 个总体均值的点估计分别是

$$\hat{\mu}_1=\bar{x}_{1\cdot}=1\,680,\quad \hat{\mu}_2=\bar{x}_{2\cdot}=1\,662;$$

$$\hat{\mu}_3=\bar{x}_{3\cdot}=1\,636.25,\quad \hat{\mu}_4=\bar{x}_{4\cdot}=1\,568.3.$$

如果不作方差分析，只根据 4 个样本均值不同会作出甲种灯泡使用寿命最长的结论，但经过方差分析，发现在使用寿命上 4 种灯丝制成的灯泡没有显著差别. 因此，灯泡厂在选择灯丝材料时就可以从其他方面去考虑，如在 4 种灯丝材料中选择能使灯泡成本较低的材料等.

小　　结

（1）方差分析是鉴别各因素效应的一种有效的统计方法.

（2）如果在试验中只有一个因素在变化，其他可控制的条件不变，称为单因素方差分析.

习　题　9

一、填空题

1. 方差分析实际上是一个假设检验问题，它是检验________是否相等的统计分析方法.

2. 在单因素方差分析中，$L=U+Q$，其中 $L=\sum\limits_{i=1}^{r}\sum\limits_{j=1}^{m_i}(X_{ij}-\overline{X})^2$，$Q=\sum\limits_{i=1}^{r}m_i(\overline{X_{i\cdot}}-\overline{X})^2$，则

$U=$________,并且 L 被称为________平方和,U 被称作________平方和,Q 被称为________平方和.

3. 设 r 个相互独立的正态总体 $X_i(i=1,2,\cdots,r)$,$X_i\sim N(\mu_i,\sigma^2)$,设 $X_{i1},X_{i2},\cdots,X_{in_i}$ 是从第 i 个总体 X_i 中取的容量为 n_i 的样本,欲检验假设 $H_0:\mu_1=\mu_2=\cdots=\mu_r$,应选用统计量________,当 H_0 成立时,该统计量服从________分布,设显著性水平为 α,则拒绝域为________.

4. 在第 3 题的单因素方差分析中,若以 Q_A 表示因素 A 引起的误差平方和,则当假设 H_0 成立时,$\frac{1}{\sigma^2}Q_A$ 服从自由度为________的________分布.

二、单项选择题

1. 在方差分析中,常用的检验法为(　　).

A. F 检验法;　　B. U 检验法;

C. χ^2 检验法;　　D. t 检验法.

2. 方差分析的基本依据是(　　).

A. 偏差平方和分解公式;　B. 自由度分解公式;

C. 假设检验法;　　D. A 和 B 同时成立.

三、综合题

1. 粮食加工厂试验 5 种储藏方法,检验它们对粮食的含水率是否有显著影响. 在储藏前这些粮食的含水率几乎没有差别,储藏后含水率如下表所示. 问不同的储藏方法对含水率的影响是否有明显差异(取 $\alpha=0.05$)?

因素 A (储藏方法)	含水率/%				
A_1	7.3	8.3	7.6	8.4	8.3
A_2	5.4	7.4	7.1		
A_3	8.1	6.4			
A_4	7.9	9.5	10.0		
A_5	7.1				

2. 一个年级有三个小班,他们进行了一次数学考试,现从各个班级随机地抽取了一些学生,记录成绩如下表:

班　级	成　绩														
1 班	73	66	89	60	82	45	43	93	80	36	73	77			
2 班	88	77	78	31	48	78	91	62	51	76	85	96	74	80	56
3 班	68	41	79	59	56	68	91	53	71	79	71	15	87		

试在显著性水平 $\alpha=0.05$ 下检验各班级的平均分数有无显著差异. 设各个总体服从正态分布,且方差相等.

3. 一批由同样原料织成的布,用 5 种不同的染整工艺处理,然后进行缩水率试验,设每种工艺处理 4 块布样,测得缩水率的结果如下表:

染整工艺	缩水率/%			
A_1	4.3	7.8	3.2	6.5
A_2	6.1	7.3	4.2	4.1
A_3	6.5	8.3	8.6	8.2
A_4	9.3	8.7	7.2	10.1
A_5	9.5	8.8	11.4	7.8

问不同的工艺对布的缩水率是否有显著影响($\alpha=0.01$)?

第 10 章　回 归 分 析

在许多问题中，常常需要研究多个变量之间的关系. 变量之间的关系大致可以分为两类：

(1) 确定性关系. 确定性关系也称函数关系，即一个变量的值能被一个或若干个其他变量的值按某一规律唯一的确定，以前我们所研究的函数关系基本上都是这种完全确定的关系.

(2) 非确定性关系. 非确定性关系也称为相关关系，这种关系表现为这些变量之间有一定的依赖关系，但这种关系并不完全确定，它们之间的关系不能精确地用函数表示.

例如，消费支出与收入之间有一定的关系. 一般地，收入增加，消费支出也会相应地增加. 但是收入并不是影响消费支出唯一的因素. 因此，我们无法用精确的函数表达式来表示这两个变量之间的关系.

又如，在考察某化学反应时，发现反应速度 Y 与催化剂用量 x_1、反应温度 x_2、所加压力 x_3 等多种因素有关.

这两个例子的变量之间的关系都是相关关系，例中的收入、催化剂用量 x_1、反应温度 x_2、所加压力 x_3 都是可以在某范围内随意地取指定数值，这种变量称为可控变量. 消费支出和反应速度 Y 都是随机变量，这种变量的取值虽然可观测但不可控制，通常称为不可控变量. 在这类问题中，可控变量有时称为自变量或解释变量，而不可控变量称为因变量或被解释变量.

研究一个随机变量与一个或几个可控变量之间的相关关系的统计方法称为回归分析. 只有一个自变量的回归分析叫做一元回归分析，多于一个自变量的回归分析叫做多元回归分析. 具体来说，回归分析主要包括以下三方面的内容：

(1) 通过对大量试验数据的分析、处理，得到有相关关系的变量之间的经验公式；

(2) 对经验公式的可信程度进行检验，判断经验公式是否可信；

(3) 利用已建立的经验公式，进行预测和控制.

10.1　一元线性回归方程的建立

10.1.1　一元线性回归模型

如果两个变量之间的相关关系是线性的，就是一元线性回归问题.

一元回归分析主要是考察随机变量 Y 与普通变量 x 之间的关系. 通过试验，可以得到 x,Y 的若干对样本数据，将这些数据在坐标系中描绘出来，所得到的图叫做散点图. 观察散点图有助于分析两个变量之间的关系.

我们先来看一个例子.

例 1 在硝酸钠($NaNO_3$)的溶解度试验中，测得在不同温度 x(℃)下，溶解于 100 份水中的硝酸钠份数 Y 的数据如表 10.1.1 所示.

表 10.1.1

x_i	0	4	10	15	21	29	36	61	68
y_i	66.7	71.0	76.3	80.6	85.7	92.9	99.4	113.6	125.1

为了研究这些数据所蕴涵的规律性，将每对观察值 (x_i, y_i) 在直角坐标系中描出，得散点图如图 10.1.1 所示.

从图 10.1.1 可以看出，虽然这些点是散乱的，但大体上分布在某一条直线附近，即溶解于 100 份水中的硝酸钠份数 Y 与温度 x 之间大致呈线性关系，这些点与直线的偏离是由于其他随机因素影响的结果. 故可假设有如下的数学模型：

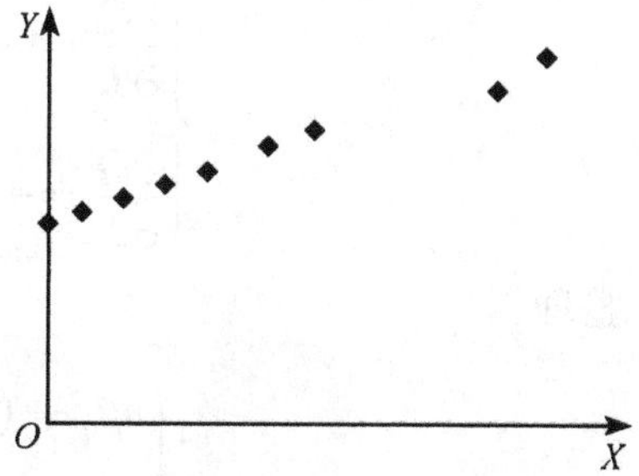

图 10.1.1

$$y_i = \beta_0 + \beta_1 x_i + \varepsilon_i, \quad i = 1,2,\cdots,9,$$

其中 ε_i 是随机误差项，它反映了变量之间的不确定关系.

一般地，当变量 Y 与变量 x 之间有线性关系时，可设

$$Y = \beta_0 + \beta_1 x + \varepsilon, \tag{10.1.1}$$

其中随机误差项 $\varepsilon \sim N(0,\sigma^2)$，$\beta_0$ 和 β_1 是未知而固定的参数，称为回归系数，更具体地，可将 β_0 称为截距系数，β_1 称为斜率系数.

设 $(x_1,Y_1),(x_2,Y_2),\cdots,(x_n,Y_n)$ 是取自总体 (x,Y) 的一组样本，则有

$$Y_i = \beta_0 + \beta_1 x_i + \varepsilon_i, \quad i = 1,2,\cdots,n, \tag{10.1.2}$$

其中 $\varepsilon_1,\varepsilon_2,\cdots,\varepsilon_n$ 相互独立. 在线性模型中，由假设知

$$Y \sim N(\beta_0 + \beta_1 x, \sigma^2), \quad E(Y) = \beta_0 + \beta_1 x.$$

将 $E(Y) = \beta_0 + \beta_1 x$ 称为总体回归方程.

回归分析的一个主要内容就是要根据样本观察值来寻找 β_0,β_1 的估计量 $\hat{\beta}_0,\hat{\beta}_1$. 记

$$\hat{Y}_i = \hat{\beta}_0 + \hat{\beta}_1 x_i, \tag{10.1.3}$$

该式称为样本回归方程或经验公式.

假若 $\hat{\beta}_0$ 充分地"接近"β_0，并且 $\hat{\beta}_1$ 也充分地"接近"β_1，就可以用样本回归函数

$\hat{Y}_i$ 去估计总体回归函数 $E(Y)$.

10.1.2　未知参数的估计

现讨论如何根据观测值 $(x_1, y_1), (x_2, y_2), \cdots, (x_n, y_n)$ 来寻找 β_0, β_1 的估计值 $\hat{\beta}_0, \hat{\beta}_1$.

记 $Q(\beta_0, \beta_1) = \sum_{i=1}^{n}(y_i - \beta_0 - \beta_1 x_i)^2$，估计回归系数的一个直观想法是要求估计值 $\hat{Y}_i$ 与观测值 Y_i 的偏差越小越好. 我们用最小二乘法估计未知参数 β_0, β_1. 也就是找使 $Q(\beta_0, \beta_1)$ 达到最小的 $\hat{\beta}_0, \hat{\beta}_1$ 作为 β_0, β_1 的估计值，即 $Q(\hat{\beta}_0, \hat{\beta}_1) = \min\limits_{\beta_0, \beta_1} Q(\beta_0, \beta_1)$，要做到这一点，可以借助微积分中求极值的方法，将 $Q(\beta_0, \beta_1)$ 分别对 β_0 和 β_1 求偏导数，并令其为零，得

$$\begin{cases} \dfrac{\partial Q}{\partial \beta_0} = -2\sum\limits_{i=1}^{n}[y_i - \beta_0 - \beta_1 x_i] = 0, \\ \dfrac{\partial Q}{\partial \beta_1} = -2\sum\limits_{i=1}^{n}(y_i - \beta_0 - \beta_1 x_i)x_i = 0. \end{cases}$$

整理得

$$\begin{cases} n\beta_0 + \left(\sum\limits_{i=1}^{n} x_i\right)\beta_1 = \sum\limits_{i=1}^{n} y_i, \\ \left(\sum\limits_{i=1}^{n} x_i\right)\beta_0 + \left(\sum\limits_{i=1}^{n} x_i^2\right)\beta_1 = \sum\limits_{i=1}^{n} x_i y_i. \end{cases}$$

称该式为正规方程组，解正规方程组，得

$$\hat{\beta}_1 = \frac{\sum\limits_{i=1}^{n} x_i y_i - n\bar{x}\bar{y}}{\sum\limits_{i=1}^{n} x_i^2 - n\bar{x}^2}, \quad \hat{\beta}_0 = \bar{y} - \hat{\beta}_1 \bar{x},$$

其中 $\bar{x} = \frac{1}{n}\sum_{i=1}^{n} x_i$，$\bar{y} = \frac{1}{n}\sum_{i=1}^{n} y_i$.

若记

$$l_{xx} = \sum_{i=1}^{n}(x_i - \bar{x})^2 = \sum_{i=1}^{n} x_i^2 - n\bar{x}^2, \quad l_{yy} = \sum_{i=1}^{n}(y_i - \bar{y})^2 = \sum_{i=1}^{n} y_i^2 - n\bar{y}^2,$$

$$l_{xy} = \sum_{i=1}^{n}(x_i - \bar{x})(y_i - \bar{y}) = \sum_{i=1}^{n} x_i y_i - n\bar{x}\bar{y}.$$

则

$$\begin{cases} \hat{\beta}_1 = \dfrac{l_{xy}}{l_{xx}}, \\ \hat{\beta}_0 = \bar{y} - \hat{\beta}_1 \bar{x}. \end{cases} \tag{10.1.4}$$

这里的 $\hat{\beta}_0$ 和 $\hat{\beta}_1$ 是根据最小二乘原理求得的,故称为参数 β_0,β_1 的最小二乘估计量.可以证明,$\hat{\beta}_0$,$\hat{\beta}_1$ 分别是 β_0,β_1 的线性无偏估计量.

例 2 计算例 1 中 Y 对 x 的一元线性回归方程.

解 为了方便,列出表 10.1.2

表 10.1.2

i	x_i	y_i	x_i^2	y_i^2	x_iy_i
1	0	66.7	0	4 448.89	0
2	4	71	16	5 041	284
3	10	76.3	100	5 821.69	763
4	15	80.6	225	6 496.36	1 209
5	21	85.7	441	7 344.49	1 799.7
6	29	92.9	841	8 630.41	2 694.1
7	36	99.4	1 296	9 880.36	3 578.4
8	61	113.6	3 721	12 904.96	6 929.6
9	68	125.1	4 624	15 650.01	8 506.8
$\sum$	244	811.3	11 264	76 218.17	25 764.6

这里 $n=9$,利用所给样本数据可计算出 $\bar{x}=27.11$,$\bar{y}=90.14$,

$$l_{xx}=\sum_{i=1}^{9}x_i^2-9\bar{x}^2=11\,264-9\times 27.11^2=4\,649.43,$$

$$l_{xy}=\sum_{i=1}^{9}x_iy_i-9\bar{x}\bar{y}=25\,764.6-9\times 27.11\times 90.14=3\,771.34,$$

$$l_{yy}=\sum_{i=1}^{9}y_i^2-9\bar{y}^2=76\,218.17-9\times 90.14^2=3\,091.19,$$

$$\hat{\beta}_1=\frac{l_{xy}}{l_{xx}}=\frac{3\,771.34}{4\,649.43}=0.81,\quad \hat{\beta}_0=\bar{y}-\hat{\beta}_1\bar{x}=90.14-27.11\times 0.81=68.18.$$

故所求的线性回归方程为 $\hat{Y}=68.18+0.81x$.

10.2 一元线性回归模型的统计检验

一般的情况下,给定样本数据,总能通过公式(10.1.4)求出回归系数 β_0,β_1 的估计值 $\hat{\beta}_0$,$\hat{\beta}_1$,从而总可以建立一个一元线性回归方程,但是这个方程是否有效,也就是说回归方程是否显著,还需要作进一步的检验.若回归系数 $\beta_1=0$,则回归方程变成 $Y=\beta_0$,不再与 x 有关,因此检验的原假设与备择假设应为

$$H_0:\beta_1=0,\quad H_1:\beta_1\neq 0.$$

通常检验 H_0 的方法有三种:t 检验法、相关系数检验法和 F 检验法.这里只介

绍相关系数检验法.

由第4章知,相关系数的大小可以表示两个随机变量线性关系的密切程度.对于一元线性回归方程中的变量 x 与 Y,其样本相关系数定义为

$$r=\frac{\sum_{i=1}^{n}(x_i-\overline{x})(y_i-\overline{y})}{\sqrt{\sum_{i=1}^{n}(x_i-\overline{x})^2(y_i-\overline{y})^2}}=\frac{l_{xy}}{\sqrt{l_{xx}l_{yy}}}.$$

r 反映了 x 与 Y 这两个变量之间的线性相关程度.

相关系数检验法的步骤如下:

(1) 根据相关系数的计算公式计算相关系数 r;

(2) 给定显著性水平 α,从相关系数临界值表(见书后附表6)中查出相关系数临界值 $r_\alpha(n-2)$ 的值,比较 r 与 $r_\alpha(n-2)$ 的大小.若 $|r|>r_\alpha(n-2)$,则拒绝 H_0,表明在显著性水平 α 下,x 与 Y 两变量的线性相关关系显著,即所构建的一元线性回归方程是显著的;当 $|r|\leqslant r_\alpha(n-2)$ 时,表明回归方程不显著.

例1 检验10.1节例2中线性回归方程的显著性(取 $\alpha=0.05$).

解 由10.1节例2中已算得的 $l_{xx}=4\,649.43$,$l_{xy}=3\,771.34$,$l_{yy}=3\,091.19$,得

$$r=\frac{l_{xy}}{\sqrt{l_{xx}l_{yy}}}=\frac{3\,771.34}{\sqrt{4\,649.43\times 3\,091.19}}=0.994\,8.$$

按 $\alpha=0.05$,自由度 $n-2=9-2=7$ 查相关系数临界值表,得 $r_{0.05}(7)=0.6664$.

由于 $|r|>r_{0.05}(7)$,故认为 Y 与 x 之间的线性回归显著,即回归方程 $\hat{Y}=68.18+0.81x$ 可以表达这两个变量之间存在的线性相关关系.

10.3 一元线性回归分析的应用:预测与控制

10.3.1 预测

当回归方程经过检验,认为回归效果显著后,就可以用来进行预测.

所谓预测,就是取定自变量 $x=x_0$,对因变量 Y 的相应值 y_0 作出判断.预测可分为点预测和区间预测.

对给定的 $x=x_0$,根据回归方程求得 $\hat{y}_0=\hat{\beta}_0+\hat{\beta}_1x_0$,作为 y_0 的预测值,这种方法叫做点预测.

区间预测就是对给定的 $x=x_0$,利用区间估计的方法求出 y_0 的置信区间.

我们下面主要介绍一下区间预测.

当给定 $x=x_0$ 时,$\hat{Y}=\hat{y}_0$,可以证明

$$y_0-\hat{y}_0\sim N\left(0,\left[1+\frac{1}{n}+\frac{(x_0-\overline{x})^2}{l_{xx}}\right]\sigma^2\right),\frac{(n-2)\hat{\sigma}^2}{\sigma^2}\sim\chi^2(n-2),$$

其中 $\hat{\sigma}^2=\dfrac{\sum\limits_{i=1}^{n}(y_i-\hat{y}_i)^2}{n-2}$. 证明略. 又因 $y_0-\hat{y}_0$ 与 $\hat{\sigma}^2$ 相互独立,则

$$T=\frac{y_0-\hat{y}_0}{\hat{\sigma}\sqrt{1+\dfrac{1}{n}+\dfrac{(x_0-\overline{x})^2}{l_{xx}}}}\sim t(n-2).$$

对于给定的显著性水平 α,记 $\delta(x_0)=t_{\frac{\alpha}{2}}(n-2)\hat{\sigma}\sqrt{1+\dfrac{1}{n}+\dfrac{(x_0-\overline{x})^2}{l_{xx}}}$,故可得 y_0 的置信度为 $1-\alpha$ 的置信区间为 $(\hat{y}_0-\delta(x_0),\hat{y}_0+\delta(x_0))$.

容易看出,y_0 的预测区间长度为 $2\delta(x_0)$,对于给定的 α,x_0 越接近样本均值 $\overline{x}$,$\delta(x_0)$越小,预测区间长度越小,效果越好.

例 1 依据 1996～2005 年《中国统计年鉴》提供的资料,经过整理,获得以下农村居民人均消费支出和人均纯收入的数据如表 10.3.1 所示.

表 10.3.1 农村居民 1995～2004 年人均消费支出和人均纯收入数据资料(单位:元)

年 份	1995	1996	1997	1998	1999	2000	2001	2002	2003	2004
人均纯收入	1 577.74	1 926.07	2 090.13	2 161.98	2 210.34	2 253.42	2 366.40	2 475.63	2 622.24	2 936.40
人均消费支出	1 310.36	1 572.08	1 617.15	1 590.33	1 577.42	1 670.13	1 741.09	1 834.31	1 943.30	2 184.65

我们以农村居民人均纯收入为解释变量 x,农村居民人均消费支出为被解释变量 Y,通过下面三个问题的求解来分析 Y 随 x 的变化而变化的因果关系.

(1) 求一元线性回归方程;

(2) 检验所建回归方程的显著性(取 $\alpha=0.05$);

(3) 当农村居民家庭人均纯收入增长到 3500 元时,求农村居民人均消费支出的预测值以及置信度为 0.95 的预测区间.

解 (1) 建立一元线性回归模型如下:

$$Y_i=\beta_0+\beta_1x_i+\varepsilon_i,\quad i=1,2,\cdots,10.$$

根据样本数据求得

$\overline{x}=2\,262.035,\overline{y}=1\,704.082$,

$\sum\limits_{i=1}^{10}x_i^2=52\,432\,495,\sum\limits_{i=1}^{10}y_i^2=29\,555\,589,\sum\limits_{i=1}^{10}x_iy_i=39\,335\,791$,

$l_{xx}=\sum\limits_{i=1}^{10}x_i^2-10\overline{x}^2=52\,432\,495-10\times 2\,262.035^2=1\,264\,471.59$,

$l_{xy}=\sum\limits_{i=1}^{10}x_iy_i-10\overline{x}\overline{y}=39\,335\,791-10\times 2\,262.035\times 1\,704.082=788\,859.74$,

$$l_{yy}=\sum_{i=1}^{10}y_i^2-10\bar{y}^2=29\ 555\ 589-10\times 1\ 704.082^2=516\ 634.38,$$

$$\hat{\beta}_1=\frac{l_{xy}}{l_{xx}}=\frac{788\ 859.74}{1\ 264\ 471.59}=0.623\ 865,$$

$$\hat{\beta}_0=\bar{y}-\hat{\beta}_1\bar{x}=1\ 704.082-0.623\ 865\times 2\ 262.035=292.877\ 5.$$

故所求的线性回归方程为 $\hat{Y}_i=292.877\ 5+0.623\ 865x_i$.

上式表明，中国农村居民家庭人均纯收入如果增加100元，居民们将会拿出其中的62.39元用于消费.

(2) 我们用相关系数检验法检验回归方程的显著性.

由(1)中已算得的 $l_{xx}=1\ 264\ 471.59$，$l_{xy}=788\ 859.74$，$l_{yy}=516\ 634.38$，得

$$r=\frac{l_{xy}}{\sqrt{l_{xx}l_{yy}}}=\frac{788\ 859.74}{\sqrt{1\ 264\ 471.59\times 516\ 634.38}}=0.976.$$

按 $\alpha=0.05$，自由度 $n-2=10-2=8$ 查相关系数临界值表，得 $r_{0.05}(8)=0.631\ 9$.

由于 $|r|>r_{0.05}(8)$，故认为 Y 与 x 之间的线性回归显著，即回归方程 $\hat{Y}_i=292.877\ 5+0.623\ 865x_i$ 可以表达这两个变量之间存在的线性相关关系.

(3) 当农村居民家庭人均纯收入增长到3 500元，即 $x_0=3\ 500$ 时，对农村居民人均消费支出预测如下：

$$\hat{Y}_0=292.877\ 5+0.623\ 865\times 3\ 500=2\ 476.405(\text{元}).$$

当 $\alpha=0.05$，自由度 $n-2=10-2=8$ 时，$t_{0.025}(8)=2.306$. 故可求得

$$\begin{aligned}\delta(x_0)&=t_{\frac{\alpha}{2}}(n-2)\hat{\sigma}\sqrt{1+\frac{1}{n}+\frac{(x_0-\bar{x})^2}{l_{xx}}}\\&=2.306\times\sqrt{3\ 061.525\times\left(1+\frac{1}{10}+\frac{(3\ 500-2\ 262.035)^2}{1\ 264\ 471.59}\right)}=194.\end{aligned}$$

从而

$$\hat{y}_0-\delta(x_0)=2\ 476.405-194=2\ 282.405(\text{元}),$$

$$\hat{y}_0+\delta(x_0)=2\ 476.405+194=2\ 670.405(\text{元}).$$

因此，当农村居民家庭人均纯收入增长到3 500元时，农村居民人均消费支出的置信度为0.95的预测区间为(2 282.405，2 670.405).

10.3.2　控制

控制是预测的反问题，即要以不小于 $1-\alpha$ 的概率将 y_0 控制在 (y_1,y_2) 内，也就是使

$$P(y_1<y_0<y_2)\geqslant 1-\alpha$$

相应的 x_0 应控制在什么范围内. 这类问题称为控制问题.

根据前一段的讨论,若 x_0 满足

$$(\hat{y}_0-\delta(x_0),\hat{y}_0+\delta(x_0))\subset(y_1,y_2), \tag{10.3.1}$$

则有 $P(y_1<y_0<y_2)\geqslant 1-\alpha$.

因此,控制问题一般是找满足式(10.3.1)的 x_0 的范围. 但求解很麻烦,一种近似的处理方法是由 $y_0\sim N(\beta_0+\beta_1x_0,\sigma^2)$,将 β_0,β_1,σ^2 分别用其无偏估计 $\hat{\beta}_0,\hat{\beta}_1,\hat{\sigma}^2$ 代替,有

$$y_0\overset{\text{近似}}{\sim}N(\hat{\beta}_0+\hat{\beta}_1x_0,\hat{\sigma}^2)=N(\hat{y}_0,\hat{\sigma}^2),$$

从而

$$\frac{y_0-\hat{y}_0}{\hat{\sigma}}\overset{\text{近似}}{\sim}N(0,1).$$

根据 $P\left(\left|\frac{y_0-\hat{y}_0}{\hat{\sigma}}\right|<u_{\frac{\alpha}{2}}\right)=1-\alpha$,查标准正态分布表确定 $u_{\frac{\alpha}{2}}$,于是 y_0 的置信度为 $1-\alpha$ 的预测区间可近似认为是$(\hat{y}_0-u_{\frac{\alpha}{2}}\hat{\sigma},\hat{y}_0+u_{\frac{\alpha}{2}}\hat{\sigma})$.

要解决前述问题,可以从满足$(\hat{y}_0-u_{\frac{\alpha}{2}}\hat{\sigma},\hat{y}_0+u_{\frac{\alpha}{2}}\hat{\sigma})\subset(y_1,y_2)$的 x_0 去寻找 x_0 的控制范围. 显然,当 $2u_{\frac{\alpha}{2}}\hat{\sigma}>y_2-y_1$ 时,问题无解,否则方程组

$$\begin{cases}y_1=\hat{\beta}_0+\hat{\beta}_1x'-u_{\frac{\alpha}{2}}\hat{\sigma},\\ y_2=\hat{\beta}_0+\hat{\beta}_1x''+u_{\frac{\alpha}{2}}\hat{\sigma}\end{cases}$$

有解 x',x'',即

$$\begin{cases}x'=\dfrac{1}{\hat{\beta}_1}(y_1+u_{\frac{\alpha}{2}}\hat{\sigma}-\hat{\beta}_0),\\ x''=\dfrac{1}{\hat{\beta}_1}(y_2-u_{\frac{\alpha}{2}}\hat{\sigma}-\hat{\beta}_0),\end{cases}$$

由此得 x_0 的控制范围是$(\min(x',x''),\max(x',x''))$.

10.4 可化为线性的一元非线性回归模型

前面讨论了一元线性回归问题,然而在实际应用中,会经常遇到更为复杂的回归问题. 这里我们只讨论可化为线性的非线性回归问题,仅通过对某些常见的可化为线性回归问题的讨论来阐明解决这类问题的基本思想和方法.

下面介绍一些可通过变量替换化为线性的非线性回归模型.

(1) 双曲线函数 $y=a+\frac{b}{x}$,作变换 $x'=\frac{1}{x}$则回归函数化为 $y=a+bx'$.

(2) 幂函数 $y=ax^b(a>0,b\neq0)$,对幂函数两边取对数得 $\ln y=\ln a+b\ln x$,作变换 $y'=\ln y,x'=\ln x,a'=\ln a$ 则有 $y'=a'+bx'$.

(3) 指数函数 $y=ae^{bx}(a>0,b\neq 0)$，两边取对数 $\ln y=\ln a+bx$，令 $y'=\ln y$，$a'=\ln a$，有 $y'=a'+bx$.

(4) 倒指数函数 $y=ae^{\frac{b}{x}}(a>0,b\neq 0)$，两边取对数后作变换 $y'=\ln y, x'=\dfrac{1}{x}$，$a'=\ln a$，则有 $y'=a'+bx'$.

(5) 对数函数 $y=a+b\ln x$，作变换 $x'=\ln x$，则有 $y=a+bx'$.

(6) S 型曲线 $y=\dfrac{1}{a+be^{-x}}$，两边取倒数得 $\dfrac{1}{y}=a+be^{-x}$，作变换 $y'=\dfrac{1}{y}, x'=e^{-x}$，则有 $y'=a+bx'$.

例 1　电容器充电达某电压值时为时间的计算原点，此后电容器串联一电阻放电，测定各时刻的电压 u，测量结果如表 10.4.1 所示.

表 10.4.1

时间 t/s	0	1	2	3	4	5	6	7	8	9	10
电压 u/V	100	75	55	40	30	20	15	10	10	5	5

若 u 与 t 的关系为 $u=u_0e^{-ct}$，其中 u_0, c 未知，求 u 对 t 的回归方程.

解　$u=u_0e^{-ct}$，两边取对数 $\ln u=\ln u_0-ct$，令 $y=\ln u, \beta_0=\ln u_0, \beta_1=-c, x=t$，则 $y=\beta_0+\beta_1 x$.

关于 x 及 y 有下列数据(表 10.4.2).

表 10.4.2

x	0	1	2	3	4	5	6	7	8	9	10
y	4.6	4.3	4.0	3.7	3.4	3	2.7	2.3	2.3	1.6	1.6

$n=11, \bar{x}=5, \bar{y}=3.045, l_{xx}=110, l_{xy}=-34.38$，故 $\hat{\beta}_1=\dfrac{l_{xy}}{l_{xx}}=\dfrac{-34.38}{110}=-0.313$，$\hat{\beta}_0=\bar{y}-\hat{\beta}_1\bar{x}=3.045+0.313\times 5=4.61$，从而 $\hat{c}=0.313, \hat{u}_0=100.48$. 因此，$u$ 对 t 的回归方程为 $\hat{u}=100.48e^{-0.313t}$.

10.5　多元线性回归

在许多实际问题中，经常需要研究一个变量与多个变量之间的相关关系，这就要用多元回归的方法来解决. 多元回归的建模思想与方法与一元回归的情形基本相同，仍然包括模型的基本假定、参数的估计、模型的检验以及模型在预测与控制方面的应用等内容，只是多元线性回归的方法更为复杂，计算量也要大得多，常常要借助于计算机进行处理. 我们这里只对多元线性回归模型的基本假定和参数的估计作一简要的介绍.

10.5.1　多元线性回归模型

设影响因变量 Y 的自变量个数为 k,所谓多元线性回归模型是指这些自变量对因变量 Y 的影响是线性的,即 Y 与自变量 $x_1,x_2,\cdots,x_k$ 之间有关系式

$$Y=\beta_0+\beta_1x_1+\beta_2x_2+\cdots+\beta_kx_k+\varepsilon,$$

其中 $\varepsilon\sim N(0,\sigma^2)$,$\beta_1,\beta_2,\cdots,\beta_k,\sigma^2$ 都是未知参数.

抽样得 n 组观测数据:$(x_{i1},x_{i2},\cdots,x_{ik},y_i)(i=1,2,\cdots,n)$,其中 x_{ij} 是自变量 x_j 的第 i 个观测值,y_i 是因变量 Y 的第 i 个观测值,代入上式得

$$\begin{cases}y_1=\beta_0+\beta_1x_{11}+\beta_2x_{12}+\cdots+\beta_kx_{1k}+\varepsilon_1,\\ y_2=\beta_0+\beta_1x_{21}+\beta_1x_{22}+\cdots+\beta_kx_{2k}+\varepsilon_2,\\ \cdots\cdots\\ y_n=\beta_0+\beta_1x_{n1}+\beta_2x_{n2}+\cdots+\beta_kx_{nk}+\varepsilon_n,\end{cases}$$

其中 $\varepsilon_1,\varepsilon_2,\cdots,\varepsilon_n$ 相互独立,且 $\varepsilon_i\sim N(0,\sigma^2)$,$i=1,2,\cdots,n$,这就是多元(这里为 k 元)线性回归的数学模型.

令 $Y=\begin{pmatrix}y_1\\y_2\\\vdots\\y_n\end{pmatrix}$,$X=\begin{pmatrix}1&x_{11}&x_{12}&\cdots&x_{1k}\\1&x_{21}&x_{22}&\cdots&x_{2k}\\\vdots&\vdots&\vdots&&\vdots\\1&x_{n1}&x_{n2}&\cdots&x_{nk}\end{pmatrix}$,$\beta=\begin{pmatrix}\beta_0\\\beta_1\\\vdots\\\beta_k\end{pmatrix}$,$\varepsilon=\begin{pmatrix}\varepsilon_1\\\varepsilon_2\\\vdots\\\varepsilon_n\end{pmatrix}$,则上述模型可用矩阵形式表示为 $Y=X\beta+\varepsilon$.

10.5.2　未知参数的估计

与一元线性回归类似,仍然采用最小二乘法估计回归系数 $\beta_1,\beta_2,\cdots,\beta_k$. 引入

$$Q(\beta_0,\beta_1,\cdots,\beta_k)=\sum_{i=1}^{n}[y_i-(\beta_0+\beta_1x_{i1}+\beta_2x_{i2}+\cdots+\beta_kx_{ik})]^2,$$

使 $Q(\beta_0,\beta_1,\cdots,\beta_k)$ 达到最小的 $\hat{\beta}=(\hat{\beta}_0,\hat{\beta}_1,\cdots,\hat{\beta}_k)^{\mathrm{T}}$,即为参数 $\beta=(\beta_1,\beta_2,\cdots,\beta_k)$ 的最小二乘估计.

利用微积分知识,分别求 $Q(\beta_0,\beta_1,\cdots,\beta_k)$ 关于 $\beta_j(j=0,1,2,\cdots,k)$ 的偏导,并令其为零,得到如下方程组:

$$\begin{cases}\dfrac{\partial Q}{\partial\beta_0}=-2\sum\limits_{i=1}^{n}(y_i-\beta_0-\beta_1x_{i1}-\cdots-\beta_kx_{ik})=0,\\ \dfrac{\partial Q}{\partial\beta_j}=-2\sum\limits_{i=1}^{n}(y_i-\beta_0-\beta_1x_{i1}-\cdots-\beta_kx_{ik})x_{ij}=0,j=1,2,\cdots,k.\end{cases}$$

该方程组称为正规方程组，可用矩阵表示为 $X^{T}X\beta=X^{T}Y$.

在系数矩阵满秩的条件下，可解得回归系数的最小二乘估计 $\hat{\beta}=(X^{T}X)^{-1}X^{T}Y$，从而可以求得相应的多元线性回归方程 $\hat{Y}=\hat{\beta}_0+\hat{\beta}_1x_1+\hat{\beta}_2x_2+\cdots+\hat{\beta}_kx_k$.

类似于一元回归分析，$\hat{\beta}_i$ 仍然是相应的 $\beta_i(i=0,1,2,\cdots,k)$ 的线性无偏估计，这里就不给出证明了.

例 1　某种化工产品的得率 Y 与反应温度 x_1 及某反应物浓度 x_2 有关. 设对给定的 x_1,x_2，得率 Y 服从正态分布，且方差与 x_1,x_2 无关. 今得试验结果如表 10.5.1 所示，其中 x_1,x_2 均为二水平且均以编码形式表达.

表 10.5.1

x_1	−1	−1	−1	−1	1	1	1	1
x_2	−1	1	−1	1	−1	1	−1	1
Y	7.6	10.3	9.2	10.2	8.4	11.1	9.8	12.6

假定 $Y=\beta_0+\beta_1x_1+\beta_2x_2+\varepsilon,\varepsilon\sim N(0,\sigma^2)$，求 Y 关于 x_1,x_2 的二元线性回归方程.

解　令 $X=\begin{pmatrix}1&-1&-1\\1&-1&1\\1&-1&-1\\1&-1&1\\1&1&-1\\1&1&1\\1&1&-1\\1&1&1\end{pmatrix},Y=\begin{pmatrix}7.6\\10.3\\9.2\\10.2\\8.4\\11.1\\9.8\\12.6\end{pmatrix},\beta=\begin{pmatrix}\beta_0\\\beta_1\\\beta_2\end{pmatrix}$. 经计算

$$X^{T}X=\begin{pmatrix}8&0&0\\0&8&0\\0&0&8\end{pmatrix},\quad (X^{T}X)^{-1}=\begin{pmatrix}0.125&0&0\\0&0.125&0\\0&0&0.125\end{pmatrix},\quad X^{T}Y=\begin{pmatrix}79.2\\4.6\\9.2\end{pmatrix}.$$

从而 $\hat{\beta}=\begin{pmatrix}\hat{\beta}_0\\\hat{\beta}_1\\\hat{\beta}_2\end{pmatrix}=(X^{T}X)^{-1}X^{T}Y=\begin{pmatrix}9.9\\0.575\\1.15\end{pmatrix}$，因此，$Y$ 关于 x_1,x_2 的二元线性回归方程为

$$\hat{Y}=9.9+0.575x_1+1.15x_2.$$

小　　结

(1) 研究一个随机变量与一个或几个可控变量之间的相关关系的统计方法称为回归分析. 只有一个自变量的回归分析称为一元回归分析，多于一个自变量的回

归分析称为多元回归分析.

(2) 最小二乘法是估计回归系数常用的一种方法,用该法所得到的估计量具有线性无偏性.

习 题 10

一、填空题

1. 回归分析以变量数目分类,可分为两大类,它们是________和________.

2. 回归分析是处理变量间________关系的一种数理统计方法,若两个变量(或多个变量)间具有线性关系,则称相应的回归分析为________,若变量间不具有线性相关关系,就称相应的回归分析为________.

3. 样本相关系数 r 的取值范围是________.

4. 对回归模型 $Y_i=\beta_0+\beta_1 x_i+u_i$ 进行统计检验时,通常假定 u_i 服从的分布类型为________.

5. 最小二乘法是按使________达到最小值的原则确定样本回归方程.

二、单项选择题

1. 已知一元线性回归方程为 $\hat{Y}=\hat{\beta}_0+4x$,且 $\bar{x}=3,\bar{y}=6$,则 $\hat{\beta}_0=$(　　).

A. 0；　B. 6；　C. 2；　D. -6.

2. 已知 Y 对 x 的回归直线方程为 $\hat{Y}=\hat{\beta}_0+15x$,且 $\bar{x}=4,\bar{y}=80$,那么当 $x=10$ 时,Y 的预测值 $\hat{Y}=$(　　).

A. 170；　B. 80；　C. 150；　D. 320.

3. 在一元线性回归模型 $Y=a+bx+\varepsilon$ 中假定 $\varepsilon\sim N(0,\sigma^2)$,这相当于假定(　　).

A. $Y\sim N(0,\sigma^2)$；　B. $Y\sim N(0,1)$；　C. Y 是常量；　D. $Y\sim N(a+bx,\sigma^2)$.

4. 设由一组观测数据 $(x_i,y_i)(i=1,2,\cdots,n)$ 计算得 $\bar{x}=150,\bar{y}=200,l_{xx}=25,l_{xy}=75$,则 Y 对 x 的线性回归方程为(　　).

A. $\hat{Y}=-250+3x$；B. $\hat{Y}=200+3x$；　C. $\hat{Y}=250-3x$；　D. $\hat{Y}=150-3x$.

5. 设 β 为多元线性回归模型的参数向量,其最小二乘估计的矩阵表达式为(　　).

A. $\hat{\beta}=(XX^{\mathrm{T}})^{-1}X^{\mathrm{T}}Y$；　B. $\hat{\beta}=(X^{\mathrm{T}}X)^{-1}X^{\mathrm{T}}Y$；

C. $\hat{\beta}=(XX^{\mathrm{T}})^{-1}XY$；　D. $\hat{\beta}=(XX^{\mathrm{T}})^{-1}XY^{\mathrm{T}}$.

三、综合题

1. 为研究肉鸡的增重与某种饲料添加剂之间的关系,测得如下表所示的数据(单位:g):

添加剂的水平 x	0	25	50	75	100	125	150	175	200	225
7 天后增重 Y	206	222	225	296	324	375	363	408	407	434

试确定 x 与 Y 之间的回归方程.

2. 现收集了 16 组合金钢中的碳含量 x 及强度 Y 的数据,经计算得

$$\bar{x}=0.125,\quad \bar{y}=45.7886,\quad l_{xx}=0.3024,\quad l_{xy}=25.5218,\quad l_{yy}=2432.4566.$$

(1) 建立一元线性回归方程 $\hat{Y}=\hat{\beta}_0+\hat{\beta}_1 x$；

(2) 对回归方程作显著性检验($\alpha=0.05$)；

(3) 在 $x_0=0.15$ 时，求 Y_0 的置信度为95%的预测区间.

3. 有人认为，企业的利润水平和它的研究费用间存在近似的线性关系，下表所列资料能否证实这种论断($\alpha=0.05$)?

年　份	1955	1956	1957	1958	1959	1960	1961	1962	1963	1964
研究费用/万元	10	10	8	8	8	12	12	12	11	11
利润/万元	100	150	200	180	250	300	280	310	320	300

4. 假设儿子的身高 Y 与父亲的身高 x 适合一元正态线性回归模型，观察了10对英国父子的身高(单位：in，1in=2.54cm)如下：

x	60	62	64	65	66	67	68	70	72	74
Y	63.6	65.2	66	65.5	66.9	67.1	67.4	63.3	70.1	70

(1) 建立 Y 关于 x 的回归方程；

(2) 对线性回归方程作假设检验(检验水平取 $\alpha=0.05$)；

(3) 给出 $x_0=69$ 时 Y_0 的置信度为95%的预测区间.

5. 已知鱼的体重 Y 与体长 x 有关系式 $Y=\alpha x^\beta$，测得尼罗罗非鱼(俗称非洲鲫鱼)生长的数据如下表所示，求尼罗罗非鱼体重 Y 与体长 x 的经验公式.

x/mm	29	60	124	155	170	185	190
Y/g	0.5	34	75	122.5	170	192	195

6. 已知某种半成品在生产过程中的废品率 Y 与它的某种化学成分 x 有关，经验表明，近似地有 $Y=\beta_0+\beta_1x+\beta_2x^2$. 今测得一组数据如下表所示，求 Y 关于 x 的回归方程.

x/%	0.34	0.36	0.37	0.38	0.39	0.39	0.39	0.40
Y/%	1.30	1.00	0.73	0.90	0.81	0.70	0.60	0.50
x/%	0.40	0.41	0.42	0.43	0.43	0.45	0.47	0.48
Y/%	0.44	0.56	0.30	0.42	0.35	0.40	0.41	0.60

习题参考答案

习　题　1

一、填空题

1. 0.4； 2. $\overline{B},\varnothing,A$； 3. 0.2； 4. $\overline{A}\overline{B}\overline{C}$ 或 $\overline{A+B+C}$； 5. 小概率原则； 6. 2/3；

7. 3/5； 8. 1/5.

二、单项选择题

1. B； 2. D； 3. D； 4. B； 5. B； 6. D； 7. B.

三、综合题

1. (1) $\Omega=\left\{\frac{0}{40},\frac{1}{40},\frac{2}{40},\cdots,\frac{4\times 100}{40}\right\}$；

(2) $\Omega=$\{次次,正次次,正正正正,正正正次,正正次正,正次正正,次正正正,正次正次,正正次次,次正次正,次正正次,次正次次\}；

(3) 设 x,y,z 分别表示所折各段之长,则 $\Omega=\{(x,y,z)\mid x>0,y>0,z>0,x+y+z=1\}$.

2. (1) $A+B+C$；

(2) $A\overline{B}\overline{C}+\overline{A}B\overline{C}+\overline{A}\overline{B}C$；

(3) $\overline{ABC}$ 或 $\overline{A}+\overline{B}+\overline{C}$ 或 $\overline{A}\overline{B}\overline{C}+A\overline{B}\overline{C}+\overline{A}B\overline{C}+\overline{A}\overline{B}C+AB\overline{C}+A\overline{B}C+\overline{A}BC$；

(4) $(A+C)\overline{B}$ 或 $A+C-B$.

3. (1) 三次中至少有两次取到正品；

(2) 三次中恰有两次取到次品(三次中恰有一次取到正品).

4. (1) $\frac{3}{10}$； (2) $\frac{1}{20}$； (3) $\frac{14}{15}$.

5. (1) $\frac{9}{28}$； (2) $\frac{1}{28}$.

6. $p=\frac{19}{36}$； $q=\frac{1}{18}$.

7. $1-\frac{P_{365}^{n}}{365^{n}}$.

8. (1) $\frac{4}{27}$； (2) $\frac{2}{5}$.

9. $p=0$. 说明概率为零的事件未必是不可能事件.

10. (1) $\frac{1}{4}(1+2\ln 2)$； (2) $\frac{3}{4}$.

11. 0.120 7.

12. (1) 0.868 8； (2) 0.538 0.

13. $\frac{1}{5}$.

14. (1) $P(A+B)=0.5, P(A+\overline{B})=0.9, P(\overline{A}+B)=0.8, P(\overline{A}+\overline{B})=0.8$; (2) $\frac{7}{12}$.

15. (1) $\frac{56}{59}, \frac{4}{13}$; (2) $\frac{5}{14}$; (3) $\frac{3}{59}, \frac{4}{13}$.

16. 0.068 4.

17. (1) $\frac{65}{100}=\frac{13}{20}$; (2) $\frac{10}{25}=\frac{2}{5}$; (3) $\frac{55}{100}=\frac{11}{20}$; (4) $\frac{10}{100}=\frac{1}{10}$.

18. (1) 0.988; (2) 0.828 6.

19. (1) $\frac{17}{30}\approx 0.5667$; (2) $\frac{59}{105}\approx 0.5619$.

20. $\frac{756}{1\,000}\approx 0.756$.

21. (1) 0.93;
(2) 由甲、乙机床加工的可能性一样大,同为 0.428 6;由丙机床加工的可能性小,为 0.142 9.

22. (1) 0.037; (2) 0.054 1, 0.540 5, 0.243 2, 0.162 2.

23. (1) 0.645; (2) 0.976 7.

24. (1) $\alpha\approx 0.9432$; (2) $\beta\approx 0.8482$.

25. (1) 0.83, 0.542 2; (2) 0.828 8.

27. $\frac{2\alpha p_1}{(3\alpha-1)p_1+(1-\alpha)}$.

28. $\frac{1}{3}$.

29. (1) $\frac{3}{8}$; (2) $\frac{15}{16}$; (3) $\frac{1}{16}$.

30. 0.855 9.

习 题 2

一、填空题

1. 9/64; 2. 1/2; 3. 83/116; 4. 7/250=0.028; 5. $\frac{\alpha}{2}$; 6. $\frac{2-\sqrt{2}}{2}$; 7. 0.2; 8. 19/27.

二、单项选择题

1. C; 2. A; 3. C; 4. B; 5. B; 6. A; 7. A; 8. C.

三、综合题

1. (1) $\frac{1}{3}$; (2) $\frac{1}{16}$; (3) $\frac{1}{7}$.

2. (1) $a=1$; (2) $a=e^{-\frac{1}{3}}$.

3. (1) $a=0.6$; (2) $F(x)=\begin{cases}0, & x<-1,\\ 0.16, & -1\leqslant x<0,\\ 0.22, & 0\leqslant x<1,\\ 0.58, & 1\leqslant x<2,\\ 0.70, & 2\leqslant x<3,\\ 1, & x\geqslant 3.\end{cases}$

4.

X	0	1	2	3
P	$\frac{1}{2}$	$\frac{1}{4}$	$\frac{1}{8}$	$\frac{1}{8}$

5. (1)

X	0	1	2	3
P	$\frac{27}{64}$	$\frac{27}{64}$	$\frac{9}{64}$	$\frac{1}{64}$

(2)

Y	1	2	3
P	$\frac{3}{8}$	$\frac{9}{16}$	$\frac{1}{16}$

6. (1) $P(X=k)=\begin{cases}0.42^{m-1}\times 0.3, & k=2m-1,\\ 0.42^{m-1}\times 0.28, & k=2m,\end{cases}\quad m=1,2,\cdots;$

(2) $\begin{cases}P(X=0)=0.3,\\ P(X=k)=0.42^{k-1}\times 0.406,\end{cases}\quad k=1,2,\cdots.$

7. 0.531 1.

8. 两台.

9. (1) 1/70≈0.014 3; (2) 有一定鉴别能力.

10. (1) 0.065 7; (2) 有一个部件不是优质品的概率最大.

11. 最可能用电量是 60kW 或 70kW,此用电量的概率近似为 0.182 1.

12. 引入 $X=\begin{cases}1, & \text{产品为一等品},\\ 2, & \text{产品为二等品},\\ 3, & \text{产品为废品},\end{cases}$ 其概率分布为

Y	1	2	3
P	0.808 8	0.189 8	0.001 4

13. (1) 0.981 0; (2) 103 个.

14. (1) 0.818 7; (2) 0.329 7; (3) 0.818 7; (4) $F(t)=\begin{cases}0, & t\leqslant 0,\\ 1-e^{-\lambda t}, & t>0.\end{cases}$

15. 按第一种方案时,每个人当设备发生故障时不能及时维修的概率均约为(用泊松分布近似计算)0.017 5. 按第二种方案时,在设备发生故障时不能及时维修的概率约为(用泊松分布近似计算)0.009 1. 比按第一种方案配备工人时得到的数据小得多.

16. 0.024 3.

17. 8/15.

18. (1) 0.375 8； (2) 0.995 7.

19. (1) $F(x)=\begin{cases}0, & x<0,\\ \frac{1}{2}x^2, & 0\leqslant x<1,\\ -\frac{1}{2}x^2+2x-1, & 1\leqslant x<2,\\ 1, & x\geqslant 2;\end{cases}$

(2) $F(x)=\begin{cases}0, & x<0,\\ 1-\left(1+\frac{1}{2}x^2\right)e^{-\frac{x^2}{2}}, & x\geqslant 0.\end{cases}$ $P(-2<X\leqslant 4)=1-9e^{-8}$.

20. (1) $A=1, B=-1$； (2) $f(x)=\begin{cases}0, & x\leqslant 0,\\ xe^{-\frac{x^2}{2}}, & x>0.\end{cases}$

21. (1) $A=4$； (2) $F(x)=\begin{cases}0, & x<0,\\ 1-(2x^2+2x+1)e^{-2x}, & x\geqslant 0;\end{cases}$

(3) $P\left(-\frac{1}{2}\leqslant X\leqslant\frac{1}{2}\right)=1-\frac{5}{2}e^{-1}, P\left(X=\frac{1}{2}\right)=0$.

23. $1-(1-e^{-2})^5$.

24. $a=2\,000(\ln 10-\ln 9)\approx 210.8, b=2\,000(\ln 10-\ln 3)\approx 2\,408$.

25. (1) $P(2<X<5)=0.532\,8, P(|X|>3)=0.501\,4$； (2) $c=3$.

26. $\sigma\leqslant 31.007\,8$.

27. $\sigma\approx 12$，所求概率为 0.682 6.

28. (1) 30.85%； (2) 533 分.

29. 184cm.

30. (1) 0.380 1； (2) 0.869 8.

31. 0.954 5.

32. (1)

Y	−3	1	3	5	7
P	$\frac{11}{30}$	$\frac{1}{15}$	$\frac{1}{5}$	$\frac{1}{6}$	$\frac{1}{5}$

Z	0	1	4	9
P	$\frac{1}{15}$	$\frac{1}{5}$	$\frac{8}{15}$	$\frac{1}{5}$

(2) $f_Y(y)=\begin{cases}\dfrac{3+y}{4}, & -3\leqslant y\leqslant -1,\\ \dfrac{1-y}{4}, & -1< y\leqslant 1,\\ 0, & \text{其他},\end{cases}$ $F_Y(y)=\begin{cases}0, & y<-3,\\ \dfrac{(3+y)^2}{8}, & -3\leqslant y<-1,\\ 1-\dfrac{(1-y)^2}{8}, & -1\leqslant y<1,\\ 1, & y\geqslant 1;\end{cases}$

(3) $f_Y(y)=\begin{cases}0, & y\leqslant 0,\\ \dfrac{1}{\sqrt{2\pi y}}\mathrm{e}^{-\frac{y}{2}}, & y>0;\end{cases}$

(4) $F_Y(y)=\begin{cases}0, & y<0,\\ \mathrm{e}^{-(2-\sqrt{y})}-\mathrm{e}^{-(2+\sqrt{y})}, & 0\leqslant y<4,\\ 1-\mathrm{e}^{-(2+\sqrt{y})}, & y\geqslant 4,\end{cases}$

$$f_Y(y)=\begin{cases}0, & y\leqslant 0,\\ (\mathrm{e}^{-(2-\sqrt{y})}+\mathrm{e}^{-(2+\sqrt{y})})\dfrac{1}{2\sqrt{y}}, & 0<y<4,\\ \mathrm{e}^{-(2+\sqrt{y})}\dfrac{1}{2\sqrt{y}}, & y\geqslant 4;\end{cases}$$

(5) $F_Y(y)=\begin{cases}0, & y<1,\\ 1-\mathrm{e}^{-\sqrt{\ln y}}, & y\geqslant 1,\end{cases}$ $f_Y(y)=\begin{cases}0, & y\leqslant 1,\\ \dfrac{1}{2y\sqrt{\ln y}}\mathrm{e}^{-\sqrt{\ln y}}, & y>1.\end{cases}$

习　题　3

一、填空题

1. $\dfrac{1}{\pi^2},\dfrac{\pi}{2},\dfrac{\pi}{2}$； 2. $1+\sqrt{2}$； 3. $\dfrac{13}{48}$； 4. 0； 5. $\dfrac{1}{4}$； 6. $\dfrac{1}{9}$； 7. $\dfrac{1}{2\mathrm{e}}$； 8. $\dfrac{1}{\sqrt{10\pi}}\mathrm{e}^{-\frac{z^2}{10}}$.

二、单项选择题

1. D； 2. B； 3. B； 4. D； 5. D； 6. B； 7. B； 8. A.

三、综合题

1.

X \ Y	1	2	3	$p_{i\cdot}$
3	1/10	0	0	1/10
4	2/10	1/10	0	3/10
5	3/10	2/10	1/10	6/10
$p_{\cdot j}$	6/10	3/10	1/10	

2.

Y_1 \ Y_2	0	1	$p_{i\cdot}$
0	$1-\mathrm{e}^{-1}$	0	$1-\mathrm{e}^{-1}$
1	$\mathrm{e}^{-1}-\mathrm{e}^{-2}$	e^{-2}	e^{-1}
$p_{\cdot j}$	$1-\mathrm{e}^{-2}$	e^{-2}	

$0,\mathrm{e}^{-1}-\mathrm{e}^{-2}$.

3.

Y \ X	1	2
1	0	1/3
2	1/3	1/3

$$F(x,y)=\begin{cases}1, & x<1 \text{ 或 } y<1 \text{ 或 } 1\leqslant x<2,1\leqslant y<2,\\ 1/3, & 1\leqslant x<2,y\geqslant 2 \text{ 或 } x\geqslant 2,1\leqslant y<2,\\ 1, & x\geqslant 2,y\geqslant 2.\end{cases}$$

4. 0.75.

5. (1) 4; (2) $F(x,y)=\begin{cases}0, & x<0 \text{ 或 } y<0,\\ (xy)^2, & 0\leqslant x<1,0\leqslant y<1,\\ x^2, & 0\leqslant x<1,y\geqslant 1,\\ y^2, & x\geqslant 1,0\leqslant y<1,\\ 1 & x\geqslant 1,y\geqslant 1;\end{cases}$ (3) $\frac{15}{64},0,\frac{1}{2}$.

6. $f_X(x)=\begin{cases}2x, & 0<x<1,\\ 0, & \text{其他};\end{cases}$ $f_Y(y)=\begin{cases}1-|y|, & |y|<1,\\ 0, & \text{其他}.\end{cases}$

7.

Y \ X	1	2	3
0	0.1	0.2	0.1
1	0.3	0.1	0.2

X	0	1
$P(X=x_i\mid Y\neq 1)$	0.5	0.5

8. (1) $f(x,y)=\begin{cases}1/x, & 0<y<x<1,\\ 0, & \text{其他};\end{cases}$ (2) $f_Y(y)=\begin{cases}-\ln y, & 0<y<1,\\ 0, & \text{其他}.\end{cases}$

(3) $1-\ln 2$.

9. (1) $\alpha+\beta=1/3,\alpha\geqslant 0,\beta\geqslant 0$; (2) $\alpha=2/9,\beta=1/9$.

10. (1)

Y \ X	0	1
−1	1/4	0
0	0	1/2
1	1/4	0

(2) X 和 Y 不独立.

11. (1) X 和 Y 相互独立; (2) $e^{-2.4}$.

12. (1) $f_X(x)=\begin{cases}e^{-x}, & x>0,\\ 0, & 其他,\end{cases}$ $f_Y(y)=\begin{cases}ye^{-y}, & y>0,\\ 0, & 其他,\end{cases}$ X 和 Y 不独立；

(2) $f_{Y|X}(y|x)=\begin{cases}e^{x-y}, & y>x>0,\\ 0, & 其他,\end{cases}$ $f_{X|Y}(x|y)=\begin{cases}\dfrac{1}{y}, & y>x>0,\\ 0, & 其他;\end{cases}$

(3) $\dfrac{e^{-2}-3e^{-4}}{1-5e^{-4}}, 1+e^{-1}-2e^{-\frac{1}{2}}$.

13. 1/3.

14. 0.437 5.

17.

$X+Y$	1	2	3	4
P	0.2	0.4	0.15	0.25

$X-Y$	−1	0	1	2
P	0	0.55	0.35	0.1

XY	0	1	2	4
P	0.3	0.3	0.15	0.25

18.

X	−1	0	1
P	0.134 4	0.731 2	0.134 4

20. $f(z)=\begin{cases}z(2-z), & 0\leqslant z<1,\\ (2-z)^2, & 1\leqslant z<2,\\ 0, & 其他.\end{cases}$

21. (1) $f_X(x)=\begin{cases}2x, & 0<x<1,\\ 0, & 其他,\end{cases}$ $f_Y(y)=\begin{cases}1-\dfrac{y}{2}, & 0<y<2,\\ 0, & 其他;\end{cases}$

(2) $f(z)=\begin{cases}1-\dfrac{z}{2}, & 0<z<2,\\ 0, & 其他;\end{cases}$

(3) 0.75.

22. $f(z)=\begin{cases}1-\dfrac{z}{2}, & 0<z<2,\\ 0, & 其他.\end{cases}$

23.

Z	0	1
P	$\frac{b}{a+b}$	$\frac{a}{a+b}$

24. 0.5， X,Y,Z 不独立.

25.

$X \backslash Y$	-1	1
-1	1/8	0
1	6/8	1/8

26. $f(s)=\begin{cases}\frac{1}{2}(\ln 2-\ln s), & 0<s<2,\\ 0, & \text{其他}.\end{cases}$

27. (1) $f_2(u)=\begin{cases}\frac{1}{6}u^3\mathrm{e}^{-u}, & u>0,\\ 0, & u\leqslant 0,\end{cases}$ $f_3(u)=\begin{cases}\frac{1}{120}u^5\mathrm{e}^{-u}, & u>0,\\ 0, & u\leqslant 0;\end{cases}$

(2) $f_Y(y)=\begin{cases}3y\mathrm{e}^{-y}[1-(1+y)\mathrm{e}^{-y}]^2, & y>0,\\ 0, & y\leqslant 0.\end{cases}$

28. $g(u)=0.3f(u-1)+0.7f(u-2)$.

29. 0.5; $f(z)=\begin{cases}\frac{1}{3}, & -1\leqslant z<2,\\ 0, & \text{其他}.\end{cases}$

习　题　4

一、填空题

1. 2.4；　2. 4；　3. $\frac{8}{9}$；　4. 38；　5. 15；　6. 21；　7. 2；　8. $\lambda^2+\frac{1}{3}\lambda$；　9. $\frac{1}{2\mathrm{e}}$；

10. 6；　11. 0.9；　12. 0, −0.02.

二、单项选择题

1. A；　2. B；　3. D；　4. C；　5. B；　6. A；

7. B；　8. B；　9. A；　10. A；　11. B；　12. D.

三、综合题

1. 5.209 万元.

2. (1) 1.5; (2) 0.25.

3. 1, 2ln2.

4. 11.67.

5. (1) 21; (2) 23.

6. 256.

7. $\frac{1}{2}+\frac{1}{\pi}\ln 2$.

8. 1.225.

9. $P(Y=-1)=\frac{1}{2}[1-(p-q)^m], P(Y=1)=\frac{1}{2}[1+(p-q)^m]$.

10. 4.5,0.45.

11. 6/5,18/25.

12. 0,2.

15. 5.

16. 0.125.

17. 0.8,1.6,1.6,0.24.

18. 2/3,0,0.

19.

U \ V	1	2
1	4/9	0
2	4/9	1/9

4/81.

20. (1) $\frac{n-1}{n}$; (2) $-\frac{1}{n}$; (3) 0.5.

21. X 和 Y 不相关,X 和 Y 不独立.

23.

U \ V	0	1
0	1/4	0
1	1/4	1/2

$\frac{1}{\sqrt{3}}$.

24. 0.22,X 和 Y 不独立.

25. (1) $f_1(x)=\frac{1}{\sqrt{2\pi}}e^{-\frac{x^2}{2}}, f_2(y)=\frac{1}{\sqrt{2\pi}}e^{-\frac{y^2}{2}}$;(2) 0;(3) X 和 Y 不独立.

26. 1/12;17.8.

27. 1;4.

28. 1/18.

29. 1;1.

30. $a=\pm 1, b=\frac{1}{\sqrt{3}}, c=-\frac{2}{\sqrt{3}}$ 或 $a=\pm 1, b=-\frac{1}{\sqrt{3}}, c=\frac{2}{\sqrt{3}}$.

习　题　5

一、填空题

1. $\frac{1}{9}$；　2. $\frac{1}{12}$；　3. 0；　4. 依概率收敛；　5. 1.

二、单项选择题

1. C；　2. B；　3. A；　4. D；　5. C；　6. A；　7. B；　8. C.

三、综合题

5. $\frac{1}{2}$.

6. 0.876 4.

7. 44.

8. (1) $\alpha=1-\Phi\left(\frac{k-np}{\sqrt{npq}}\right)$；　(2) $k=np-\mu_\alpha\sqrt{npq}$.

9. (1) 0.818 5；　(2) 81.

习　题　6

一、填空题

1. $\chi^2(n-1)$；　2. $F(10,5)$；　3. $t(n-1)$；　4. $\frac{\alpha}{2}$；　5. $\chi^2(50)$；　6. $F(1,n)$；　7. 0.5；

8. $\sqrt{\frac{3}{2}}$.

二、单项选择题

1. C；　2. D；　3. C；　4. B.

三、综合题

1. (1) 0.383；　(2) 0.294；　(3) 0.580 4.

2. 0.1.

3. $p^{\sum_{i=1}^{n}x_i}(1-p)^{n-\sum_{i=1}^{n}x_i}$.

4. $f_1(x)=2nx(1-x^2)^{n-1}, f_n(x)=2nx^{2n-1}$

5. $C=\frac{1}{3}, n=2$.

6. 0.674 4.

7. $t(n-1)$.

9. (1) 0.99；　(2) $ES^2=\sigma^2, DS^2=\frac{2\sigma^4}{n-1}$.

习　题　7

一、填空题

1. $2\overline{X}-1$；　2. $2t_{\frac{\alpha}{2}}\frac{S}{\sqrt{n}}$；　3. $\frac{1}{n-1}\sum_{i=1}^{n}(X_i-\overline{X})^2$；　4. (4.412, 5.588)；　5. 62.

二、单项选择题

1. C； 2. A； 3. B； 4. B.

三、综合题

1. $\hat{\theta}_{矩}=\frac{3}{2}\overline{X},\hat{\theta}_{极大}=X(n)$.

2. $\hat{P}=\frac{\overline{X}-S_n^2}{\overline{X}},\hat{K}=\left[\frac{\overline{X}^2}{\overline{X}-S_n^2}\right]$.

3. $\frac{1}{n^2(n-1)}\sum_{i=1}^{n}(X_i^2-X_i)$.

5. $\frac{\overline{X}}{2-\overline{X}}$.

6. $\frac{1}{\overline{X}}$.

7. $\hat{C}_{矩}=\overline{X}-\left(\frac{1}{n}\sum_{i=1}^{n}(X_i-\overline{X})^2\right)^{\frac{1}{2}};\hat{\theta}_{矩}=\left(\frac{1}{n}\sum_{i=1}^{n}(X_i-\overline{X})^2\right)^{\frac{1}{2}}$;

$\hat{C}_{极大}=X_1;\hat{\theta}_{极大}=\overline{X}-X_1$.

8. $\frac{1}{m}\overline{X}$.

9. $\hat{\theta}_{矩}=\hat{\theta}_{极大}=\frac{5}{6}$.

10. $\hat{\theta}_1,\hat{\theta}_3;D\hat{\theta}_3<D\hat{\theta}_1<D\hat{\theta}_2$.

12. $\overline{X}^2-\frac{1}{n}\overline{X}$（不唯一）.

13. $k_1=\frac{1}{3},k_2=\frac{2}{3}$.

14. (1) $2(n-1)$； (2) $\sqrt{\frac{2n(n-1)}{\pi}}$； (3) $\frac{1}{n}$.

16. (1) (5.608,6.392)； (2) (5.558,6.442).

17. (−0.98,0.98).

18. (0.001,0.006).

19. (−0.899,0.019).

20. (−0.099,2.899).

21. (0.45,2.79).

22. (0.101,0.244).

23. (2 633.89,9 384.78).

习 题 8

一、填空题

1. 小概率原则； 2. 增加样本容量； 3. S_1^2/S_2^2.

二、单项选择题

1. B； 2. A； 3. B； 4. C.

三、综合题

1. 正常.
2. 无系统偏差.
3. 不能认为.
4. 可以认为.
5. 满足要求.
6. 无显著差异.
7. 有明显差异.
8. 有显著变化.
9. 无明显变化.
10. 可以认为.
11. 可以认为.
12. 有显著差异.
13. 有显著差异.

习　题　9

一、填空题

1. 多个同方差的正态总体的均值.
2. $\sum_{i=1}^{r}\sum_{j=1}^{m_i}(X_{ij}-\overline{X_{i\cdot}})^2$;总偏差;组内偏差(或误差偏差);组间偏差.
3. $F=\dfrac{\sum_{i=1}^{r}n_i(\overline{X}_{i\cdot}-\overline{X})^2/(r-1)}{\sum_{i=1}^{r}\sum_{j=1}^{n_i}(X_{ij}-\overline{X}_{i\cdot})^2/(n-r)}$;$F(r-1,n-r)$;$F>F_\alpha(r-1,n-r)$.
4. $r-1$;χ^2.

二、单项选择题

1. A;　2. D.

三、综合题

1. 不同的储藏方法对含水率的影响没有显著差异.
2. 各班级的平均分数无显著差异.
3. 不同的工艺对布的缩水率的影响存在显著差异.

习　题　10

一、填空题

1. 一元回归分析;多元回归分析.
2. 相关;线性回归分析;非线性回归分析.
3. [−1,1].
4. 正态分布.

5. $\sum_{i=1}^{n}(Y_i - \hat{Y}_i)^2$.

二、单项选择题

1. D； 2. A； 3. D； 4. A； 5. B.

三、综合题

1. $\hat{Y}=202.89+1.09x$.

2. (1) $\hat{Y}=35.24+84.40x$； (2) 回归方程显著； (3) (37.72,58.08).

3. 资料不能证实企业的利润水平与它的研究费用之间存在线性关系.

4. (1) $\hat{Y}=41.7072+0.3713x$； (2) 认为回归方程显著； (3) (63.0432,71.6106).

5. $\hat{Y}=7.16\times10^{-5}x^{2.8679}$.

6. $\hat{Y}=18.52-80.98x+91.71x^2$.

参考文献

陈克式.1987.简明概率统计教程.天津:天津科学技术出版社
复旦大学.1985.概率论.北京:高等教育出版社
梁冯珍.2004.应用概率统计.天津:天津大学出版社
刘舒强.2003.概率论与数理统计.天津:天津大学出版社
陆璇.2001.概率论与数理统计金版辅导(理工类).北京:学苑出版社
盛骤.1989.概率论与数理统计.北京:高等教育出版社
杨荣.2005.概率论与数理统计.北京:清华大学出版社
袁荫棠.1990.概率论与数理统计.北京:中国人民大学出版社
张从军.2006.概率论与数理统计.上海:复旦大学出版社
中山大学数学力学系.1984.概率论与数理统计.北京:高等教育出版社
庄楚强.2000.应用数理统计基础.广州:华南理工大学出版社

附　　录

附表 1　泊松分布 $P\{X=k\}=\frac{\lambda^k}{k!}e^{-\lambda}$ 的数值表

k \ λ	0.1	0.2	0.3	0.4	0.5	0.6
0	0.904 837	0.818 731	0.740 818	0.670 320	0.606 531	0.548 812
1	0.090 484	0.163 746	0.222 245	0.268 128	0.303 265	0.329 287
2	0.004 524	0.016 375	0.033 337	0.053 626	0.075 816	0.098 786
3	0.000 151	0.001 092	0.003 334	0.007 150	0.012 636	0.019 757
4	0.000 004	0.000 055	0.000 250	0.000 715	0.001 580	0.002 964
5	—	0.000 02	0.000 005	0.000 057	0.000 158	0.000 356
6	—	—	0.000 001	0.000 004	0.000 013	0.000 036
7	—	—	—	—	0.000 001	0.000 003

k \ λ	0.7	0.8	0.9	1.0	2.0	3.0
0	0.496 585	0.449 329	0.406 570	0.367 879	0.135 335	0.049 787
1	0.347 610	0.359 463	0.365 913	0.367 879	0.270 671	0.149 361
2	0.121 663	0.143 785	0.164 661	0.183 940	0.270 671	0.224 042
3	0.028 388	0.038 343	0.049 398	0.061 313	0.180 447	0.224 042
4	0.004 968	0.007 669	0.011 115	0.015 328	0.090 224	0.168 031
5	0.000 696	0.001 227	0.002 001	0.003 066	0.036 089	0.100 819
6	0.000 081	0.000 164	0.000 300	0.000 511	0.012 030	0.050 409
7	0.000 008	0.000 019	0.000 039	0.000 073	0.003 437	0.021 604
8	0.000 001	0.000 002	0.000 004	0.000 009	0.000 859	0.008 102
9	—	—	—	0.000 001	0.000 191	0.002 701
10	—	—	—	—	0.000 038	0.000 810
11	—	—	—	—	0.000 007	0.000 221
12	—	—	—	—	0.000 001	0.000 055
13	—	—	—	—	—	0.000 013
14	—	—	—	—	—	0.000 003
15	—	—	—	—	—	0.000 001

续表

k \ λ	4.0	5.0	6.0	7.0	8.0	9.0
0	0.018 316	0.006 738	0.002 479	0.000 912	0.000 335	0.000 123
1	0.073 263	0.033 690	0.014 873	0.006 383	0.002 684	0.001 111
2	0.146 525	0.084 224	0.044 618	0.022 341	0.010 735	0.004 998
3	0.195 367	0.140 374	0.089 235	0.052 129	0.028 626	0.014 994
4	0.195 367	0.175 467	0.133 853	0.091 226	0.057 252	0.033 737
5	0.156 293	0.175 467	0.160 623	0.127 717	0.091 604	0.060 727
6	0.104 196	0.146 223	0.160 623	0.149 003	0.122 138	0.091 090
7	0.059 540	0.104 445	0.137 677	0.149 003	0.139 587	0.117 116
8	0.029 770	0.065 278	0.103 258	0.130 377	0.139 587	0.131 756
9	0.013 231	0.036 266	0.068 838	0.101 405	0.124 077	0.131 756
10	0.005 292	0.018 133	0.041 303	0.070 983	0.099 262	0.118 580
11	0.001 925	0.008 242	0.022 529	0.045 171	0.072 190	0.097 020
12	0.000 642	0.003 434	0.011 264	0.026 350	0.048 127	0.072 765
13	0.000 197	0.001 321	0.005 199	0.014 188	0.029 616	0.050 376
14	0.000 056	0.000 472	0.002 228	0.007 094	0.016 924	0.032 384
15	0.000 015	0.000 157	0.000 891	0.003 311	0.009 026	0.019 431
16	0.000 004	0.000 049	0.000 334	0.001 448	0.004 513	0.010 930
17	0.000 001	0.000 014	0.000 118	0.000 596	0.002 124	0.005 786
18	—	0.000 004	0.000 039	0.000 232	0.000 944	0.002 893
19	—	0.000 001	0.000 012	0.000 085	0.000 397	0.001 370
20	—	—	0.000 004	0.000 030	0.000 159	0.000 617
21	—	—	0.000 001	0.000 010	0.000 061	0.000 264
22	—	—	—	0.000 003	0.000 022	0.000 108
23	—	—	—	0.000 001	0.000 008	0.000 042
24	—	—	—	—	0.000 003	0.000 016
25	—	—	—	—	0.000 001	0.000 006
26	—	—	—	—	—	0.000 002
27	—	—	—	—	—	0.000 001

附表 2　标准正态分布函数的数值表

$$\Phi(u)=\frac{1}{\sqrt{2\pi}}\int_{-\infty}^{u}\mathrm{e}^{-\frac{x^2}{2}}\,\mathrm{d}x,\quad u\geqslant 0.$$

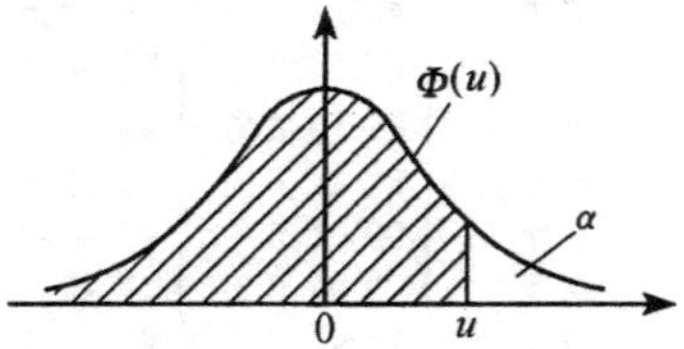

u	0.00	0.01	0.02	0.03	0.04	0.05	0.06	0.07	0.08	0.09	u
0.0	0.500 0	0.504 0	0.058 0	0.512 0	0.516 0	0.519 9	0.523 9	0.527 9	0.531 9	0.535 9	0.0
0.1	0.539 8	0.543 8	0.547 8	0.551 7	0.555 7	0.559 6	0.563 6	0.567 5	0.571 4	0.575 3	0.1
0.2	0.579 3	0.583 2	0.587 1	0.591 0	0.594 8	0.598 7	0.602 6	0.606 4	0.610 3	0.614 1	0.2
0.3	0.617 9	0.621 7	0.625 5	0.629 3	0.633 1	0.636 8	0.640 6	0.644 3	0.648 0	0.651 7	0.3
0.4	0.655 4	0.659 1	0.662 8	0.666 4	0.670 0	0.673 6	0.677 2	0.680 8	0.684 4	0.687 9	0.4
0.5	0.691 5	0.695 0	0.698 5	0.701 9	0.705 4	0.708 8	0.712 3	0.715 7	0.719 0	0.722 4	0.5
0.6	0.725 7	0.729 1	0.732 4	0.735 7	0.738 9	0.742 2	0.745 4	0.748 6	0.751 7	0.754 9	0.6
0.7	0.758 0	0.761 1	0.764 2	0.767 3	0.770 3	0.773 4	0.776 4	0.779 4	0.782 3	0.785 2	0.7
0.8	0.788 1	0.791 0	0.793 9	0.796 7	0.799 5	0.802 3	0.805 1	0.807 8	0.810 6	0.813 3	0.8
0.9	0.815 9	0.818 6	0.821 2	0.823 8	0.826 4	0.828 9	0.831 5	0.834 0	0.836 5	0.838 9	0.9
1.0	0.841 3	0.843 8	0.846 1	0.848 5	0.850 8	0.853 1	0.855 4	0.857 7	0.859 9	0.862 1	1.0
1.1	0.864 3	0.866 5	0.868 6	0.870 8	0.872 9	0.874 9	0.877 0	0.879 0	0.881 0	0.883 0	1.1
1.2	0.884 9	0.886 9	0.888 8	0.890 7	0.892 5	0.894 4	0.896 2	0.898 0	0.899 7	0.901 47	1.2
1.3	0.903 20	0.904 90	0.906 58	0.908 24	0.909 88	0.911 49	0.913 09	0.914 66	0.916 21	0.917 74	1.3
1.4	0.919 24	0.920 73	0.922 20	0.923 64	0.925 07	0.926 47	0.927 85	0.929 22	0.930 56	0.931 89	1.4
1.5	0.933 19	0.934 48	0.935 74	0.936 99	0.938 22	0.939 43	0.940 62	0.941 79	0.942 95	0.944 08	1.5
1.6	0.945 20	0.946 30	0.947 38	0.948 45	0.949 50	0.950 53	0.951 54	0.952 54	0.953 52	0.954 49	1.6
1.7	0.955 43	0.956 37	0.957 28	0.958 18	0.959 07	0.959 94	0.960 80	0.961 64	0.962 46	0.963 27	1.7

续表

u	0.00	0.01	0.02	0.03	0.04	0.05	0.06	0.07	0.08	0.09	u
1.8	0.964 07	0.964 85	0.965 62	0.966 38	0.967 12	0.967 84	0.968 56	0.969 26	0.969 95	0.970 62	1.8
1.9	0.971 28	0.971 93	0.972 57	0.973 20	0.973 81	0.974 41	0.975 00	0.975 58	0.976 15	0.976 70	1.9
2.0	0.977 25	0.977 78	0.978 31	0.978 82	0.979 32	0.979 82	0.980 30	0.980 77	0.981 24	0.981 69	2.0
2.1	0.982 14	0.982 57	0.983 00	0.983 41	0.983 82	0.984 22	0.984 61	0.985 00	0.985 37	0.985 74	2.1
2.2	0.986 10	0.986 45	0.986 79	0.987 13	0.987 45	0.987 78	0.988 09	0.988 40	0.988 70	0.988 99	2.2
2.3	0.989 28	0.989 56	0.989 83	$0.9^{2}00\ 97$	$0.9^{2}03\ 58$	$0.9^{2}06\ 13$	$0.9^{2}08\ 63$	$0.9^{2}11\ 06$	$0.9^{2}13\ 44$	$0.9^{2}15\ 76$	2.3
2.4	$0.9^{2}18\ 02$	$0.9^{2}20\ 24$	$0.9^{2}22\ 40$	$0.9^{2}24\ 51$	$0.9^{2}26\ 56$	$0.9^{2}85\ 7$	$0.9^{2}30\ 53$	$0.9^{2}32\ 44$	$0.9^{2}34\ 31$	$0.9^{2}36\ 13$	2.4
2.5	$0.9^{2}37\ 90$	$0.9^{2}39\ 63$	$0.9^{2}41\ 32$	$0.9^{2}42\ 97$	$0.9^{2}44\ 57$	$0.9^{2}46\ 14$	$0.9^{2}47\ 66$	$0.9^{2}49\ 15$	$0.9^{2}50\ 60$	$0.9^{2}52\ 01$	2.5
2.6	$0.9^{2}53\ 39$	$0.9^{2}54\ 73$	$0.9^{2}56\ 04$	$0.9^{2}57\ 31$	$0.9^{2}58\ 55$	$0.9^{2}59\ 75$	$0.9^{2}60\ 93$	$0.9^{2}62\ 07$	$0.9^{2}63\ 19$	$0.9^{2}64\ 27$	2.6
2.7	$0.9^{2}65\ 33$	$0.9^{2}66\ 36$	$0.9^{2}67\ 36$	$0.9^{2}68\ 33$	$0.9^{2}69\ 28$	$0.9^{2}70\ 20$	$0.9^{2}71\ 10$	$0.9^{2}71\ 97$	$0.9^{2}72\ 82$	$0.9^{2}73\ 65$	2.7
2.8	$0.9^{2}74\ 45$	$0.9^{2}75\ 23$	$0.9^{2}75\ 99$	$0.9^{2}76\ 73$	$0.9^{2}77\ 44$	$0.9^{2}78\ 14$	$0.9^{2}78\ 82$	$0.9^{2}79\ 48$	$0.9^{2}80\ 12$	$0.9^{2}80\ 74$	2.8
2.9	$0.9^{2}81\ 34$	$0.9^{2}81\ 93$	$0.9^{2}82\ 50$	$0.9^{2}83\ 05$	$0.9^{2}83\ 59$	$0.9^{2}84\ 11$	$0.9^{2}84\ 62$	$0.9^{2}85\ 11$	$0.9^{2}85\ 59$	$0.9^{2}86\ 05$	2.9
3.0	$0.9^{2}86\ 50$	$0.9^{2}86\ 94$	$0.9^{2}87\ 36$	$0.9^{2}87\ 77$	$0.9^{2}88\ 17$	$0.9^{2}88\ 56$	$0.9^{2}88\ 93$	$0.9^{2}89\ 30$	$0.9^{2}89\ 65$	$0.9^{2}89\ 99$	3.0
3.1	$0.9^{3}03\ 24$	$0.9^{3}06\ 46$	$0.9^{3}09\ 57$	$0.9^{3}12\ 60$	$0.9^{3}15\ 53$	$0.9^{3}18\ 36$	$0.9^{3}21\ 12$	$0.9^{3}23\ 78$	$0.9^{3}26\ 36$	$0.9^{3}28\ 86$	3.1
3.2	$0.9^{3}31\ 29$	$0.9^{3}33\ 63$	$0.9^{3}35\ 90$	$0.9^{3}38\ 10$	$0.9^{3}40\ 24$	$0.9^{3}42\ 30$	$0.9^{3}44\ 29$	$0.9^{3}46\ 23$	$0.9^{3}48\ 10$	$0.9^{3}49\ 91$	3.2
3.3	$0.9^{3}51\ 66$	$0.9^{3}53\ 35$	$0.9^{3}54\ 99$	$0.9^{3}56\ 58$	$0.9^{3}58\ 11$	$0.9^{3}59\ 59$	$0.9^{3}61\ 03$	$0.9^{3}62\ 42$	$0.9^{3}63\ 76$	$0.9^{3}65\ 05$	3.3
3.4	$0.9^{3}66\ 31$	$0.9^{3}67\ 52$	$0.9^{3}68\ 69$	$0.9^{3}69\ 82$	$0.9^{3}70\ 91$	$0.9^{3}71\ 97$	$0.9^{3}72\ 99$	$0.9^{3}73\ 98$	$0.9^{3}74\ 93$	$0.9^{3}75\ 85$	3.4
3.5	$0.9^{3}76\ 74$	$0.9^{3}77\ 59$	$0.9^{3}78\ 42$	$0.9^{3}79\ 22$	$0.9^{3}79\ 99$	$0.9^{3}80\ 74$	$0.9^{3}81\ 46$	$0.9^{3}82\ 15$	$0.9^{3}82\ 82$	$0.9^{3}83\ 47$	3.5
3.6	$0.9^{3}84\ 09$	$0.9^{3}84\ 69$	$0.9^{3}85\ 27$	$0.9^{3}85\ 83$	$0.9^{3}86\ 37$	$0.9^{3}86\ 89$	$0.9^{3}87\ 39$	$0.9^{3}87\ 87$	$0.9^{3}88\ 34$	$0.9^{3}88\ 79$	3.6
3.7	$0.9^{3}89\ 22$	$0.9^{3}89\ 64$	$0.9^{4}00\ 39$	$0.9^{4}04\ 26$	$0.9^{4}07\ 99$	$0.9^{4}11\ 58$	$0.9^{4}15\ 04$	$0.9^{4}18\ 38$	$0.9^{4}21\ 59$	$0.9^{4}24\ 68$	3.7
3.8	$0.9^{4}27\ 65$	$0.9^{4}30\ 52$	$0.9^{4}33\ 27$	$0.9^{4}35\ 93$	$0.9^{4}38\ 48$	$0.9^{4}40\ 94$	$0.9^{4}43\ 31$	$0.9^{4}45\ 58$	$0.9^{4}47\ 77$	$0.9^{4}49\ 88$	3.8
3.9	$0.9^{4}51\ 90$	$0.9^{4}53\ 85$	$0.9^{4}55\ 73$	$0.9^{4}57\ 53$	$0.9^{4}59\ 26$	$0.9^{4}60\ 92$	$0.9^{4}62\ 53$	$0.9^{4}64\ 06$	$0.9^{4}65\ 54$	$0.9^{4}66\ 96$	3.9
4.0	$0.9^{4}68\ 33$	$0.9^{4}69\ 64$	$0.9^{4}70\ 90$	$0.9^{4}72\ 11$	$0.9^{4}73\ 27$	$0.9^{4}74\ 39$	$0.9^{4}75\ 46$	$0.9^{4}76\ 49$	$0.9^{4}77\ 48$	$0.9^{4}78\ 43$	4.0
4.1	$0.9^{4}79\ 34$	$0.9^{4}80\ 22$	$0.9^{4}81\ 06$	$0.9^{4}81\ 86$	$0.9^{4}82\ 63$	$0.9^{4}83\ 38$	$0.9^{4}84\ 09$	$0.9^{4}84\ 77$	$0.9^{4}85\ 42$	$0.9^{4}86\ 05$	4.1
4.2	$0.9^{4}86\ 65$	$0.9^{4}87\ 23$	$0.9^{4}87\ 78$	$0.9^{4}88\ 32$	$0.9^{4}88\ 82$	$0.9^{4}89\ 31$	$0.9^{4}89\ 78$	$0.9^{5}02\ 26$	$0.9^{5}06\ 55$	$0.9^{5}10\ 66$	4.2
4.3	$0.9^{5}14\ 60$	$0.9^{5}18\ 37$	$0.9^{5}21\ 99$	$0.9^{5}25\ 45$	$0.9^{5}28\ 76$	$0.9^{5}31\ 93$	$0.9^{5}34\ 97$	$0.9^{5}37\ 88$	$0.9^{5}40\ 66$	$0.9^{5}43\ 32$	4.3
4.4	$0.9^{5}45\ 87$	$0.9^{5}48\ 31$	$0.9^{5}50\ 65$	$0.9^{5}52\ 88$	$0.9^{5}55\ 02$	$0.9^{5}57\ 06$	$0.9^{5}59\ 02$	$0.9^{5}60\ 89$	$0.9^{5}62\ 68$	$0.9^{5}64\ 39$	4.4
4.5	$0.9^{5}66\ 02$	$0.9^{5}67\ 59$	$0.9^{5}69\ 08$	$0.9^{5}70\ 51$	$0.9^{5}71\ 87$	$0.9^{5}73\ 18$	$0.9^{5}74\ 42$	$0.9^{5}75\ 61$	$0.9^{5}76\ 75$	$0.9^{5}77\ 84$	4.5
4.6	$0.9^{5}78\ 88$	$0.9^{5}79\ 87$	$0.9^{5}80\ 81$	$0.9^{5}81\ 72$	$0.9^{5}82\ 58$	$0.9^{5}83\ 40$	$0.9^{5}84\ 19$	$0.9^{5}84\ 94$	$0.9^{5}85\ 66$	$0.9^{5}86\ 34$	4.6
4.7	$0.9^{5}86\ 99$	$0.9^{5}87\ 61$	$0.9^{5}88\ 21$	$0.9^{5}88\ 77$	$0.9^{5}89\ 31$	$0.9^{5}89\ 83$	$0.9^{6}03\ 20$	$0.9^{6}07\ 89$	$0.9^{6}12\ 35$	$0.9^{6}16\ 61$	4.7
4.8	$0.9^{6}20\ 67$	$0.9^{6}24\ 53$	$0.9^{6}28\ 22$	$0.9^{6}31\ 73$	$0.9^{6}35\ 08$	$0.9^{6}38\ 27$	$0.9^{6}41\ 31$	$0.9^{6}44\ 20$	$0.9^{6}46\ 96$	$0.9^{6}49\ 58$	4.8
4.9	$0.9^{6}52\ 08$	$0.9^{6}54\ 46$	$0.9^{6}56\ 73$	$0.9^{6}58\ 89$	$0.9^{6}60\ 94$	$0.9^{6}62\ 89$	$0.9^{6}64\ 75$	$0.9^{6}66\ 52$	$0.9^{6}68\ 21$	$0.9^{6}69\ 81$	4.9

附表 3 t 分布的上侧分位数表

$$P\{t(n) > t_\alpha(n)\} = \alpha.$$

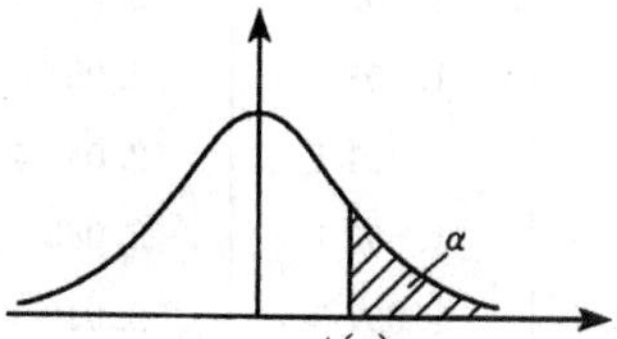

n	α=0.25	0.10	0.05	0.025	0.01	0.005
1	1.000 0	3.077 7	6.313 8	12.706 2	31.820 7	63.657 4
2	0.816 5	1.885 6	2.920 0	4.302 7	6.964 6	9.924 8
3	0.764 9	1.637 7	2.353 4	3.182 4	4.540 7	5.840 9
4	0.740 7	1.533 2	2.131 8	2.776 4	3.746 9	4.604 1
5	0.726 7	1.475 9	2.015 0	2.570 6	3.364 9	4.032 2
6	0.717 6	1.439 8	1.943 2	2.446 9	3.142 7	3.707 4
7	0.711 1	1.414 9	1.894 6	2.364 6	2.998 0	3.499 5
8	0.706 4	1.396 8	1.859 5	2.306 0	2.896 5	3.355 4
9	0.702 7	1.383 0	1.833 1	2.262 2	2.821 4	3.249 8
10	0.699 8	1.372 2	1.812 5	2.228 1	2.763 8	3.169 3
11	0.697 4	1.363 4	1.795 9	2.201 0	2.718 1	3.105 8
12	0.695 5	1.356 2	1.782 3	2.178 8	2.681 0	3.054 5
13	0.693 8	1.350 2	1.770 9	2.160 4	2.650 3	3.012 3
14	0.692 4	1.345 0	1.761 3	2.144 8	2.624 5	2.976 8
15	0.691 2	1.340 6	1.753 1	2.131 5	2.602 5	2.946 7
16	0.690 1	1.336 8	1.745 9	2.119 9	2.583 5	2.920 8
17	0.689 2	1.333 4	1.739 6	2.109 8	2.566 9	2.898 2
18	0.688 4	1.330 4	1.734 1	2.100 9	2.552 4	2.878 4
19	0.687 6	1.327 7	1.729 1	2.093 0	2.539 5	2.860 9
20	0.687 0	1.325 3	1.724 7	2.086 0	2.528 0	2.845 3
21	0.686 4	1.323 2	1.720 7	2.079 6	2.517 7	2.831 4
22	0.685 8	1.321 2	1.717 1	2.073 9	2.508 3	2.818 8
23	0.685 3	1.319 5	1.713 9	2.068 7	2.499 9	2.807 3

续表

n	α=0.25	0.10	0.05	0.025	0.01	0.005
24	0.684 8	1.317 8	1.710 9	2.063 9	2.492 2	2.796 9
25	0.684 4	1.316 3	1.708 1	2.059 5	2.485 1	2.787 4
26	0.684 0	1.315 0	1.705 6	2.055 5	2.478 6	2.778 7
27	0.683 7	1.313 7	1.703 3	2.051 8	2.472 7	2.770 7
28	0.683 4	1.312 5	1.701 1	2.048 4	2.467 1	2.763 3
29	0.683 0	1.311 4	1.699 1	2.045 2	2.462 0	2.756 4
30	0.682 8	1.310 4	1.697 3	2.042 3	2.457 3	2.750 0
31	0.682 5	1.309 5	1.695 5	2.039 5	2.452 8	2.744 0
32	0.682 2	1.308 6	1.693 9	2.036 9	2.448 7	2.738 5
33	0.682 0	1.307 7	1.692 4	2.034 5	2.444 8	2.733 3
34	0.681 8	1.307 0	1.690 9	2.032 2	2.441 1	2.728 4
35	0.681 6	1.306 2	1.689 6	2.030 1	2.437 7	2.723 8
36	0.681 4	1.305 5	1.688 3	2.028 1	2.434 5	2.719 5
37	0.681 2	1.304 9	1.687 1	2.026 2	2.431 4	2.715 4
38	0.681 0	1.304 2	1.686 0	2.024 4	2.428 6	2.711 6
39	0.680 8	1.303 6	1.684 9	2.022 7	2.425 8	2.707 9
40	0.680 7	1.303 1	1.683 9	2.021 1	2.423 3	2.704 5
41	0.680 5	1.302 5	1.682 9	2.019 5	2.420 8	2.701 2
42	0.680 4	1.302 0	1.682 0	2.018 1	2.418 5	2.698 1
43	0.680 2	1.301 6	1.681 1	2.016 7	2.416 3	2.695 1
44	0.680 1	1.301 1	1.680 2	2.015 4	2.414 1	2.692 3
45	0.680 0	1.300 6	1.679 4	2.014 1	2.412 1	2.689 6

附表 4 χ^2 分布的上侧分位数表

$$P\{x^2(n) > \chi_\alpha^2(n)\} = \alpha.$$

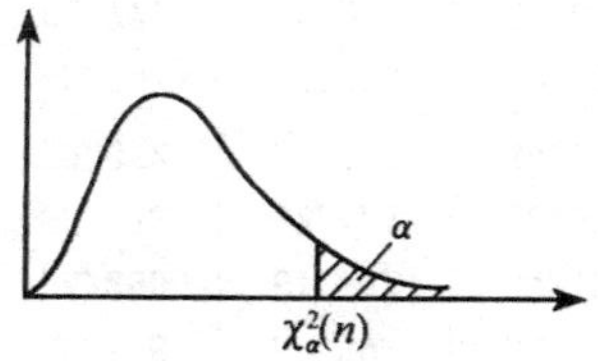

n	α=0.995	0.99	0.975	0.95	0.90	0.75	0.25	0.10	0.05	0.025	0.01	0.005
1	—	—	0.001	0.004	0.016	0.102	1.323	2.706	3.841	5.024	6.635	7.879
2	0.010	0.020	0.051	0.103	0.211	0.575	2.773	4.605	5.991	7.378	9.210	10.597
3	0.072	0.115	0.216	0.352	0.584	1.213	4.108	6.251	7.815	9.348	11.345	12.838
4	0.207	0.297	0.484	0.711	1.064	1.923	5.385	7.779	9.488	11.143	13.277	14.860
5	0.412	0.554	0.831	1.145	1.610	2.675	6.626	9.236	11.071	12.833	15.086	16.750
6	0.676	0.872	1.237	1.635	2.204	3.455	7.841	10.645	12.592	14.449	16.812	18.548
7	0.989	1.239	1.690	2.167	2.833	4.255	9.037	12.017	14.067	16.013	18.475	20.278
8	1.344	1.646	2.180	2.733	3.490	5.071	10.219	13.362	15.507	17.535	20.090	21.955
9	1.735	2.088	2.700	3.325	4.168	5.899	11.389	14.684	16.919	19.023	21.666	23.589
10	2.156	2.558	3.247	3.940	4.865	6.737	12.549	15.987	18.307	20.483	23.209	25.188
11	2.603	3.053	3.816	4.575	5.578	7.584	13.701	17.275	19.675	21.920	24.725	26.757
12	3.074	3.571	4.404	5.226	6.304	8.438	14.845	18.549	21.026	23.337	26.217	28.299
13	3.565	4.107	5.009	5.892	7.042	9.299	15.984	19.812	22.362	24.736	27.688	29.819
14	4.075	4.660	5.629	6.571	7.790	10.165	17.117	21.064	23.685	26.119	29.141	31.319
15	4.601	5.229	6.262	7.261	8.547	11.037	18.245	22.307	24.996	27.488	30.578	32.801
16	5.142	5.812	6.908	7.962	9.312	11.912	19.369	23.542	26.296	28.845	32.000	34.267
17	5.697	6.408	7.564	8.672	10.085	12.792	20.489	24.769	27.587	30.191	33.409	35.718
18	6.265	7.015	8.231	9.390	10.865	13.675	21.605	25.989	28.869	31.526	34.805	37.156

续表

n	α=0.995	0.99	0.975	0.95	0.90	0.75	0.25	0.10	0.05	0.025	0.01	0.005
19	6.844	7.633	8.907	10.117	11.651	14.562	22.718	27.204	30.144	32.852	36.191	38.582
20	7.434	8.260	9.591	10.851	12.443	15.452	23.828	28.412	31.410	34.170	37.566	39.997
21	8.034	8.897	10.283	11.591	13.240	16.344	24.935	29.615	32.671	36.479	38.932	41.401
22	8.643	9.542	10.982	12.338	14.042	17.240	26.039	30.813	33.924	36.781	40.289	42.796
23	9.260	10.196	11.689	13.091	14.848	18.137	27.141	32.007	35.172	38.076	41.638	44.181
24	9.886	10.856	12.401	13.848	15.659	19.037	28.241	33.196	36.415	39.364	42.980	45.559
25	10.520	11.524	13.120	14.611	16.473	19.939	29.339	34.382	37.652	40.646	44.314	46.928
26	11.160	12.198	13.844	15.379	17.292	20.843	30.435	35.563	38.885	41.923	45.642	48.290
27	11.808	12.879	14.573	16.151	18.114	21.749	31.528	36.741	40.113	43.194	46.963	49.645
28	12.461	13.565	15.308	16.928	18.939	22.657	32.620	37.916	41.337	44.461	48.278	50.993
29	13.121	14.257	16.047	17.708	19.768	23.567	33.711	39.087	42.557	45.722	49.588	52.336
30	13.787	14.954	16.791	18.493	20.599	24.478	34.800	40.256	43.773	46.979	50.892	53.672
31	14.458	15.655	17.539	19.281	21.434	25.390	35.887	41.422	44.985	48.232	52.191	55.003
32	15.134	16.362	18.291	20.072	22.271	26.304	36.973	42.585	46.194	49.480	53.486	56.328
33	15.815	17.074	19.047	20.867	23.110	27.219	38.058	43.745	47.400	50.725	54.776	57.648
34	16.501	17.789	19.806	21.664	23.952	28.136	39.141	44.903	48.602	51.966	56.061	58.964
35	17.192	18.509	20.569	22.465	24.797	29.054	40.223	46.059	49.802	53.203	57.342	60.275
36	17.887	19.233	21.336	23.269	25.643	29.973	41.304	47.212	50.998	54.437	58.619	61.581
37	18.586	19.960	22.106	24.075	26.492	30.893	42.383	48.363	52.192	55.668	59.892	62.883
38	19.289	20.691	22.878	24.884	27.343	31.815	43.462	49.513	53.384	56.896	61.162	64.181
39	19.996	21.426	23.654	25.695	28.196	32.737	44.539	50.600	54.572	58.120	62.428	65.476
40	20.707	22.164	24.433	26.509	29.051	33.660	45.616	51.805	55.758	59.342	63.691	66.766
41	21.421	20.906	25.215	27.326	29.907	34.585	46.692	52.949	56.942	60.561	64.950	68.053
42	22.138	23.650	25.999	28.144	30.765	35.510	47.766	54.090	58.124	61.777	66.206	69.336
43	22.859	24.398	26.785	28.965	31.625	36.436	48.840	55.230	59.304	62.990	67.459	70.616
44	23.584	25.148	27.575	29.787	32.487	37.363	49.913	56.369	60.481	64.201	68.710	71.893
45	24.311	25.901	28.366	30.612	33.350	38.291	50.985	57.505	61.656	65.410	69.957	73.766

附表 5　F 分布的上侧分位数表

$$P(F > F_\alpha) = \alpha.$$

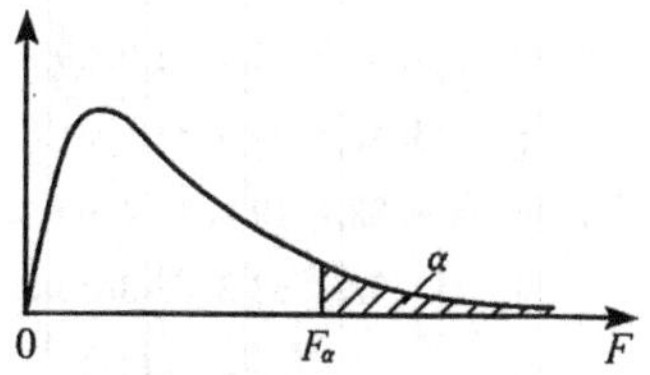

$\alpha=0.25$

n_2 \ n_1	1	2	3	4	5	6	7	8	9	10	12	15	20	24	30	40	60	120	∞	n_1 / n_2
1	5.83	7.50	8.20	8.58	8.82	8.98	9.10	9.19	9.26	9.32	9.41	9.49	9.58	9.63	9.67	9.71	9.76	9.80	9.85	1
2	2.57	3.00	3.15	3.23	3.28	3.31	3.34	3.35	3.37	3.38	3.39	3.41	3.43	3.43	3.44	3.45	3.46	3.47	3.48	2
3	2.02	2.28	2.36	2.39	2.41	2.42	2.43	2.44	2.44	2.44	2.45	2.46	2.46	2.46	2.47	2.47	2.47	2.47	2.47	3
4	1.81	2.00	2.05	2.06	2.07	2.08	2.08	2.08	2.08	2.08	2.08	2.08	2.08	2.08	2.08	2.08	2.08	2.08	2.08	4
5	1.69	1.85	1.88	1.89	1.89	1.89	1.89	1.89	1.89	1.89	1.89	1.89	1.88	1.88	1.88	1.88	1.87	1.87	1.87	5
6	1.62	1.76	1.78	1.79	1.79	1.78	1.78	1.78	1.77	1.77	1.77	1.76	1.76	1.75	1.75	1.75	1.74	1.74	1.74	6
7	1.57	1.70	1.72	1.72	1.71	1.71	1.70	1.70	1.69	1.69	1.68	1.68	1.67	1.67	1.66	1.66	1.65	1.65	1.65	7
8	1.54	1.66	1.67	1.66	1.66	1.65	1.64	1.64	1.63	1.63	1.62	1.62	1.61	1.60	1.60	1.59	1.59	1.58	1.58	8
9	1.51	1.62	1.63	1.63	1.62	1.61	1.60	1.60	1.59	1.59	1.58	1.57	1.56	1.56	1.55	1.54	1.54	1.53	1.53	9
10	1.49	1.60	1.60	1.59	1.59	1.58	1.57	1.56	1.56	1.55	1.54	1.53	1.52	1.52	1.51	1.51	1.50	1.49	1.48	10
11	1.47	1.58	1.58	1.57	1.56	1.55	1.54	1.53	1.53	1.52	1.51	1.50	1.49	1.49	1.48	1.47	1.47	1.46	1.45	11
12	1.46	1.56	1.56	1.55	1.54	1.53	1.52	1.51	1.51	1.50	1.49	1.48	1.47	1.46	1.45	1.45	1.44	1.43	1.42	12
13	1.45	1.55	1.55	1.53	1.52	1.51	1.50	1.49	1.49	1.48	1.47	1.46	1.45	1.44	1.43	1.42	1.42	1.41	1.40	13
14	1.44	1.53	1.53	1.52	1.51	1.50	1.49	1.48	1.47	1.46	1.45	1.44	1.43	1.42	1.41	1.41	1.40	1.39	1.38	14
15	1.43	1.52	1.52	1.51	1.49	1.48	1.47	1.46	1.46	1.45	1.44	1.43	1.41	1.41	1.40	1.39	1.38	1.37	1.36	15
16	1.42	1.51	1.51	1.50	1.48	1.47	1.46	1.45	1.44	1.44	1.43	1.41	1.40	1.39	1.38	1.37	1.36	1.35	1.34	16
17	1.42	1.51	1.50	1.49	1.47	1.46	1.45	1.44	1.43	1.43	1.41	1.40	1.39	1.38	1.37	1.36	1.35	1.34	1.33	17
18	1.41	1.50	1.49	1.48	1.46	1.45	1.44	1.43	1.42	1.42	1.40	1.39	1.38	1.37	1.36	1.35	1.34	1.33	1.32	18
19	1.41	1.49	1.49	1.47	1.46	1.44	1.43	1.42	1.41	1.41	1.40	1.38	1.37	1.36	1.35	1.34	1.33	1.32	1.30	19
20	1.40	1.49	1.48	1.47	1.45	1.44	1.43	1.42	1.41	1.40	1.39	1.37	1.36	1.35	1.34	1.33	1.32	1.31	1.29	20
21	1.40	1.48	1.48	1.46	1.44	1.43	1.42	1.41	1.40	1.39	1.38	1.37	1.35	1.34	1.33	1.32	1.31	1.30	1.28	21
22	1.40	1.48	1.47	1.45	1.44	1.42	1.41	1.40	1.39	1.39	1.37	1.36	1.34	1.33	1.32	1.31	1.30	1.29	1.28	22
23	1.39	1.47	1.47	1.45	1.43	1.42	1.41	1.40	1.39	1.38	1.37	1.35	1.34	1.33	1.32	1.31	1.30	1.28	1.27	23
24	1.39	1.47	1.46	1.44	1.43	1.41	1.40	1.39	1.38	1.38	1.36	1.35	1.33	1.32	1.31	1.30	1.29	1.28	1.26	24
25	1.39	1.47	1.46	1.44	1.42	1.41	1.40	1.39	1.38	1.37	1.36	1.34	1.33	1.32	1.31	1.29	1.28	1.27	1.25	25
26	1.38	1.46	1.45	1.44	1.42	1.41	1.39	1.38	1.37	1.37	1.35	1.34	1.32	1.31	1.30	1.29	1.28	1.26	1.25	26
27	1.38	1.46	1.45	1.43	1.42	1.40	1.39	1.38	1.37	1.36	1.35	1.33	1.32	1.31	1.30	1.28	1.27	1.26	1.24	27
28	1.38	1.46	1.45	1.43	1.41	1.40	1.39	1.38	1.37	1.36	1.34	1.33	1.31	1.30	1.29	1.28	1.27	1.25	1.24	28
29	1.38	1.45	1.45	1.43	1.41	1.40	1.38	1.37	1.36	1.35	1.34	1.32	1.31	1.30	1.29	1.27	1.26	1.25	1.23	29
30	1.38	1.45	1.44	1.42	1.41	1.39	1.38	1.37	1.36	1.35	1.34	1.32	1.30	1.29	1.28	1.27	1.26	1.24	1.23	30
40	1.36	1.44	1.42	1.40	1.39	1.37	1.36	1.35	1.34	1.33	1.31	1.30	1.28	1.26	1.25	1.24	1.22	1.21	1.19	40
60	1.35	1.42	1.41	1.38	1.37	1.35	1.33	1.32	1.31	1.30	1.29	1.27	1.25	1.24	1.22	1.21	1.19	1.17	1.15	60
120	1.34	1.40	1.39	1.37	1.35	1.33	1.31	1.30	1.29	1.28	1.26	1.24	1.22	1.21	1.19	1.18	1.16	1.13	1.10	120
∞	1.32	1.39	1.37	1.35	1.33	1.31	1.29	1.28	1.27	1.25	1.24	1.22	1.19	1.18	1.16	1.14	1.12	1.08	1.00	∞

$\alpha=0.10$

续表

n_2 \ n_1	1	2	3	4	5	6	7	8	9	10	15	20	30	50	100	200	500	∞	n_1 / n_2
1	39.9	49.5	53.6	55.8	57.2	58.2	58.9	59.4	59.9	60.2	61.2	61.7	62.3	62.7	63.0	63.2	63.3	63.3	1
2	8.53	9.00	9.16	9.24	9.29	9.33	9.35	9.37	9.38	9.39	9.42	9.44	9.46	9.47	9.48	9.49	9.49	9.49	2
3	5.54	5.46	5.39	5.34	5.31	5.28	5.27	5.25	5.24	5.23	5.20	5.18	5.17	5.15	5.14	5.14	5.14	5.13	3
4	4.54	4.32	4.19	4.11	4.05	4.01	3.98	3.95	3.94	3.92	3.87	3.84	3.82	3.80	3.78	3.77	3.76	3.76	4
5	4.06	3.78	3.62	3.52	3.45	3.40	3.37	3.34	3.32	3.30	3.24	3.21	3.17	3.15	3.13	3.12	3.11	3.10	5
6	3.78	3.46	3.29	3.18	3.11	3.05	3.01	2.98	2.96	2.94	2.87	2.84	2.80	2.77	2.75	2.73	2.73	2.72	6
7	3.59	3.26	3.07	2.96	2.88	2.83	2.78	2.75	2.72	2.70	2.63	2.59	2.56	2.52	2.50	2.48	2.48	2.47	7
8	3.46	3.11	2.92	2.81	2.73	2.67	2.62	2.59	2.56	2.54	2.46	2.42	2.38	2.35	2.32	2.31	2.30	2.29	8
9	3.36	3.01	2.81	2.69	2.61	2.55	2.51	2.47	2.44	2.42	2.34	2.30	2.25	2.22	2.19	2.17	2.17	2.16	9
10	3.28	2.92	2.73	2.61	2.52	2.46	2.41	2.38	2.35	2.32	2.24	2.20	2.16	2.12	2.09	2.07	2.06	2.06	10
11	3.23	2.86	2.66	2.54	2.45	2.39	2.34	2.30	2.27	2.25	2.17	2.12	2.08	2.04	2.00	1.99	1.98	1.97	11
12	3.18	2.81	2.61	2.48	2.39	2.33	2.28	2.24	2.21	2.19	2.10	2.06	2.01	1.97	1.94	1.92	1.91	1.90	12
13	3.14	2.76	2.56	2.43	2.35	2.28	2.23	2.20	2.16	2.14	2.05	2.01	1.96	1.92	1.88	1.86	1.85	1.85	13
14	3.10	2.73	2.52	2.39	2.31	2.24	2.19	2.15	2.12	2.10	2.01	1.96	1.91	1.87	1.83	1.82	1.80	1.80	14
15	3.07	2.70	2.49	2.36	2.27	2.21	2.16	2.12	2.09	2.06	1.97	1.92	1.87	1.83	1.79	1.77	1.76	1.76	15
16	3.05	2.67	2.46	2.33	2.24	2.18	2.13	2.09	2.06	2.03	1.94	1.89	1.84	1.79	1.76	1.74	1.73	1.72	16
17	3.03	2.64	2.44	2.31	2.22	2.15	2.10	2.06	2.03	2.00	1.91	1.86	1.81	1.76	1.73	1.71	1.69	1.69	17
18	3.01	2.62	2.42	2.29	2.20	2.13	2.08	2.04	2.00	1.98	1.89	1.84	1.78	1.74	1.70	1.68	1.67	1.66	18
19	2.99	2.61	2.40	2.27	2.18	2.11	2.06	2.02	1.98	1.96	1.86	1.81	1.76	1.71	1.67	1.65	1.64	1.63	19
20	2.97	2.59	2.38	2.25	2.16	2.09	2.04	2.00	1.96	1.94	1.84	1.79	1.74	1.69	1.65	1.63	1.62	1.61	20
22	2.95	2.56	2.35	2.22	2.13	2.06	2.01	1.97	1.93	1.90	1.81	1.76	1.70	1.65	1.61	1.59	1.58	1.57	22
24	2.93	2.54	2.33	2.19	2.10	2.04	1.98	1.94	1.91	1.88	1.78	1.73	1.67	1.62	1.58	1.56	1.54	1.53	24
26	2.91	2.52	2.31	2.17	2.08	2.01	1.96	1.92	1.88	1.86	1.76	1.71	1.65	1.59	1.55	1.53	1.51	1.50	26
28	2.89	2.50	2.29	2.16	2.06	2.00	1.94	1.90	1.87	1.84	1.74	1.69	1.63	1.57	1.53	1.50	1.49	1.48	28
30	2.88	2.49	2.28	2.14	2.05	1.98	1.93	1.88	1.85	1.82	1.72	1.67	1.61	1.55	1.51	1.48	1.47	1.46	30
40	2.84	2.44	2.23	2.09	2.00	1.93	1.87	1.83	1.79	1.76	1.66	1.61	1.54	1.48	1.43	1.41	1.39	1.38	40
50	2.81	2.41	2.20	2.06	1.97	1.90	1.84	1.80	1.76	1.73	1.63	1.57	1.50	1.44	1.39	1.36	1.34	1.33	50
60	2.79	2.39	2.18	2.04	1.95	1.87	1.82	1.77	1.74	1.71	1.60	1.54	1.48	1.41	1.36	1.33	1.31	1.29	60
80	2.77	2.37	2.15	2.02	1.92	1.85	1.79	1.75	1.71	1.68	1.57	1.51	1.44	1.38	1.32	1.28	1.26	1.24	80
100	2.76	2.36	2.14	2.00	1.91	1.83	1.78	1.73	1.70	1.66	1.56	1.49	1.42	1.35	1.29	1.26	1.23	1.21	100
200	2.73	2.33	2.11	1.97	1.88	1.80	1.75	1.70	1.66	1.63	1.52	1.46	1.38	1.31	1.24	1.20	1.17	1.14	200
500	2.72	2.31	2.10	1.96	1.86	1.79	1.73	1.68	1.64	1.61	1.50	1.44	1.36	1.28	1.21	1.16	1.12	1.09	500
∞	2.71	2.30	2.08	1.94	1.85	1.77	1.72	1.67	1.63	1.60	1.49	1.42	1.34	1.26	1.18	1.13	1.08	1.00	∞

$\alpha=0.05$　　续表

n_2 \ n_1	1	2	3	4	5	6	7	8	9	10	12	14	16	18	20	n_1 / n_2
1	161	200	216	225	230	234	237	239	241	242	244	245	246	247	248	1
2	18.5	19.0	19.2	19.2	19.3	19.3	19.4	19.4	19.4	19.4	19.4	19.4	19.4	19.4	19.4	2
3	10.1	9.55	9.28	9.12	9.01	8.94	8.89	8.85	8.81	8.79	8.74	8.71	8.69	8.67	8.66	3
4	7.71	6.94	6.59	6.39	6.26	6.16	6.09	6.04	6.00	5.96	5.91	5.87	5.84	5.82	5.80	4
5	6.61	5.79	5.41	5.19	5.05	4.95	4.88	4.82	4.77	4.74	4.68	4.64	4.60	4.58	4.56	5
6	5.99	5.14	4.76	4.53	4.39	4.28	4.21	4.15	4.10	4.06	4.00	3.96	3.96	3.90	3.87	6
7	5.59	4.74	4.35	4.12	3.97	3.87	3.79	3.73	3.68	3.64	3.57	3.53	3.49	3.47	3.44	7
8	5.32	4.46	4.07	3.84	3.69	3.58	3.50	3.44	3.39	3.35	3.28	3.24	3.20	3.17	3.15	8
9	5.12	4.26	3.86	3.63	3.48	3.37	3.29	3.23	3.18	3.14	3.07	3.03	2.99	2.96	2.94	9
10	4.96	4.10	3.71	3.48	3.33	3.22	3.14	3.07	3.02	2.98	2.91	2.86	2.83	2.80	2.77	10
11	4.84	3.98	3.59	3.36	3.20	3.09	3.01	2.95	2.90	2.85	2.79	2.74	2.70	2.67	2.65	11
12	4.75	3.89	3.49	3.26	3.11	3.00	2.91	2.85	2.80	2.75	2.69	2.64	2.60	2.57	2.54	12
13	4.67	3.81	3.41	3.18	3.03	2.92	2.83	2.77	2.71	2.67	2.60	2.55	2.51	2.48	2.46	13
14	4.60	3.74	3.34	3.11	2.96	2.85	2.76	2.70	2.65	2.60	2.53	2.48	2.44	2.41	2.39	14
15	4.54	3.68	3.29	3.06	2.90	2.79	2.71	2.64	2.59	2.54	2.48	2.42	2.38	2.35	2.33	15
16	4.49	3.63	3.24	3.01	2.85	2.74	2.66	2.59	2.54	2.49	2.42	2.37	2.33	2.30	2.28	16
17	4.45	3.59	3.20	2.96	2.81	2.70	2.61	2.55	2.49	2.45	2.38	2.33	2.29	2.26	2.23	17
18	4.41	3.55	3.16	2.93	2.77	2.66	2.58	2.51	2.46	2.41	2.34	2.29	2.25	2.22	2.19	18
19	4.38	3.52	3.13	2.90	2.74	2.63	2.54	2.48	2.42	2.38	2.31	2.26	2.21	2.18	2.16	19
20	4.35	3.49	3.10	2.87	2.71	2.60	2.51	2.45	2.39	2.35	2.28	2.22	2.18	2.15	2.12	20
21	4.32	3.47	3.07	2.84	2.68	2.57	2.49	2.42	2.37	2.32	2.25	2.20	2.16	2.12	2.10	21
22	4.30	3.44	3.05	2.82	2.66	2.55	2.46	2.40	2.34	2.30	2.23	2.17	2.13	2.10	2.07	22
23	4.28	3.42	3.03	2.80	2.64	2.53	2.44	2.37	2.32	2.27	2.20	2.15	2.11	2.07	2.05	23
24	4.26	3.40	3.01	2.78	2.62	2.51	2.42	2.36	2.30	2.25	2.18	2.13	2.09	2.05	2.03	24
25	4.24	3.39	2.99	2.76	2.60	2.49	2.40	2.34	2.28	2.24	2.16	2.11	2.07	2.04	2.01	25
26	4.23	3.37	2.98	2.74	2.59	2.47	2.39	2.32	2.27	2.22	2.15	2.09	2.05	2.02	1.99	26
27	4.21	3.35	2.96	2.73	2.57	2.46	2.37	2.31	2.25	2.20	2.13	2.08	2.04	2.00	1.97	27
28	4.20	3.34	2.95	2.71	2.56	2.45	2.36	2.29	2.24	2.19	2.12	2.06	2.02	1.99	1.96	28
29	4.18	3.33	2.93	2.70	2.55	2.43	2.35	2.28	2.22	2.18	2.10	2.05	2.01	1.97	1.94	29
30	4.17	3.32	2.92	2.69	2.53	2.42	2.33	2.27	2.21	2.16	2.09	2.04	1.99	1.96	1.93	30
32	4.15	3.29	2.90	2.67	2.51	2.40	2.31	2.24	2.19	2.14	2.07	2.01	1.97	1.94	1.91	32
34	4.13	3.28	2.88	2.65	2.49	2.38	2.29	2.23	2.17	2.12	2.05	1.99	1.95	1.92	1.89	34
36	4.11	3.26	2.87	2.63	2.48	2.36	2.28	2.21	2.15	2.11	2.03	1.98	1.93	1.90	1.87	36

$\alpha=0.05$　　　　续表

n_2 \ n_1	1	2	3	4	5	6	7	8	9	10	12	14	16	18	20	n_1 / n_2
38	4.10	3.24	2.85	2.62	2.46	2.35	2.26	2.19	2.14	2.09	2.02	1.96	1.92	1.88	1.85	38
40	4.08	3.23	2.84	2.61	2.45	2.34	2.25	2.18	2.12	2.08	2.00	1.95	1.90	1.87	1.84	40
42	4.07	3.22	2.83	2.59	2.44	2.32	2.24	2.17	2.11	2.06	1.99	1.93	1.89	1.86	1.83	42
44	4.06	3.21	2.82	2.58	2.43	2.31	2.23	2.16	2.10	2.05	1.98	1.92	1.88	1.84	1.81	44
46	4.05	3.20	2.81	2.57	2.42	2.30	2.22	2.15	2.09	2.04	1.97	1.91	1.87	1.83	1.80	46
48	4.04	3.19	2.80	2.57	2.41	2.29	2.21	2.14	2.08	2.03	1.96	1.90	1.86	1.82	1.79	48
50	4.03	3.18	2.79	2.56	2.40	2.29	2.20	2.13	2.07	2.03	1.95	1.89	1.85	1.81	1.78	50
60	4.00	3.15	2.76	2.53	2.37	2.25	2.17	2.10	2.04	1.99	1.92	1.86	1.82	1.78	1.75	60
80	3.96	3.11	2.72	2.49	2.33	2.21	2.13	2.06	2.00	1.95	1.88	1.82	1.77	1.73	1.70	80
100	3.94	3.09	2.70	2.46	2.31	2.19	2.10	2.03	1.97	1.93	1.85	1.79	1.75	1.71	1.68	100
125	3.92	3.07	2.68	2.44	2.29	2.17	2.08	2.01	1.96	1.91	1.83	1.77	1.72	1.69	1.65	125
150	3.90	3.06	2.66	2.43	2.27	2.16	2.07	2.00	1.94	1.89	1.82	1.76	1.71	1.67	1.64	150
200	3.89	3.04	2.65	2.42	2.26	2.14	2.06	1.98	1.93	1.88	1.80	1.74	1.69	1.66	1.62	200
300	3.87	3.03	2.63	2.40	2.24	2.13	2.04	1.97	1.91	1.86	1.78	1.72	1.68	1.64	1.61	300
500	3.86	3.01	2.62	2.39	2.23	2.12	2.03	1.96	1.90	1.85	1.77	1.71	1.66	1.62	1.59	500
1 000	3.85	3.00	2.61	2.38	2.22	2.11	2.02	1.95	1.89	1.84	1.76	1.70	1.65	1.61	1.58	1 000
∞	3.84	3.00	2.60	2.37	2.21	2.10	2.01	1.94	1.88	1.83	1.75	1.69	1.64	1.60	1.57	∞

n_2 \ n_1	22	24	26	28	30	35	40	45	50	60	80	100	200	500	∞	n_1 / n_2
1	249	249	249	250	250	251	251	251	252	252	252	253	254	254	254	1
2	19.5	19.5	19.5	19.5	19.5	19.5	19.5	19.5	19.5	19.5	19.5	19.5	19.5	19.5	19.5	2
3	8.65	8.64	8.63	8.62	8.62	8.60	8.59	8.59	8.58	8.57	8.56	8.55	8.54	8.53	8.53	3
4	5.79	5.77	5.76	5.75	5.75	5.73	5.72	5.71	5.70	5.69	5.67	5.66	5.65	5.64	5.63	4
5	4.54	4.53	4.52	4.50	4.50	4.48	4.46	4.45	4.44	4.43	4.41	4.41	4.39	4.37	4.37	5
6	3.86	3.84	3.83	3.82	3.81	3.79	3.77	3.76	3.75	3.74	3.72	3.71	3.69	3.68	3.67	6
7	3.43	3.41	3.40	3.39	3.38	3.36	3.34	3.33	3.32	3.30	3.29	3.27	3.25	3.24	3.23	7
8	3.13	3.12	3.10	3.09	3.08	3.06	3.04	3.03	3.02	3.01	2.99	2.97	2.95	2.94	2.93	8
9	2.92	2.90	2.89	2.87	2.86	2.84	2.83	2.81	2.80	2.79	2.77	2.76	2.73	2.72	2.71	9
10	2.75	2.74	2.72	2.71	2.70	2.68	2.66	2.65	2.64	2.62	2.60	2.59	2.56	2.55	2.54	10
11	2.63	2.61	2.59	2.58	2.57	2.55	2.53	2.52	2.51	2.49	2.47	2.46	2.43	2.42	2.40	11
12	2.52	2.51	2.49	2.48	2.47	2.44	2.43	2.41	2.40	2.38	2.36	2.35	2.32	2.31	2.30	12
13	2.44	2.42	2.41	2.39	2.38	2.36	2.34	2.33	2.31	2.30	2.27	2.26	2.23	2.22	2.21	13
14	2.37	2.35	2.33	2.32	2.31	2.28	2.27	2.25	2.24	2.22	2.20	2.19	2.16	2.14	2.13	14
15	2.31	2.29	2.27	2.26	2.25	2.22	2.20	2.19	2.18	2.16	2.14	2.12	2.10	2.08	2.07	15

$\alpha=0.05$　　　　续表

n_2 \ n_1	22	24	26	28	30	35	40	45	50	60	80	100	200	500	∞	n_1 / n_2
16	2.25	2.24	2.22	2.21	2.19	2.17	2.15	2.14	2.12	2.11	2.08	2.07	2.04	2.02	2.01	16
17	2.21	2.19	2.17	2.16	2.15	2.12	2.10	2.09	2.08	2.06	2.03	2.02	1.99	1.97	1.96	17
18	2.17	2.15	2.13	2.12	2.11	2.08	2.06	2.05	2.04	2.02	1.99	1.98	1.95	1.93	1.92	18
19	2.13	2.11	2.10	2.08	2.07	2.05	2.03	2.01	2.00	1.98	1.96	1.94	1.91	1.89	1.88	19
20	2.10	2.08	2.07	2.05	2.04	2.01	1.99	1.98	1.97	1.95	1.92	1.91	1.88	1.86	1.84	20
21	2.07	2.05	2.04	2.02	2.01	1.98	1.96	1.95	1.94	1.92	1.89	1.88	1.84	1.82	1.81	21
22	2.05	2.03	2.01	2.00	1.98	1.96	1.94	1.92	1.91	1.89	1.86	1.85	1.82	1.80	1.78	22
23	2.02	2.00	1.99	1.97	1.96	1.93	1.91	1.90	1.88	1.86	1.84	1.82	1.79	1.77	1.76	23
24	2.00	1.98	1.97	1.95	1.94	1.91	1.89	1.88	1.86	1.84	1.82	1.80	1.77	1.75	1.73	24
25	1.98	1.96	1.95	1.93	1.92	1.89	1.87	1.86	1.84	1.82	1.80	1.78	1.75	1.73	1.71	25
26	1.97	1.95	1.93	1.91	1.90	1.87	1.85	1.84	1.82	1.80	1.78	1.76	1.73	1.71	1.69	26
27	1.95	1.93	1.91	1.90	1.88	1.86	1.84	1.82	1.81	1.79	1.76	1.74	1.71	1.69	1.67	27
28	1.93	1.91	1.90	1.88	1.87	1.84	1.82	1.80	1.79	1.77	1.74	1.73	1.69	1.67	1.65	28
29	1.92	1.90	1.88	1.87	1.85	1.83	1.81	1.79	1.77	1.75	1.73	1.71	1.67	1.65	1.64	29
30	1.91	1.89	1.87	1.85	1.84	1.81	1.79	1.77	1.76	1.74	1.71	1.70	1.66	1.64	1.62	30
32	1.88	1.86	1.85	1.83	1.82	1.79	1.77	1.75	1.74	1.71	1.69	1.67	1.63	1.61	1.59	32
34	1.86	1.84	1.82	1.80	1.80	1.77	1.75	1.73	1.71	1.69	1.66	1.65	1.61	1.59	1.57	34
36	1.85	1.82	1.81	1.79	1.78	1.75	1.73	1.71	1.69	1.67	1.64	1.62	1.59	1.56	1.55	36
38	1.83	1.81	1.79	1.77	1.76	1.73	1.71	1.69	1.68	1.65	1.62	1.61	1.57	1.54	1.53	38
40	1.81	1.79	1.77	1.76	1.74	1.72	1.69	1.67	1.66	1.64	1.61	1.59	1.55	1.53	1.51	40
42	1.80	1.78	1.76	1.74	1.73	1.70	1.68	1.66	1.65	1.62	1.59	1.57	1.53	1.51	1.49	42
44	1.79	1.77	1.75	1.73	1.72	1.69	1.67	1.65	1.63	1.61	1.58	1.56	1.52	1.49	1.48	44
46	1.78	1.76	1.74	1.72	1.71	1.68	1.65	1.64	1.62	1.60	1.57	1.55	1.51	1.48	1.46	46
48	1.77	1.75	1.73	1.71	1.70	1.67	1.64	1.62	1.61	1.59	1.56	1.54	1.49	1.47	1.45	48
50	1.76	1.74	1.72	1.70	1.69	1.66	1.63	1.61	1.60	1.58	1.54	1.52	1.48	1.46	1.44	50
60	1.72	1.70	1.68	1.66	1.65	1.62	1.59	1.57	1.56	1.53	1.50	1.48	1.44	1.41	1.39	60
80	1.68	1.65	1.63	1.62	1.60	1.57	1.54	1.52	1.51	1.48	1.45	1.43	1.38	1.35	1.32	80
100	1.65	1.63	1.61	1.59	1.57	1.54	1.52	1.49	1.48	1.45	1.41	1.39	1.34	1.31	1.28	100
125	1.63	1.60	1.58	1.57	1.55	1.52	1.49	1.47	1.45	1.42	1.39	1.36	1.31	1.27	1.25	125
150	1.61	1.59	1.57	1.55	1.53	1.50	1.48	1.45	1.44	1.41	1.37	1.34	1.29	1.25	1.22	150
200	1.60	1.57	1.55	1.53	1.52	1.48	1.46	1.43	1.41	1.39	1.35	1.32	1.26	1.22	1.19	200
300	1.58	1.55	1.53	1.51	1.50	1.46	1.43	1.41	1.39	1.36	1.32	1.30	1.23	1.19	1.15	300
500	1.56	1.54	1.52	1.50	1.48	1.45	1.42	1.40	1.38	1.34	1.30	1.28	1.21	1.16	1.11	500
1 000	1.55	1.53	1.51	1.49	1.47	1.44	1.41	1.38	1.36	1.33	1.29	1.26	1.19	1.13	1.08	1 000
∞	1.54	1.52	1.50	1.48	1.46	1.42	1.39	1.37	1.35	1.32	1.27	1.24	1.17	1.11	1.00	∞

$\alpha=0.025$　　续表

n_2 \ n_1	1	2	3	4	5	6	7	8	9	n_1 / n_2
1	647.8	799.5	864.2	899.6	921.8	937.1	948.2	956.7	963.3	1
2	38.51	39.00	39.17	39.25	39.30	39.33	39.36	39.37	39.39	2
3	17.44	16.04	15.44	15.10	14.88	14.73	14.62	14.54	14.47	3
4	12.22	10.65	8.98	9.60	9.36	9.20	9.07	8.98	8.90	4
5	10.01	8.43	7.76	7.39	7.15	6.98	6.85	6.76	6.68	5
6	8.81	7.26	6.60	6.23	5.99	5.82	5.70	5.60	5.52	6
7	8.07	6.54	5.89	5.52	5.52	5.12	4.99	4.90	4.82	7
8	7.57	6.06	5.42	5.05	4.82	4.65	4.53	4.43	4.36	8
9	7.21	5.71	5.03	4.72	4.48	4.32	4.20	4.10	4.03	9
10	6.94	5.46	4.83	4.47	4.24	4.07	3.95	3.85	3.78	10
11	6.72	5.26	4.63	4.28	4.04	3.88	3.76	3.66	3.59	11
12	6.55	5.10	4.42	4.12	3.89	3.73	3.61	3.51	3.44	12
13	6.41	4.97	4.35	4.00	3.77	3.60	3.48	3.39	3.31	13
14	6.30	4.86	4.24	3.89	3.66	3.50	3.38	3.29	3.21	14
15	6.20	4.77	4.15	3.80	3.58	3.41	3.29	3.20	3.12	15
16	6.12	4.69	4.08	3.73	3.50	3.34	3.22	3.12	3.05	16
17	6.01	4.62	4.01	3.66	3.44	3.28	3.16	3.06	2.98	17
18	5.98	4.56	3.95	3.61	3.38	3.22	3.10	3.01	2.93	18
19	5.92	4.51	3.90	3.56	3.33	3.17	3.05	2.96	2.88	19
20	5.87	4.46	3.86	3.51	3.29	3.13	3.01	2.91	2.84	20
21	5.83	4.42	3.82	3.48	3.25	3.09	2.97	2.87	2.80	21
22	5.79	4.38	3.78	3.44	3.22	3.05	2.93	2.84	2.76	22
23	5.76	4.35	3.75	3.41	3.18	3.02	2.90	2.81	2.73	23
24	5.72	4.32	3.72	3.38	3.15	2.99	2.87	2.78	2.70	24
25	5.69	4.29	3.69	3.35	3.13	2.97	2.85	2.75	2.68	25
26	5.66	4.27	3.67	3.33	3.10	2.94	2.82	2.73	2.65	26
27	5.63	4.24	3.65	3.31	3.08	2.92	2.80	2.71	2.63	27
28	5.61	4.22	3.63	3.29	3.06	2.90	2.78	2.69	2.61	28
29	5.59	4.20	3.61	3.27	3.04	2.88	2.76	2.67	2.59	29
30	5.57	4.18	3.59	3.25	3.03	2.87	2.75	2.65	2.57	30
40	5.42	4.05	3.46	3.13	2.90	2.74	2.62	2.53	2.45	40
60	5.29	3.93	3.34	3.01	2.79	2.63	2.51	2.41	2.33	60
120	5.15	3.80	3.23	2.89	2.67	2.52	2.39	2.30	2.22	120
∞	5.02	3.69	3.12	2.79	2.57	2.41	2.29	2.19	2.11	∞

$\alpha=0.025$　　续表

n_2 \ n_1	10	12	15	20	24	30	40	60	120	∞	n_1 / n_2
1	968.6	976.7	984.9	993.1	997.2	1 001	1 006	1 010	1 014	1 018	1
2	39.40	39.41	39.43	39.45	39.46	39.46	39.47	39.48	39.49	39.50	2
3	14.42	14.34	14.25	14.17	14.12	14.08	14.04	13.99	13.95	13.90	3
4	8.84	8.75	8.66	8.56	8.51	8.46	8.41	8.36	8.31	8.26	4
5	6.62	6.52	6.43	6.33	6.28	6.23	6.18	6.12	6.07	6.02	5
6	5.46	5.37	5.27	5.17	5.12	5.07	5.01	4.96	4.90	4.85	6
7	4.76	4.67	4.57	4.47	4.42	4.36	4.31	4.25	4.20	4.14	7
8	4.30	4.20	4.10	4.00	3.95	3.89	3.84	3.78	3.73	3.67	8
9	3.96	3.87	3.77	3.67	3.61	3.56	3.51	3.45	3.39	3.33	9
10	3.72	3.62	3.52	3.42	3.37	3.31	3.26	3.20	3.14	3.08	10
11	3.53	3.43	3.33	3.23	3.17	3.12	3.06	3.00	2.94	2.88	11
12	3.37	3.28	3.18	3.07	3.02	2.96	2.91	2.85	2.79	2.88	12
13	3.25	3.15	3.05	2.95	2.89	2.84	2.78	2.72	2.66	2.60	13
14	3.15	3.05	2.95	2.84	2.79	2.73	2.67	2.61	2.55	2.49	14
15	3.06	2.96	2.86	2.76	2.70	2.64	2.59	2.52	2.46	2.40	15
16	2.99	2.89	2.79	2.68	2.63	2.57	2.51	2.45	2.38	2.32	16
17	2.92	2.82	2.72	2.62	2.56	2.50	2.44	2.38	2.32	2.25	17
18	2.87	2.77	2.67	2.56	2.50	2.44	2.38	2.32	2.26	2.19	18
19	2.82	2.72	2.62	2.51	2.45	2.39	2.33	2.27	2.20	2.13	19
20	2.77	2.68	2.57	2.46	2.41	2.35	2.29	2.22	2.16	2.09	20
21	2.73	2.64	2.53	2.42	2.37	2.31	2.25	2.18	2.11	2.04	21
22	2.70	2.60	2.50	2.39	2.33	2.27	2.21	2.14	2.08	2.00	22
23	2.67	2.57	2.47	2.36	2.30	2.24	2.18	2.11	2.04	1.97	23
24	2.64	2.54	2.44	2.33	2.27	2.21	2.15	2.08	2.01	1.94	24
25	2.61	2.51	2.41	2.30	2.24	2.18	2.12	2.05	1.98	1.91	25
26	2.59	2.49	2.39	2.28	2.22	2.16	2.09	2.03	1.95	1.88	26
27	2.57	2.48	2.36	2.25	2.19	2.13	2.07	2.00	1.93	1.85	27
28	2.55	2.45	2.34	2.23	2.17	2.11	2.05	1.98	1.91	1.83	28
29	2.53	2.43	2.32	2.21	2.15	2.09	2.03	1.96	1.89	1.81	29
30	2.51	2.41	2.31	2.20	2.14	2.07	2.01	1.94	1.87	1.79	30
40	2.39	2.29	2.18	2.07	2.01	1.94	1.88	1.80	1.72	1.64	40
60	2.27	2.17	2.06	1.94	1.88	1.82	1.74	1.67	1.58	1.48	60
120	2.16	2.05	1.94	1.82	1.76	1.69	1.61	1.53	1.43	1.31	120
∞	2.05	1.94	1.83	1.71	1.64	1.57	1.48	1.39	1.27	1.00	∞

$\alpha=0.01$　　续表

n_2 \ n_1	1	2	3	4	5	6	7	8	9	10	12	14	16	18	20	n_1 / n_2
1	405	500	540	563	576	586	593	598	602	606	611	614	617	619	621	1
2	98.5	99.0	99.2	99.2	99.3	99.3	99.4	99.4	99.4	99.4	99.4	99.4	99.4	99.4	99.4	2
3	34.1	30.8	29.5	28.7	28.2	27.9	27.7	27.5	27.3	27.2	27.1	26.9	26.8	26.8	26.7	3
4	21.2	18.0	16.7	16.0	15.5	15.2	15.0	14.8	14.7	14.5	14.4	14.2	14.2	14.1	14.0	4
5	16.3	13.3	12.1	11.4	11.0	10.7	10.5	10.3	10.2	10.1	9.89	9.77	9.68	9.61	9.55	5
6	13.7	10.9	9.78	9.15	8.75	8.47	8.26	8.10	7.98	7.87	7.72	7.60	7.52	7.45	7.40	6
7	12.2	9.55	8.45	7.85	7.46	7.19	6.99	6.84	6.72	6.62	6.47	6.36	6.27	6.21	6.16	7
8	11.3	8.65	7.59	7.01	6.63	6.37	6.18	6.03	5.91	5.81	5.67	5.56	5.48	5.41	5.36	8
9	10.6	8.02	6.99	6.42	6.06	5.80	5.61	5.47	5.35	5.26	5.11	5.00	4.92	4.86	4.81	9
10	10.0	7.56	6.55	5.99	5.64	5.39	5.20	5.06	4.94	4.85	4.71	4.60	4.52	4.46	4.41	10
11	9.65	7.21	6.22	5.67	5.32	5.07	4.89	4.74	4.63	4.54	4.40	4.29	4.21	4.15	4.10	11
12	9.33	6.93	5.95	5.41	5.06	4.82	4.64	4.50	4.39	4.30	4.16	4.05	3.97	3.91	3.86	12
13	9.07	6.70	5.74	5.21	4.86	4.62	4.44	4.30	4.19	4.10	3.96	3.86	3.78	3.71	3.66	13
14	8.86	6.51	5.56	5.04	4.70	4.46	4.28	4.14	4.03	3.94	3.80	3.70	3.62	3.56	3.51	14
15	8.68	6.36	5.42	4.89	4.56	4.32	4.14	4.00	3.89	3.80	3.67	3.56	3.49	3.42	3.37	15
16	8.53	6.23	5.29	4.77	4.44	4.20	4.03	3.89	3.78	3.69	3.55	3.45	3.37	3.31	3.26	16
17	8.40	6.11	5.18	4.67	4.34	4.10	3.93	3.79	3.68	3.59	3.46	3.35	3.27	3.21	3.16	17
18	8.29	6.01	5.09	4.58	4.25	4.01	3.84	3.71	3.60	3.51	3.37	3.27	3.19	3.13	3.08	18
19	8.18	5.93	5.01	4.50	4.17	3.94	3.77	3.63	3.52	3.43	3.30	3.19	3.12	3.05	3.00	19
20	8.10	5.85	4.94	4.43	4.10	3.87	3.70	3.56	3.46	3.37	3.23	3.13	3.05	2.99	2.94	20
21	8.02	5.78	4.87	4.37	4.04	3.81	3.64	3.51	3.40	3.31	3.17	3.07	2.99	2.93	2.88	21
22	7.95	5.72	4.82	4.31	3.99	3.76	3.59	3.45	3.35	3.26	3.12	3.02	2.94	2.88	2.83	22
23	7.88	5.66	4.76	4.26	3.94	3.71	3.54	3.41	3.30	3.21	3.07	2.97	2.89	2.83	2.78	23
24	7.82	5.61	4.72	4.22	3.90	3.67	3.50	3.36	3.26	3.17	3.03	2.93	2.85	2.79	2.74	24
25	7.77	5.57	4.68	4.18	3.86	3.63	3.46	3.32	3.22	3.13	2.99	2.89	2.81	2.75	2.70	25
26	7.72	5.53	4.64	4.14	3.82	3.59	3.42	3.29	3.18	3.09	2.96	2.86	2.78	2.72	2.66	26
27	7.68	5.49	4.60	4.11	3.78	3.56	3.39	3.26	3.15	3.06	2.93	2.82	2.75	2.68	2.63	27
28	7.64	5.45	4.57	4.07	3.75	3.53	3.36	3.23	3.12	3.03	2.90	2.79	2.72	2.65	2.60	28
29	7.60	5.42	4.54	4.04	3.73	3.50	3.33	3.20	3.09	3.00	2.87	2.77	2.69	2.62	2.57	29
30	7.56	5.39	4.51	4.02	3.70	3.47	3.30	3.17	3.07	2.98	2.84	2.74	2.66	2.60	2.55	30
32	7.50	5.34	4.46	3.97	3.65	3.43	3.26	3.13	3.02	2.93	2.80	2.70	2.62	2.55	2.50	32
34	7.44	5.29	4.42	3.93	3.61	3.39	3.22	3.09	2.98	2.89	2.76	2.66	2.58	2.51	2.46	34
36	7.40	5.25	4.38	3.89	3.57	3.35	3.18	3.05	2.95	2.86	2.72	2.62	2.54	2.48	2.43	36

$\alpha=0.01$　　续表

n_2 \ n_1	1	2	3	4	5	6	7	8	9	10	12	14	16	18	20	n_1 / n_2
38	7.35	5.21	4.34	3.86	3.54	3.32	3.15	3.02	2.92	2.83	2.69	2.59	2.51	2.45	2.40	38
40	7.31	5.18	4.31	3.83	3.51	3.29	3.12	2.99	2.89	2.80	2.66	2.56	2.48	2.42	2.37	40
42	7.28	5.15	4.29	3.80	3.49	3.27	3.10	2.97	2.86	2.78	2.64	2.54	2.46	2.40	2.34	42
44	7.25	5.12	4.26	3.78	3.47	3.24	3.08	2.95	2.84	2.75	2.62	2.52	2.44	2.37	2.32	44
46	7.22	5.10	4.24	3.76	3.44	3.22	3.06	2.93	2.82	2.73	2.60	2.50	2.42	2.35	2.30	46
48	7.20	5.08	4.22	3.74	3.43	3.20	3.04	2.91	2.80	2.72	2.58	2.48	2.40	2.33	2.28	48
50	7.17	5.06	4.20	3.72	3.41	3.19	3.02	2.89	2.79	2.70	2.56	2.46	2.38	2.32	2.27	50
60	7.08	4.98	4.13	3.65	3.34	3.12	2.95	2.82	2.72	2.63	2.50	2.39	2.31	2.25	2.20	60
80	6.96	4.88	4.04	3.56	3.26	3.04	2.87	2.74	2.64	2.55	2.42	2.31	2.23	2.17	2.12	80
100	6.90	4.82	3.98	3.51	3.21	2.99	2.82	2.69	2.59	2.50	2.37	2.26	2.19	2.12	2.07	100
125	6.84	4.78	3.94	3.47	3.17	2.95	2.79	2.66	2.55	2.47	2.33	2.23	2.15	2.08	2.03	125
150	6.81	4.75	3.92	3.45	3.14	2.92	2.76	2.63	2.53	2.44	2.31	2.20	2.12	2.06	2.00	150
200	6.76	4.71	3.88	3.41	3.11	2.89	2.73	2.60	2.50	2.41	2.27	2.17	2.09	2.02	1.97	200
300	6.72	4.68	3.85	3.38	3.08	2.86	2.70	2.57	2.47	2.38	2.24	2.14	2.06	1.99	1.94	300
500	6.69	4.65	3.82	3.36	3.05	2.84	2.68	2.55	2.44	2.36	2.22	2.12	2.04	1.97	1.92	500
1 000	6.66	4.63	3.80	3.34	3.04	2.82	2.66	2.53	2.43	2.34	2.20	2.10	2.02	1.95	1.90	1 000
∞	6.63	4.61	3.78	3.32	3.02	2.80	2.64	2.51	2.41	2.32	2.18	2.08	2.00	1.93	1.88	∞

n_2 \ n_1	22	24	26	28	30	35	40	45	50	60	80	100	200	500	∞	n_1 / n_2
1	622	623	624	625	626	628	629	630	630	631	633	633	635	636	637	1
2	99.5	99.5	99.5	99.5	99.5	99.5	99.5	99.5	99.5	99.5	99.5	99.5	99.5	99.5	99.5	2
3	26.6	26.6	26.6	26.5	26.5	26.5	26.4	26.4	26.4	26.3	26.3	26.2	26.2	26.1	26.1	3
4	14.0	13.9	13.9	13.9	13.8	13.8	13.7	13.7	13.7	13.7	13.6	13.6	13.5	13.5	13.5	4
5	9.51	9.47	9.43	9.40	9.38	9.33	9.29	9.26	9.24	9.20	9.16	9.13	9.08	9.04	9.02	5
6	7.35	7.31	7.28	7.25	7.23	7.18	7.14	7.11	7.09	7.06	7.01	6.99	6.93	6.90	6.88	6
7	6.11	6.07	6.04	6.02	5.99	5.94	5.91	5.88	5.86	5.82	5.78	5.75	5.70	5.67	5.65	7
8	5.32	5.28	5.25	5.22	5.20	5.15	5.12	5.00	5.07	5.03	4.99	4.96	4.91	4.88	4.86	8
9	4.77	4.73	4.70	4.67	4.65	4.60	4.57	4.54	4.52	4.48	4.44	4.42	4.36	4.33	4.31	9
10	4.36	4.33	4.30	4.27	4.25	4.20	4.17	4.14	4.12	4.08	4.04	4.01	3.96	3.93	3.91	10
11	4.06	4.02	3.99	3.96	3.94	3.89	3.86	3.83	3.81	3.78	3.73	3.71	3.66	3.62	3.60	11
12	3.82	3.78	3.75	3.72	3.70	3.65	3.62	3.59	3.57	3.54	3.49	3.47	3.41	3.38	3.36	12
13	3.62	3.59	3.56	3.53	3.51	3.46	3.43	3.40	3.38	3.34	3.30	3.27	3.22	3.19	3.17	13
14	3.46	3.43	3.40	3.37	3.35	3.30	3.27	3.24	3.22	3.18	3.14	3.11	3.06	3.03	3.00	14
15	3.33	3.29	3.26	3.24	3.21	3.17	3.13	3.10	3.08	3.05	3.00	2.98	2.92	2.89	2.87	15
16	3.22	3.18	3.15	3.12	3.10	3.05	3.02	2.99	2.97	2.93	2.89	2.86	2.81	2.78	2.75	16

$\alpha=0.01$ 续表

n_1 / n_2	22	24	26	28	30	35	40	45	50	60	80	100	200	500	∞	n_1 / n_2
17	3.12	3.08	3.05	3.03	3.00	2.96	2.92	2.89	2.87	2.83	2.79	2.76	2.71	2.68	2.65	17
18	3.03	3.00	2.97	2.94	2.92	2.87	2.84	2.81	2.78	2.75	2.70	2.68	2.62	2.59	2.57	18
19	2.96	2.92	2.89	2.87	2.84	2.80	2.76	2.73	2.71	2.67	2.63	2.60	2.55	2.51	2.49	19
20	2.90	2.86	2.83	2.80	2.78	2.73	2.69	2.67	2.64	2.61	2.56	2.54	2.48	2.44	2.42	20
21	2.84	2.80	2.77	2.74	2.72	2.67	2.64	2.61	2.58	2.55	2.50	2.48	2.42	2.38	2.36	21
22	2.78	2.75	2.72	2.69	2.67	2.62	2.58	2.55	2.53	2.50	2.45	2.42	2.36	2.33	2.31	22
23	2.74	2.70	2.67	2.64	2.62	2.57	2.54	2.51	2.48	2.45	2.40	2.37	2.32	2.28	2.26	23
24	2.70	2.66	2.63	2.60	2.58	2.53	2.49	2.46	2.44	2.40	2.36	2.33	2.27	2.24	2.21	24
25	2.86	2.62	2.59	2.56	2.54	5.49	2.45	2.42	2.40	2.36	2.32	2.29	2.23	2.19	2.17	25
26	2.62	2.58	2.55	2.53	2.50	2.45	2.42	2.39	2.36	2.33	2.28	2.25	2.19	2.16	2.13	26
27	2.59	2.55	2.52	2.49	2.47	2.42	2.38	2.35	2.33	2.29	2.25	2.22	2.16	2.12	2.10	27
28	2.56	2.52	2.49	2.46	2.44	2.39	2.35	2.32	2.30	2.26	2.22	2.19	2.13	2.09	2.06	28
29	2.53	2.46	2.46	2.44	2.41	2.36	2.33	2.30	2.27	2.23	2.19	2.16	2.10	2.06	2.03	29
30	2.51	2.47	2.44	2.41	2.39	2.34	2.30	2.27	2.25	2.21	2.16	2.13	2.07	2.03	2.01	30
32	2.46	2.42	2.39	2.36	2.34	2.29	2.25	2.22	2.20	2.16	2.11	2.08	2.02	1.98	1.96	32
34	2.42	2.38	2.35	2.32	2.30	2.25	2.21	2.18	2.16	2.12	2.07	2.04	1.98	1.94	1.91	34
36	2.38	2.35	2.32	2.29	2.26	2.21	2.17	2.14	2.12	2.08	2.03	2.00	1.94	1.90	1.87	36
38	2.35	2.32	2.28	2.26	2.23	2.18	2.14	2.11	2.09	2.05	2.00	1.97	1.90	1.86	1.84	38
40	2.33	2.29	2.26	2.23	2.20	2.15	2.11	2.08	2.06	2.02	1.97	1.94	1.87	1.83	1.80	40
42	2.30	2.26	2.23	2.20	2.18	2.13	2.09	2.06	2.03	1.99	1.94	1.91	1.85	1.80	1.78	42
44	2.28	2.24	2.21	2.18	2.15	2.10	2.06	2.03	2.01	1.97	1.92	1.89	1.82	1.78	1.75	44
46	2.26	2.22	2.19	2.16	2.13	2.08	2.04	2.01	1.99	1.95	1.90	1.86	1.80	1.75	1.73	46
48	2.24	2.20	2.17	2.14	2.12	2.06	2.02	1.99	1.97	1.93	1.88	1.84	1.78	1.73	1.70	48
50	2.22	2.18	2.15	2.12	2.10	2.05	2.01	1.97	1.95	1.91	1.86	1.82	1.76	1.71	1.68	50
60	2.15	2.12	2.08	2.05	2.03	1.98	1.94	1.90	1.88	1.84	1.78	1.75	1.68	1.63	1.60	60
80	2.07	2.03	2.00	1.97	1.94	1.89	1.85	1.81	1.79	1.75	1.69	1.66	1.58	1.53	1.49	80
100	2.02	1.98	1.94	1.92	1.89	1.84	1.80	1.76	1.73	1.69	1.63	1.60	1.52	1.47	1.43	100
125	1.98	1.94	1.91	1.88	1.85	1.80	1.76	1.72	1.69	1.65	1.59	1.55	1.47	1.41	1.37	125
150	1.96	1.92	1.88	1.85	1.83	1.77	1.73	1.69	1.66	1.62	1.56	1.52	1.43	1.38	1.33	150
200	1.93	1.89	1.85	1.82	1.79	1.74	1.69	1.66	1.63	1.58	1.52	1.48	1.39	1.33	1.28	200
300	1.89	1.85	1.82	1.79	1.76	1.71	1.66	1.62	1.59	1.55	1.48	1.44	1.35	1.28	1.22	300
500	1.87	1.83	1.79	1.76	1.74	1.68	1.63	1.60	1.56	1.52	1.45	1.41	1.31	1.23	1.16	500
1 000	1.85	1.81	1.77	1.74	1.72	1.66	1.61	1.57	1.54	1.50	1.43	1.38	1.28	1.19	1.11	1 000
∞	1.83	1.79	1.76	1.72	1.70	1.64	1.59	1.55	1.52	1.47	1.40	1.36	1.25	1.15	1.00	∞

α=0.005　　续表

n_2 \ n_1	1	2	3	4	5	6	7	8	9	n_1 / n_2
1	16 211	20 000	21 615	22 500	23 056	23 437	23 715	23 925	24 091	1
2	198.5	199.0	199.2	199.2	199.3	199.3	199.4	199.4	199.4	2
3	55.55	49.80	47.47	46.19	45.39	44.84	44.43	44.13	44.88	3
4	31.33	26.28	24.26	23.15	22.46	21.97	21.62	21.35	21.14	4
5	22.78	18.31	16.53	15.56	14.94	14.51	14.20	13.96	13.77	5
6	18.63	14.54	12.92	12.03	11.46	11.07	10.79	10.57	10.39	6
7	16.24	12.40	10.88	10.05	9.52	9.16	8.89	8.68	8.51	7
8	14.69	11.04	9.60	8.81	8.30	7.95	7.69	7.50	7.34	8
9	13.61	10.11	8.72	7.96	7.47	7.13	6.88	6.69	6.54	9
10	12.83	9.43	8.08	7.34	6.87	6.54	6.30	6.12	5.97	10
11	12.23	8.91	7.60	6.88	6.42	6.10	5.86	5.68	5.54	11
12	11.75	8.51	7.23	6.52	6.07	5.76	5.52	5.35	5.20	12
13	11.37	8.19	6.93	6.23	5.79	5.48	5.25	5.03	4.94	13
14	11.06	7.92	6.68	6.00	5.56	5.26	5.03	4.86	4.72	14
15	10.80	7.70	6.48	5.80	5.37	5.07	4.85	4.67	4.54	15
16	10.58	7.51	6.30	5.64	5.21	4.91	4.69	4.52	4.38	16
17	10.38	7.35	6.16	5.50	5.07	4.78	4.56	4.39	4.25	17
18	10.22	7.21	6.03	5.37	4.96	4.66	4.44	4.28	4.14	18
19	10.07	7.09	5.92	5.27	4.85	4.56	4.34	4.18	4.04	19
20	9.94	6.99	5.82	5.17	4.76	4.47	4.26	4.09	3.96	20
21	9.83	6.89	5.73	5.09	4.68	4.39	4.18	4.01	3.88	21
22	9.73	6.81	5.65	5.02	4.61	4.32	4.11	3.94	3.81	22
23	9.63	6.73	5.58	4.95	4.54	4.26	4.05	3.88	3.75	23
24	9.55	6.66	5.52	4.89	4.49	4.20	3.99	3.83	3.69	24
25	9.48	6.60	5.46	4.84	4.43	4.15	3.94	3.78	3.64	25
26	9.41	6.54	5.41	4.79	4.38	4.10	3.89	3.73	3.60	26
27	9.34	6.49	5.36	4.74	4.34	4.06	3.85	3.68	3.56	27
28	9.28	6.44	5.32	4.70	4.30	4.02	3.81	3.65	3.52	28
29	9.23	6.40	5.28	4.66	4.26	3.98	3.77	3.61	3.48	29
30	9.18	6.35	5.24	4.62	4.32	3.95	3.74	3.58	3.45	30
40	8.83	6.07	4.98	4.37	3.99	3.71	3.51	3.35	3.22	40
60	8.49	5.79	4.73	4.14	3.76	3.49	3.29	3.13	3.01	60
120	8.18	5.54	4.50	3.92	3.55	3.28	3.00	2.93	2.81	120
∞	7.88	5.30	4.28	3.72	3.35	3.09	2.90	2.74	2.62	∞

α=0.005　　续表

n_2 \ n_1	10	12	15	20	24	30	40	60	120	∞	n_1 / n_2
1	24 224	24 426	24 630	24 836	24 940	25 044	25 148	25 253	25 359	25 465	1
2	199.4	199.4	1993.4	199.4	199.5	199.5	199.5	199.5	199.5	199.5	2
3	43.69	43.39	43.08	42.78	42.62	42.47	42.31	42.15	41.99	41.83	3
4	20.97	20.70	20.44	20.17	20.03	19.89	19.75	19.61	19.47	19.32	4
5	13.62	13.38	13.15	12.90	12.78	12.60	12.53	12.40	12.27	12.14	5
6	10.25	10.03	9.81	9.59	9.47	9.36	9.24	9.12	9.00	8.88	6
7	8.38	8.18	7.97	7.75	7.65	7.53	7.42	7.31	7.19	7.08	7
8	7.21	7.01	6.81	6.61	6.50	6.40	6.29	6.18	6.06	5.95	8
9	6.42	6.23	6.03	5.82	5.73	5.62	5.52	5.41	5.30	5.19	9
10	5.85	5.66	5.47	5.27	5.17	5.67	4.97	4.86	4.75	7.64	10
11	5.42	5.24	5.05	4.86	4.76	4.65	4.55	4.44	4.34	4.23	11
12	5.09	4.91	4.72	4.53	4.43	4.33	4.23	4.12	4.01	3.90	12
13	4.82	4.64	4.46	4.27	4.17	4.07	3.97	3.87	3.76	3.65	13
14	4.60	4.43	4.25	4.06	3.96	3.86	3.76	3.66	3.55	3.44	14
15	4.42	4.25	4.07	3.88	3.79	3.69	3.58	3.48	3.37	3.26	15
16	4.27	4.10	3.92	3.73	3.64	3.54	3.44	3.33	3.22	3.11	16
17	4.14	3.97	3.79	3.61	3.51	3.41	3.31	3.21	3.10	2.98	17
18	4.03	3.86	3.68	3.50	3.40	3.30	3.20	3.10	2.99	2.87	18
19	3.93	3.76	3.59	3.40	3.31	3.21	3.11	3.00	2.89	2.78	19
20	3.85	3.68	3.50	3.32	3.22	3.12	3.02	2.92	2.81	2.69	20
21	3.77	3.60	3.43	3.24	3.15	3.05	3.95	2.84	2.73	2.61	21
22	3.70	3.54	3.36	3.18	3.08	2.98	2.88	2.77	2.66	2.55	22
23	3.64	3.47	3.30	3.12	3.02	2.92	2.82	2.71	2.60	2.48	23
24	3.59	3.42	3.25	3.06	3.97	3.87	2.77	2.66	2.55	2.43	24
25	3.54	3.37	3.20	3.01	2.92	2.82	2.72	2.61	2.50	2.38	25
26	3.49	3.33	3.15	2.97	2.87	2.77	2.67	2.56	2.45	2.33	26
27	3.45	3.28	3.11	2.93	2.83	2.73	2.63	2.52	2.41	2.29	27
28	3.41	3.25	3.07	2.89	2.79	2.69	2.59	2.48	2.37	2.25	28
29	3.38	3.21	3.04	2.86	2.76	2.66	2.56	2.45	2.33	2.21	29
30	3.34	3.18	3.01	2.82	2.73	2.63	2.52	2.42	2.30	2.18	30
40	3.12	2.95	2.78	2.60	2.50	2.40	2.30	2.18	2.06	1.93	40
60	2.90	2.74	2.57	2.39	2.29	2.19	2.09	1.96	1.83	1.69	60
120	2.71	2.54	2.37	2.19	2.09	1.98	1.87	1.75	1.61	1.43	120
∞	2.52	2.36	2.19	2.00	1.90	1.79	1.67	1.53	1.36	1.00	∞

附表 6　检验相关系数的分位数表

$$P(|R|>r_\alpha)=\alpha.$$

n \ α	0.10	0.05	0.02	0.01	0.001
1	0.987 69	0.996 92	0.999 507	0.999 877	0.999 998 8
2	0.900 00	0.950 00	0.980 00	0.990 00	0.999 00
3	0.805 4	0.878 3	0.934 33	0.958 73	0.991 16
4	0.729 3	0.811 4	0.882 2	0.917 20	0.974 06
5	0.669 4	0.754 5	0.832 9	0.834 5	0.950 74
6	0.621 5	0.706 7	0.788 7	0.874 3	0.924 93
7	0.582 2	0.666 4	0.749 8	0.797 7	0.898 2
8	0.549 4	0.631 9	0.715 5	0.764 6	0.872 1
9	0.521 4	0.602 1	0.685 1	0.734 8	0.847 1
10	0.493 3	0.576 0	0.658 1	0.707 9	0.823 3
11	0.476 2	0.552 9	0.633 9	0.683 5	0.801 0
12	0.457 5	0.532 4	0.612 0	0.667 4	0.780 0
13	0.440 9	0.513 9	0.592 3	0.641 1	0.760 3
14	0.425 9	0.497 3	0.574 2	0.622 6	0.742 0
15	0.412 4	0.482 1	0.557 7	0.605 5	0.724 6
16	0.400 0	0.468 3	0.542 5	0.589 7	0.708 4
17	0.388 7	0.455 5	0.528 5	0.575 1	0.693 2
18	0.378 3	0.443 8	0.515 5	0.561 4	0.673 7
19	0.368 7	0.432 9	0.503 4	0.548 7	0.665 2
20	0.359 8	0.442 7	0.492 1	0.536 8	0.652 4
25	0.323 3	0.380 9	0.445 1	0.486 9	0.597 4
30	0.296 0	0.349 4	0.409 3	0.448 7	0.554 1
35	0.274 6	0.324 6	0.381 0	0.418 2	0.518 9
40	0.257 3	0.304 4	0.357 8	0.393 2	0.489 6
45	0.242 8	0.287 5	0.338 4	0.372 1	0.464 8
50	0.230 6	0.273 2	0.321 8	0.354 1	0.443 3
60	0.210 8	0.250 0	0.294 8	0.324 8	0.407 8
70	0.195 4	0.231 9	0.273 7	0.301 7	0.379 9
80	0.182 9	0.217 2	0.256 5	0.283 0	0.356 8
90	0.172 6	0.205 0	0.242 2	0.267 3	0.337 5
100	0.163 8	0.194 6	0.230 1	0.254 0	0.321 1